U0789914

本 系 列 教 材 编 写 出 版 得 到

山东大学高质量教材项目

资　　助

中国考古学通论系列教材

主　编：白云翔　方　辉

# 魏晋南北朝考古

付龙腾　编著

科学出版社
北　京

## 内 容 简 介

魏晋南北朝介于两汉与隋唐之间，社会文化呈现出鲜明的“过渡性”特征，为“秦汉文明”向“隋唐文明”的转型做好了准备。本教材从城址、墓葬、手工业遗存、石刻与简牍文书、佛教遗存、边疆遗存、中外文化交流等方面入手，对魏晋南北朝考古资料与重要课题进行系统梳理，从考古学层面对魏晋南北朝的时代特征进行说明，进而阐释魏晋南北朝考古的重要学术价值。

本教材可供高等院校考古学、文物学和博物馆学专业本科生、研究生使用，也可供考古文博从业人员进修选用。

**图书在版编目（CIP）数据**

魏晋南北朝考古 / 付龙腾编著. -- 北京 : 科学出版社，2025. 6.（中国考古学通论系列教材 / 白云翔，方辉主编）. -- ISBN 978-7-03-081015-1

Ⅰ. K871. 42

中国国家版本馆 CIP 数据核字第 20255AZ066 号

责任编辑：雷　英　郝莎莎 / 责任校对：邹慧卿
责任印制：肖　兴 / 封面设计：金舵手世纪

科学出版社 出版
北京东黄城根北街 16 号
邮政编码：100717
http : //www.sciencep.com
北京中科印刷有限公司印刷
科学出版社发行　各地新华书店经销
*
2025 年 6 月第　一　版　开本：787 × 1092　1/16
2025 年 6 月第一次印刷　印张：20 3/4　插页：2
字数：490 000

**定价：158.00 元**

（如有印装质量问题，我社负责调换）

# 中国考古学通论系列教材
# 编写委员会


**主　　编**　白云翔　方　辉

**副主编**　王　芬

**委　　员**（按姓氏拼音排序）

白云翔　陈雪香　陈章龙　方　辉　付龙腾
胡松梅　靳桂云　郎剑锋　李占扬　李志敏
刘　军　路国权　栾丰实　马清林　宋艳波
唐仲明　王　灿　王　芬　王　华　王建波
王　强　王　青　王　伟　徐树强　张　昀
赵永生　赵志军

**秘　　书**　宋艳波（兼）

# 总　序

我国现代考古学已经走过了从艰难曲折到创造辉煌的百年历程，实证了我国百万年人类史、一万多年文化史和五千多年文明史，揭示了源远流长、博大精深的中华古代文明及其对人类文明的贡献，考古事业进入到空前发展、空前繁荣的新时代。在新的百年征程的历史起点上，不断完善中国考古学的学科体系、学术体系和话语体系，加快构建中国考古学自主知识体系，努力建设中国特色、中国风格、中国气派的考古学，成为一个重大的时代命题。

我国考古学的大发展和大繁荣，需要一大批新时代的考古学专业人才。因为，世上一切事物中人是最可宝贵的，人才是第一资源，在事业发展中具有基础性和战略性地位和作用。“人才之成始于学”，考古学专业人才的培养始于大学的专业教育，而专业教育离不开专业教材。“立国根本，在乎教育；教育根本，实在教科书”（《中华书局宣言书》，1912年）。教材在学校教育中具有基础性的地位和作用，教材建设是课程建设的核心和育人育才的重要依托、坚定文化自信的重要基础，这都是不言而喻的。

历史地看，新中国成立以后，从考古学专业教育出现——1952年文化部、中国科学院和北京大学共同举办第一届“全国考古工作人员训练班”（1952～1955年共举办四届）、北京大学历史系创办我国首个考古专业开始，就重视并着手考古教材或讲义的编写，尽管当时以及后来很长一段时间大多是供内部教学使用的油印本或铅印本。如北京大学历史系印行的1954～1955学年度夏鼐等讲授、单庆麟整理的《考古学通论》，是首部中国考古学通论讲义；1955年6月，山东师范学院教务处印行了荆三林编著的《考古学通论》（山东师范学院历史系三年级用）；1958年北京大学印行了包含旧石器、新石器、商周、战国秦汉、南北朝至宋元考古的《中国考古学》讲义油印本，“被视为中国考古界首创”。1960年印行的北京大学历史系考古专业中国考古学编写组编著的《中国考古学（初稿）》（共4册）征求意见铅印本，是“北京大学历史系考古专业成立以来，第一部经过长时间积累和修改的中国考古学教材——对后来的考古教学产生了深远影响”（《战国秦汉考古·整理说明》第20页，上海古籍出版社，2014年），虽然封面上标注为“（本书仅供提意见之用）”，但为当时各高校考古教学所采用。以此为基础并经过修订，北京大学历史系考古教研室于1972～1974年又陆续印行了五卷本的《中国考古学》（“试用教材，请提意见”）铅印本，为当时全国各高校考古专业教学普遍采用。此后，其他高校也陆续自编中国考古学通论讲义。

就正式出版物来说，除了《苏联大百科全书选译·考古学》（人民出版社，1954年），苏联学者A.B.阿尔茨霍夫斯基著、楼宇栋等翻译的《考古学通论》（科学出版社，1956年）等译著外，我国学者编写的最早的考古学教材是中国科学院考古研究所作为所内工作人员业务学习材料而编著的《考古学基础》（科学出版社，1958年。以此为基础修订而成的《考古工作手册》，1982年由文物出版社出版），以及供短期训练班教学参考用的《考古教材》（文物出版社，1959年）——实际上都是考古学概论性的教材。北京大学历史系考古教研室商周组编著的《商周考古》（文物出版社，1979年），虽然是“考古专业教学参考书”，但实际上是第一部中国考古学断代考古的教材。20世纪80年代，易漫白著《考古学概论》（湖南教育出版社，1985年），蔡凤书、宋百川主编的《考古学通论》（山东大学出版社，1988年），孙英民、李友谋主编的《中国考古学通论》（河南大学出版社，1990年）等先后出版。文化部文物局组织、安金槐主编的《中国考古》（上海古籍出版社，1992年），作为“各地文物博物馆干部培训教学使用，也可作为大专院校文博专业学生的参考书”的系列教材之一，是当时影响最大的中国考古学通论教材。20世纪90年代以后，考古学教材的数量逐渐增多，尤其是近十多年来更是出现了内容广泛、类型多样的态势——既有考古学概论、通论性教材，也有断代考古、专题考古、科技考古以及区域考古等教材，在我国考古学专业人才的培养教育中发挥了重要作用。但总体上看，现有的考古学教材还不适应或不能完全适应新时代考古学专业人才培养的需要——“目前近70家高校开设考古文博相关专业”（《中国文物报》2024年9月27日第6版）。在我国考古学大发展、大繁荣的新时代，考古学专业人才的培养呼唤更多、更好、更新、更系统的考古学专业教材，尤其是考古学专业教育的基础性教科书。“中国考古学通论”是我国考古学专业本科生最基本的主干课程，也是文物与博物馆专业本科生的主干课程之一，因此，编写出版一套以断代考古为主、专题研究为辅的中国考古学通论系列教材已经是势在必行。

正是基于上述认识，我们组织编写了本“中国考古学通论系列教材”。本系列教材由13册构成，其中，断代考古8册，从旧石器时代考古到宋元明清考古；科技考古3册，即《人类骨骼考古》《动物考古》《植物考古》；文物保护和文化遗产2册，即《文物保护科学与实践》和《文化遗产概论》。之所以作如此构成，主要基于本系列教材的定位、我国考古学的总体态势以及考古学教材现状等的综合考量。

本系列教材定位于考古学专业本科生、文物与博物馆专业本科生必修课“中国考古学”的教材，跨专业考入的考古学硕士研究生、文物与博物馆专业硕士研究生补修“中国考古学”的教材，以及在职文物考古业务人员培训提高业务水平的参考书。就中国考古学通论而言，从旧石器时代到宋元明清时期各个时段的断代考古，作为中国考古学的主体，无疑是最基本的内容，所以，本系列教材设有8册，实现从旧石器时代考古到明清考古的全覆盖。现代考古学的突出特征之一是文理交叉、文理融合，而以现代科学技术应用为基本内涵的“科技考古”的广泛开展和不断深入，是现代考古学发展的总体趋势之一。科技考古领域众多，并且新的研究领域或分支学科日益增多，难以在一套通论性教材中全部囊括，本系列教材仅选择在我国研究历史长、普及程度高的人类骨骼考古、动物考古和植物考古各编写1册。考古发掘和研究离不开文物，文物保护在考古发掘和研究中具有举足轻重的地位；考古学的对象和资源主要是地下历史遗迹和遗物等文化遗存，而这些地下文化遗存又是整个文化遗产的重要组成部分，对其保护和利用是考古学的题中应有之义。有鉴于此，本系列教材设有《文物保护科学与实践》和《文化遗产概论》各1册。这样的设计，也充分体现了我国新文科建设理念。

这里需要说明的是：就考古学通论系列教材来说，本应设有“概论”一册，但鉴于已有作为“马克思主义理论研究和建设工程重点教材”的《考古学概论》（高等教育出版社，2015年第1版、2018年第2版）等多种概论性教材，故本系列不再“重起炉灶”编写；田野考古作为现代考古学最基本的特征，是其四大支柱——断代考古、专题考古、科技考古和区域考古的基础，但鉴于2022年北京大学出版社和吉林大学出版社已先后出版2个版本的《田野考古学》（吉林大学版是第5版），故本系列不再重新编写；（传统的）专题考古门类众多，（综合性）区域考古分区多样，暂不纳入本系列教材之中；文物尤其是历史文物、博物馆尤其是历史类博物馆与考古学密切相关，况且考古学一级学科之下设有博物馆学二级学科，而且有文物与博物馆本科专业，但鉴于已有作为“马克思主义理论研究和建设工程重点教材”的《文物学概论》和《博物馆学概论》，故未将有关文物和博物馆的教材纳入本系列之中。

作为教材来说，它不仅是培养人才的重要手段、传播知识的主要载体、学校教学的基本依据和关键支撑，而且是立德树人的关键要素之一。基于本系列教材是“基础性”教材的定位，而考古学又是理论性和实践性俱强、世界性和民族性兼具、多学科交叉融合性突出的人文学科，本系列教材编写的指导思想、总体思路和具体做法如下：

——坚持以辩证唯物主义和历史唯物主义为指导，始终把正确的政治方向、学术导向和科学精神贯穿于本系列教材之中，以培养新时代考古专业人才为宗旨；

——坚持以百年来我国考古学发展及其成就的总结和展示为主线，从中国古代社会历史的实际出发，紧紧围绕百万年人类史、一万多年的文化史、五千多年的文明史、两千多年统一多民族国家史和博大精深的中华古代文明及其对人类文明的贡献进行考古学书写；

——注重基础性，即注重基本原理、基本方法、基本概念、基本知识、基本材料、基本认识的简明准确的叙述，以及学科发展史的简明梳理；

——注重系统性，即充分吸收和借鉴前人研究成果和教材编写经验，注重体系的构建，各册尝试建立各自的学科框架体系和知识体系，简明准确地叙述各自的学科性质、主要特点、基本任务及其成就；

——注重前沿性，即注重新理论、新方法、新实践、新发现、新认识和新进展的叙述，以及面临问题和发展趋势的思考；

——注重规范性，即注重概念和术语的专业性和科学严谨，数据、年代等的翔实准确，文字表述、图表等清晰明了，引文、注释等符合学术规范；

——突出教材属性，强调突出重点与兼顾一般相结合、重点详述与总体概述相结合、点与面有机结合、理论阐述与案例分析相结合、作者学术观点的系统论述与不同学术观点的介绍相结合，强调重“述”轻“论”适当“评”；

——突出中国特色，强调立足中国，放眼世界，既关注外国考古学理论和方法在中国的传播和应用，更关注中国考古学人在考古学理论和方法上的探索、实践和创新，基于现代考古学的中国实践及其成就，用中国学人的历史观、价值观和话语系统进行中国考古学的叙事，探索和尝试构建体现新文科背景下我国自主知识体系的中国考古学教材体系。

金秋十月，正是收获的季节。在山东大学和考古学院（文化遗产研究院）的大力支持下，经过大家的共同努力，这套“中国考古学通论系列教材”即将付梓出版了。这套系列教材是各位编写者及相关人员同心协力，历时 2 年多倾力打造的，是团队共同努力的结果。2022 年上半年进行调研，包括召开本科生、研究生和教师座谈会，在此基础上经过反复沟通和协调，确定了本系列教材的分册构成及编写者，并于 2022 年 9 月 30 日正式启动。2022 年 10 月 15 日起，各册编写提纲陆续提交，由主编审阅并提出意见和建议后返回编写者修改完善，随后进入编写阶段。2023 年 11 月起，各册初稿陆续提交，由主编和校内外专家同时审稿，然后将审稿意见返回编写者修改完善。2024 年 5 月，同科学出版社正式签署出版协议。2024 年 6 月 21 日起，修改后的定稿陆续正式交稿给科学出版社，由出版社组建的统一管理、分工负责的编辑团队负责编辑出版。这套系列教材陆续跟读者见面，已经是指日可待了。

这里还要说的是，这套系列教材编写的指导思想和目标是明确的，编写的要求是总体一致而各册突出其特色——或是侧重于考古发现和研究成果的系统梳理，或是侧重于结合案例分析对理论和方法及其应用的介绍——因各册的内容不同而有异，编写者们也尽心竭力了——尽管如此，我们毕竟缺乏组织编写系列教材的经验，不足之处在所难免，盼望学界同仁和读者朋友不吝赐教，以便今后不断修订完善。

这套系列教材的编写出版，如果对我国考古学专业人才的培养和在职业务人员能力的提高，对我国考古事业的繁荣和发展，对我国现代考古学学科体系、学术体系、话语体系和自主知识体系的构建和完善，对中国特色、中国风格、中国气派考古学的建设，对中国考古学走向世界，对增强、彰显和弘扬文化自信等能有所助益，则幸莫大焉。

白云翔　方　辉

2024 年 10 月

# 目　　录

# 第一章 绪 论

魏晋南北朝介于两汉与隋唐两大统一帝国之间，是漫长的分裂时期，但也是中华文明酝酿转折与新生的时期。3 世纪初形成的三国鼎立局面，最终由司马氏终结。但西晋国祚仅五十余年，随后南北对峙局面开启。南方地区先经东晋，而历南朝之宋、齐、梁、陈，政治、文化发展相对稳定。北方地区先历十六国纷争，经北魏统一，后分裂出东魏—北齐与西魏—北周的对立局面；北朝晚期，北周灭北齐，隋代北周又南下灭陈，南北重归一统。在纷繁复杂的政权更迭背景之下（图 1-1），魏晋南北朝时期的政治、经济、文化、宗教、民族关系与中外交流，呈现出鲜明的过渡性特征，为“秦汉文明”向“隋唐文明”的转型做好了准备。

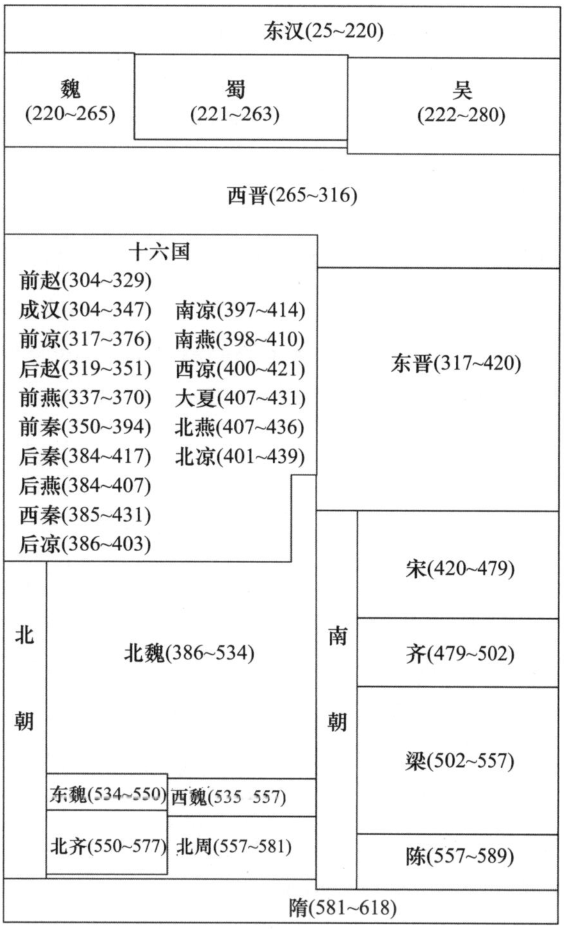

图 1-1 魏晋南北朝年代表
笔者绘图

魏晋南北朝时期的考古资料，可以充分反映这一过程。本书拟从城址、墓葬、手工业遗存、石刻与简牍文书、佛教遗存、边疆考古、中外文化交流等方面入手，对近代以来的考古发现与研究成果进行系统梳理，以期对魏晋南北朝考古资料与重要课题进行系统介绍。本章将分阶段对魏晋南北朝考古发现与研究的学术历程进行简要回顾[①]，并对本书编写的基本体例和相关问题加以说明。

---

① 主要参考韦正：《魏晋南北朝考古》，北京大学出版社，2013 年；中国社会科学院考古研究所：《中国考古学·三国两晋南北朝卷》，中国社会科学出版社，2018 年；王巍主编：《中国考古学百年史：1921—2021》，中国社会科学出版社，2021 年；王世民：《中国考古学编年史》，中华书局，2024 年。

## 一、19 世纪末至 20 世纪 40 年代："被动回应"与"主动求变"

自 19 世纪末起，大批外国人进入中国境内进行"学术调查"、探险盗掘。这些外国人的学术性、非学术性活动，主要集中在我国的西北、东北边疆地区，其中有不少涉及魏晋南北朝时期的遗存。19 世纪中叶之后，英、俄两国在中国新疆明争暗斗，除争夺政治、经济利益外，自然也有掠取文物的行径。1890 年，英印政府军官鲍尔在新疆库车寻得贝叶形桦皮写本残片，后有学者判断其年代在 4～5 世纪。此后的二三十年间，众多外国探险队前往我国西北地区开展活动，主要代表有斯坦因（Sir Aurel Stein）、斯文·赫定（Sven Hedin）、沙畹（Édouard Chavannes）、亨廷顿（Archer Huntington）、勒科克（A. von le Coq）、橘瑞超、大谷光瑞等[①]。其中，斯坦因尤其活跃，前后共计四次前往我国西北地区，除掠走敦煌藏经洞大量文书外，还对楼兰、尼雅、安迪尔、营盘、米兰等遗址进行了调查和发掘。这些外国人的活动，后续产出了一些考察报告与研究著作[②]，但也导致了我国大量遗迹的破坏和文物的流失。东北地区的活动则以日本人为主，所涉魏晋南北朝遗存主要与高句丽有关。1883 年，好太王碑拓片传到日本，引发了日方的关注。之后，不少日本学者在东北地区对包括高句丽在内的历史遗迹进行了系列调查，并发表了系列报告，例如鸟居龙藏的《南满洲调查报告》，关野贞的《满洲辑安县及平壤附近的高句丽时代遗迹》，池内宏、梅原末治、三上次男的大型报告《通沟》等。此外，内蒙古、辽宁、山西、河北、河南等地也常有外国人的调查、盗掘活动，所涉魏晋南北朝重要遗迹主要有和林格尔盛乐城、辽阳魏晋墓葬、云冈石窟、平城遗址、永固陵、思远佛寺、龙门石窟；宾阳中洞帝后礼佛图、宁懋石室、孝子石棺、元谧石棺等文物，也是在这一时期流散至海外的。

在这种时代背景下，中国学者克服诸多困难，进行了不少考古调查与发掘，尤其以中瑞西北科学考查团、中央古物保管委员会的工作最为系统。

1927 年，中瑞西北科学考查团成立，中方团长徐炳昶，西方团长斯文·赫定。在当时的政治环境下，中方代表争取到了相对平等的科学地位和考古标本的保存权，殊为可贵[③]。1927～1933 年间，中瑞西北科学考查团开展了系列调查和发掘，与魏晋南北朝有关的主要是高昌故城、阿斯塔那—哈拉和卓墓地、交河故城及沟西墓地，以及罗布泊湖岸的魏晋十六国墓葬等。依据此次和后续调查、发掘资料，黄文弼陆续出版了《高昌砖集》《高昌陶集》《罗布淖尔考古记》《吐鲁番考古记》等。书中虽偶见考证不当之处，但迄今仍是西域考古研究之必读书。

1933 年开始，以朱希祖、朱偰父子为主导，中央古物保管委员会相关成员参与，

---

① 可参考贺昌群：《近年西北考古的成绩》，《贺昌群史学论著选》，中国社会科学出版社，1985 年。

② 例如：斯坦因的《西域考古图记》《亚洲腹地考古图记》，沙畹的《丹丹乌里克、尼雅、安迪尔发现的汉文文书》，勒科克的《中亚艺术与文化史图鉴》等。

③ 罗桂环：《中国西北科学考查团综论》，中国科学技术出版社，2009 年。

陆续对丹阳地区的陵墓石刻和其他六朝陵墓相关遗存进行了 14 次实地调查，所及六朝陵墓遗存 28 处，其中不见于前人著述的有 13 处。以这些调查资料为基础，陆续形成了《六朝陵墓调查报告》《建康兰陵六朝陵墓图考》等重要著作。1933～1935 年，朱偰还对南京的六朝都城遗存进行了广泛调查，涉及钟山、覆舟山（今九华山）、鸡笼山、栖霞山、秦淮河、玄武湖、古清溪及运渎、越城、石头城、城郭宫阙遗址，以及部分寺庙遗迹。朱偰以调查资料为基础，整理出版了《金陵古迹图考》一书。

这一时期，由中国学者主导的魏晋南北朝考古调查、发掘还有如下几例。1930 年，卫聚贤等在南京栖霞山附近发掘六朝墓葬 3 座；1931 年，广东黄花考古学院在广州西郊大刀山发掘东晋墓葬 1 座；1944 年，西北科学考查团向达、夏鼐、阎文儒一行，发掘敦煌佛爷庙湾魏晋墓 10 余座。此外，20 世纪 30～40 年代，中国学者和学术机构开始对石窟寺进行有组织的调查工作，例如：西北科学考查团对新疆地区石窟寺的调查；北平研究院对邺城地区石窟寺的调查；营造学社对龙门、巩县、响堂山石窟的调查等。针对敦煌莫高窟的调查最为系统，并以此为契机于 1944 年成立了国立敦煌艺术研究所。

中国学者在这一时期开展的活动，首先是如朱氏父子所言，旨在阻止文物古迹“任其风雨飘零，霜雪剥蚀，而同归于湮没”[①]，是一种“被动回应”。但需要注意的是，相关工作大多已脱离传统“金石学”的范畴，更多接纳了近代考古学的技术和理论，也应视其为转向新范式的“主动求变”。

## 二、20 世纪 50～70 年代：考古材料的初步积累与研究框架的初步建立

前一阶段中，专门针对魏晋南北朝考古遗存的工作较为有限。真正的魏晋南北朝考古工作的开始和发展，只能是中华人民共和国成立之后的事情。以 1950 年南京市文物保管委员会调查六朝古迹，1950～1951 年中央文物局调查北方、西北各石窟和南京博物院发掘雨花台六朝墓为开端，此后工作逐渐遍及全国。工作内容主要围绕城址、墓葬、窑址、石窟寺等展开[②]。

城址方面，汉魏洛阳城考古工作取得的成果较丰富。1954 年，阎文儒完成了对汉魏洛阳故城遗址的实地踏查，并绘制出首张《汉魏洛阳实测图》。1962 年，当时的中国科学院考古研究所组建汉魏洛阳城考古队。通过全面勘探和重点发掘，基本掌握了北魏内城（汉晋时期大城）的基本布局；还以南郊为重点区域，发掘了灵台、明堂、辟雍等礼制建筑。此外，永宁寺的发掘也是此阶段的重点工作。在这一阶段，宿白对北

---

① 朱偰：《建康兰陵六朝陵墓图考》，商务印书馆，1936 年，序第 2 页。

② 主要参考北京大学历史系考古教研室《三国——宋元考古（上）》试用讲义（1974 年）序论部分，并做补充调整。

魏洛阳城的城市布局进行了全面分析，开创了综合文献记载与考古资料研究北魏洛阳城的先河[①]。曹魏邺北城遗址考古工作也有所开展。1957 年，俞伟超在邺城遗址开展了短期踏查，并于 6 年后发表《邺城调查记》；20 世纪 70 年代，俞伟超以及河北省、临漳县文物机构在邺北城遗址开展过多次考古调查与勘探，所获资料为后来邺城考古工作的开展奠定了基础。此外，东吴武昌、六朝建康、北魏平城、十六国统万城以及东北地区的一些高句丽山城和内蒙古地区的北魏边镇城址，都进行了部分调查工作。

墓葬方面，1953 年以后，随着大规模建设的开始，各地从零散墓葬的发现，逐步扩展到墓葬区的发掘。洛阳和南京多处墓葬区的发掘，提供了这一时期中原、南方墓葬的典型资料；湖北武昌城南区、鄂州西山区，浙江黄岩秀岭水库，广东广州西郊，湖南长沙南郊，四川昭化宝轮镇，陕西咸阳底张湾，辽宁辽阳北郊、桓仁浑江东岸，吉林集安城东，新疆阿斯塔那等地，均是重要墓葬资料集中点。其中不少颇为重要。例如，魏晋十六国时期的徐美人墓，周处墓，华芳墓，西安草场坡十六国墓，南京老虎山颜氏、戚家山谢氏、象山王氏等东晋家族墓地，以及嘉峪关、酒泉一带的壁画墓；南北朝时期的冯素弗墓、邓县（今邓州）画像砖墓、西善桥南朝大墓、司马金龙墓、冯太后永固陵、元邵墓、闾叱地连墓、高润墓、娄睿墓、李希宗墓等。

瓷窑窑址的调查发掘，以浙江地区开始最早，发现也较丰富。例如：1951 年，上虞百官镇龙山山麓发现吴晋时期的青瓷窑址；1954 年，萧山县戴村区振庭乡上董村窑址经调查、试掘，确认其为两晋、南朝时期窑址。此外，浙江的德清窑、越窑、瓯窑，福建的磁灶窑，江苏的均山窑，湖南的岳州窑、江西洪州窑、安徽寿州窑等，也均发现有属于六朝时期的遗存。北方地区瓷窑考古也有所开展，主要围绕河南安阳相州窑、河北邯郸临水窑，以及山东地区的淄博寨里、泰安中淳于、枣庄中陈郝等地点进行。不过，由于缺乏系统发掘，多数窑址的始烧年代在当时还不明确能否到北朝。

石窟寺调查工作主要分两个方面进行。一方面针对已知重点石窟寺开展考察工作，例如：敦煌石窟勘察团、麦积山石窟勘察团和炳灵寺石窟考察团，对相应石窟开展了系统调查测绘；新疆文物调查组对克孜尔石窟进行调查、清理。另一方面，各地考古工作者通过全面勘察，发现了一些湮灭已久的重要窟龛。例如：1953 年，史岩调查武威天梯山石窟，并推测其就是沮渠蒙逊所造“凉州石窟”，这一观点后为学界所普遍接受；1959～1960 年，甘肃省博物馆等在庆阳发现了北石窟寺，验证了陈万里 1925 年考察时的判断；1963 年，甘肃省文物工作队在炳灵寺 169 窟发现西秦建弘元年（420 年）造像墨书题记，为甘肃早期石窟寺研究提供了重要断代参考。

科学调查、发掘工作的开展，使得魏晋南北朝考古资料得到了初步积累，魏晋南北朝考古的多个方向的研究框架得以初步建立。1962 年，宿白在敦煌文物研究所作

① 宿白：《北魏洛阳城和北邙陵墓——鲜卑遗迹辑录之三》，《文物》1978 年第 7 期。

了《敦煌七讲》学术专题报告[①]，开创性地将考古学方法引入石窟寺调查和研究中，学界普遍将此事视为“中国石窟寺考古学”创立之标志。1974 年，北京大学考古专业讲义《三国—宋元考古（上）》问世，该讲义将中原地区墓葬分为四期四型，其分期、分型标准基本为后来魏晋南北朝墓葬的研究者所沿用。此外，讲义分中原、南方、东北、北方、新疆等五个区域，对当时已有的魏晋南北朝考古资料进行了系统介绍，所论涉及城址、墓葬、手工业、西域、高句丽、中外交流等专题，确定了魏晋南北朝考古研究的主要课题。1977～1978 年，宿白以“鲜卑遗迹辑录”为题发表了三篇论文[②]，将考古发现的实物遗存与拓跋鲜卑历史、文化的发展阶段相联系，由此建立了历史考古研究的合理路径。1979 年，中国硅酸盐学会主编《中国陶瓷史》初稿完成[③]，其第四章“三国两晋南北朝的陶瓷”对这一阶段考古发现进行了系统总结与梳理，对魏晋南北朝时期陶瓷烧造业的特点做了初步总结，迄今仍有参考价值。

## 三、20 世纪 80～90 年代：专题研究的开展与研究框架的确立

由于配合基本建设和系统性主动发掘工作的广泛开展，魏晋南北朝新出考古资料的数量相当可观。受益于此，各专题研究得以初步开展，魏晋南北朝考古研究框架得以确立，这在城址、墓葬考古、手工业考古、石刻与简牍文书、佛教考古、边疆考古、中外文化交流等领域均有所体现。

城址方面，洛阳、邺城仍是考古学界关注的重点。北魏洛阳城内城城垣、外郭城城垣与道路水系、金墉城等经过勘探、发掘。学界对汉魏洛阳城的建城史、形制渊源与特征、后续影响和历史地位等进行了讨论。此外，永宁寺 15 年来的发掘材料被系统整理公布[④]，引起了学界广泛关注，产生了诸多讨论佛塔复原方案的研究成果。1983 年，邺城考古队成立，围绕邺城遗址开展了持续性的考古勘探、调查与研究，逐步确认了曹魏邺城（邺北城）的城墙、城门、道路、主要宫殿，以及东魏北齐邺城（邺南城）的城墙、城门、马面、城壕、道路、宫城与宫殿基址等遗迹。在 20 世纪 90 年代中期，邺城考古队首次提出邺南城应该存在外郭城的学术推断。除洛阳、邺城外，三燕龙城、大夏统万城、十六国北周长安城、建康城等在这一时期也均有考古工作开展。

墓葬考古资料在这一时期也有较多积累。都城周边地区包括帝陵在内的高等级墓葬勘探、发掘工作有所开展，例如：勘探洛阳峻阳陵、枕头山墓地，基本确认二者是

---

① 《敦煌七讲》内容包括：一、敦煌二千年；二、石窟寺考古学简介；三、石窟寺研究的业务基础知识；四、有关敦煌石窟的几个问题；五、敦煌研究简介；六、石窟记录与排年；七、佛像的实测和《造像量度经》。

② 宿白：《东北、内蒙古地区的鲜卑遗迹——鲜卑遗迹辑录之一》，《文物》1977 年第 5 期；《盛乐、平城一带的拓跋鲜卑—北魏遗迹——鲜卑遗迹辑录之二》，《文物》1977 年第 11 期；《北魏洛阳城和北邙陵墓——鲜卑遗迹辑录之三》，《文物》1978 年第 7 期。

③ 中国硅酸盐学会主编：《中国陶瓷史》，文物出版社，1982 年。

④ 中国社会科学院考古研究所：《北魏洛阳永宁寺 1979～1994 年考古发掘报告》，中国大百科全书出版社，1996 年。

西晋的峻阳陵、崇阳陵，并对枕头山墓地陪葬墓 M4、M5 进行了发掘；发掘北魏方山永固陵南侧建筑基址，确认其为佛寺建筑；北魏宣武帝陵景陵、北周武帝孝陵，以及学界公认为北齐文宣帝武宁陵的湾漳大墓的发掘，积累了难得的魏晋南北朝帝陵墓室（玄宫）发掘资料。此外，还有不少大型墓地进行了发掘，例如：1985 年，发掘敦煌祁家湾墓群，清理西晋十六国墓葬 117 座；1987 年，发掘山西大同南郊北魏墓群，清理墓葬 167 座；1993～1998 年，5 次发掘辽宁北票喇嘛洞墓地，清理西晋十六国墓葬 420 座。由此，墓葬分区、分期以及专题研究工作得以开展。张小舟[①]、蒋赞初[②]的相关论著，是这一时期墓葬分区分期研究的代表。专题研究，则主要围绕墓葬形制、随葬品、壁画等要素展开，也有研究关注墓葬等级划分，进一步探索了魏晋南北朝墓葬研究和政治史、制度史研究的结合点[③]。

手工业考古方面，瓷业技术仍是重点研究方向。以 1981 年开始的第二次全国文物普查为契机，南方地区窑址经过了系统性普查与全面复查，重点窑址发掘工作也有所开展。浙江地区的窑址资料最为丰富，其中，曹娥江流域是早期青瓷的核心窑区之一，经调查确认了不少与六朝时期有关的窑址；德清县小马山窑址的发掘，使德清窑南朝时段窑址考古有了新的进展。其他地区的六朝时期窑址资料主要有：福建怀安乡“天山马岭”窑址，四川成都青羊宫窑址、邛崃县固驿瓦窑山窑址，以及江西丰城县洪州窑部分窑址。这一时期的六朝瓷器研究，多以墓葬出土随葬品的分期断代为主，但也有学者开展了窑场或窑系的地域性研究[④]。北方窑址考古在这一时期也积累了不少资料，主要包括河南地区的相州窑、安阳灵芝窑、巩义白河窑，河北省峰峰矿区临水窑、邢窑，山东省淄博寨里窑、泰安中淳于窑、枣庄中陈郝窑、宋家村窑，安徽省宿州曹村窑及江苏省户部山窑等；还有一些北朝墓葬出土有瓷器，例如河南孟县北魏司马悦墓、陕西华阴北魏杨舒墓、山西太原北魏辛祥墓等；北魏洛阳城出土的瓷器、釉陶器资料也在这一时期公布。借助新出资料，学界主要围绕出土瓷器的产地以及北朝瓷业发生的时间节点问题进行了诸多讨论[⑤]。

石刻与简牍文书一直是金石学、历史学、文献学的重要研究对象。由于其特殊性，这一时期的石刻、简牍文书研究仍是以研究文字内容为主。但是，考古调查、发掘提供了大量石刻、简牍的新资料；研究者也开始关注石刻、简牍的形制、纹饰、空间组

① 张小舟：《北方地区魏晋十六国墓葬的分区与分期》，《考古学报》1987 年第 1 期。

② 蒋赞初：《关于长江下游六朝墓葬的分期和断代问题》，《中国考古学会第二次年会论文集》，文物出版社，1982 年；蒋赞初：《长江中游六朝墓葬的分期和断代——附论出土的瓷器》，《中国考古学会第三次年会论文集》，文物出版社，1984 年。

③ 《文物》1983 年第 10 期，刊发 10 篇娄睿墓笔谈文章，涉及壁画、墓葬形制、墓志及家世、陶俑、陶瓷器，以及北齐大型墓葬等级划分等问题，堪称这一时期墓葬专题研究的集中代表。

④ 例如权奎山：《试论南方古代名窑中心区域移动》，《考古学集刊》第 11 集，中国大百科全书出版社，1997 年，第 276～288 页；周世荣：《岳州窑源流初探》，《江汉考古》1986 年第 1 期。

⑤ 李辉柄：《北方瓷器发展的几个问题》，《故宫博物院院刊》1991 年第 1 期；郭学雷、张小兰：《北朝纪年墓出土瓷器研究》，《文物季刊》1997 年第 1 期；刘毅、袁胜文：《北方早期青瓷初论》，《中原文物》1999 年第 2 期。

合等信息。具体来看，考古调查新发现了一些地表石刻，如嘎仙洞遗址北魏太平真君四年（443 年）摩崖题记、江西上犹县双溪乡杨屋村北西晋摩崖题记等。北朝墓志石刻出土数量较为丰富，主要集中分布在河北磁县，山西大同、太原，山东临淄，陕西华阴等地。宗教石刻也有新发现，例如陕西洛川等地发现有北魏至北周时期的佛教及道教造像碑。简牍、文书的出土数量更为丰富，主要集中分布在南方地区和西北地区。南方地区出土地点有湖北鄂州水泥厂 1 号墓、安徽马鞍山朱然墓等；西北地区以楼兰遗址、尼雅遗址和吐鲁番阿斯塔那墓地代表，出土了数量丰富的汉文、佉卢文简牍文书。研究成果方面，赵超对包括魏晋南北朝时期在内的石刻进行了综合研究①，孟凡人进行了楼兰鄯善简牍的年代学研究②。林梅村、侯灿则对尼雅、楼兰遗址出土文书进行了系统整理与考释③，前者侧重对文书出土地点的考察，后者则结合城址考古发现分析了楼兰城的发展与衰废。

佛教考古发展迅速，在石窟寺、寺院遗址研究两方面均有所体现。这一阶段，考古学方法广泛应用于石窟寺研究中，主要开展了以下田野调查与研究工作。一是石窟寺窟前遗址发掘。1988～1995 年，敦煌北区洞窟进行全面清理和发掘，新发现不少北朝时期的洞窟；1992～1993 年，云冈石窟第 3 窟窟前遗址进行发掘，发现有辽金建筑遗迹和北魏时期基岩地面未凿完的遗迹现象。二是石窟寺分期编年与地域特色研究，以克孜尔、敦煌、云冈、龙门等石窟为讨论的重点。宿白在分期与年代讨论的基础上，提出了“凉州模式”“云冈模式”等影响深远的概念，并且还对中国石窟寺的分区进行了宏观阐释④。此外，过去学界较少关注的北朝晚期石窟，在这一时期有较多资料披露，集中分布于邺城周边地区。佛教寺院方面，北魏平城思远佛寺、洛阳永宁寺是重要的皇家寺院资料；西域佛寺也有较多发现，与北朝时期有关的主要有于田喀拉墩遗址的回字形佛殿，交河故城西北小寺，以及尼雅遗址的佛殿、僧房、经堂等寺院建筑群。宿白结合文献记载和考古资料，对东汉、魏晋南北朝时期的佛寺布局进行了总结⑤，是这一时期佛教寺院研究最重要的成果之一。

边疆考古的重点方向有两个，一是高句丽遗存，二是新疆地区。高句丽考古工作在辽宁和吉林两省都有所开展。辽宁省调查了大量山城城址，并对抚顺高尔山城和米仓沟“将军坟”等城址、墓葬进行了发掘。吉林省对集安、吉林、延边、柳河、辽源等地山城城址进行了调查，发掘了集安国内城北门东侧马面；对集安洞沟墓群万座以上的墓葬进行了调查，并对好太王陵、禹山 3319 号墓、山城下墓区 1408 号墓，以及禹山墓区铁路北侧的 100 余座墓葬进行了发掘。高句丽考古专题研究，主要围绕都城、

---

① 赵超：《中国古代石刻概论》，文物出版社，1997 年。

② 孟凡人：《楼兰鄯善简牍年代学研究》，新疆人民出版社，1995 年。

③ 林梅村：《楼兰尼雅出土文书》，文物出版社，1985 年；侯灿：《楼兰新发现木简纸文书考释》，《文物》1988 年第 7 期；侯灿：《论楼兰城的发展及其衰废》，《中国社会科学》1984 年第 2 期。

④ 宿白：《中国石窟寺研究》，生活 · 读书 · 新知三联书店，2019 年。

⑤ 宿白：《东汉魏晋南北朝佛寺布局初探》，《庆祝邓广铭教授九十华诞论文集》，河北教育出版社，1997 年。

山城、积石墓以及王陵等对象展开；好太王碑、陶器、兵器、马具等遗物，也是学界关注的重点。魏存成的《高句丽考古》、日本学者东潮的《高句丽考古学研究》①，则是这一时期高句丽考古综合研究的代表性著作。新疆地区也开展了系列考古工作，例如：1979～1980年，新疆楼兰考古队三次深入罗布泊腹地，对LA古城进行了重新勘察与局部发掘；1988年、1990～1997年，"中日共同尼雅遗迹学术考察队"前后8次对尼雅遗址进行了全面勘察和发掘，确认各类遗迹百处以上②。新疆考古研究成果，则以出土遗物尤其是文献的整理、研究为主，代表性著作有《吐鲁番出土文书》《大谷文书集成》等。

中外文化交流方面，中国境内出土的西方输入器物受到学界较多关注，主要有金银器和玻璃器两大类。西来金银器集中发现于大同地区，例如大同南郊工农路北侧北魏遗址出土有鎏金圜底银碗、鎏金铜高足杯、银八曲长杯，大同南郊北魏墓群M107、M109出土有鎏金圜底银碗、鎏金银高足杯，北魏封和突墓出土狩猎纹银盘、银高足杯。除大同外，西来金银器还见于新疆焉耆七个星镇、甘肃靖远县北滩镇、河北定州华塔北魏石函、河北赞皇东魏李希宗墓、宁夏固原北周李贤墓等地点。学界对金银器的研究，集中在讨论封和突墓、李贤墓等出土器物的产地问题上，也有学者对金银器上的粟特、波斯或大夏铭文进行了考释③。玻璃器则主要见于北京西晋华芳墓、湖北鄂州西晋墓、南京象山东晋墓、辽宁北票北燕冯素弗墓、河北景县北魏封氏墓群等地点。安家瑶对包括上述墓葬出土遗物在内的西汉至北宋时期的玻璃进行了系统研究，首次将进口玻璃进一步细分为罗马玻璃、萨珊玻璃、伊斯兰玻璃④，是这一阶段玻璃器研究的代表成果。中国与朝鲜半岛南部、日本列岛的文化交流方面，也有较多研究成果出现。"三角缘神兽镜"是这一时期中日交流考古学的热点，王仲殊、樋口隆康的论著分别为中、日两国学界的代表⑤。马具、兵器等是串联中、朝、韩、日文化交流的重要遗物，也引起了学界较多关注⑥。

## 四、21世纪初以来：体系化、概念化与新方法、新技术

进入21世纪以来，田野考古和研究工作呈现诸多新动向，主要包括：研究内容体

---

① 魏存成：《高句丽考古》，吉林大学出版社，1994年；东潮：《高句丽考古学研究》，吉川弘文馆，1997年。

② 中日共同尼雅遗迹学术考察队：《中日共同尼雅遗迹学术调查报告书》第一卷，法藏馆，1996年；《中日共同尼雅遗迹学术调查报告书》第二卷，中村印刷株式会社，1999年。

③ 林梅村：《中国境内出土带铭文的波斯和中亚银器》，《文物》1997年第9期。

④ 安家瑶：《中国的早期玻璃器皿》，《考古学报》1984年第4期；安家瑶：《北周李贤墓出土的玻璃碗——萨珊玻璃器的发现与研究》，《考古》1986年第2期。

⑤ 王仲殊：《关于日本三角缘神兽镜的问题》，《考古》1981年第4期；王仲殊：《关于日本的三角缘佛兽镜——答西田守夫先生》，《考古》1982年第6期；〔日〕樋口隆康著、蔡凤书译：《卑弥呼的铜镜百枚》，《华夏考古》1988年第2期。

⑥ 杨泓：《日本古坟时代甲胄及其和中国甲胄的关系》，《考古》1985年第1期；王巍：《从出土马具看三至六世纪东亚诸国的交流》，《考古》1997年第12期。

系化；归纳考古资料特征而产生的新概念陆续出现；新方法、新技术介入程度日益加深，主要包括美术史、社会史等跨学科方法，以及科技考古、数字考古等技术手段。

城址考古方面，汉魏洛阳城、曹魏至北朝邺城遗址考古打开新局面，北魏平城、六朝建康城遗址考古取得突破性进展。汉魏洛阳城考古队对北魏宫城开展了持续考察与大规模发掘，重点发掘了北魏宫城墙垣、正门阊阖门、二号建筑遗址、三号建筑遗址、五号建筑遗址、四号建筑遗址（太极殿）、太极东堂、太极殿宫院西门等重要遗址。邺城遗址的“宫城”问题也是学界关注的重点。2015 年开始，邺城考古队在邺南城宫城区北部及周边进行了勘探与发掘，确认多处东魏北齐时期的大型夯土建筑基址、小型院落、夯土墙、排水设施、道路等遗迹。此外，以“大邺城遗址考古”理念为指导，对邺南城外郭城进行了持续探索，发掘了赵彭城佛寺遗址、核桃园佛寺遗址和曹村窑址等推测为外郭城范围内的重要遗址。北魏平城遗址考古的进展，主要是 2003 年、2007 年、2008 年分别发掘了宫城范围内的 1～3 号建筑遗址；其中 1、2 号是宫殿遗址，3 号是宫殿附属粮储场所遗址。六朝建康城遗址考古，则在配合基建过程中，逐步寻找到建康宫城的内外东垣、内外南垣、西面外垣和护城壕遗迹，以及吴晋时期的南垣、东垣以及都城城垣以南的街道、明堂地点，使得建康城的复原研究进入新阶段[①]。

墓葬考古方面，新材料层出不穷，分区分期框架基本定型，专题研究成果丰富。过往的重要墓葬区持续有新发现，大型陵墓资料也偶有发现，例如河南安阳西高穴 M2、洛阳西朱村 M1，南京上坊中下村吴墓、狮子冲南朝大墓，安徽当涂天子坟吴墓，陕西西安焦村 M25、中兆村 M100 等。同时，一些早期发掘的墓葬资料出版，大型陵墓如北燕冯素弗墓、北齐娄睿墓、磁县湾漳壁画墓，重要墓区资料有《鄂城六朝墓》《马鞍山六朝墓葬发掘与研究》《二十世纪五十年代陕西考古发掘资料整理研究》。研究成果方面，李梅田、韦正先后出版的著作，完成了魏晋北朝、六朝墓葬的系统分区、分期工作，迄今仍是魏晋南北朝墓葬考古的重要参考书[②]。南北朝墓葬壁画是这一时期专题研究的热点议题，例如郑岩对魏晋南北朝墓葬壁画的题材内容、地域流布、文化内涵等问题进行了系统研究，并结合前人研究归纳出了北齐“邺城规制”的概念[③]。在南朝拼镶壁画墓的研究方面，有一批青年学者引入了新的研究范式，在墓葬壁面建立砖结构网，对比不同墓葬图像之间“最小单元”的特征[④]，使得粉本间的传承序列更为有据可依。大型陵墓资料的积累，引发了学界对魏晋南北朝陵寝制度的关注，

① 张学锋：《所谓“中世纪”都城——以东晋南朝建康城为中心》，《社会科学战线》2015 年第 8 期。

② 李梅田：《魏晋北朝墓葬的考古学研究》，商务印书馆，2009 年；韦正：《六朝墓葬的考古学研究》，北京大学出版社，2011 年。

③ 郑岩：《魏晋南北朝壁画墓研究（增订版）》，文物出版社，2016 年。

④ 耿朔、杨曼宁：《试论南京石子冈南朝墓出土模印拼镶画像砖的相关问题》，《考古》2019 年第 4 期；张今：《南京狮子冲南朝墓出土散砖画像研究：以卤簿画像为切入点》，《东南文化》2020 年第 2 期。

有学者系统分析了北朝陵寝制度的发展阶段和南朝陵寝制度“复古”“任己”的两大取向[①]。

手工业考古方面，陶瓷考古重点区域、重点问题成果丰富。浙江窑址资料持续积累，上虞境内经普查确认的三国至西晋青瓷窑址已有130余处，鞍山、尼姑婆山、禁山等处窑址发掘工作也有所开展[②]。借助这些考古资料，“早期越窑”的概念逐渐为陶瓷考古界所接受。2004年和2007年，余杭石马兜和东馒头山等东晋南朝窑址的发掘，确认了与德清窑有关的窑炉遗迹，是德清窑研究的重要进展。湖南省岳阳市湘阴县境内窑址资料也有所积累，为学界进一步厘清“湘阴窑、岳州窑、长沙窑”三者之间的关系提供了重要参考[③]。江西洪州窑资料整理公布，确认了洪州窑从东汉至五代南唐的八个发展阶段。北方地区陶瓷考古则主要围绕邢窑、定窑、磁州窑等三大瓷窑址展开，发掘了邯郸临水窑、巩义白河窑、安阳相州窑、临漳曹村窑，以及邺南城东北、倪辛庄、邺南城西南窑群。北朝墓葬出土白瓷、青瓷资料较为丰富，是讨论北朝瓷业发端的重要依据[④]。砖瓦等建筑材料的研究，除讨论瓦当的类型、分期、分区等传统议题外，还有学者对魏晋南北朝时期砖瓦窑业技术进行了总结[⑤]。此外，过往学界只关注汉代以前铜器冶铸业的局面有所改观，有学者对六朝铜器进行了系统研究[⑥]。

石刻与简牍文书方面，新材料继续积累，资料整理、汇总图书陆续出版。新出石刻材料中，南北朝墓志为大宗，经发掘、调查重新为学界所了解的石碑、摩崖、石窟题记、刻经等也有不少。新出简牍数量较多，但集中在少数地点，尤其重要的是湖南长沙走马楼J22，出土简牍在13万件以上。石刻资料整理以墓志为主，以《洛阳新获墓志续编》《洛阳出土北魏墓志选编》《汉魏南北朝墓志汇编》《新出魏晋南北朝墓志疏证》等为代表。简牍文书方面，2003～2019年，《长沙走马楼三国吴简·竹简》（壹～玖）共计九卷27册陆续出版。近些年，敦煌文献整理成果丰硕，较为重要的有郝春文主编《英藏敦煌社会历史文献释录》和荣新江主编《法国国家图书馆藏敦煌文献》等。

佛教考古，仍以石窟寺、寺院遗址为主要研究对象。大型石窟寺考古报告陆续整理出版，例如《敦煌莫高窟第268—275窟考古报告》《敦煌莫高窟北区石窟》《武威天梯山石窟》《须弥山石窟考古报告·壹　圆光寺区》等。研究方面，李裕群《北朝晚期石窟寺研究》代表新研究趋势，即在分期、排年基础上，关注石窟寺的分区研究[⑦]；魏

① 付龙腾：《试析南朝陵寝制度的两大取向》，《东南文化》2020年第4期；付龙腾：《略论北朝陵寝制度的发展阶段》，《考古与文物》，2021年第1期。

② 高宝萍：《浙江上虞早期越窑窑址概述》，《南方文物》2018年第2期。

③ 李梅田：《岳州瓷与岳州窑研究》，《故宫博物院院刊》2019年第9期。

④ 刘未：《北朝墓葬出土瓷器的编年》，《庆祝魏存成先生七十岁论文集》，科学出版社，2015年。

⑤ 李清临：《魏晋南北朝时期砖瓦窑业技术及相关问题研究》，《考古与文物》2020年第4期。

⑥ 韩茗：《六朝铜器的考古学研究》，中国社会科学院研究生院博士学位论文，2017年。

⑦ 李裕群：《北朝晚期石窟寺研究》，文物出版社，2003年。

正中则观察石窟群内分布组合情况，提出“区段”新概念[①]。这一时期，内地经调查、发掘的寺院遗址有：云冈39号、5号、6号窟顶佛寺，邺城赵彭城佛寺、核桃园佛寺，太原龙山童子寺、蒙山开化寺，临朐小时家庄佛寺等；新疆地区经调查、发掘的寺院遗址主要有托普鲁克墩佛寺、丹丹乌里克佛寺、苏巴什佛寺等。研究方面，李裕群、何利群对中古佛寺空间布局演变均有系统论述，林立则探讨了新疆地面寺院的布局及不同地域的文化渊源[②]。石窟寺、寺院遗址之外，佛教造像遗存也受到学界较多关注，例如何利群以北吴庄造像埋藏坑资料为基础，系统总结归纳邺城造像发展阶段，提出“邺城模式”概念[③]。

边疆考古在东北地区和新疆地区也取得了较丰富的成果。21世纪初，为配合申遗开展高句丽遗存系列调查、发掘，出版《五女山城》《国内城》《丸都山城》《集安高句丽王陵》等大型考古报告。申遗之后，辽宁省调查、发掘了沈阳石台子、本溪平顶山、大连庄河城山、桓仁高俭地等山城遗址，以及新宾永陵南平地城址；发掘抚顺施家墓群、桓仁县冯家堡子积石墓等高句丽壁画墓、积石墓。吉林省高句丽考古工作主要有：试掘国内城南墙、东墙局部；调查良民古城，发现墓葬2753座，发掘墓葬73座；发掘丸都山城南门瓮城的城墙和角台；发掘禹山540号、2112号大墓，黄泥岗大墓和山城下1号、145号几座大中型方坛阶梯积石墓；新发现麻线高句丽碑。中国学者研究成果广泛涉及城址、墓葬、典型遗物等领域，除关注中国境内考古发现外，还有对朝鲜半岛遗存的观察[④]。这一时期，韩国学者对高句丽考古重视程度较高；姜贤淑、梁时恩与崔钟泽合著的《高句丽考古学》对韩国学界高句丽考古基本观点与认识进行了集中介绍。新疆地区这一时期的工作以墓葬发掘为主，例如楼兰LE古城城郊墓地、库车友谊路墓地、洛浦山普拉墓地、且末扎滚鲁克墓地等。此外，2009年的罗布泊文物普查中，新发现100多处文物点，包括墓葬、遗址和木构建筑等不同种类。研究方面，不少成果对“楼兰—鄯善”遗存进行了专题讨论，可以肖小勇、戴维、陈晓露的论著为代表[⑤]。

中外交流研究方面，考古资料种类更加丰富，促使研究层次多样化，科技考古方法持续介入，已有课题研究更加深入。21世纪初期，西安地区陆续发现安伽墓、史君墓、康业墓等墓葬，引发学界对入华粟特人宗教文化、丧葬美术的关注，使得中外交流研究除“物”的层面外，可更加直观地观察“人”的层面。玻璃器研究更加重视科

---

① 〔意大利〕魏正中：《区段与组合：龟兹石窟寺院遗址的考古学探索》，上海古籍出版社，2013年。

② 李裕群：《隋唐以前中国佛教寺院的空间布局及其演变》，《边疆民族考古与民族考古学集刊》第一集，文物出版社，2009年；何利群：《北朝至隋唐时期佛教寺院的考古学研究——以塔、殿、院关系的演变为中心》，《石窟寺研究》第一辑，文物出版社，2010年；林立：《西域古佛寺：新疆古代地面佛寺研究》，科学出版社，2018年。

③ 何利群：《从北吴庄佛像埋藏坑论邺城造像的发展阶段与“邺城模式”》，《考古》2014年第5期。

④ 赵俊杰：《4—7世纪大同江、载宁江流域封土石室墓研究》，吉林大学博士学位论文，2009年。

⑤ 肖小勇：《鄯善地区的考古学文化与中西文化交流的关系》，中国社会科学院考古研究所博士学位论文，2005年；戴维：《鄯善地区汉晋墓葬与丝绸之路》，北京大学考古文博学院硕士学位论文，2005年；陈晓露：《楼兰考古》，兰州大学出版社，2014年。

技考古方法。除过往所知的罗马玻璃和萨珊玻璃两大系统之外，有学者从新疆汉晋时期尼雅遗址出土玻璃中发现了中亚生产的高钾植物灰类型和南亚生产的高铝植物灰类型[①]。中国与朝鲜半岛、日本列岛文化交流研究，主要是对过往议题的深化研究。例如王仲殊继续讨论日本仿制的三角缘神兽镜与三角缘盘龙镜[②]；吴珍锡以马具为切入点，讨论了三燕文化与高句丽、百济、新罗、加耶等文化的交流[③]。此外也有部分新话题出现，韩钊将魏晋南北朝壁画墓与日本装饰古坟进行了比较，贺云翱则以东亚地区出土的早期钱纹陶瓷器为研究对象[④]。

## 五、编写思路与相关问题说明

围绕上述城址、墓葬、手工业遗存、石刻与简牍文书、佛教遗存、边疆考古、中外文化交流等九大专题，本书采用“点面结合”的方式对相关考古发现和研究成果进行介绍：首先概括出“面”，即各专题遗存的总体特征、发展轨迹和历史地位；然后列举“点”，即展开重要城址、墓葬、遗迹、遗物的个案分析。此外，针对不同专题的特点，本书以时间、空间两大维度为纲领，灵活采用不同的叙述方式。还有几点问题需要做如下说明：其一，本书注重考古材料的时效性，但是对于尚未公布详细简报、资料的考古发现，本书或暂不收录，或仅在注释中进行简单说明。其二，本书力争对魏晋南北朝考古的主要专题均有所涉及，但受限于篇幅和资料，不得不有所取舍。例如在边疆考古章节中，对于南方边疆考古成果未详细展开；由于很多遗存的认定存在争议，本书对道教考古也未进行讨论；对于一些年代跨度较大的遗址、墓地、石窟群，本书对超出魏晋南北朝时代断限的内容只能从略。此外，在地理空间概念上，除使用历史地理、自然地理及现行行政区划名称外，本书交代大空间背景时候所提及的“北方地区”“南方地区”，基本是按照惯例，以长江为界进行划分的。

# 思 考 题

1. 列举魏晋南北朝考古的主要课题。
2. 总结宿白在魏晋南北朝考古领域的主要学术贡献。

---

① 林怡娴：《新疆尼雅遗址玻璃器的科学研究》，北京科技大学博士学位论文，2009 年。

② 王仲殊：《论日本“仿制三角缘神兽镜”的性质及其与所谓“舶载三角缘神兽镜”的关系》，《考古》2000 年第 1 期。

③ 吴珍锡：《三燕文化及其与高句丽、朝鲜半岛南部诸国文化交流的考古学研究》，吉林大学博士学位论文，2017 年。

④ 韩钊：《中国魏晋南北朝壁画墓和日本装饰古坟的比较研究》，《考古与文物》2007 年第 2 期；贺云翱、冯慧、李洁：《东亚地区出土早期钱纹陶瓷器的研究》，《考古与文物》2008 年第 2 期。

# 延伸阅读

韦正:《从“归纳”到“解释”:汉唐考古研究的趋势》,《东南文化》2016年第4期。

中国社会科学院考古研究所:《中国考古学·三国两晋南北朝卷》,中国社会科学出版社,2018年。

刘未:《考古学与历史学的整合——从同质互补到异质互动》,《中国史研究》2021年第3期。

# 第二章　魏晋南北朝城址

魏晋南北朝时期的都城规划发生了重大变化，并最终确立对后世都城建设影响深远的几个原则：其一，有较为明显的中轴线；其二，宫城位置居北、居中；其三，宫城之北规划有园林区；其四，宫城、内城之外规划有外郭城，是主要的居住区和商业活动区。这些原则在邺城、洛阳城、平城、长安城、建康城等都城城址中均有不同程度的体现。本章将重点对这些都城城址相关考古发现进行归纳介绍，以期系统展示都城规制演进的详细图景。

除上述重要都城之外，考古发现的其他类型城址也值得关注，本章的第六节对这些城址的典型代表进行介绍。此外，边疆地区城址也是魏晋南北朝考古的重要内容，本书第八章另行介绍。

## 第一节　曹魏至北朝邺城

邺城遗址，位于今河北省临漳县城西南 20 千米处，由邺北城、邺南城两部分组成。东汉建安九年（204 年），曹操平袁绍、领冀州牧，开始在邺城开展大规模营建。曹丕称帝后，邺城成为魏国“五都”之一。十六国时期，后赵、冉魏、前燕等政权皆定都于此。永熙三年（534 年），北魏分裂为东、西魏。东魏与代之而起的北齐，皆都于邺，并在曹魏邺城南侧营建新城。此时，旧有邺城仍继续使用，至此故有邺北城、邺南城之别。北周大象二年（580 年），杨坚平尉迟迥之乱后，焚毁邺城。

因其在中国古代都城发展史上的特殊地位，邺城遗址历来受到中外学者的广泛关注。1995 年之后，邺城考古队以“大邺城遗址考古”理念为指导开展系列考古工作，使学界对邺城的认识，在空间上得到扩展、在内涵上有所丰富。结合相关考古发现与研究成果，这里分别对邺北城、邺南城的主要特征进行介绍[①]。

---

① 本节框架参考朱岩石、沈丽华：《3 至 6 世纪邺城遗址的考古发现与研究》，《中国考古学百年史：1921—2021》第三卷（上册），中国社会科学出版社，2021 年。邺城遗址考古发现介绍，主要参考《邺城考古发现与研究》（中国社会科学院考古研究所、河北省文物研究所、河北省临漳县文物旅游局编，文物出版社，2014 年）所收录各简报、论文。其他参考文献随文注释。

## 一、曹魏邺北城

据勘探与发掘资料可知，曹魏之邺北城平面为横长方形，东西长 2400～2620、南北宽 1700 米（图 2-1），小于《水经注》所载“东西七里”“南北五里”。

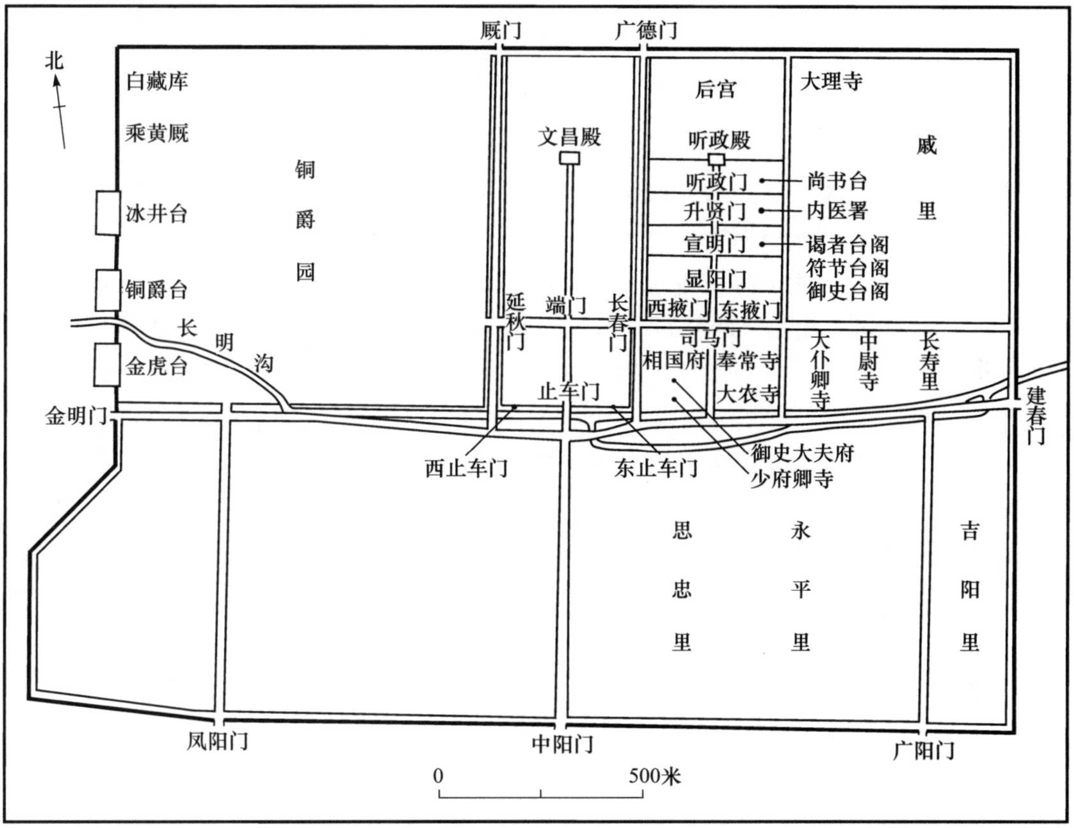


图 2-1　邺北城复原示意图

采自中国社会科学院考古研究所、河北省文物研究所、河北省临漳县文物旅游局编：《邺城考古发现与研究》，文物出版社，2014 年，第 244 页图二，有改动

### （一）城墙与城门

据勘探资料，城墙均为夯土筑成。东城墙已探明部分长 1300、宽 15～18 米；南墙大部已探出，宽约 16 米；北墙仅探得长 350 米一段，宽约 16 米；西墙已有线索，但具体情况待确认。地层堆积情况表明，城墙营建于东汉晚期至曹魏时期，十六国和东魏、北齐时，有重修或增补情况发生。

《水经注·浊漳水》载邺北城共七门，“南曰凤阳门，中曰中阳门，次曰广阳门，东曰建春门，北曰广德门，次曰厩门，西曰金明门，一曰白门”[①]。经勘探，东墙中部

① （北魏）郦道元著，陈桥驿校证：《水经注校证·浊漳水》，中华书局，2007 年，第 259 页。

偏南发现门址一处，当为建春门；北墙东部发现门址一座，应为广德门。南墙未发现与门址有关的遗迹，但据城内三条南北向大道的走向，可锁定三门位置所在，自西向东当对应文献中的凤阳门、中阳门、广阳门。金明门位置，也可据东西向大道来确定。厩门位置，需待进一步工作确定。邺北城南墙西侧、凤阳门东400米处，发现潜伏城门一座，通道宽3、高3.7米，为“秘密通道”性质的地下式城门。据出土遗物判断，城门使用年代最迟至十六国时期，始建年代为曹魏时期。

### （二）道路

邺北城内共发现六条大道，包括东西向一条、南北向五条。东西大道连接金明门至建春门，道路中部略向南弯曲。此大道横贯全城，将全城分为南、北两大空间，北侧空间大于南侧。北侧空间布置宫城、重要衙署、铜爵园，以及戚里、长寿里等高级贵族、官员居住区；南侧空间分布有一般衙署，以及吉阳里、永平里、思忠里等里坊。

东西大道以南，有三条南北大道，现多以所达城门命名之，自西向东分别为凤阳门大道、中阳门大道、广阳门大道。中阳门大道为南北向主干大道，长730、宽17米，北部与东西大道垂直相交。凤阳门大道全长800、宽约13米，广阳门大道探出部分长150、宽13米，二者分居中阳门大道东西两侧对称位置。

东西大道以北，有两条南北大道。同样以所连接城门命名，则西为厩门大道，东为广德门大道。厩门大道仅探出长约70、宽约13米一段；广德门大道仅探出北段，长约450、宽约13米。二者分居中阳门大道向北延长线东西两侧对称位置。

### （三）宫城区

东西大道北侧中央位置（今丁家村北偏西），共发现10处夯土建筑基址，此处应为邺北城宫城区所在。由于上述基址暂未进行发掘，其具体形制不详。宫城城墙未见迹象，推测南宫墙在东西大道北侧，北宫墙在北城墙南侧，东墙在广德门大道东侧约400米，西墙在厩门大道东侧。徐光冀据《魏都赋》《水经注》等文献，对邺北城宫城区进行了复原：宫城分为外朝和内朝，外朝居西，内朝居东。外朝正殿为文昌殿，凡朝会宾客、宴享群臣等国家大典皆在此殿举行。文昌殿南侧正门为端门，端门南对止车门，止车门两侧为东、西止车门；端门之外，东为长春门，西为延秋门。“文昌殿—端门—止车门”，再加上文所述正南城门中阳门，呈南北直线排列，共同构成了贯穿全城之中轴线。内朝正殿为听政殿，以南有听证门、升贤门；升贤门东是崇礼门，西是顺德门；升贤门以南又有宣明门、显阳门、司马门；司马门两侧为东、西掖门。

### （四）铜爵三台与铜爵园

铜爵三台是以军事功能为主的高台建筑群，铜爵园是当时的皇家园林。铜爵三台与铜爵园，既是曹魏邺城都城内重要建筑，又是见证建安文学兴盛的文化标识。

铜爵三台，包括铜爵台（亦称“铜雀台”）、金虎台和冰井台。三台间还修有阁道，“施则三台相通，废则中央悬绝”。三台之中，冰井台建筑功能最特殊，据文献记载包含有冰室、粟窖和盐窖。三台并非同时修筑，铜爵台建于建安十五年（210 年），金虎台建于建安十八年（213 年），冰井台建于建安十九年（214 年）。三台遗址位于今临漳县邺镇村之北、三台村之西，现存基址的西部均被冲毁或破坏。金虎台位于最南侧，应位于西城墙之上。铜爵台居中，破坏严重，现存台基东南角局部。冰井台破坏最严重，具体情况现无法确认。

铜爵园的大致位置，当位于三台之东，宫城之西，金明门—建春门大道以北，北城墙以南。此范围内曾发现有 4 处建筑基址，但无法确认为铜爵园内建筑物。

根据上述考古发现与文献记载，邺北城的城市规划具有以下几个特点。

其一，以道路网络划分出形态规整、功能各异的空间。金明门—建春门东西大道，将城市分为南北两区，北区大于南区。北区又以道路划出不同区域，中央为宫城区，西部有园林、三台，东部主体为戚里。南区则为一般衙署、里坊。其二，以贯穿全城的中轴线作为全城规划的核心。城内中部中阳门大道，向北连接止车门、端门、文昌殿，为全城中轴线，由此首次在都城规划中实施了中轴对称规划思想。其三，改变了汉代以来都城宫殿分散布局的规划，将宫殿集中布置在城内北区中央。概言之，曹魏邺北城具有“功能区分、中轴对称、单一宫城”的特征。从中国古代都城发展脉络来看，这些特征对此后历代都城的规划设计产生了重要影响。

## 二、东魏、北齐邺南城

经调查、钻探，邺南城内城平面近方形（图 2-2），东西宽 2800、南北长 3460 米。内城之外或有外郭城，外郭城的范围尚难以明确，但在推测的外郭城区域内，已发现有不少重要遗存。

### （一）内城城墙、城门及附属设施

邺南城沿用邺北城之南墙，作为新城北墙；东、南、西三侧城墙为新筑。新筑城墙有数处弯曲，东南角、西南角圆角形状尤其特殊，颇似龟形。或如《邺中记》所载，邺南城修筑过程中，“掘得神龟，大逾方丈，其堵堞之状，咸以龟象焉”。

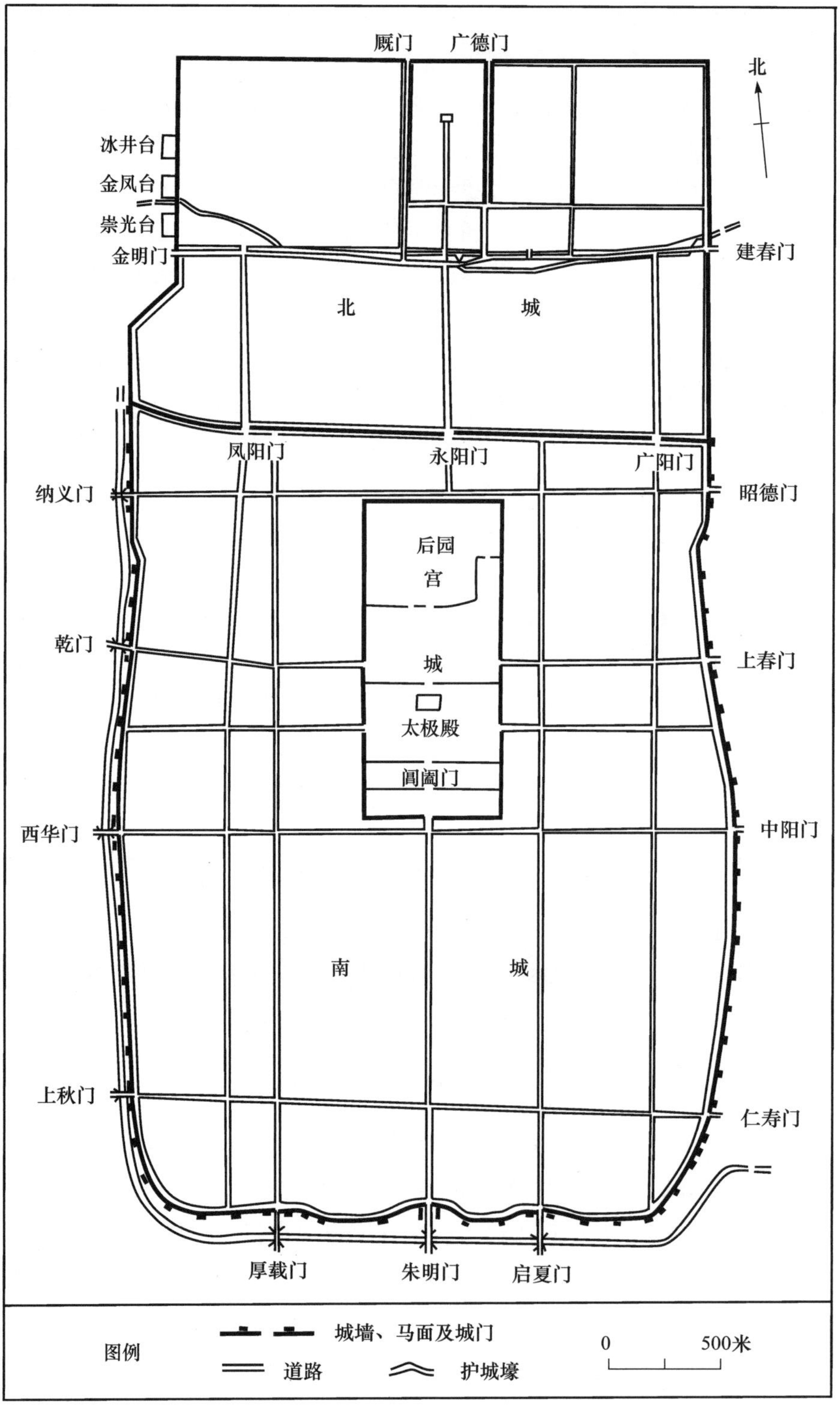


图 2-2　邺南城平面复原图

采自中国社会科学院考古研究所:《中国考古学・三国两晋南北朝卷》，中国社会科学出版社，2018 年，第 58 页图 1-16

经勘探确认的城门遗址共 11 座：东墙 1 座、南墙 3 座、西墙 4 座，以及北墙 3 座（即邺北城南侧三门）。根据文献记载，邺南城应有城门 14 座。东面有四门，由南至北为仁寿、中阳、上春、昭德；南面有三门，由西向东为厚载、朱明、启夏；西面有四门，由南至北为上秋、西华、乾门、纳义；北面三门，由西向东为凤阳、永阳（《水经注》记为“中阳”）、广阳。东墙所探得一处，应为仁寿门；其余三门，尚无迹象可循，但据西墙三门以及东西向大道，可推测大致位置。邺南城唯一经过全面发掘的城门为南侧正门朱明门。据发掘资料，朱明门的形制应为“连体式双阙楼城门”，即通过行廊将城门和阙楼连接为一体。

城墙的附属设施主要包括护城壕与马面两类。东、南、西城墙外均有护城壕迹象。东、南墙与护城壕相距约 120 米，西墙与护城壕相距约 28 米。东南城角、西南城角护城壕与城墙形状相似，为弧形圆角，可形成宽大水面。邺南城东、南、西三墙外侧，共探出马面 50 座。马面平面近长方形，宽约 18 米，间距 85～95 米。

### （二）内城道路

据文献所记 14 座城门推测，邺南城内城应规划有九条主要干道，包括南北向三条、东西向六条。已经勘探确认的，为以下六条：南北向三条，正中为朱明门大道，西侧为厚载门大道，东侧为启夏门大道；东西向三条，由南向北为上秋门—仁寿门大道、西华门—中阳门大道、乾门大道；余下三条东西向大道，即上春门大道、纳义门大道、昭德门大道，尚未发现明确迹象。

南北向大道中，朱明门大道现存长 1920、宽 38.5 米，为内城道路最宽者。其南至朱明门、北达宫城南门，向北延长线则排列有大型宫殿基址。由此判断，其为内城之中轴线所在。西侧厚载门大道现存长约 2100、宽 6～11 米，东侧启夏门大道现存长 940、宽约 11 米。

东西向大道的走势，基本均与上述南北大道垂直。乾门大道西起乾门，东达宫城西门，现存长约 45、宽 4 米。据实测方位，上秋门—仁寿门大道与西华门—中阳门大道，均为东西贯通全城的大道；前者被间断破坏，仅知宽约 10 米；后者现存长 1320、宽 5～8 米。

### （三）宫城区

宫城区位于内城北侧中部，南侧临近西华门—中阳门大道，北侧紧邻内城北垣。学界对邺南城宫城区的探索，经历了前后两个阶段。20 世纪 80 年代，邺城考古工作队经多次勘探，确认了宫城区的位置、范围，并探出 15 座夯土建筑基址。其中，宫城中部以南所发现的 101、112、111、103、114、110 号建筑基址，呈南北一线排列。这一组建筑的位置，在朱明门大道的北侧延长线上，当是城市中轴线的组成部分。结合文献记载，101、112、111、103、114、110 号等六处建筑基址可由南向北依次对应止车门、端门、阊阖门、太极殿、朱华门、昭阳殿。

2015年起，邺城考古队在宫城区开展了持续的勘探、发掘。此次系列考古工作，确认了宫院平面呈纵长方形，南北长约1000、东西宽约354米。更为重要的是，在宫城中轴线北部发现几处建筑基址；其中，206号建筑基址经过全面揭露，结构特征已基本明确。206号建筑是宫城内迄今所见规模最大的殿堂式建筑之一，其主体由地上台基、地下基础两部分组成，周边还分布有连廊、廊房、甬道、夯土墙、排水沟等附属设施。以206号为代表的建筑基址，为学界进一步讨论宫城布局提供了重要资料。

### （四）外郭城考古发现

传世文献对邺南城外郭城无明确记载，但是可见"东市在东郭，西市在西郭"的间接证据。同时，文献还记邺南城有四百余处里坊，历代出土墓志所见里坊名称也已有五十余处。因此，有学者推测，邺南城存在承载大量都城人口的外郭区。

尽管邺南城外郭城城墙还未被证实，但是在推定的外郭城范围内，重要的遗迹、遗物已有较多发现，主要包括佛教遗存和瓷窑场两大类。

外郭城内的重要佛教遗存，以赵彭城东魏北齐佛寺遗址、核桃园北齐佛寺遗址以及北吴庄佛教造像埋藏坑最为重要。

赵彭城佛寺遗址（当地俗称"曹奂冢"），位于内城南墙南侧约1000米、中轴线（朱明门大道）向南延长线的东侧，应位于当时南郭范围内。寺院坐北朝南，外围有边长约450米的方形围壕。寺院中轴线中央偏南，有塔基一处，是整个寺院的中心建筑（图2-3）。据所揭露遗存推测，此佛塔为方形木塔，面阔七间、进深七间；底部有正方形砖石包边台基，边长近30米，四面中央设踏道。地面以下有夯土基槽，基槽最上层建造有用于瘞埋舍利的砖函。寺院之东南、西南，各有一处近方形院落。院落中轴线北部有大型殿堂式建筑，殿堂两侧有连廊，可与外围廊房相连通。此外，寺院中轴线北端、距佛塔约240米处，还发现有一处大型夯土建筑基址，其夯土基槽东西长约38、南北宽约24.2米。赵彭城佛寺的这种布局形式，可用"中心佛塔+多院落"来概括，在中古佛教寺院建筑形式演变序列上占据重要地位。

核桃园佛寺遗址①，位于内城南墙南侧约1200米，西距上述赵彭城佛寺约600米。根据上述位置，结合遗址西南200米处出土隋代赵觊墓志所记，研究者认为该处寺院为北齐大庄严寺。寺院中心区域，已确认处于同一轴线、南北一线排列的1号、5号、2号、3号等四处建筑基址；周围有包括6号、7号基址在内的围廊建筑环绕（图2-4）。

---

① 中国社会科学院考古研究所、河北省文物研究所邺城考古队：《河北临漳邺城遗址核桃园一号建筑基址发掘报告》，《考古学报》2016年第4期；中国社会科学院考古研究所、河北省文物研究所邺城考古队：《河北临漳县邺城遗址核桃园5号建筑基址发掘简报》，《考古》2018年第12期。

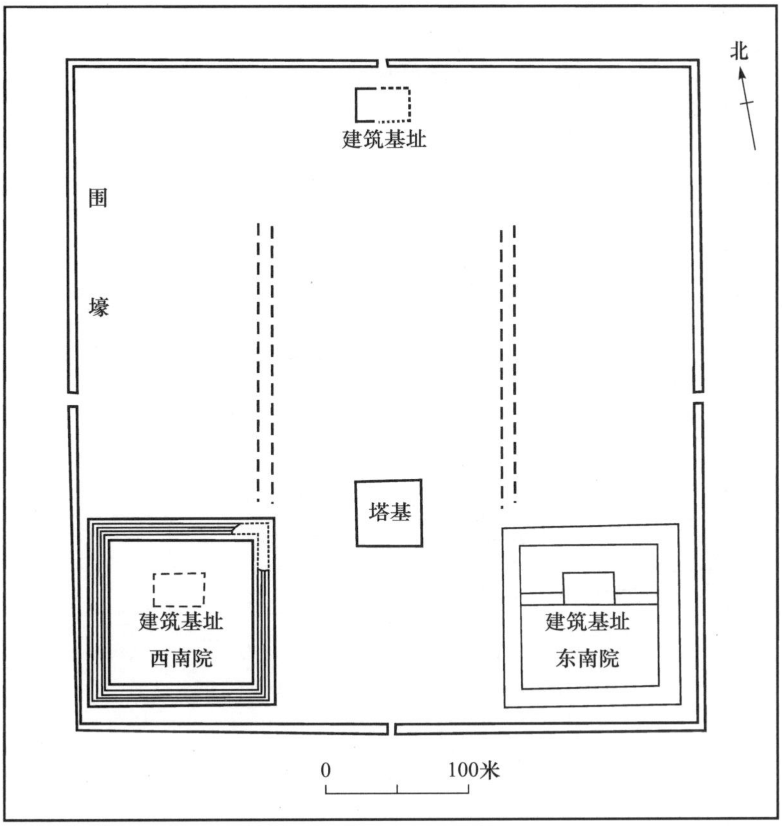


图 2-3　赵彭城北朝佛寺遗址平面图
采自中国社会科学院考古研究所、河北省文物研究所、河北省临漳县文物旅游局编：《邺城考古发现与研究》，文物出版社，2014 年，第 112 页图二

1 号基址位于轴线最南侧，为一处方形木塔遗迹（图 2-5）。其夯土台基近方形，边长约 30 米。台基四面正中设有踏道，周边则分布有包边沟槽、内圈和外圈铺砖、“青石遗存”、砖铺地面、砖石结构甬道等附属设施。在夯土台基正下方、夯土基槽顶层卵石层表面，发现近方形石函。石函内遗物多与佛教七宝有关，其中长颈瓶则为舍利瓶，瓶内水银或为舍利替代物。石函出土位置以下，有零星出土的常平五铢铜钱和釉陶罐一件，或与佛塔修筑过程中的瘗埋活动有关。

1 号佛塔之北，5 号、2 号、3 号及两侧的 6 号、7 号建筑基址，构成多重院落的结构。其中，5 号基址位于 1 号塔基的正北约 40 米，应为院落南侧门址。其主体结构包括地上台基、地下条形夯土基础两部分。台基东西两侧偏北位置，各分布有连廊一座，可与 6 号、7 号基址连通。2 号基址位于 5 号基址北侧约 50 米处，为一处佛殿遗迹。殿平面近横长方形，主体也由地上台基和地下条形夯土基础两部分组成，东、西两侧也有连廊通往 6 号、7 号基址。6 号、7 号基址为南北向的东、西廊，建筑结构为进深两间，每间面阔、进深均为 4.3 米，前后各有宽约 2.2 米的通廊。6 号、7 号基址在 2 号基址北侧继续延伸，与 3 号、8 号基址连接，形成多重院落。

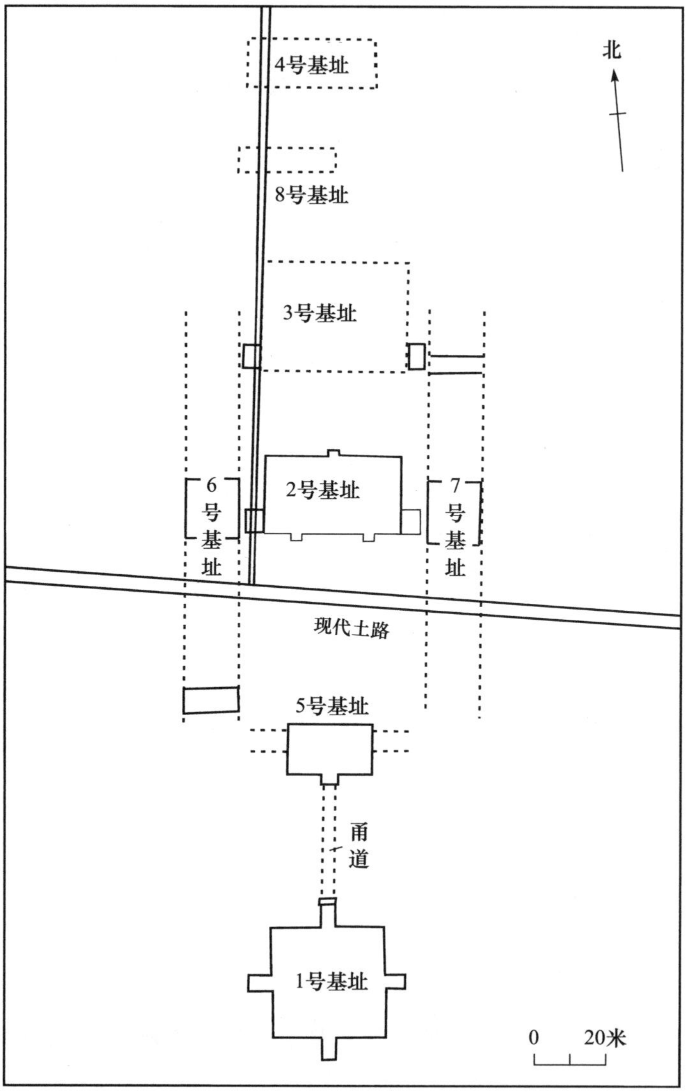


图 2-4 核桃园寺院遗址建筑布局图

采自中国社会科学院考古研究所、河北省文物研究所邺城考古队：《河北临漳邺城遗址核桃园一号建筑基址发掘报告》，《考古学报》2016 年第 4 期，第 565 页图三

北吴庄造像埋藏坑，位于习文乡北吴庄北、今漳河南堤北侧的河滩内，该地点正处目前推测的东外郭区内。平面近不规则方形，边长约 3.3、深约 1.5 米。出土较完整造像数量近 2895 件，另出有造像碎片近 3000 件。造像放置密集，未见明显分层或间隔。出土造像以汉白玉质为主，另有少数青石质、陶质。造像题材为卢舍那、观世音、思惟太子以及释迦多宝等。造像年代以东魏、北齐为主，个别为北魏、北周或隋唐时期①。

① 中国社会科学院考古研究所、河北省文物研究所邺城考古队：《河北邺城遗址赵彭城北朝佛寺与北吴庄佛教造像埋藏坑》，《考古》2013 年第 7 期。

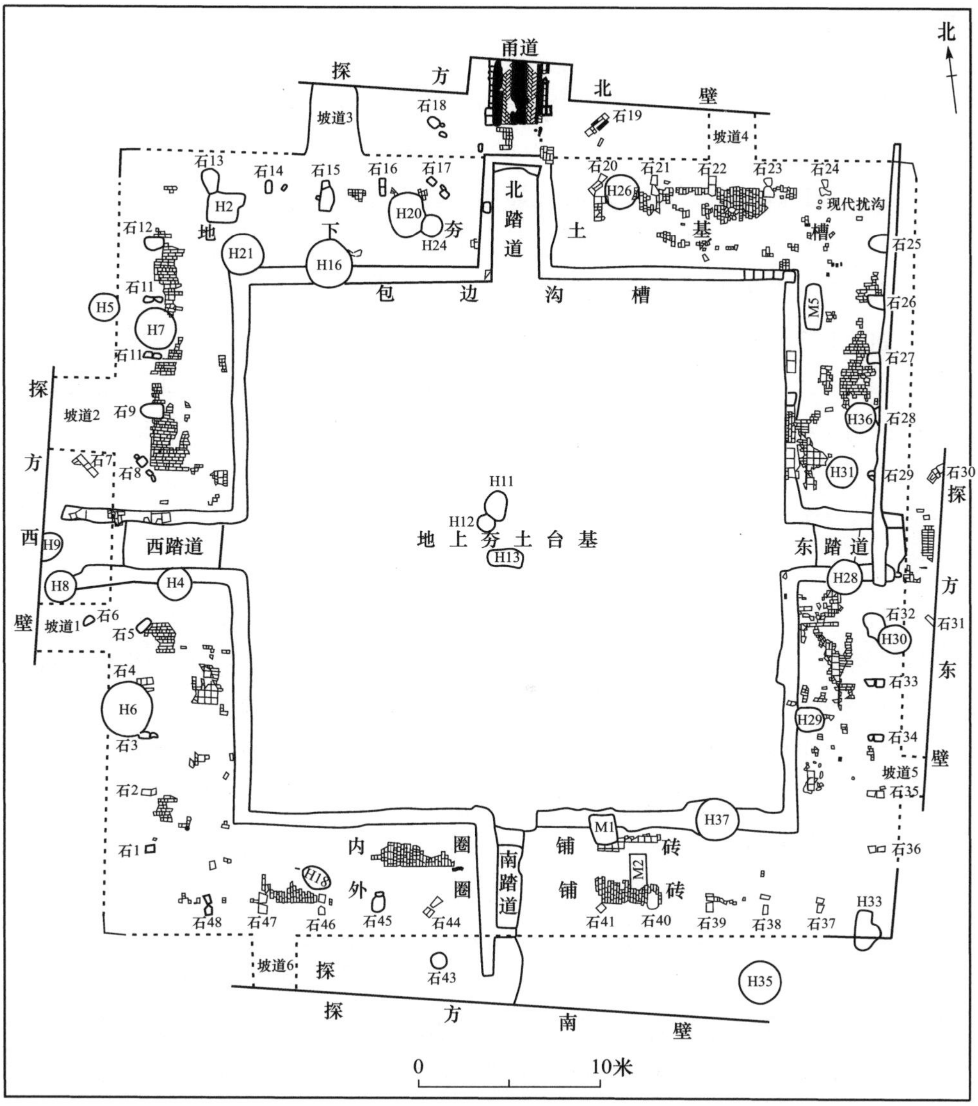


图 2-5　核桃园一号建筑遗址平面图

采自中国社会科学院考古研究所、河北省文物研究所邺城考古队：《河北临漳邺城遗址核桃园一号建筑基址发掘报告》，《考古学报》2016 年第 4 期，第 570 页图七

生产瓷器的窑场主要有邺南城东北郭曹村窑址、东郭倪辛庄窑址，以及西南郭芝村窑址三个窑区[①]。三个窑区内所发现窑炉多数是由两三个窑炉构成的组窑，附近设置有半地穴作坊、窖藏坑、水井。窑炉形制有土洞式和半地穴式两种，平面均呈马蹄形，均由窑门、火膛、窑床、窑壁和烟道五部分构成。发掘、采集大量窑具，主要形制有亚腰形支柱、三叉柱状支座、三叉支钉。出土瓷器胎质坚硬，多为米黄色胎、黑胎或

① 沈丽华：《汉唐时期都城地区窑业生产略论》，《南方文物》2022 年第 4 期；河北省文物研究所：《河北临漳县邺南城倪辛庄窑址调查报告》，《文物春秋》2018 年第 2 期。

灰黑胎，釉色有青釉、黄釉、白釉等；可辨器类主要有碗、钵、杯、罐、高足盘、长颈瓶、莲花尊、砚等。

邺南城的规划理念可归纳为“上则宪章前代，下则模写洛京”[①]。也就是说，邺南城是对前代都城规划特征的总结，且尤其强调对北魏洛阳城的沿袭。主要表现有：邺北城“功能区分、中轴对称、单一宫城”的原则在邺南城被进一步强化。尤其是在中轴线规划上，宫城中轴线与内城中轴线重叠，“内城正南门（朱明门）—宫城正南门（止车门）—宫城南侧太极殿—宫城北侧206号大殿”等系列建筑皆安置在中轴线上。同时，受北魏洛阳城影响，结合容纳城市人口的需要，邺南城确立了“宫城、内城、郭城”三重城市结构。邺南城系统整合了曹魏邺北城、北魏洛阳城等都城建设成果，使得这一时代的诸多规划理念得以确立、加强，进而深刻影响了隋唐都城制度。

## 第二节　魏晋、北魏洛阳城

汉魏洛阳城遗址，位于伊洛河盆地中北部，西距今洛阳市区约15千米。该城址始建于西周初年，为周公迁殷商“顽民”所营之成周[②]。平王东迁，居于成周之“王城”。公元前520年，为避王子朝之乱，敬王迁出王城。公元前510年，晋合诸侯于狄泉扩城，是为敬王所居之成周；其后直至周赧王迁出，周天子皆以此为都。秦王朝统一后，封吕不韦为洛阳十万户侯，大其城、兴南北诸宫室。建武元年（25年），东汉光武帝定都洛阳，沿用秦代之南北宫。此后，曹魏、西晋相继以洛阳为都。太和十八年（494年），北魏孝文帝迁都洛阳，开始对洛阳进行系列营建与改造，洛阳城进入最后、也是规模最宏大的发展阶段。北朝晚期，北周宣帝曾重修洛阳宫、太极殿，但皆未完成。隋代以后，随着隋唐洛阳城的兴建，汉魏洛阳城址逐渐被完全废弃。

汉魏洛阳城先后作为东周、东汉、曹魏、西晋和北魏等政权的都城，累计时间长达约540年，是上中古之际整个东亚地区具有巨大影响力和重要典范作用的核心都邑。结合文献记载和考古资料可知，两汉魏晋时期，洛阳城的位置、城墙、城门、道路系统无太大改变；北魏继承了前代洛阳城的框架，并在内城之外修建外郭城，使得城市布局由“大城—宫城”两重转变为“外郭城—内城—宫城”三重。现分宫城、魏晋大城（北魏内城）、外郭城等三部分对魏晋、北魏洛阳城进行如下介绍[③]。

---

① （北齐）魏收：《魏书·李业兴传》，中华书局点校本，1974年，第1862页。

② 钱国祥：《汉魏洛阳城的考古发现与研究》，《中国考古学百年史：1921—2021》第三卷（上册），中国社会科学出版社，2021年，第293页。

③ 本节主要参考钱国祥如下论著：《北魏洛阳内城的空间格局复原研究——北魏洛阳城遗址复原研究之一》，《华夏考古》2019年第4期；《北魏洛阳外郭城的空间格局复原研究——北魏洛阳城遗址复原研究之二》，《华夏考古》2019年第6期；《北魏洛阳宫城的空间格局复原研究——北魏洛阳城遗址复原研究之三》，《华夏考古》2020年第5期；《汉魏洛阳故城沿革与形制演变初探》，《21世纪中国考古学与世界考古学——纪念中国社会科学院考古研究所成立50周年大会暨21世纪中国考古学与世界考古学国际学术研讨会论文集》，中国社会科学出版社，2002年。

## 一、宫城

黄初元年（220 年）十二月，魏文帝“初营洛阳宫”，裴松之注“诸书记是时帝居北宫，以建始殿朝群臣”①。自此，曹魏创建居北居中的洛阳宫，形成单一宫城制。魏明帝愈增崇宫殿，起昭阳、太极殿，筑总章观，由此奠定了魏晋以后洛阳宫城的基本格局。

北魏沿用曹魏宫城的规模、形制，并在曹魏、西晋宫墙的外侧或基础之上重新修筑宫墙。北魏宫城位于内城的北侧中部偏西，南邻内城中间的东西横街西阳门—东阳门大街，北面接皇家禁苑——华林园；平面呈南北向长方形，南北长 1398、东西宽 660 米，面积约占内城的 1/10（图 2-6）。宫城东、南、西三面宫墙已经勘探确认。经勘探确认的城门有八座，南面两座，西面四座，东面两座。宫城正门阊阖门，位于南宫墙中部偏西。经过完整揭露，确认该门址形制较特殊，是一座三门道的殿堂式建筑。殿堂台基南北两侧各有三条慢道，东西两侧各有一条慢道。宫墙南墙缺口两端设置有大型夯土双阙，平面形状近曲尺形，由一个母阙和两个子阙构成。双阙之间距离宽约 41.5 米。

宫城内空间可分为南、北两大区域；二者的分界为宫城西门千秋门至宫城东门万岁门的横街，也就是文献所记“永巷”②。

### （一）宫城南区

宫城南区大致中间的位置有一条南北向道路，南对司马门，北抵永巷，将宫城南部隔成东、西两个空间。西侧分布有三道宫城正门和太极殿、显阳殿等宫院的大朝殿堂与寝殿；东侧则是外朝官署及太仓、府库的分布区。

西侧的大殿朝堂区是宫城核心所在，东西宽 330、南北长 790 米，自宫城南墙至永巷分布有四进宫院。第一进宫院：宫城第一道正门阊阖门至第二道正门止车门之间的宫院。阊阖门两侧分布有院落，推测与驻守皇宫的禁军或放置车舆的官署有关。第二进宫院：止车门至第三道正门端门之间的宫院。宫院内东西向道路两端各通往一处大型夯土基址，推测为门下省、中书省官署。第三进宫院：端门至太极殿之间的太极殿宫院。太极殿位于北部中间，是宫城的大朝正殿。太极殿基址夯筑，北侧保留有壁面包砖和散水残迹。主殿两侧分布有东堂、西堂，二者规格一致，东西长 48、南北宽约 23 米。第四进宫院：太极殿北侧至永巷的显阳殿宫院。显阳殿两侧有东、西院落，皆南北长 170 米，东西宽 94 米，自南向北各发现有三组宫院，院中各有一座大型殿基，两侧还有小型宫院和房舍等，推测为皇帝、皇后的寝殿及侍从人员办公或居住之所。

---

① （晋）陈寿撰，（南朝宋）裴松之注：《三国志·魏书·文帝纪》，中华书局，1982 年，第 76 页。

② 永巷遗址已被发掘，但由于发掘资料尚未被系统披露，本书这里暂不介绍。

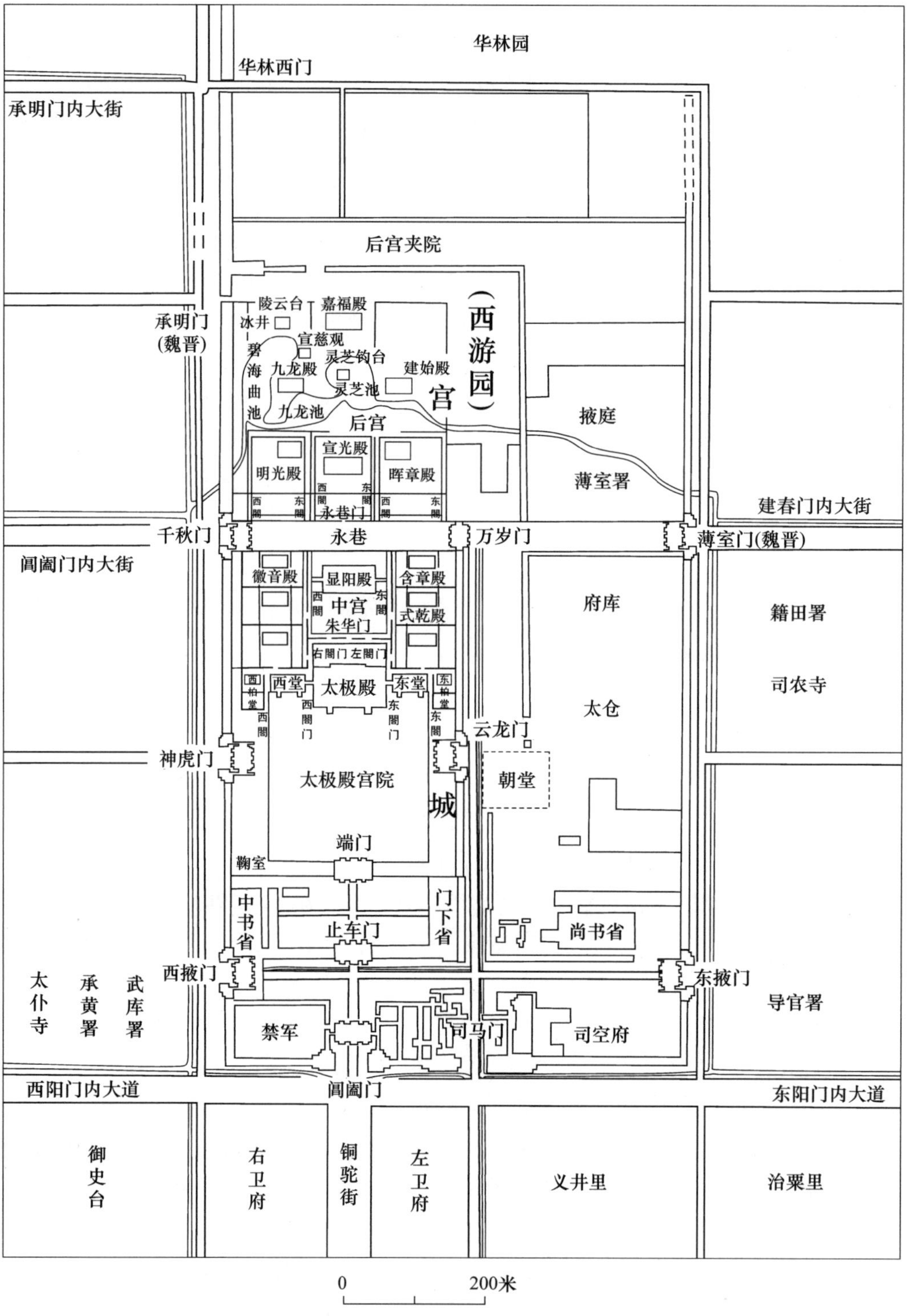


图 2-6 北魏洛阳城宫城复原示意图

据钱国祥：《北魏洛阳宫城的空间格局复原研究——北魏洛阳城遗址复原研究之三》，《华夏考古》2020 年第 5 期，第 88 页图一改绘

东侧区域，有学者复原主要有四个建筑空间：最南面有司空府；中间是尚书省；尚书省北面则是皇家的粮仓——太仓与府库；太仓西侧、太极殿宫院东门云龙门东面，还有皇家议政的朝堂。此外，新近考古勘探工作所发现有240座仓窖，分布范围西侧以司马门内大路为界，南邻为东掖门内大道，北临永巷，东依宫城东墙。

### （二）宫城北区

宫城北区南临永巷，北接华林园，主要分为三个建筑空间：北部属华林园的一部分，西南部为西游园和后宫夹院，东南部为掖庭官署。西南部的西游园，是后宫寝殿核心区域。《洛阳伽蓝记》对西游园内建筑布局描述较为详细①，但迄今经过发掘确认的遗存还较少。当地俗称“羊冢”的地点曾发掘建筑台基一座，台基为边长25米的方形，台基中部清理发现圆筒形建筑。据残存迹象判断，圆筒形基址内构架有上下两层井字形梁架，梁架上原当铺有枋板。发掘者判断其性质为用于储冰的圆形冰井设施，有学者进一步推测其为陵云台。

## 二、魏晋大城（北魏内城）

据发掘与勘探资料，北魏内城下至少有三个规模不同、时代早晚有异的早期城址叠压在一起。由此可知，东汉、曹魏、西晋洛阳城大城，均在同一城墙基础上修建、沿用；北魏增修外郭城后，内城仍沿用上述城墙（图2-7）。

### （一）城墙、城门与防御设施

传世文献载汉晋洛阳大城东西约六里、南北约九里，故有“九六城”之称。因洛河改道南墙已被冲毁，北、东、西三面城墙现仍有部分夯土残迹立于地表。据实测北墙长2820、东墙残长3895、西墙残长3510米，另可推算南墙长2460米。上述数据基本符合“九六城”之特征。

经勘探确认的城门遗址共有10处，包括西墙五处、北墙两处、东墙三处。结合《洛阳伽蓝记》记载，可确定各处城门名称。西墙城门情况较为复杂，五处城门并非为同一时期建成。魏晋时期，西墙有三座城门：广阳门、西明门（东汉雍门）、阊阖门；对应前述五处遗址的南起第一、二、四处。北魏时期，堵塞原西明门（东汉雍门），于其北新辟西阳门（对应南起第三处城门遗址）；同时，在阊阖门之北新辟承明门（对应南起第五处城门遗址），并改称原广阳门为西明门。北墙城门遗址两处，东为广莫门、西为大夏门。东墙三处城门遗址，自南向北依次为青阳门、东阳门、建春门。城门形制可以东墙北部建春门为例。建春门基址整体近长方形，南北长30、东西宽12.5米，为一门三洞结构（图2-8）。南门洞南壁、北门洞北壁各发现有一条残砖基沟，应为

① （北魏）杨衒之撰，周祖谟校释：《洛阳伽蓝记校释·城内》，中华书局，2010年，第38页。

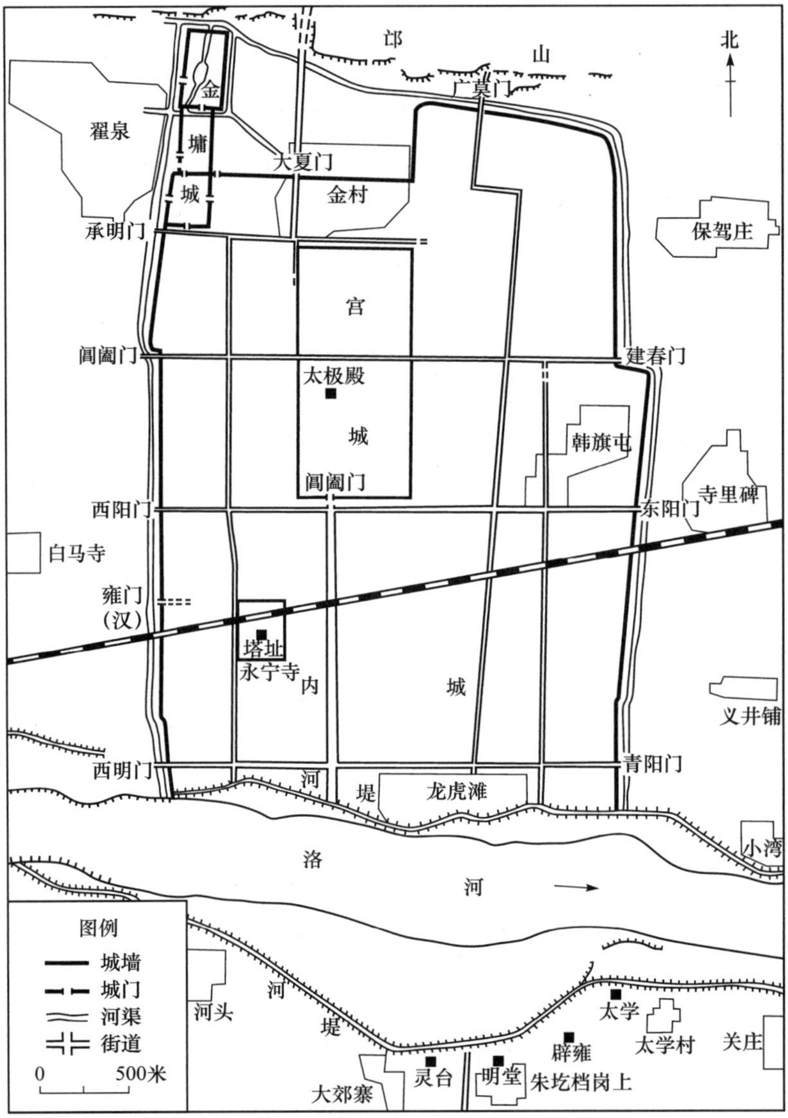


图 2-7　北魏洛阳内城复原示意图

据中国科学院考古研究所洛阳工作队：《汉魏洛阳城初步勘查》，《考古》1973 年第 4 期，第 199 页图一改绘

魏晋时期城墙包砖的基槽，是迄今所见城门壁表包砖的最早实证。

防御设施遗存主要有金墉城和马面两类。据《水经注》记载，魏明帝于洛阳城西北隅营建金墉城。此后，金墉城为重要防御设施和魏晋废帝废后居住之所；北魏时期，多位妃嫔夫人也曾居住于此。依据勘探与发掘资料，可确认洛阳城西北角有甲、乙、丙三座南北毗连的小城，但是三者并非同时修建完成的（图 2-9）。最南侧为丙城，其东墙是依附在大城北墙基址南侧外壁修建起来的[1]，修补或增补夯土的筑造年代不晚于

① 中国社会科学院考古研究所洛阳汉魏故城队：《汉魏洛阳故城金墉城址发掘简报》，《考古》1999 年第 3 期。

东汉晚期至曹魏初期。因此，丙城有可能是文献所记曹魏、北魏时期的金墉城；丙城东北角的基址，则有可能是魏文帝修建的百尺楼。甲、乙两小城的始建年代，应不早于北魏，有学者推测二者为隋末李密所修①。马面遗迹分布于西墙北段、北墙东段及金墉城诸墙，现共发现 18 处，相互间隔 110～120 米。其平面多近长方形，由地下基础和地上夯土两部分组成。马面遗迹分为早、晚两期；早期马面始建于魏晋时期，晚期马面则是北魏时期以魏晋马面为基础经修削、增筑建成的。不同时期的马面夯土，多与同时期的城墙夯土连为一体。

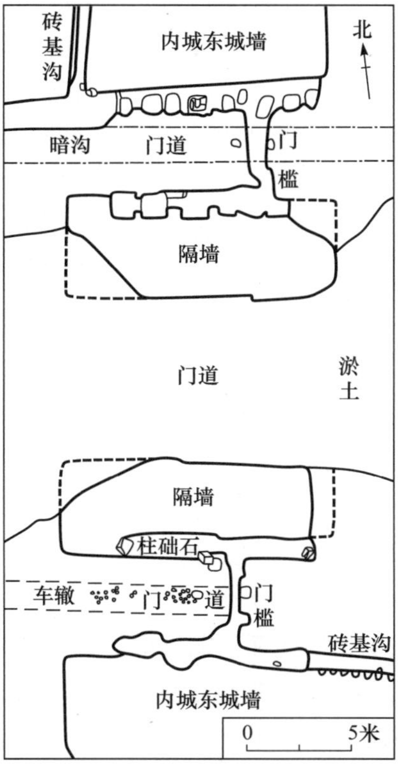


图 2-8　建春门遗址平面图

据中国社会科学院考古研究所洛阳汉魏故城工作队：《汉魏洛阳城北魏建春门遗址的发掘》，《考古》1988 年第 9 期，第 815 页图二改绘

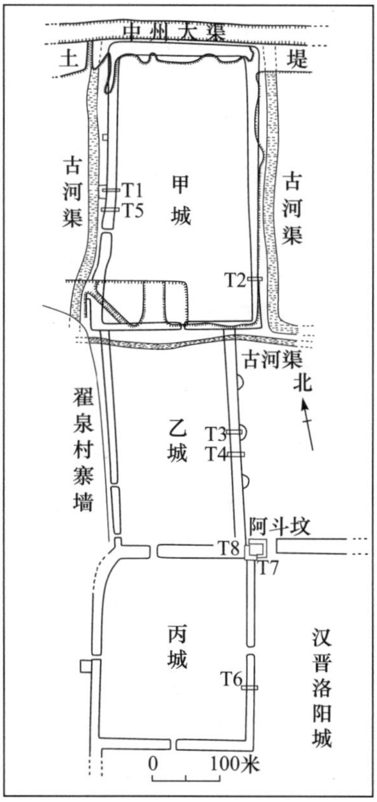


图 2-9　金墉城甲、乙、丙城平面图

据中国社会科学院考古研究所洛阳汉魏故城工作队：《汉魏洛阳故城金墉城址发掘简报》，《考古》1999 年第 3 期，第 2 页图二改绘

## （二）道路

经勘探确认主干大道共 10 条，东西向、南北向各 5 条。5 条东西大道中有 3 条横贯

① 钱国祥：《汉魏洛阳城金墉城形制布局研究》，《新世纪的中国考古学：王仲殊先生八十华诞纪念论文集》，科学出版社，2005 年，第 604 页。

全城，连接东西垣城门：最南侧为“青阳门—西明门”大道，长2460、宽29～36米，该道路与南北大街铜驼街交会处为北魏时期礼制建筑区域；中间一条为“东阳门—西阳门”大道，长2630、宽约40米，与铜驼街在阊阖宫门前呈“T”字形交会，道路两侧为北魏重要衙署、贵族宅第或寺院；北面一条为“建春门—阊阖门”大道，长2510、宽35～51米，可与宫城东门（万岁门）、西门（千秋门）相连，是内城东、西两侧进入宫城的重要通道。另外两条东西大道为雍门大道和承明门大道。雍门大道残长50、宽约20米，北魏时已废弃；承明门大道长1410、宽17～22米，道路通过金墉城南侧，可直达宫城北部。

5条南北向大道的情况如下：最东为开阳门大道，北侧与“建春门—阊阖门”大道相交，残长2400、宽12～15米。东起第二条为“平昌门—广莫门”大道，残长4045、宽14～29米。东起第三条大道，文献明确记载其名称为铜驼街（或阊阖南街），残长1650、宽40～65米。铜驼街北起宫城正南门（阊阖门），向北延长线可抵宫城内正殿（太极殿）；南达大城正南门（宣阳门），向南延长线可抵南郊圜丘。据此可以认为，该大道具有都城中轴线的含义。东起第四条为大夏门大道，向南延伸至宫城西北角附近，残长约400、宽约30米。东起第五条为津阳门大道，北侧与承明门大道相交，残长2990、宽36～40米。

### （三）重要建筑遗址

经过发掘的重要建筑遗址，主要有一号房址和永宁寺遗址两处。

一号房址位于宫城南侧、铜驼街东侧，北距宫城约1500米，西距铜驼街约200米，平面近东西略长的方形，墙垣系夯筑，西墙无存，东、北、南三墙内壁抹三层石灰墙皮，最外层为朱红色。该房址南墙向东延伸，与另一房址夯土墙相连；据此判断一号房址或应是一组建筑群里的一间配房①。出土遗物以砖瓦、瓦当等建筑材料为主，其中带文字的瓦共911块，刻文瓦868块，印文瓦43块。根据遗迹、遗物的形制特征，发掘者判断一号房址为北魏时代宗正寺或太庙建筑的一部分。

永宁寺是北魏时期洛阳城内的著名皇家寺院，为孝明帝熙平元年（516年）灵太后胡氏所立。永宁寺遗址位于宫城南侧、铜驼街西侧，北距宫城约500米，东距铜驼街约200米。遗址平面为长方形，南北长301、东西宽212米，四周有夯土围墙，每面各开一门。木塔塔基位于寺院中部，且与寺南门和东、西二门直对；塔基正北约60米处，发现有佛殿基址一处（图2-10）。木塔塔基由夯土基础、基座和初层建筑遗迹三部分组成。夯土基础平面近方形，长、宽均百米左右，基槽深约6米。基座近方形，坐落在夯土基础中部，四面各有慢道一条。基座内侧为夯土，四壁以青石包砌，顶面周边装设螭兽与栏杆。基座之上，保留有初层建筑遗迹，包括方形塔心和方格状柱网等。方

---

① 中国科学院考古研究所洛阳工作队：《汉魏洛阳城一号房址和出土的瓦文》，《考古》1973年第4期。

形塔心为土坯、木柱混砌，每边长 19.8、残高 3.7 米；东、南、西三面各有五个弧形壁龛，当为供奉佛像所用；北面无龛，或为架设木梯登塔之处。方格状柱网，共有 124 处础石，分五圈排列；里面四圈础石被方形塔心叠压，且均由三块础石叠压构成。最外圈础石均为单块结构，是木塔外围回廊式殿堂的前檐柱础。塔基处出土大量佛、菩萨、弟子、供养人等塑像残块，可证木塔确为容纳灵像之所[①]。

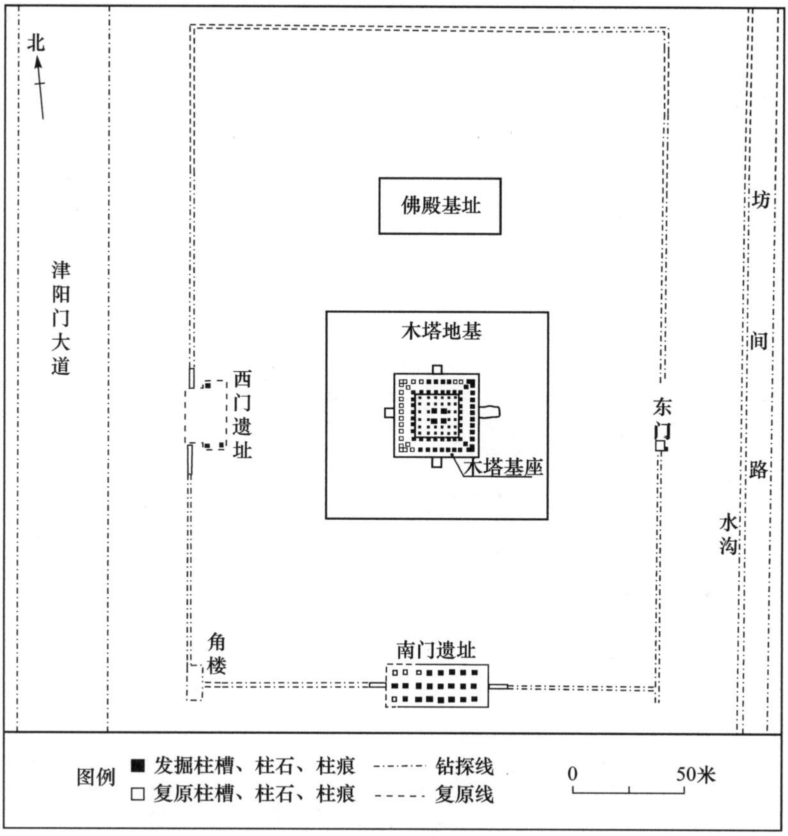


图 2-10　永宁寺遗址平面图

据中国社会科学院考古研究所：《北魏洛阳永宁寺——1979～1994 年考古发掘报告》，中国大百科全书出版社，1996 年，第 7 页图四改绘

## 三、外郭城

北魏景明二年（501 年）九月，“发畿内夫五万人筑京师三百二十三坊，四旬而罢”[②]。这是文献对北魏外郭城营建年代的明确记载。不过，对于外郭城内的里坊数量，除上述“三百二十三坊”外，还有《洛阳伽蓝记》所记“二百二十里”和《北史》所

① 中国社会科学院考古研究所：《北魏洛阳永宁寺——1979～1994 年考古发掘报告》，中国大百科全书出版社，1996 年。

② 《魏书·世宗纪》，第 194 页。

记“筑坊三百二十”两种说法。钱国祥认为，“320 里应该是表请修筑的整个都城规划里坊数，323 坊可能是整个都城的实际里坊数，而 220 里则是不包括‘庙社宫室府曹’和原有里坊、市场的新筑里坊数”。

外郭城形制为中部向南凸出的东西向长方形（图 2-11）。东西墙之间相距 9000～9800 米，南北最大距离也达 8800 米。郭城北墙形状曲折，位于内城北墙北侧 850～1300 米的邙山南坡，仅发现 1300 米，夯土墙外有壕沟。西墙亦形状曲折，位于内城西墙西侧 3500～4250 米处，夯土位于地下深 0.7～4.5 米处。西墙南段外侧现有一壕沟，应为汉晋时期的“长分沟”，也即外郭西墙外的防御水系。东墙基本呈直线，位于内城东墙以东 3500 米处，夯土位于地下深 1～4 米处。南墙尚未被发现，但推测都城南界当位于古洛水北岸，即今东新庄、牛王庙、西大郊、朱圪垱、东罗洼村东西一线。据《洛阳伽蓝记》，内城南门宣阳门外四里至洛水，“上作浮桥，所谓永桥也”，此为洛都外郭南侧水路交通要道，也是郭、郊的重要分界。上述地理区位距内城南墙约

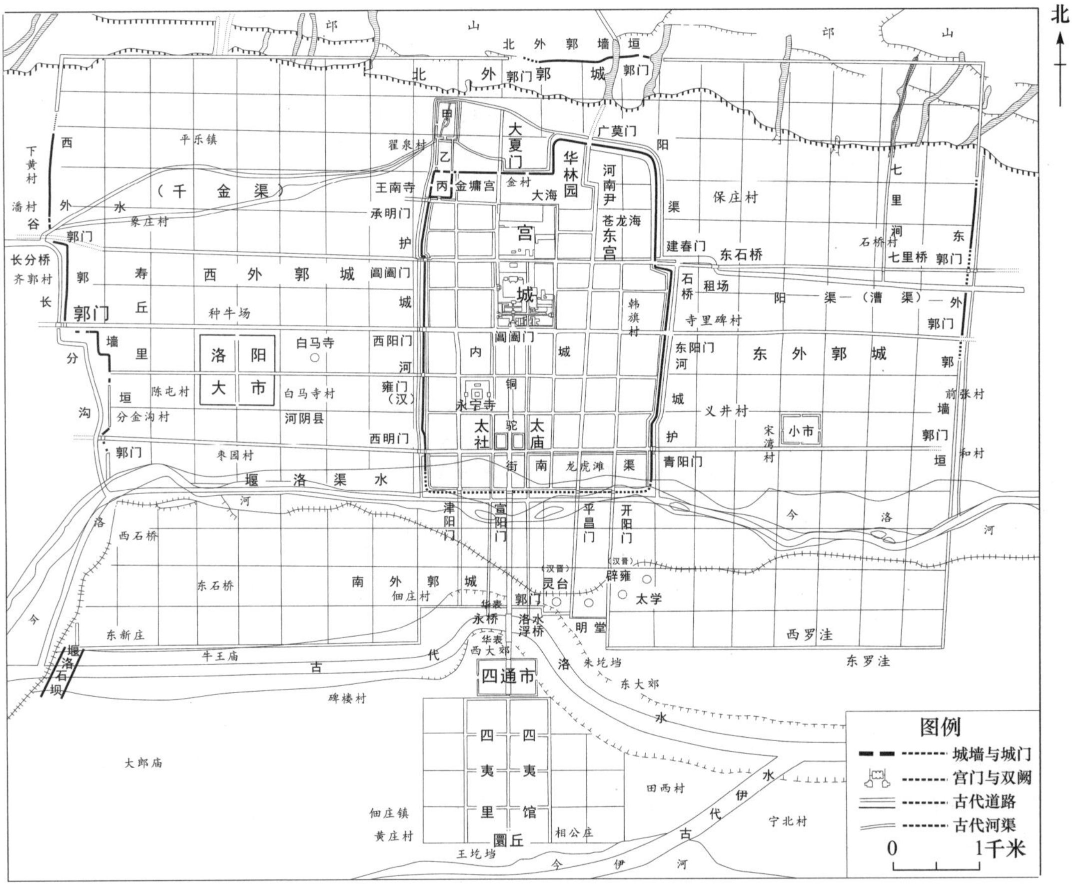


图 2-11　北魏洛阳城外郭城平面复原图

据钱国祥：《北魏洛阳外郭城的空间格局复原研究——北魏洛阳城遗址复原研究之二》，《华夏考古》2019 年第 6 期，第 74 页图一改绘

1700米，正合当时四里。此外，永桥以南当有约五里见方的坊市区，包括四夷经商和生活的四通市、四夷里、四夷馆。

外郭城作为主要的商业区、居住区，迅速发展成北魏洛阳城的重要组成部分。同时，外郭城的出现还引发了城市布局的“连锁反应”：其一，内城南部由居住区向衙署区演变，显示出类似后世皇城的性质；其二，外郭城的兴建导致金墉城在防卫方面的作用减弱，开始向“离宫别馆”转变。

外郭区内现已发现的重要遗存包括西外郭城内的大市遗址，南外郭城内的礼制建筑和太学遗址。

### （一）大市遗址

外郭城内有三大市场，分别为西郭的大市、东郭的小市、南郭的四通市。其中大市遗址的考古工作开展得较为充分。《洛阳伽蓝记》载大市在西阳门外四里御道南，周回八里。遗址位置约在今白马寺寺院以西、陈屯新村以东、白马寺火车站以北、种牛场以南的区域。遗址内发现的建筑遗迹，主要包括房址、窖穴、水井。房址多为方形半地穴式，结构简陋，但却多有储物洞穴。窖穴多与房址临近，平面呈圆形或方形，剖面有的为竖井状、有的为袋状。水井多为圆形竖井，分布较密集。出土器物有瓷器、釉陶器（部分器形仿西亚玻璃器）、陶器，还集中出土过数量众多的玻璃珠。

### （二）礼制建筑

南外郭区（同时也是魏晋南郊）礼制建筑，包括灵台、辟雍与明堂三座（图2-12），皆是沿用东汉旧址，但存续时间不同。灵台、辟雍沿用至魏晋，明堂一直沿用到北魏[①]。

灵台遗址位于今洛龙区佃庄镇大郊寨东，东、西、南三面发现有夯筑墙垣，中心建筑为方形高台。高台四周有上下两侧平台，平台上均有建筑遗迹。高台建筑上存在早、晚不同时期遗迹现象，主要是成组分布、存在叠压打破关系的柱槽遗迹。根据这些迹象，再结合建筑材料的形制，可以推测主体建筑于东汉时期建成，修缮、改建等活动则一直延续至魏晋时期。此外，该遗址出土有北魏砖雕佛像，据此可认为北魏时期其建筑性质已经改变。

辟雍遗址位于洛龙区佃庄镇东大郊村北，1931年发现的辟雍碑即出土于此处。辟雍遗址中心为大型长方形殿基，殿基四面各有一组双阙与门屏，最外围为“环水干道”。所发掘建筑遗存中存在早、晚不同时期的建筑遗迹。再结合出土遗物的年代，可以判断建筑基址的始建年代不早于东汉，魏晋时期进行了部分重修与沿用，北魏时期则未进行任何重修或改建。

---

① 中国社会科学院考古研究所编著：《汉魏洛阳故城南郊礼制建筑遗址1962～1992年考古发掘报告》，文物出版社，2010年。

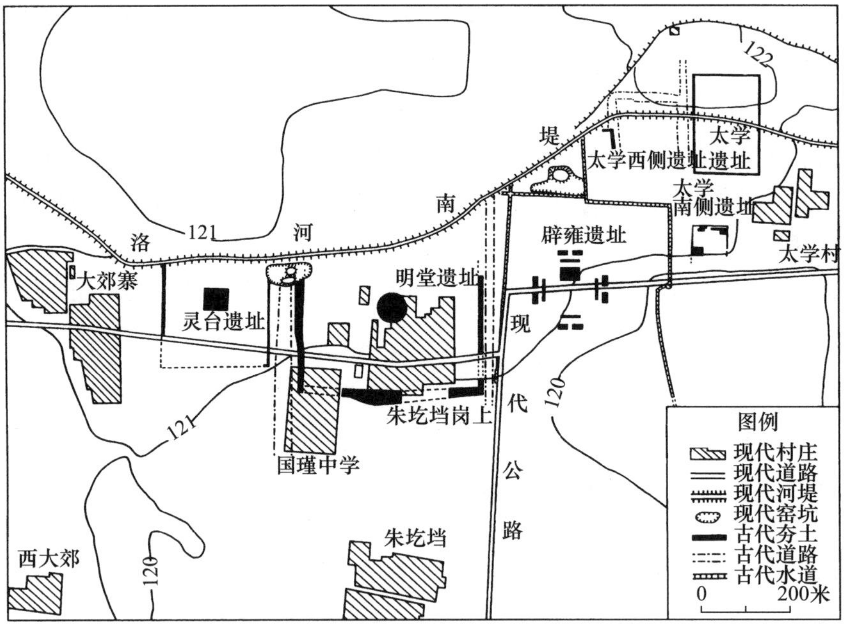


图 2-12　南郊礼制建筑遗址分布图

采自中国社会科学院考古研究所:《汉魏洛阳故城南郊礼制建筑遗址 1962～1992 年考古发掘报告》,文物出版社，2010 年，第 3 页图 3

明堂遗址位于洛阳区佃庄镇朱圪垱村岗上一带，北临改道后的洛河南岸。遗址中心为圆形夯土基址，东、南、西三侧发现有附属建筑夯土基址；外围有夯土墙垣，南垣中部发现有门址。通过清理、解剖发现，主体建筑的夯土中，至少存在三个时期建造与重修沿用活动，其最晚期建造的明堂建筑是在第一、二期修筑的夯土基址上建筑完成的。结合出土建筑材料的形制判断，主体建筑的始建年代应为东汉时期（第一期）；魏晋时期（第二期）发生过修补改造台基和路面的活动；北魏时期（第三期）则又对明堂基址进行了修建。

### （三）太学遗址

位于洛龙区佃庄镇太学村西北，西南不远处即是前述辟雍遗址。20 世纪 20～30 年代，洛阳出土的三体石经残块多出自这一区域。经过勘探、局部发掘，确认了晚期太学（魏晋以降）遗址院落整体近南北向长方形，四面有夯土垣墙。西、北、东三面垣墙中段发现有院门。院内建筑遗存主要包括排房、殿堂建筑、单体院落以及廊庑等类型。院内西北部、西南部，发现有以南北向为主的条状夯土基址，原建筑形式应为排房类型，当为太学内的“黉舍”。院内东南部，分布有一处大型夯土建筑基址和南北向夯土墙基。院落东北部的夯土遗迹保存相对较好，虽然也多为条带状，但可以组成多个单体院落。院落中部发掘确认一座大型廊庑式房基，房基内部发现砖砌圆池一处，推测为沐浴设施。

在上述晚期太学院落内部及超出院落东西范围外，发现有早期建筑遗迹，或许与较早的东汉太学遗迹有关。此外，太学遗址西侧、南侧各有一处建筑遗址。其中，“太学西侧遗址”或与魏晋国子学有关；“太学南侧遗址”性质不明，或为一处官府建筑。

# 第三节 北魏平城

平城遗址，位于今山西大同市区及其附近。该遗址地处大同盆地中心，为连接蒙古高原与华北平原的纽带，历来是农耕文明与游牧文明交流、碰撞的交接地带。穆帝六年（313 年），拓跋猗卢“城盛乐以为北都，修故平城以为南都”[①]，平城地位已较为重要。自天兴元年（398 年）道武帝拓跋珪迁都平城，至太和十八年（494 年）孝文帝迁都洛阳，北魏更是以平城为都城近百年。整体上，由于平城遗址“古今重叠”的特征，可供参考的考古资料，尤其是发掘资料目前还较少。不过，有学者结合文献记载和考古资料，还是对平城的城市布局做出了推测[②]。根据相关研究成果，北魏平城经道武帝至明元帝前期的初建，明元帝后期至文成时期的大规模扩建，再到孝文帝时期的完善，最终形成了宫城、外城、郭城三重结构的布局[③]（图 2-13）。

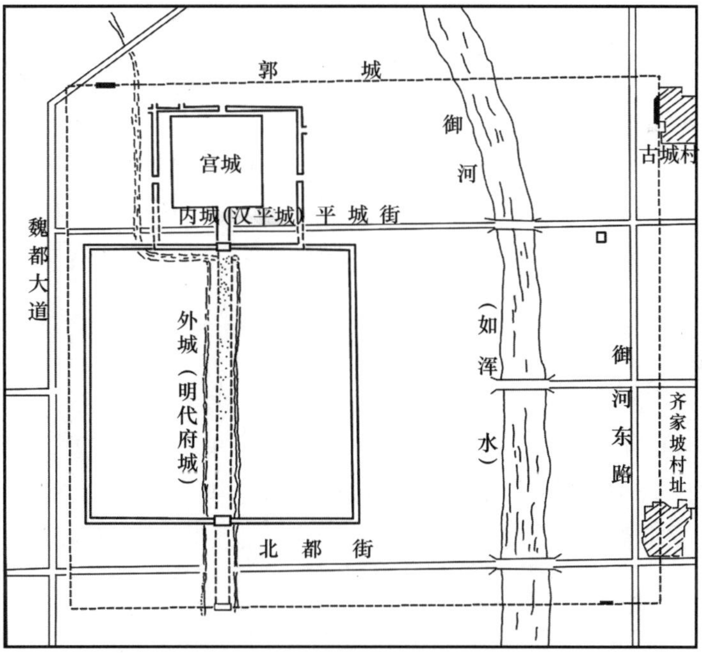


图 2-13 孝文帝时期平城布局示意图

采自王银田等：《北魏平城考古研究——公元五世纪中国都城的演变》，科学出版社，2017 年，第 8 页图四

① 《魏书·穆帝纪》，第 8 页。

② 曹臣明：《北魏平城布局初探》，《北魏平城考古研究——公元五世纪中国都城的演变》，科学出版社，2017 年。

③ 随着考古工作的进一步开展，相关结论有再调整的空间。

## 一、宫城

天兴元年（398 年）迁都平城后，道武帝“截平城西为宫城”；此处平城当指汉代平城县城，位于明代大同府城北端草场城（今称操场城）范围内。据建筑遗存的分布情况，宫城南界应在操场城东西街附近。此外，经解剖发掘，操场城北墙和东西墙的北部，有汉代、北魏、明清三层“夹墙”的现象。在推测的宫城范围北侧，发现有三处建筑基址。

一号建筑基址，位于操场城南北中轴线（操场城街）东侧仅 89 米处。主体部分为平面呈长方形的夯土台基，台基北部正中有踏道一条，南部有踏道两条。台基东部正中有土坯砖砌台阶残迹，或为另一条踏道。台基周边北、东、南三面，还发现有黄泥墙皮、包砖、周围地面等遗迹。该遗址年代上限在北魏定都平城“一段时间之后”；年代下限在北魏末期，性质应是宫殿建筑基址①。

二号建筑基址，位于上述一号基址的东北方向。夯土台基南沿最长 93、西沿残长 28 米。夯土台基之上、粮窖周围分布有柱础石 52 个；柱础石周围发现有土坯墙 3 组。发掘面分布有 5 座粮窖，其中 4 座呈东西向排列，1 座偏北。粮窖大小接近，均为口大底小的圆缸形，内部堆积顺序为“秸秆草垫—苇席—谷物—秸秆—谷物—秸秆”，焚烧现象明显。建筑使用年代的下限为北魏末期，是平城宫城重要的附属部分，可能就是“太官八十余窖”之一②。

三号建筑基址，位于一号基址北侧仅 10 余米处。夯土台基南部边缘外侧有单层垒砌的包砖，台基附近有水井遗迹③。

上述三处基址，南北排列、紧密相连，实际可连为一处“大遗址”。这说明，此位置曾存在两座大型殿堂和一处粮窖。该“大遗址”内的北魏夯土建筑多直接叠压在汉代遗址之上，还出有战国、汉代的云纹和文字瓦当。上述考古发现对寻找战国平城、汉代平城县和北魏平城宫城的位置皆有重大参考价值。

## 二、外城

天赐三年（406 年），道武帝“规立外城，方二十里，分置市里，经涂洞达”。经调查，操场城南侧大同府城的东、南、西、北夯土墙，均有早、中、晚“夹墙”现象；其中，早期墙体具有北魏时期的夯筑特征。这说明，北魏平城外城的范围应与明代大同府

---

① 此处为发掘简报结论。另据王银田论述：大同操场城北魏一号建筑遗址位于北魏平城宫殿区中，其建筑采用双阶这种高等级建筑的形制，建筑使用的材料与永固陵和云冈石窟两处皇家工程的建筑材料一致，而且很可能采用了“丹墀”这种宫殿地面装饰，这些信息都暗示了这一建筑的性质应该属宫殿建筑，其年代则应在北魏平城期的较晚阶段，即献文帝与孝文帝时期（王银田：《试论大同操场城北魏建筑遗址的性质》，《考古》2008 年第 2 期）。

② 张庆捷：《大同操场城北魏太官粮储遗址初探》，《文物》2010 年第 4 期。

③ 张庆捷、刘俊喜、左雁：《大同操场城又发现北魏重要建筑遗址》，《中国文物报》2008 年 9 月 26 日第 5 版。

城大致接近。若推论成立，平城的外城分离在宫城南侧，是目前所知魏晋南北朝时期都城建设中的特例。

外城东北部、今平城区二十四校对面，发现北魏时期塔基遗址一处。夯土台基平面呈长方形，南北长 41、东西残宽 34 米。台基南、西、北三面正中位置，各有一处踏道。出土北魏遗物多未在原始位置，主要有两类：一类是建筑材料，包括筒瓦、板瓦、琉璃瓦、瓦当、青石望柱残件；另一类为佛教题材彩绘泥塑残件，有佛像、菩萨、天王、夜叉、供养人、胡人、金翅鸟、龙、骆驼、璎珞等。该塔基为平城遗址内目前所发现的唯一一处佛寺建筑遗存。

## 三、郭城

明元帝泰常七年（422 年），“筑平城外郭，周回三十二里”；郭城“绕宫城南，悉筑为坊，坊开巷。坊大者容四五百家，小者六七十家”。经过历年考古调查，郭城四至大致位置已有一些线索：大同市魏都大道北段路南原开关厂内，原存有东西长 5 米的夯土墙，应为北郭墙的重要遗迹；御河东岸古城村西，原存南北长 10 余米夯土墙，或与东郭墙有关。此外，通过城市建设中零星出土的遗物判断，魏都大道西面（约大同公园南北中线）向东至明代府城西墙之间，可作为郭城西墙的参考范围；明代府城南墙向南至南关南街中段之间，可视为南郭墙的参考基点。

推测的郭城范围内，经发掘或调查的遗址有明堂遗址、二猴疙瘩夯土基址等。

明堂遗址位于明代府城南约 2 千米。整个遗址外部为巨大的环形水渠，外缘直径 289～294 米，内缘直径 255～259 米（图 2-14）。水渠内侧岸边四面分别有一个夯土台，突出的部分伸向渠内。环形水渠以内陆地中央，地表下有一个边长 42 米的正方形夯土台。中间夯土台方向为 4 度，其余四个夯土台东、西两边与中间夯土台方向一致。经过发掘的主要是西部的夯土台与水渠、石坝。遗址中心的方形台基，应为明堂；四周环形水渠，为辟雍。据《水经注》记载，明堂位于平城“郭南”。因此，该遗址是平城遗址建筑中首座能够明确地理坐标的建筑，为学界认识平城的郭城范围提供了重要基点。

二猴圪垯夯土基址，位于古城村西、御河东岸。遗址南北长 50、东西宽 15 米，底部为圆形基址。当地学者多考证其为寇谦之所议建的大道坛庙，但证据尚不充分。

北魏平城遗址的三重结构布局，以及宫城、外城相分离的设置，具有鲜明的特色。此外，虽然现有考古材料不足以完全复原平城之平面布局；但据文献记载看，北魏平城有规整的平面规划，也初步建立了里坊之制。这两点对后来北魏时期洛阳城的营建产生了重要影响。

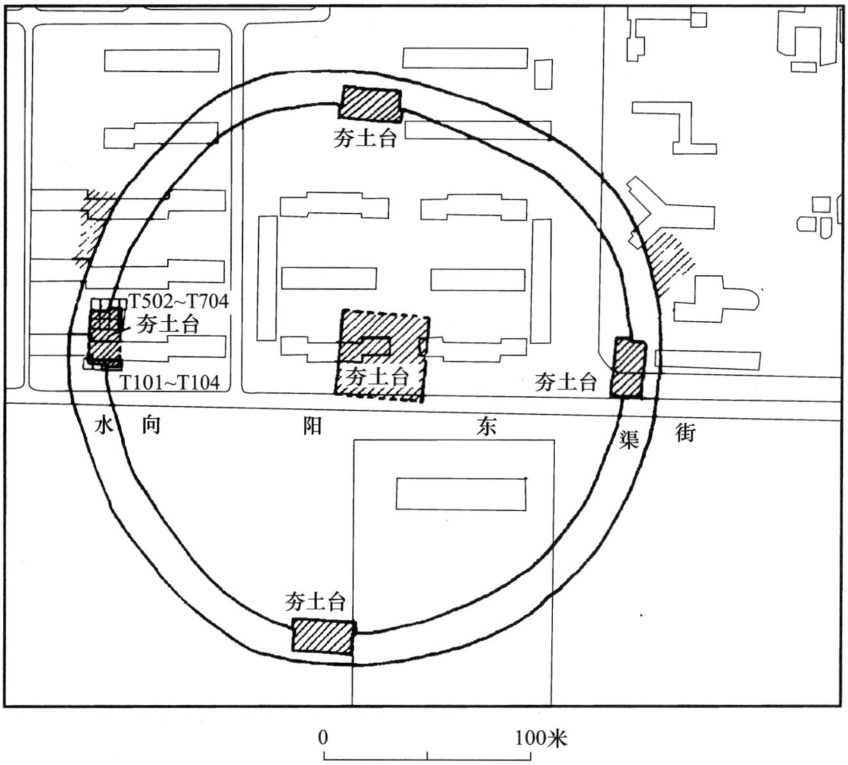


图 2-14 明堂遗址平面图
采自王银田、曹臣明、韩生存：《山西大同市北魏平城明堂遗址 1995 年的发掘》，《考古》2001 年第 3 期，第 27 页图二

# 第四节 十六国至北朝的长安城

西汉在渭河南岸修建长安城，并建都于此。此后西汉、新莽时期 200 余年间，都城未有转移。东汉献帝和西晋惠帝、愍帝时期，也曾短暂以长安为临时都城。十六国至北朝，前赵、前秦、后秦、西魏、北周，均以长安城为都城。相较西汉时期的长安城，学界对十六国、北朝长安城的关注较少。20 世纪 50 年代，王仲殊对东汉、魏晋南北朝时期宣平门、霸城门、直城门、西安门等诸城门的修补和使用过程进行了考证。进入 21 世纪以后，汉长安城遗址内发现了不少十六国、北朝时期的遗存。这些考古发现证实，十六国至北朝时期长安城的大城沿用西汉长安城；宫城则转移至东北隅（即小城），其他城市建筑主要分布在宫城的南面和西面①（图 2-15）。

① 本节主要参考王仲殊：《汉长安城考古工作收获续记——宣平城门的发掘》，《考古通讯》1958 年第 4 期；中国社会科学院考古研究所汉长安城工作队：《西安市十六国至北朝时期长安城宫城遗址的钻探与试掘》，《考古》2008 年第 9 期；刘振东：《十六国至北朝时期长安城宫城 2 号建筑（宫门）遗址发掘》，《2009 中国重要考古发现》，文物出版社，2010 年；张建锋：《西汉至北朝时期长安城城郭布局的变化》，《南方文物》2021 年第 3 期。

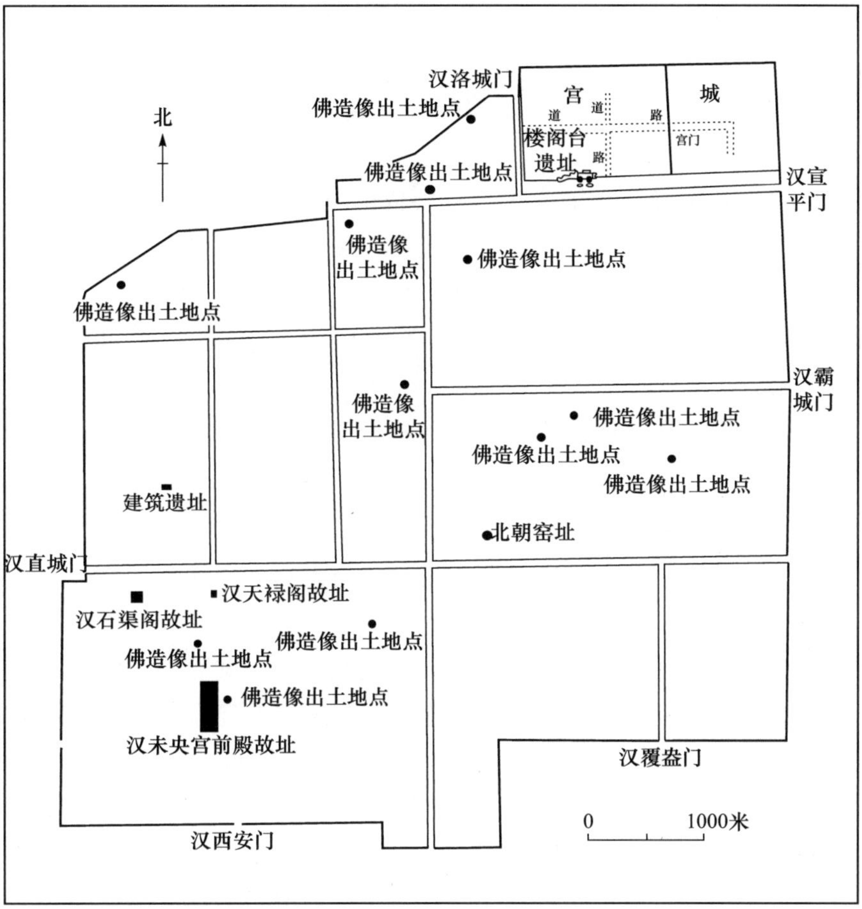


图 2-15　十六国至北朝时期长安城布局图

采自张建锋：《西汉至北朝时期长安城城郭布局的变化》，《南方文物》2021 年第 3 期，第 74 页图三

## 一、小城（宫城）

经钻探确认，汉长安城东北部宣平门大街、洛城门大街与北城墙、东城墙围成的区域内，分布有两个小城。

西小城平面呈东西向长方形。北墙利用汉长安城北墙的一段并做局部修缮。西墙西距洛城门大街 14～56 米，其北段利用汉长安城洛城门东侧的南北向城墙并进行修缮，南段地面上不存。南墙位于宣平门大街北侧 100 米处，长 1236、宽 9～10 米。东墙东距汉长安城东城墙 1008 米，全长 972、宽 8 米。钻探发现东西向和南北向道路各一条，二者呈十字交叉。南墙中部偏西处现存建筑基址一座，即“楼阁台建筑遗址”。该遗址南部为两阙，中部为两阁及连接两阁的廊道，北部为主殿。

东小城位于西小城之东，平面近似南北向长方形。北墙、东墙分别利用汉长安城北墙的最东段和东墙的最北段；北墙全长 988、东墙全长 990 米。南墙是西小城南墙向东的延伸，西墙即西小城的东墙；南墙全长 944、宽 8～10 米。钻探发现东西向和南北向道路各一条。

东、西小城共用城墙的中段，发现城门遗址一座。城门门道东西向，东西进深 13.2～13.3、宽 4.4～4.6 米。门道南北两侧有夯土墙垛，局部包砖；根据柱础石、残留柱坑判断，南、北墙垛原应各有 12 个壁柱。依据门道以东存在四层路面的情况，以及出土建筑材料的年代判断，城门始建年代或可上溯至十六国时期，使用年代延续至北朝、隋代。

结合文献记载，上述东西两个小城应是自前赵以来，经前后秦、北朝直到隋初长安城的东西宫城遗址，东宫为太子宫，西宫为皇宫。进一步推论，西小城内的“楼阁台建筑遗址”应是前后秦时期太极前殿、北周时期露寝遗址，两阙之间或就是露门所在。

## 二、大城

这一时期的长安城，基本沿用西汉故城城墙而做局部修缮；与之相关的考古发现主要有城门、道路等。

经过发掘的城门主要有东城墙的宣平门、霸城门，西城墙的直城门，南城墙的西安门等。其中，宣平门的沿革情况较为复杂①。西汉宣平门为一门三道结构；门道宽 8 米，门道间有宽 4 米的夯土隔墙。西汉末年，宣平门被毁。东汉之后，宣平门经三次修缮：第一次为东汉时期，重修后的城门延续使用到魏晋间。重修后的门道宽 6.5 米，夯土壁上有用于安插木柱的方形凹槽。第二次应是在后赵时期，改建的遗迹主要存在于中门道和南门道的两壁。中门道处用砖补筑新壁，南门道以使用土坯为主。不少砖上有砖铭；较为重要的是“石安”砖铭，与后赵石勒所置咸阳郡石安县有关。第三次修缮的具体时间难以明确，大致应晚于后赵、早于隋代。中央门道被宽约 1.7 米的夯土墙封堵，南、北门道仍延续使用。至唐代，整个汉长安城旧址纳入北部禁苑，宣平门被彻底封堵、废弃。可以说，“宣平门的历史和汉代以来的长安城相始终”。

十六国、北朝时期的道路系统，基本维持西汉时期的状况。此外，西汉长乐宫遗址内钻探到两条大道：一条东西向，宽 30～50 米，向东连通霸城门；一条南北向，宽 30 米，向南连通覆盎门。这两条大道，可能是长乐宫废弃后、十六国至北朝时期的城内大道。

此处，大城范围内还发现了北朝时期的陶窑群和佛教造像。陶窑群位于西汉长乐宫旧址的北半部，已发掘的 15 座陶窑结构基本相同，均由前室、火门、火膛、窑室和排烟设施组成。这些布局密集的陶窑，可能是中央政府管理的“官窑”。大城范围内出土的佛教石造像以北周时期为主，具体地点有中查寨、西查寨、雷寨、后所寨、窦家寨和中官亭等。这些地点或许与佛寺遗址有一定关联，但目前尚未发现相关遗迹。

---

① 新莽时期改称“春王门”，东汉之后称“青门”。

# 第五节　六朝建康城

六朝建康（建业）城遗址，位于今江苏省南京市。东汉建安十六年（211 年），孙权“徙治秣陵”，次年改秣陵为建业。黄龙元年（229 年），孙权在武昌称帝后还都建业，开始将建业城作为都城进行营建。此后，孙吴、东晋和南朝的宋、齐、梁、陈皆以之为都，建康一跃而成为六朝分裂时期南方的政治、文化中心。隋文帝时期，建康城被夷为耕地，唐宋时期已几无遗迹可寻。幸而唐人许嵩作《建康实录》，对建康城布局与建筑做了详尽记载和注释，为今日研究六朝都城建康提供了重要史料。近代学界对建康城的复原，始于 1936 年朱偰的《金陵古迹图考》，书中观点对学界产生了深刻影响。此后，建康城一直是六朝历史、考古研究的热门课题。据统计，20 世纪 50 年代以后探讨六朝建康城的论述不下 40 种，涉及建康城复原的论述亦在 20 种左右。但是，建康城考古工作的开展面临诸多困难且起步较晚①。到 20 世纪 90 年代晚期，仅有石头城遗址、钟山坛类建筑遗址、明孝陵西北佛寺遗址等经过发掘。2001～2012 年的十余年间，南京考古工作者进行了大量的田野工作。受限于客观条件，田野工作的地点较分散，但仍围绕复原都城布局等核心学术问题展开，尤其以大行宫东南角新世纪广场、南京图书馆新馆、利济巷西侧长发公司工地、游府西街小学、邓府巷东侧、太平南路与淮海路交会处等地点所发现城垣、护城壕和道路等遗迹最具代表性。2013 年之后，建康城相关考古工作仍持续开展②，为学界复原建康城提供了更加丰富的资料。例如 2017 年在六朝博物馆东侧发现了古河道遗迹，推测为“青溪”古道；2017～2018 年在秦淮区西街地块发现了砖瓦窑、水井、壕沟、道路等，推测与陶官、瓦官及其所属“越城”有关；2018～2019 年在清凉山石头城遗址进行发掘，发现了东吴时期护坡砖、东晋南朝包砖墙、南朝城门和疑似角台、角楼遗迹。建康城考古工作迄今为止已经取得了比较丰富的成果，但揭露遗存分布较为分散，对遗存具体性质的认识多还处于推测阶段。因此，现在还远不能对建康城的内涵做出系统总结，这里只就营建经过和布局结构复原方案进行介绍③。

## 一、营建过程

黄龙元年（229 年），孙权“城建业太初宫居之。宫即长沙桓王故府也，因以不

① 六朝建康城考古发现概况，参见贺云翱：《东吴—南朝都城及陵墓的考古发现与研究》，《中国考古学百年史：1921—2021》第三卷（上册），中国社会科学出版社，2021 年。

② 这种田野工作的“分期”，更多的是因人员变动而带来的。

③ 六朝建康城的营建经过主要参考刘淑芬：《建康与六朝历史的发展》《六朝建康城的兴盛与衰落》，《六朝的城市与社会（增订本）》，南京大学出版社，2021 年。六朝建康城布局结构复原方案分类主要参考张学锋：《六朝建康城的发掘与复原新思路》，《南京晓庄学院学报》2006 年第 2 期。

改……其建业都城周二十里一十九步”[①]。可见东吴迁都之初并未进行大规模的宫室营建，只是把将军府改为“太初宫”。太初宫之南，有太子宫（南宫），孙权曾于赤乌十年（247年）二月至十一年（248年）三月暂居于此。宝鼎二年（267年），孙皓在太初宫之东营建昭明宫。再加上太初宫之西的太子西园、冶城、石头城等，孙吴时期的建业是由多所不同性质的宫殿、城垒构成的，是对先秦两汉“多宫制”的继承。

永嘉元年（307年），琅琊王司马睿渡江镇建邺，“因吴旧都城修而居之，太初宫为府舍”[②]。此后司马睿称帝，在都城营建方面无太大作为，只是兴建有宗庙、社稷、南郊等。咸和二年至四年（327～329年），建康城因苏峻之乱而破坏严重。咸和五年（330年），成帝开始着手重修建康的都城、宫城。成帝时期的营造，实则为后来南朝四代都城的规模奠定了基础。这期间的营造工程主要包括：①修建都城，增开五门，与之前正南门宣阳门合计共六门；②沿用孙吴苑城之地修建宫城，即文献所记“建康宫”“显阳宫”“台城”，建康宫周回八里，筑有两重城墙；③在秦淮河最南凸出处筑造朱雀浮航；④覆舟山之南作北郊，秦淮河南岸立太学。

刘宋时期对建康城的建设，主要集中于文帝、孝武帝两代。文帝在位期间的工程主要为增饰华林园、新辟乐游苑；同时还在宫城东、西两面加开万春、千秋二门。孝武帝时期，修建正光、玉烛、紫极诸殿，增造上林苑；同时还修驰道、立明堂。南齐时期，齐高帝于建元二年（480年）建“都墙”，一改前代竹篱围墙之风。此为建康城市形态之重大变革。梁武帝前期，建康城进入鼎盛阶段。这一时期的营造工程主要有：①增筑一重宫墙，形成三重宫墙之制；②宫城南面端门、大司马门外立神龙、仁虎阙，外郭南端作“国门”；③改建太极殿，辟筑建兴苑、王游苑。

经梁武帝末年的侯景之乱，建康城破坏严重。陈代对建康城有所修复，但国力有限，实在难有太大作为。后主祯明三年（589年）以后，建康城遭“平荡耕垦”，最终退出历史舞台。

## 二、空间复原

建康城由宫城、都城和郭城三部分组成。对宫城和都城空间分布的推测有十余种观点，大致可以分为四类。

第一类观点产生于20世纪30年代，由朱偰在《金陵古迹图考》中提出：“建康遗址，今已不可考，惟鸡鸣寺后所余古城一段，尤为六朝遗迹。故除北界而外，东西南三面所至，已不可确定。惟依据古籍，宣阳门距淮五里，假定都城为正方形，则周围二十里十九步，每边当为五里。然则自古长乐渡（今镇淮桥东北，古朱雀航所在）而北，五里当为建康南界，十里当为建康北界，宣阳门当在今土街口一带，其四至亦不

---

① （唐）许嵩：《建康实录·太祖下》，中华书局，1986年，第38页。这里的“都城”相当于内城或皇城。

② 《建康实录·中宗元皇帝》，第122页。

难依此推得矣。”此后学界多受此学说影响，将建康宫城的位置确定在今东南大学四牌楼校区一带，都城则在其外围一圈。

第二类观点产生于20世纪90年代，可以郭湖生、马伯伦、贺云翱等学者的论著为代表。郭湖生否定了朱偰对鸡鸣寺外城墙为六朝遗迹的判断，推定建康宫城在今大行宫民国总统府一带，都城则在其外围一圈。所复原的都城整体为中轴线北偏东的正方形，北以潮沟为界而远离鸡笼山、覆舟山，西以运渎为界，东侧距离青溪较远。马伯伦认同郭湖生对都城、宫城范围的判断，但是依据青溪、运渎的走向，将都城复原为南向狭长形。贺云翱给出的复原方案与马伯伦类似，但都城城垣呈曲折形状，并且设定东墙基本贴近青溪所在位置。

第三类观点产生于20世纪90年代，并在21世纪初得到进一步阐发，可以外村中、张学锋等学者的论著为代表。外村中在《六朝建康都城宫城考》一文中所复原都城、宫城为南北狭长形；都城东、西范围限制在青溪和运渎之间，北界突破潮沟的限制接近鸡笼山、覆舟山，南界在今朝天宫之东。张学锋依据当时新出考古资料，将都城中轴线确定为北偏东24.6°；同时基于对朱雀航位置和清溪、运渎流向的新认识，提出都城正南的象征性建筑朱雀门，位于今中华路镇淮桥稍北；往北约2196米为都城正门宣阳门，位于今太平南路与马府街交界处偏西；自此往北约878米为宫城正门大司马门，位于今太平南路与文昌巷交界处偏东，游府西街、文昌巷一线基本上是宫城南墙；宫城北墙在今珠江路南侧潮沟遗迹以南。整体上，张学锋所给出的复原图和外村中比较相似，但整体位置向北移了几百米，并且略为偏东（图2-16）。

上述对宫城、都城空间复原的三类观点，以第二类最具创见，以第三类可信度最高（本质上是对第二类的拓展）。但是，由于建康城近二十年来的发掘成果还缺乏系统整理，对相关问题还很难做出更为精细的判断。

建康城都城外围还存在有外郭区。外郭城垣由竹木材料营造，故称为“藩篱”，外郭城门则称“篱门”。篱门为“京邑之郊门”，是区分郊、郭的标志，部分还具有军事防御意义。篱门建置的具体时间不见于文献记载，大致应草创于东晋、定型于南朝。至于由藩篱、篱门所框定的外郭区的具体范围，盐泽裕仁推测为从钟山南麓出发，穿过燕雀湖西岸，经东府城东侧往西南过回；北侧沿玄武湖南岸、鸡笼山北麓西行，穿过西侧丘陵通往石头城北侧。张学锋则将建康外郭篱墙的南线推断在石子冈（今雨花台）北麓，南侧正门在今雨花台景区西北侧旧中华门火车站北侧，跨过雨花西路北侧的涧水（南涧，或称死马涧），正对今共青团路口[①]。外郭区以外，还分布有坛类建筑、石头城、帝王陵寝和寺庙等重要建筑区。不少新近研究成果借助“都城圈”概念，对外郭区以外的空间进行了探索[②]，进一步拓展了建康城研究的视野。

① 张学锋：《南朝建康的都城空间与葬地》，《中华文史论丛》2019年第3期。

② 张学锋编：《“都城圈”与“都城圈社会”研究文集——以六朝建康为中心》，南京大学出版社，2021年。

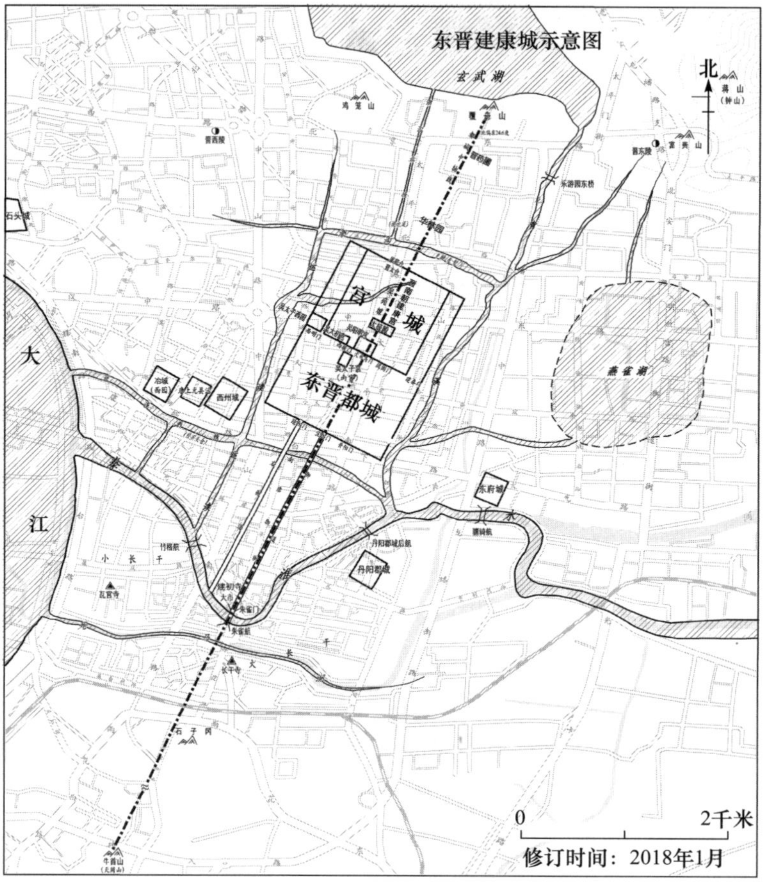


图 2-16　东晋建康城示意图
南京大学张学锋制图

# 第六节　其 他 城 址

除上述重要都城遗址外，还有其他一些城址的考古发现也值得关注。这些城址大致可以分为以下三类：一是十六国政权模仿中原城市建立的都城；二是拓跋鲜卑建立的盛乐城和“北魏六镇”；三是位于南方地区的军事城垒。

## 一、十六国政权新建都城

十六国时期，有些少数族群政权模拟中原城市建立了都城。此类都城，可以三燕龙城和大夏统万城为例进行介绍。

### （一）三燕龙城

东晋咸康七年（341 年），前燕慕容皝命阳裕、唐柱于柳城之北、龙山之西的“福德之地”筑龙城（也称和龙城、黄龙城）。次年，前燕将都城由棘城迁至龙城。十六国时期，龙城经前燕昌黎太守宋敞和北燕君主冯弘的两次焚毁。北魏占据辽西，于废墟之上重建龙城镇，后又为营州治所。

龙城遗址，位于今辽宁省朝阳市老城区范围内。目前所知宫殿基址和宫城南门遗址的考古资料较为丰富①。

（1）宫殿基址。朝阳北塔周围台基之上发现的建筑遗迹，分为三燕、北魏、隋、唐、辽五个时期。其中，三燕建筑遗迹与叠压在塔体之下的夯土台基应同属一座大型宫殿基址。该宫殿基址规格约 90 米见方，形制为三层台式，主体建筑位于第三层台上，环绕主体建筑四周的回廊式建筑分布在第二层台基之上。第二层夯土台基的回廊建筑分为早、晚两期；早期属前燕时期，晚期属后燕、北燕时期；早、晚两期建筑的屋面均有火烧痕迹，和文献所中龙城经两次焚毁的记载相符。发掘者推测，该处建筑为慕容皝所筑和龙宫。

（2）宫城南门遗址。位于朝阳市双塔区北大街与营州路的交叉口东北 220 米处。该遗址至少包含了三燕、北魏、唐、辽、金元、清代等不同时期的堆积。其中，三燕时期的建筑遗存可分为早、晚两期。早期属前燕时期，由东西墩台、隔墙、三门道和东西夯土城墙等结构组成。城门建筑所挖基槽直接打破生土，与龙城为前燕新建的记载相符。晚期属后燕、北燕时期，门址保留了三门道形制，但墩台、隔墙、门道都留下了大规模重建痕迹。

宫殿基址、宫城南门遗址都位于朝阳古城中部偏北位置；若发掘者对二者的性质判断准确，则可确认龙城的宫殿区位于都城北侧。这种布局形式，或许是对中原地区都城的模仿。

### （二）大夏统万城

《晋书・赫连勃勃载记》对统万城的兴建有如下记载：（413 年）乃赦其境内，改元为凤翔。以叱干阿利领将作大匠，发岭北夷夏十万人，于朔方水北、黑水之南营起都城。勃勃自言：“朕方统一天下，君临万邦，可以统万为名。”阿利性尤工巧，然残忍刻暴，乃蒸土筑城，锥入一寸，即杀作者而并筑之。勃勃以为忠，故委以营缮之任②。胜光四年（431 年），北魏灭大夏，改统万城为统万镇；太和十一年（487 年），以此为夏州治所。

统万城遗址，位于今陕西省榆林市靖边县北部，地处毛乌素沙漠南缘。2006 年，统万城国家大遗址保护项目启动，在陕西省考古研究院主导下的系统田野工作陆续开

① 田立坤、万雄飞、白宝玉：《朝阳古城考古纪略》，《边疆考古研究》第 6 辑，科学出版社，2007 年；辽宁省文物考古研究所等：《朝阳北塔：考古发掘与维修工程报告》，文物出版社，2007 年。

② （唐）房玄龄：《晋书・赫连勃勃载记》，中华书局点校本，1974 年，第 3205 页。

展。综合历年来的考古发现，我们可以对统万城的整体布局和重要建筑作如下介绍[①]。

统万城遗址由外郭城、东城和西城三部分组成。外郭城西北部墙垣向外凸出，因此平面近曲尺形；城墙周长达13865.4米，大部分被沙漠掩埋。西城周长247米，城墙由石英砂、白黏土和白灰混合（“三合土”）夯筑，土质坚硬，剖面呈上窄下宽的梯形。东城周长2614米，城内的大型夯土建筑直接叠压在唐末五代地层之上，故东城可能是唐末五代时期所增建。本书这里只着重对西城相关考古发现进行介绍。

西城之西侧墙垣外侧，发现有和城墙走向平行的护城壕，护城壕与墙基间距约11.8米。西城西门、南门、北门外各有瓮城一处，其中西门及外侧瓮城经过发掘。西门为平面呈亚字形的单门洞结构。瓮城平面呈南北向长方形，横截面呈倒梯形。西城四面城墙外均夯筑有高大的马面。其中经过发掘的南墙4～7号马面形制较为相似：底部为方形夯筑台座；台座四壁从下向上收缩，整体呈底大顶小的梯形；四周墙体夯土逐层回缩，整体也呈底大顶小的梯形。西城四隅皆有高于城垣的长方形、方形隅台，其中西南隅台为现存统万城遗址的制高点。西城内南部略偏西处，发现有永安台建筑基址，是一处由“三合土”夯筑而成的台榭式建筑遗存。

大夏统万城内城（即所谓西城）、郭城的布局形式，符合相近时代中原都城规划原则；同时，以瓮城、马面为主的防御设施，也和邺北城等中原都城有相似之处。由此足见统万城受中原地区城市规划原则影响之深。当然，与中原地区都城相比，由于大夏政权建立者游牧民族的文化属性，以及地处毛乌素沙漠的区位特征，统万城在筑城技术等方面具有鲜明的个性。

## 二、盛乐城与北魏六镇

### （一）盛乐城

神元皇帝拓跋力微三十九年（258年），“迁于定襄之盛乐”。穆帝拓跋猗卢六年（313年），“城盛乐以为北都，修故平城以为南都”。建国三年（340年），昭成帝什翼犍“移都于云中之盛乐宫”；次年，“筑盛乐城于故城南八里”。综合这些记载，拓跋鲜卑早期政治中心应为“盛乐”[②]。

一般认为，今内蒙古和林格尔北约10千米的土城子古城遗址即盛乐城所在[③]。也有学者认为盛乐城在今呼和浩特市托克托县境内，但在该地点尚未发现相关遗址。土城子古城遗址，平面呈不规则长方形，东西1450、南北2290米。墙垣东、北、西三面设有城门，外置瓮城。城址分为南区、北区、中区三部分。经解剖发掘，北区文化堆积

① 陕西省考古研究院：《五至十世纪统万城夏州城考古发现与研究》，三秦出版社，2022年。

② 对于传世文献中“定襄盛乐”与“云中盛乐”的两种说法，已有不少学者进行了考证，可参见王仲荦：《北周地理志》，中华书局，1990年；曲英杰：《水经注城邑考》，中国社会科学出版社，2013年。

③ 内蒙古文物考古研究所：《和林格尔县土城子古城考古发掘主要收获》，《内蒙古文物考古》2006年第1期。

以唐代遗存为主，应是唐代扩建而成；南区墙垣系战国至魏晋时期的遗存；中部文化堆积复杂，包含了战国、汉、魏晋、唐、辽金元等多个时期的遗存。由此可知，中区、南区是北魏早期盛乐城的主体。中区、南区出土北魏时期的生产用具、生活用品较少，推测城内未曾开展大规模的农业活动。

### （二）北魏六镇

北魏政权在今内蒙古自治区中南部、河北省北部一带设置的军镇，在文献记载中被称为六镇或北镇。关于六镇具体指哪些军镇，历史学界有多种不同观点。现较为流行的一种观点是：北魏迁都洛阳前，“六镇”是怀朔、武川、抚冥、柔玄、怀荒、赤城；迁都后，沃野、怀朔、武川、抚冥、柔玄、怀荒、御夷共七镇称为“六镇”①。2014年，考古人员对与六镇有关的遗址进行了系统调查，并对六镇的具体位置进行了推测②。根据调查资料，可知六镇的布列西起今内蒙古自治区巴彦淖尔市，东至河北省张北县，除沃野镇偏南外，都分布在阴山山脉以北的北魏长城沿线。不过，除怀朔镇、抚冥镇外，其余几镇的具体位置尚有不少争议。

（1）怀朔镇。一般认为古阳县城圐圙古城即怀朔镇遗址（图2-17）。该古城平面呈不规则五边形，城墙墙体外均设有马面。东、北、南墙中部各发现城门一处，城门外有疑似瓮城迹象；城墙四角有隅台。西北隅有子城，其范围内分布有建筑遗址，疑似“官署”所在；西南隅发掘佛寺遗址一处。城内除建筑材料外，城内和南门外一带发现不少生活用具。

（2）抚冥镇。一般认为乌兰花土城子古城为抚冥镇遗址（图2-18）。古城分为南北套接的两城。南城平面呈斜边方向，南墙正中设一门，门外土台为全城最高点。北城平面呈南宽北窄的横梯形，西南角为弧形，东墙、南墙分别与南城相交。南城中北部发现有南北分布的三处建筑，外围有一圈长方形院落；此处建筑群东侧，也发现有一处方形院落，内有建筑基址。

其余几镇也已发现相关线索。与沃野镇有关的遗址有三处：脑高古城、什拉召古城和根子场古城；唐长孺考证沃野镇经两次迁徙③，“脑高—什拉召—根子场”古城或可分别对应两迁徙前后的三处地点。武川镇的位置，有土城梁古城、二份子古城和希日穆仁城圐圙古城三种观点；柔玄镇的位置，则有哈拉沟古城、克里孟古城、白音察干古城等几种观点。此外，多数学者认为怀荒镇遗址位于张家口张北县内，但尚未发现相关遗迹。

---

① 〔日〕佐川英治著、付晨晨译：《北魏六镇史研究》，《中国中古史研究：中国中古史青年学者联谊会会刊》第五卷，中西书局，2015年。

② 魏坚：《北魏六镇城址的调查与初步研究》《北魏六镇军政地位的考古学观察》，《大漠朔风：魏坚北方考古文选·历史卷》，科学出版社，2020年。本书介绍北魏六镇考古资料，主要参考这两篇文章。

③ 唐长孺：《北魏沃野镇的迁徙》，《唐长孺文集·山居存稿续编》，中华书局，2011年。

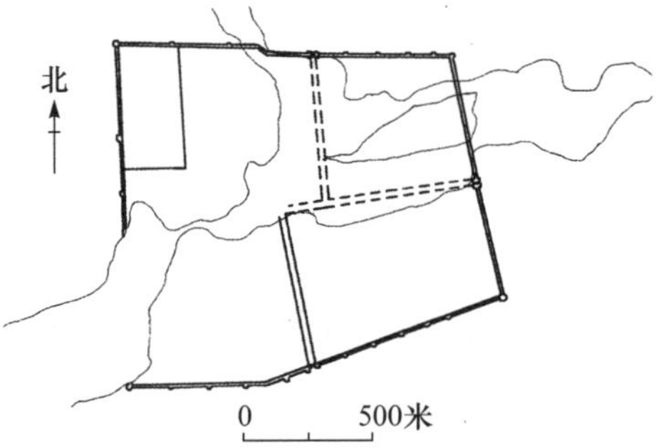


图 2-17　固阳县城圐圙古城平面图
采自魏坚：《大漠朔风：魏坚北方考古文选·历史卷》，科学出版社，2020 年，第 152 页图 2

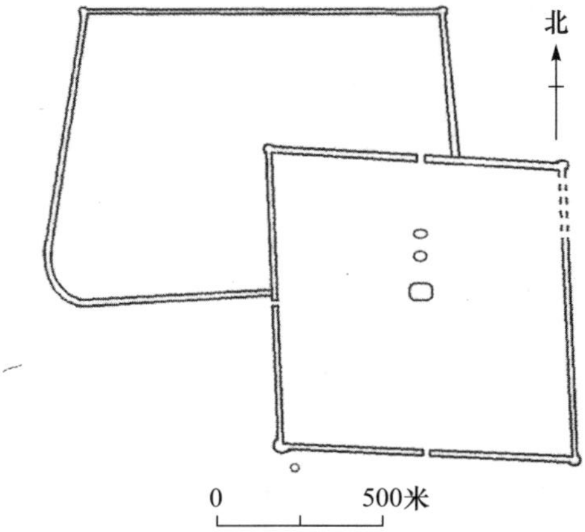


图 2-18　四子王旗乌兰花土城子古城平面图
采自魏坚：《大漠朔风：魏坚北方考古文选·历史卷》，科学出版社，2020 年，第 156 页图 5

综合来看，北魏六镇相关遗址具有以下特点：其一，城址形状因地制宜，多呈现出不规则方形或多边形；其二，军镇之间的距离在 50～185 千米之间，距离较远的军镇之间设有戍堡[①]；其三，城址的边长一般在 600～1000 米之间。

## 三、南方地区军事城垒

六朝早期，南方地区出现不少应对内外动乱的军事城垒，这些城垒多依山傍水、地势高亢，形制多不似中原地区城址规整，但以充分利用自然地势、加强军事防御为最优先原则，例如：孙权走出太湖流域所筑第一城——铁瓮城；作为建康屏障的石头城、牛渚城、采石城，东吴“西都”武昌城，以及曹魏所筑合肥新城等。现将考古材料较充分的地点介绍如下。

（1）石头城[②]。建安十七年（212 年），孙权于金陵邑筑石头城，由此揭开了孙吴经营建业城的序幕。石头城遗址位于南京市的清凉山地区，地处秦淮河与长江交汇的“河北、江东”。经踏查、勘探确认，现保存于清凉山公园、国防园一带的土垣是与石头城有关的夯土墙垣。据残存的北墙、东墙、西墙，墙垣夯筑时充分利用了自然山体，其高度、宽度一般取决于原山体地貌。墙垣拐角和直行每隔一段距离在墙体外均凸出一段土垣，疑似与马面设施有关。墙垣解剖探沟内地层分为四层，其中第 4 层出有与南京东吴墓墓砖相似的绳纹砖，其时代当为东吴至东晋时期。东墙、北墙遗迹经过发掘，为了解墙垣的夯筑技术提供了更详细的资料。考古工作者还在清凉山东北角的原八角亭处进行发掘，清理出孙吴时期砖铺路面、东晋至南朝的包砖墙和南朝时期的城门遗址，证明石头城在孙吴之后仍被沿用和修缮。

① 库伦图古城是此类城址代表，参见李逸友：《中国北方长城考述》，《内蒙古文物考古》2001 年第 1 期。
② 贺云翱、邵磊：《南京石头城遗址 1998～1999 年勘探试掘简报》，《东南文化》2012 年第 2 期。

（2）铁瓮城[①]。建安十三年（208 年），孙权徙镇京口筑京城，“周回六百三十步，内外固以砖壁，号铁瓮城”。铁瓮城遗址，位于今镇江市北固山前峰，平面近椭圆形，西南角略外凸；南北长 480、东西最宽近 300 米。解剖发掘确认，西墙由上垣、二层台、下垣等部分组成。上垣是在山体外侧加筑夯土，夯土外有包砖墙、护坡砖面；二层台是介于上垣、下垣之间的过渡设施；下垣结构与上垣相似。部分墙垣有夯土包围迹象，疑似与马面有关。东墙、北墙、南墙的建筑形式与西墙相似。南墙、西墙还发现与城门有关的遗迹，有包砖门墩夯土、包砖墙、门道等。铁瓮城北侧发现房屋基址相关遗迹，包括砖砌台基和砖铺地面等。遗址出土了从汉末至六朝早期的青瓷器、陶器和砖、瓦等建筑材料。铁瓮城利用了北固山土丘地貌而稍加修整，筑垣时注意强化夯土与山体的关系，是南方地区军事城垒选址、规划原则的生动体现。

（3）武昌城[②]。曹魏黄初二年（221 年），孙权筑武昌城，以之为王都。孙吴黄龙元年（229 年），孙权于武昌称帝，同年迁都建业，但太子孙登及尚书九官仍驻守于此。此后至东吴国灭，武昌一直是“西都”所在（孙皓还曾短暂迁都至此）。武昌城遗址，位于今湖北省鄂州市区东部，平面近长方形，东西长 1100、南北宽 500 米。其北垣临江而筑，已不存。南垣尚有三段残留于地面，宽度在 18～30 米之间，南垣中部有疑似城门和马面的迹象。东垣、西垣已基本无地面遗迹可循，仅在城垣东南转角处留有一段长约 60 米的夯土墙。此外，南垣、西垣、东垣外侧发现有城壕迹象。

（4）合肥新城[③]。太和四年（230 年）春正月，“魏作合肥新城”。合肥新城遗址，位于今安徽省合肥市西北郊 15 千米，地处岗地顶部，南临肥水故道。新城遗址平面呈不规则长方形，南北长 380～420、东西宽 190～210 米，环绕城墙外分布有一周与城墙走势平行的城壕（图 2-19）。墙垣在原始地面之上夯筑而成。据局部解剖资料可知，城墙建成后又经历了三次增修工程。城墙共发现三处城门，分别位于东墙中段、东墙北段和西墙中段。四周墙基均有多处外弧现象，尤以四角最为明显，或与马面设施有关。西城门北约 10 米处，发现长方形夯土台一处，台基之上未见建筑相关迹象，或许是“军事指挥台”性质的遗存。城内东北部发现冶铸遗址一处，推测应为兵器铸造作坊。发掘出土遗物，除生活用具、建筑材料外，有铁镞近 2000 件、礌石 100 余枚。综合选址位置，城内的“指挥台”和兵器铸造作坊，以及出土的大量兵器等因素，合肥新城各方面特征无不透露出浓厚的军事色彩。

---

① 铁瓮城考古队：《江苏镇江市铁瓮城遗址发掘简报》，《考古》2010 年第 5 期；镇江古城考古所、镇江博物馆：《镇江铁瓮城南门遗址发掘报告》，《考古学报》2010 年第 4 期。

② 蒋赞初、李晓辉、贺中香：《六朝武昌城初探》，《中国考古学会第五次年会论文集》，文物出版社，1988 年。

③ 安徽省文物考古研究所：《合肥市三国新城遗址的勘探和发掘》，《考古》2008 年第 12 期。

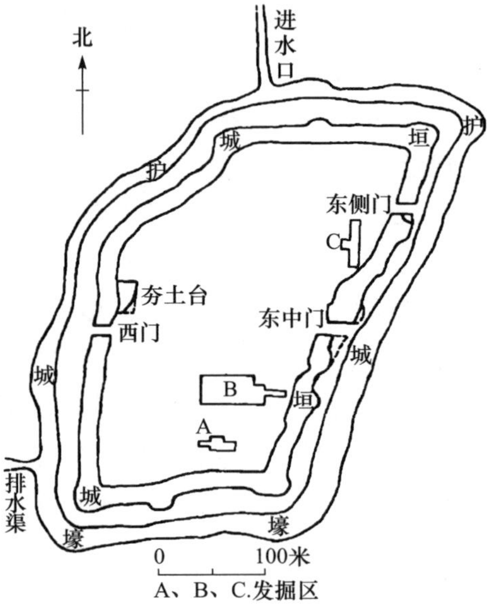


图 2-19　合肥三国新城城址平面图

采自安徽省文物考古研究所：《合肥市三国新城遗址的勘探和发掘》，《考古》2008 年第 12 期，第 40 页图二

# 思考题

1. 举例说明魏晋南北朝时期都城规划的主要特征。
2. 思考汉魏洛阳城“单一宫城制”的形成过程与历史成因。
3. 列举东魏、北齐邺南城存在外郭城的主要证据。
4. 对比六朝建康城几种复原方案的差异。

# 延伸阅读

宿白：《北魏洛阳城和北邙陵墓——鲜卑遗迹辑录之三》，《文物》1978 年第 7 期。

徐苹芳：《中国古代城市考古与古史研究》，《中国城市考古学论集》，上海古籍出版社，2015 年。

张学锋：《所谓“中世纪都城”——以东晋南朝建康城为中心》，《社会科学战线》2015 年第 8 期。

# 第三章　魏晋南北朝陵墓

魏晋南北时期的陵墓，大致可以分为前、后两个发展阶段。前一阶段为魏晋时期，陵墓的地上建筑与地下墓室都有较为明显的“简化”趋势；后一阶段则以陵墓各类物质设施的“恢复”为主要特征，并逐渐形成对隋唐陵墓影响深远的新形态。后一阶段在北方地区开始得稍早，约以十六国为开端，并在北朝大为发展；南方地区则要稍晚一些，陵墓制度在东晋时期达到最低谷之后，于南朝时期迎来了较大发展。

## 第一节　三国西晋陵墓

目前，三国至西晋时期不同时段、不同政权的陵墓材料的积累程度大不相同：已发现的曹魏大墓、东吴大墓数量较多，其中有些应和帝陵有关，但墓主身份多未能完全确定；蜀汉陵墓目前则仅有零星线索，本书从略。西晋陵墓中崇阳陵、峻阳陵的陵园位置、结构已大致探明，但其他帝陵位置尚在探索中，“王”一级墓葬目前更是较少见到。

### 一、曹魏陵墓

曹魏陵墓主要分布在政治中心地区邺城与洛阳两地。现对这两处陵区的相关考古资料介绍如下。

#### （一）邺城陵区

邺城陵区位于邺北城西侧，以建安二十五年（220年）葬入的曹操高陵为核心。位于安阳安丰乡的西高穴M2被推定为曹操高陵[①]，但仍有学者对此有异议[②]。若西高穴M2为高陵的推论成立，则邺城陵区应是位于邺北城的西南一带。据勘探，安阳西高穴M2周边存在陵园。环绕陵墓外围有两周基槽，应为壕沟与垣墙遗迹。陵园东、北两侧各发现一处门址；东侧门址处的南北两侧各有一列东西排列的方形柱础群，或与神道有

① 河南省文物考古研究所、安阳县文化局：《河南安阳市西高穴曹操高陵》，《考古》2010年第8期。从王朝更替及其纪年上讲，西高穴2号墓还属于东汉末年；但考虑其墓葬形制和曹魏时期墓葬关系密切，仍放在本书叙述。

② 徐光冀：《“曹操高陵”的几个问题——〈河南安阳市西高穴曹操高陵〉读后》，《废墟上的足迹：徐光冀考古与文物保护文集》，科学出版社，2018年，第344～351页。

关。壕沟以外东部分布有建筑遗存，但仅存方形夯土柱础组成的柱网，具体形制不详。陵墓南侧与垣墙之间也分布有建筑，推测其形制为进深一间、面阔五间，外侧附廊道（图 3-1）。综上，西高穴 M2 陵园以 M2 本体为中心，布置有垣墙、壕沟、神道、东侧建筑、南侧建筑等设施①。

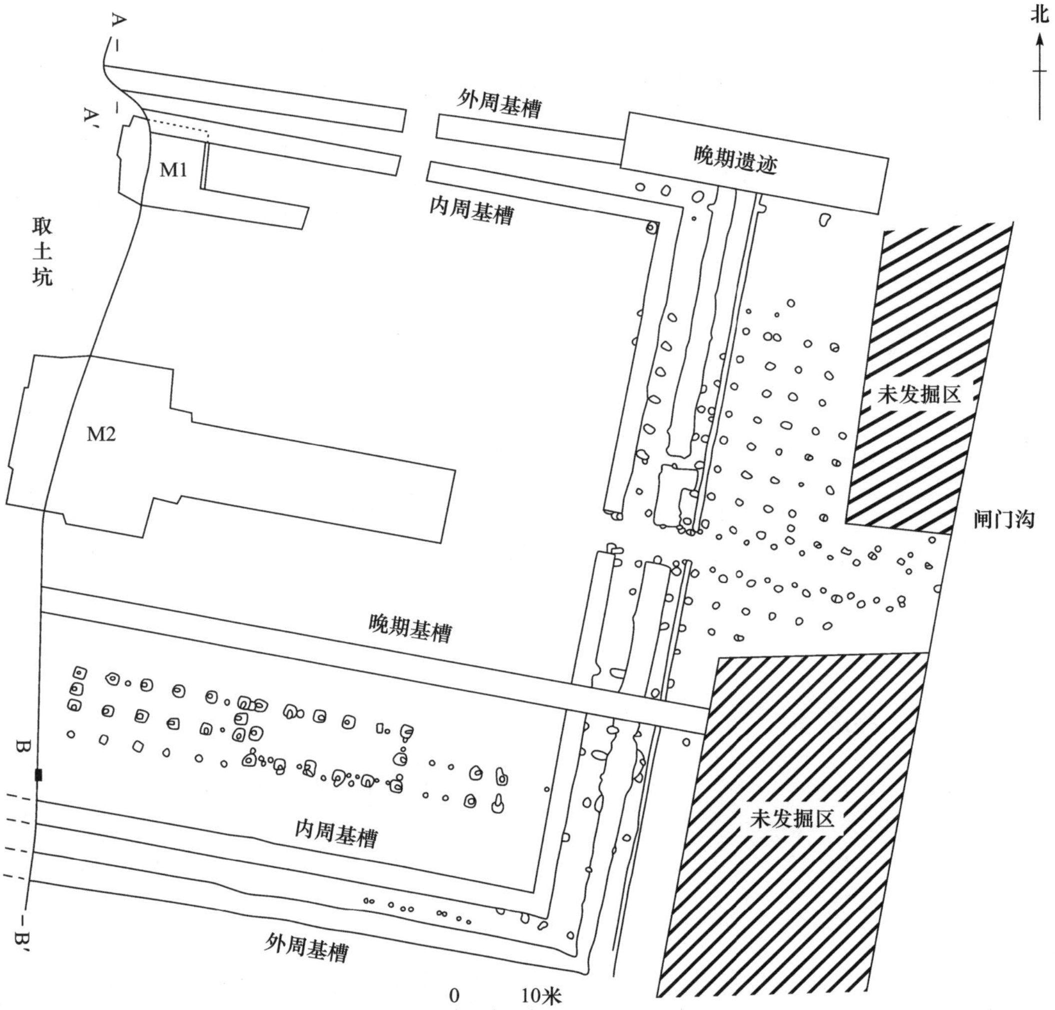


图 3-1 西高穴 M2 陵园平面图
采自河南省文物考古研究院、安阳市文物考古研究所、曹操高陵管理委员会：《安阳高陵陵园遗址 2016—2017 年度考古发掘简报》，《华夏考古》2018 年第 1 期，第 43 页图一

西高穴 M2 墓葬形制为砖构多室墓，由斜坡墓道、砖砌护墙、墓门、封门墙、前甬道、前室、后甬道、后室和四个侧室等部分组成②。斜坡墓道，南北两壁各有 7 级台

① 河南省文物考古研究院、安阳市文物考古研究所、曹操高陵管理委员会：《安阳高陵陵园遗址 2016—2017 年度考古发掘简报》，《华夏考古》2018 年第 1 期。
② 河南省文物考古研究院：《曹操高陵》，中国社会科学出版社，2016 年。

阶。前室平面近方形，东西长 3.85、南北宽 3.87 米，四角攒尖顶。前室南、北两侧各有一侧室，有甬道与之相连。后室平面近方形，四角攒尖顶。后室南、北两侧各有一侧室，有甬道与之相连。

西高穴 M2 出土遗物丰富，以陶瓷器、玉石器、铜器、铁器为主，还有骨器、漆器、丝织品、云母片、水晶、玛瑙等种类。出土石牌 66 件，其中圭形 10 件，六边形 55 件，另有 1 件形状不明。西高穴 M2 所出圭形石牌铭文格式为"魏武王常所用 + 器物名称"，所标记内容一般为兵器[①]。六边形石牌的文字内容则较为丰富，包括服饰、起居用具、文房用具、炊具、食具、戏具、食品、敛奠物、饰棺物等。

### （二）洛阳陵区

曹魏洛阳陵区主要有文帝首阳陵和明帝高平陵，分居汉魏洛阳城北侧、南侧。首阳陵地望有二说，一说偃师市区之北、首阳山东段虎头山、菊花山之间，城关镇窑头村和槐庙村附近；一说首阳山西段凤凰山北坡，偃师邙岭乡赵坡村一带[②]。在大汉冢至朱仓两处东汉帝陵陵园之间，存在年代接近、形制相类大型墓 11 座，其中包括已被发掘的曹休墓，故该区域被推测为曹魏帝陵陪葬墓区[③]。

魏明帝高平陵位于洛阳城南大石山一带。新近发掘的西朱村 M1 位于汉魏洛阳城南的万安山一带，以西勘测发现 M2，二者中心线基本重合，发掘者判断 M2 为魏明帝的高平陵，M1 为高平陵的祔葬墓[④]。但学界还有诸多不同观点[⑤]。

西朱村 M1 墓葬形制为砖筑前后室墓（图 3-2）。墓道东西长 33.9、上口宽 9～9.4 米，在墓道南北两侧壁留有 7 级水平生土台阶。前室平面近方形，东西长 4.4、南北宽 4.9 米。前室砖壁上发现有残存的壁画，保存较差，仅残留数处人物、瑞兽、宴饮、祥云等图案。后室平面近方形，东北部发现大量板灰和朽木痕迹，应是棺木所在。西朱村 M1 出土遗物 400 余件。陶器有灶、井、磨、厕、勺、炉、灯、侍俑、鸡、狗、猪、四系罐、盘等；铁器有帐构件；玉石器有玉臂鞲（图 3-3，6）和琥珀串饰（图 3-3，5）；石器有璧（图 3-3，7）、圭、帐座（图 3-3，8）、黛板，以及 200 余件石牌。刻铭石牌均为六边形（图 3-3，1～4），有文字记载墓葬内随葬品的名称、数量、质地和尺寸，所记随葬品大致可分为衣衾类、器用类、食物类、敛奠丧仪类用具等。

---

① 有学者认为这些石牌代表的兵器是曹操的仪卫用器，所以相关石牌形制独特，参见武家璧：《曹操墓出土"常所用"兵器考》，《中原文物》2010 年第 4 期。由此我们可以认为圭形石牌代表比六边形石牌更高的丧葬等级。根据石牌的内容，我们甚至可以由此推测，随葬仪卫类兵器是曹魏最高等级陵墓所独享的制度。

② 洛阳市文物考古研究院：《邙山陵墓群考古调查与勘测第一阶段考古报告》，文物出版社，2018 年，第 191 页。

③ 严辉：《曹操墓和曹休墓的比较与研究》，《中国文物报》2010 年 9 月 17 日第 5 版。

④ 洛阳市文物考古研究院：《河南洛阳市西朱村曹魏墓葬》，《考古》2017 年第 7 期。

⑤ 赵超：《洛阳西朱村曹魏大墓出土石牌定名与墓主身份补证》，《博物院》2019 年第 5 期。

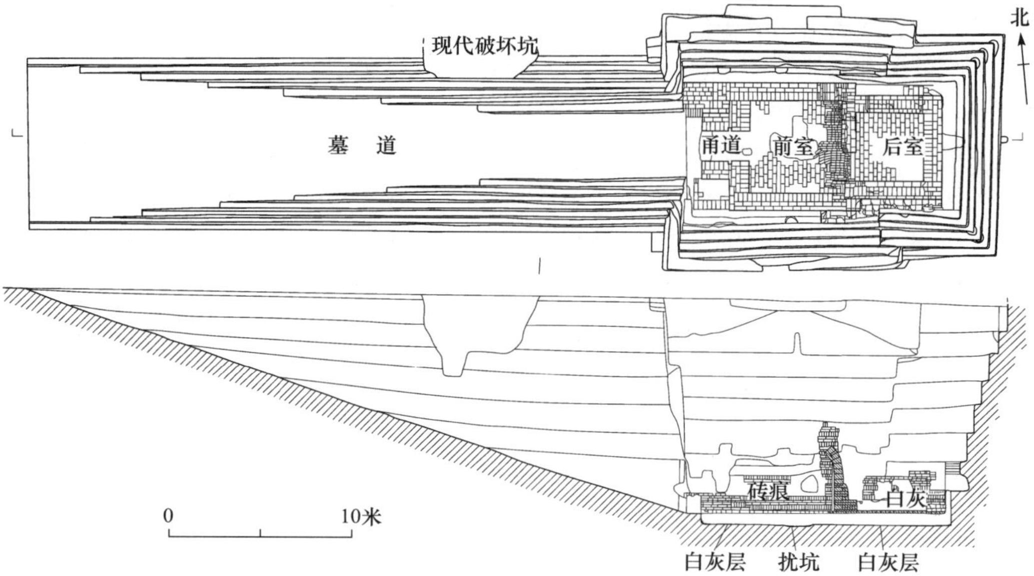


图 3-2　洛阳西朱村 M1 平、剖面图

采自洛阳市文物考古研究院:《河南洛阳市西朱村曹魏墓葬》,《考古》2017 年第 7 期，第 73 页图四

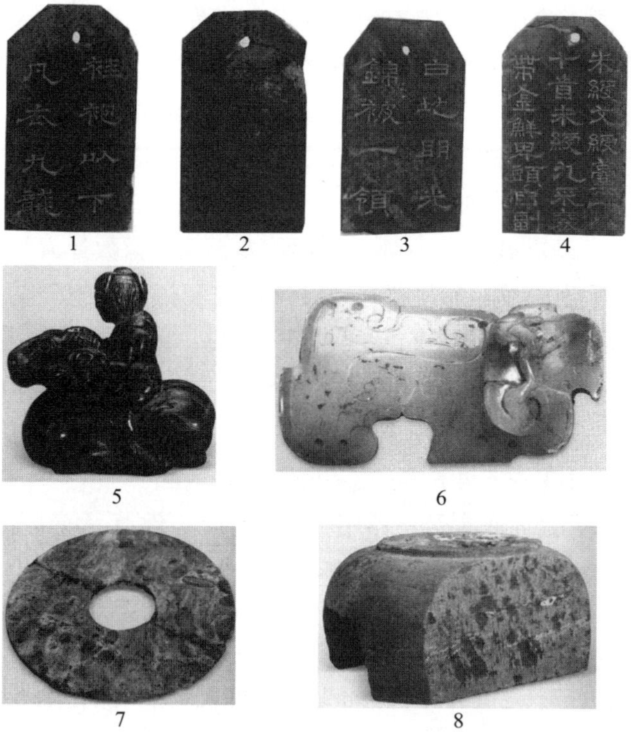


图 3-3　西朱村 M1 随葬品

1～4. 刻铭石牌（M1：103、M1：164、M1：219、M1：366）5. 琥珀串饰（M1：231）
6. 玉臂鞲（M1：392）7. 石璧（M1：302）8. 石帐座（M1：351）

采自洛阳市文物考古研究院:《河南洛阳市西朱村曹魏墓葬》,《考古》2017 年第 7 期，第 78、79 页图二三、图二四、图二五、图二七、图二八

学界对该墓的关注度颇高，尤其是其出土了与西高穴 2 号墓相近的石牌，似为西高穴 M2 墓主为曹操的论据提供了对比资料。学者对该墓的关注，也都建立在默认该墓为曹魏墓葬的基础之上。但是，该墓内出有“永寿元年沈准”戳印墓砖，而东汉“永寿元年”（155 年）距曹魏时期还有半世纪有余（简报所说借用汉代旧砖的说法略显牵强）；此外，前室还装饰有中原地区魏晋时期极为少见的壁画。客观来说，西朱村墓的年代还缺乏精细论证，由此产生的墓主讨论，似乎还都为时尚早。

## 二、东吴陵墓

就目前所知考古资料而言，最能代表东吴陵墓制度的墓葬为以下几座：苏州黑松林 M4 和虎丘新村 M1、南京上坊中下村吴墓、马鞍山当涂天子坟吴墓和采石宋山吴墓。

（1）黑松林 M4。全长近 13 米，由甬道、前室、过道、东后室、西后室等结构组成[①]。墓室结顶方式均为券顶，甬道内设有石门。前室横长方形，券顶。北壁下部用石条砌筑成 6 个长方形石框，条石表面线刻人物及云气纹，东西两端的石框仿制成棂窗状。前室东北角有一组石榻、石案，北部中央有一组石榻、石案，西部偏北放置两套石榻、石案。前室南壁西端放置石屏一件，石屏北侧有 U 形石座、兽形石座各一件。后室分为东、西两室，平面均呈长方形，结顶方式均为券顶。因早年被盗，发掘出土遗物不丰富。出土陶瓷器有青瓷双耳罐、青瓷罐、陶案、陶钵，此外还出有铜带钩、铜钱、铁剑（？）、金箔、骨簪。

（2）上坊中下村吴墓。迄今所知规模最大的东吴墓葬，砖室全长 20.16 米，由封门墙、甬道、前室、前室两侧耳室、过道、后室、后室两侧耳室等组成（图 3-4）。封门墙内甬道口设置石门一道。前室平面近方形，四隅券进式穹隆顶。前室顶部原嵌有覆斗状神兽纹覆顶石，四角距墓底 1.4 米处有牛首形灯台。前室中部两侧对称分布长方形耳室，均券顶。后室近似长方形，复原墓顶结构为四隅券进式。后室两侧对称分布长方形耳室，券顶。后室出有石棺座和木棺残件。石棺座长条形，两端凿出虎首和前蹄。墓内出土大量青瓷器，包括生活用具、模型明器（图 3-5，5、6）、俑等。所出青瓷俑，有坐榻俑（图 3-5，3）、抚琴俑（图 3-5，1）、击鼓俑（图 3-5，2）、表演俑、侍从俑（图 3-5，4）、行礼俑、胡人俑、劳作俑、跪坐俑等不同种类，个性鲜明，于南京地区其他吴墓中少见。

（3）新村 M1。全长 14.2 米，由封门墙、甬道、前室、过道、后室、前室两侧耳室等结构组成（图 3-6）。甬道两侧有长 3.85 米的挡土墙，甬道内设置两道石门。前室长方形。前室与两侧耳室之间有过道相连。前室、后室为穹隆顶，耳室为券顶。出土

---

① 苏州市考古研究所、苏州博物馆：《虎丘黑松林墓地》，文物出版社，2022 年。

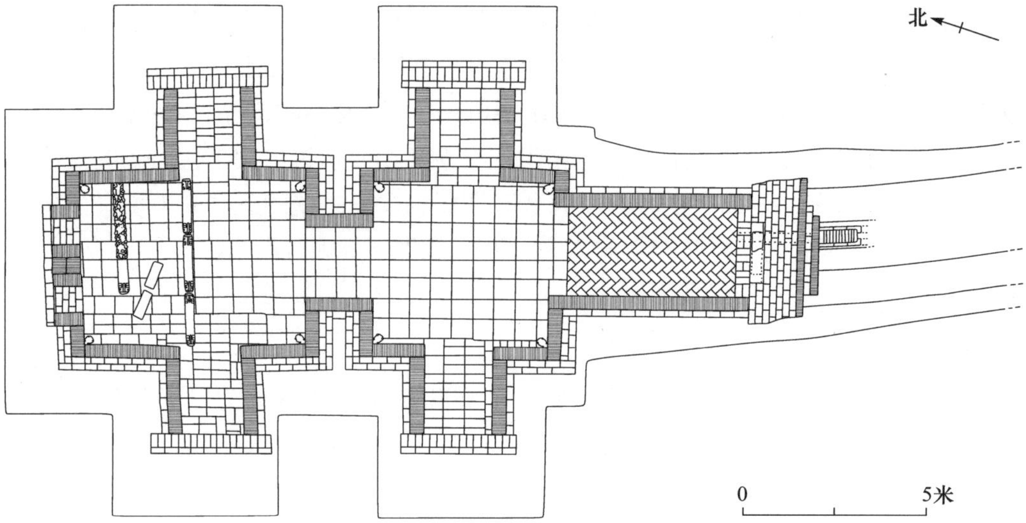


图 3-4　江宁上坊吴墓平面图

采自南京市博物馆、南京市江宁区博物馆：《南京江宁上坊孙吴墓发掘简报》，《文物》2008 年第 12 期，第 5 页图二

图 3-5　南京上坊吴墓出土瓷质俑、模型明器

1. 抚琴俑（M1：57）2. 击鼓俑（M1：60）3. 坐榻俑（M1：71）4. 侍俑（M1：65）5. 灶（M1：35）6. 鸡舍（M1：41）

采自付龙腾：《孙吴陵墓制度新探》，《东南文化》2022 年第 2 期，第 128 页图四

随葬品分为青瓷、陶、石、玉、琥珀、琉璃、铜、金、银等材质。其中金器多为饰件，已公布的有10余件，包括八棱瓜形串饰、鱼形串饰、方胜形串饰、蛙形串饰、鸟形串饰、虎形串饰、算珠形串饰、童子形串饰、桃形金片等，种类与数量均较为丰富。另外，墓内所出兽形器座与黑松林M4内的器座形制比较相似，或许均为屏风底座。

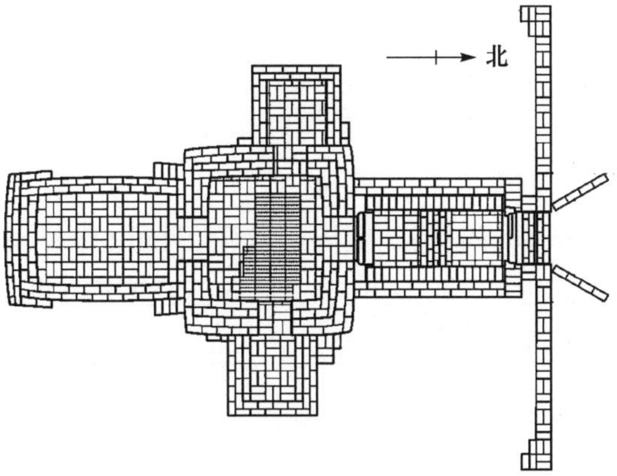


图3-6　新村M1平面图
采自苏州市考古研究所:《江苏苏州虎丘路新村土墩三国孙吴M1发掘简报》,《东南文化》2019年第6期，第28页图三

（4）天子坟吴墓。全长15.4米，同样由封门墙、甬道、前室、过道、后室、前室两侧耳室等结构组成。前室近方形，四隅券进式穹隆顶。前室顶部有覆顶石，四角嵌置石质牛首灯台。前室中部两侧设置有对称分布的两耳室。后室长方形，四隅券进式穹隆顶。出土随葬品有漆木器装饰件、女性饰品、车马器构件、兵器、日用品、佛像、俑、神兽构件、钱币、陶质礼器等类别。金银饰件造型丰富，主要有掐丝金龙头軏、蟾蜍戏龙金片、神人驭龙银饰等。随葬品中的龙鸟纹银衡末、龙首形铜车軏等车马器，以及陶质的“九鼎八簋”组合，是当时较为少见的随葬品种类。

（5）宋山吴墓。全长17.68米，由封门墙、甬道、前室、侧室、过道、后室等结构组成。甬道后端、过道前端各设有石门一道，石门门扇上有高浮雕龙纹把手。前室横长方形，券顶，东西两壁有正方形假窗。后室平面呈长方形，券顶。后室设有与墓室等宽的砖砌棺床，长4.82、高0.34米。随葬品主要有青瓷生活用具、陶囷、漆凭几、石榻等。

## 三、西晋陵墓

西晋帝陵主要包括宣帝高原陵、景帝峻平陵、文帝崇阳陵、武帝峻阳陵、惠帝太阳陵五座。有学者推测，宣帝高原陵、景帝峻平陵位于大汉冢与朱仓二东汉帝陵陵园之间，与曹休墓同为曹魏帝陵陪葬墓，但其具体情况尚不明朗①。

峻阳陵墓地位于南蔡庄村北山坡之上，背靠鏊子山，面向伊洛平原，被推测为武帝峻阳陵所在。墓地内共有23座墓葬，墓葬的形制、朝向统一；且墓地内布局分明、排列有序。其中，M1位于最东端，位置偏前，且规模最大，当为武帝司马炎的陵墓。其余22座墓葬位于墓地西侧，分为四排，可能为陪葬的后妃墓，这也与武帝后妃数量

① 严辉:《曹操墓和曹休墓的比较与研究》,《中国文物报》2010年9月17日第5版。

较多的记载吻合（图 3-7）。枕头山墓地位于后杜楼村北无名山丘南坡，背靠枕头山，前接伊洛平原，被推测为文帝崇阳陵所在。墓地有墓葬 5 座，形制、布局大致与峻阳陵墓地一致。M1 是墓地中规模最大者，位于最东端、位置靠前，当为文帝司马昭的陵墓。其余 4 座墓葬位于西部，分为前后两排，或为后妃陪葬墓。崇阳陵陵园尚有平面呈梯形的垣墙，垣墙东北角、西垣外各发现一处夯土基址，或与陵园守卫有关；峻阳陵周边已不见陵垣迹象，建筑遗迹亦不见。

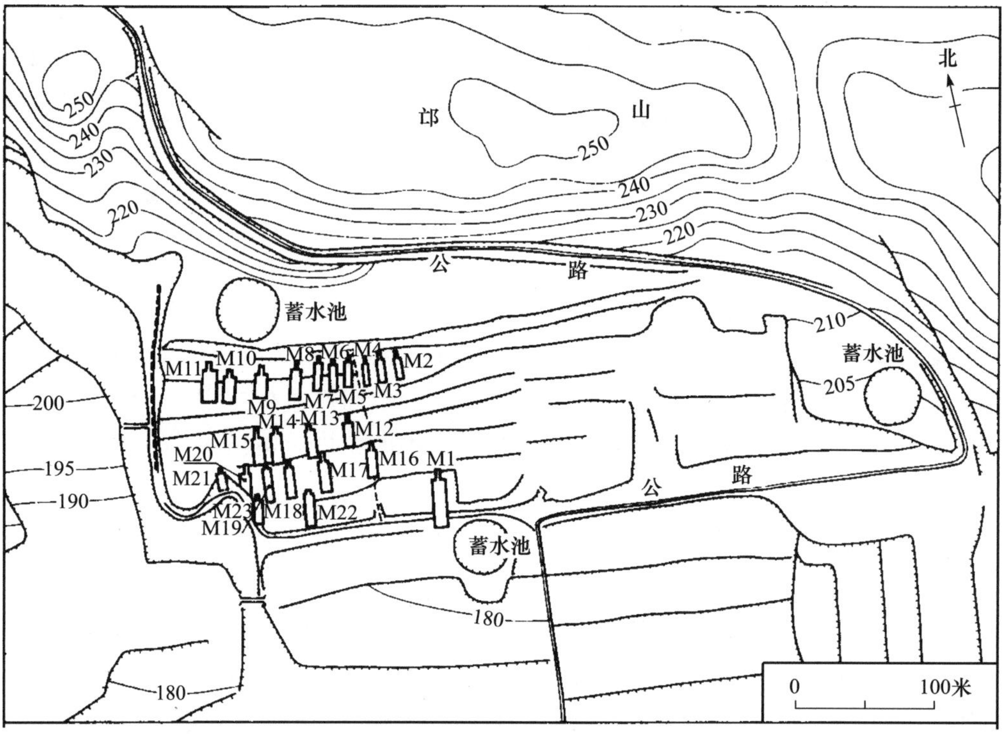


图 3-7　峻阳陵布局图

据中国社会科学院考古研究所洛阳汉魏故城工作队：《西晋帝陵勘察记》，《考古》1984 年第 12 期，第 1099 页图二改绘

峻阳陵、枕头山两墓地南侧，发掘有西晋墓葬四方砖厂 M1、四方砖厂 M2、六合饲料厂 M4、六合饲料厂 M5① 等。这些墓葬的形制与峻阳陵、枕头山墓地内的墓葬相类，再结合荀岳墓志、杨瑾墓碑、何桢墓表的地理位置，学者推测二墓地以南的今首阳山街道新庄、南蔡庄、潘屯、坟庄、香峪、下洞、沟口头村一带是西晋文、武二帝的陪葬墓区②。

① 洛阳市第二文物工作队、偃师市文物局：《河南偃师市首阳山西晋帝陵陪葬墓》，《考古》2010 年第 2 期。
② 洛阳市文物考古研究院：《邙山陵墓群考古调查与勘测第一阶段考古报告》，文物出版社，2018 年，第 191 页。

# 第二节　东晋陵墓

## 一、三大陵区

东晋一朝有十座帝陵，皆位于都城建康附近。《建康实录》载“元、明、成、哀四陵在鸡笼山之阳，阴葬不起坟。康、简文、(孝)武、安、恭五陵，在钟山之阳，亦不起坟。惟孝宗(即穆帝——编者注)一陵，在幕府山，起坟也”[①]。由此能够看出，东晋时期存在“鸡笼山之阳”“钟山之阳”“幕府山之阳”三大陵区。

钟山之阳陵区，位于今富贵山一带，区域内曾出土恭帝玄宫石碣[②]，石碣之西 400 米处发现富贵山东晋墓[③]，墓主当为恭帝或年代更早的孝武帝、安帝[④]。富贵山东晋墓的北侧不远处，分布有六朝墓地，其中的 M2、M4 为东晋早期，发掘者推测为陪葬的皇室或重臣[⑤]。幕府山之阳陵区，位于今郭家山及其东西一线，区域内发现有汽轮电机厂东晋墓，一般认为墓主为穆帝[⑥]。幕府山南麓、汽轮电机厂东晋墓北侧，发现有东晋中晚期墓葬四座，简报推测 M1、M2 为“皇室成员”墓[⑦]。鸡笼山陵区，位于今鼓楼岗至鸡鸣寺、北极阁一带[⑧]，区域内发现有帝陵级南京大学北园东晋墓[⑨]，有学者推测墓主为元帝或成帝[⑩]。

综上，鸡笼山之阳、钟山之阳陵区分居都城北郊的西侧和东侧，前者位于鼓楼岗至鸡鸣寺、北极阁一带，后者位于富贵山一带；幕府山之阳陵区，则位于距上述二陵区者较远的郭家山一带。

---

① 《建康实录》卷八《孝宗穆皇帝》，第 228 页。

② 李蔚然：《南京富贵山发现晋恭帝玄宫石碣》，《考古》1961 年第 5 期。

③ 南京博物院：《南京富贵山东晋墓发掘报告》，《考古》1966 年第 4 期。

④ 发掘简报认为墓主为晋恭帝，蒋赞初认为墓主为孝武帝或安帝（《南京东晋帝陵考》，《东南文化》1992 年第 3、4 期合刊）。

⑤ 南京市博物馆、南京市玄武区文化局：《江苏南京市富贵山六朝墓地发掘简报》，《考古》1998 年第 8 期。

⑥ 南京市博物馆：《南京北郊东晋墓发掘简报》，《考古》1983 年第 4 期。

⑦ 华东文物工作队：《南京幕府山六朝墓清理简报》，《文物参考资料》1956 年第 6 期；南京市博物馆：《南京幕府山东晋墓》，《文物》1990 年第 8 期。

⑧ 罗宗真认为鸡笼山陵区也在富贵山附近，并进一步推论，鸡笼山之阳陵区与钟山之阳陵区实际为一处。详见《东晋诸陵地望名称之正误》，《罗宗真文集·历史考古卷》，文物出版社，2013 年，第 105～108 页。但这一观点现已基本被学界否定。

⑨ 南京大学历史系考古组：《南京大学北园东晋墓》，《文物》1973 年第 4 期；南京大学博物馆、南京大学六朝研究所：《南京大学北园东晋墓》，南京大学出版社，2023 年。

⑩ 吴桂兵：《南京大学北园东晋大墓的形制、墓主及其他——两晋偏室墓研究之一》，《东南文化》2003 年第 9 期；王志高：《南京大学北园东晋大墓的时代及墓主身份的讨论——兼论东晋时期的合葬墓》，《东南文化》2003 年第 9 期。

## 二、典型墓例

在东晋三陵区内，有三座大墓是我们研究东晋陵墓地下埋葬制度的重要参考，分别是鸡笼山之阳陵区的南京大学北园东晋墓，钟山之阳陵区的富贵山大墓和幕府山之阳陵区的汽轮电机厂大墓。

南京大学北园东晋墓（图 3-8，1），方形单室附长方形侧室，可以将这种形制概括为“偏室墓”[①]，即侧室用于祔葬。甬道、侧室券顶，主室穹隆顶；甬道内有两道木门。墓葬通长 8.04 米，主室长 4.4、宽 4 米。出土随葬品有陶器、青瓷器、金属饰件等。陶器有榻（图 3-9，1）、案、凭几（图 3-9，4）、勺、盘、耳杯、盆、槅、灯、钵、熏、唾壶、砚、龙首座、虎首座、卧羊座、方形座、长方形座、俑等。较为特殊的现象有，两件仪卫俑通高达到 46 厘米（图 3-9，5），陶容器内部、陶座龙虎装饰口部等位置涂朱。

汽轮电机厂东晋墓（图 3-8，3），平面凸字形，单室，墓室近方形，券顶；甬道内设有两道木门；墓室外部有三道挡土墙。墓葬通长 9.05 米，墓室长 4.98、宽 4.24、高 1.75～3.6 米。

富贵山东晋墓（图 3-8，2），形制与汽轮电机厂大墓相似，均为墓室近方形的单室墓结构，甬道内也设置有两道木门；二墓规格略有差异，富贵山大墓通长 9.76 米，墓室长 7.06、宽 5.18、高 5.15 米。二墓随葬品组合与南大北园东晋墓相似，均有陶器、青瓷器、金属饰件等种类（图 3-9，2、3、6～8）。

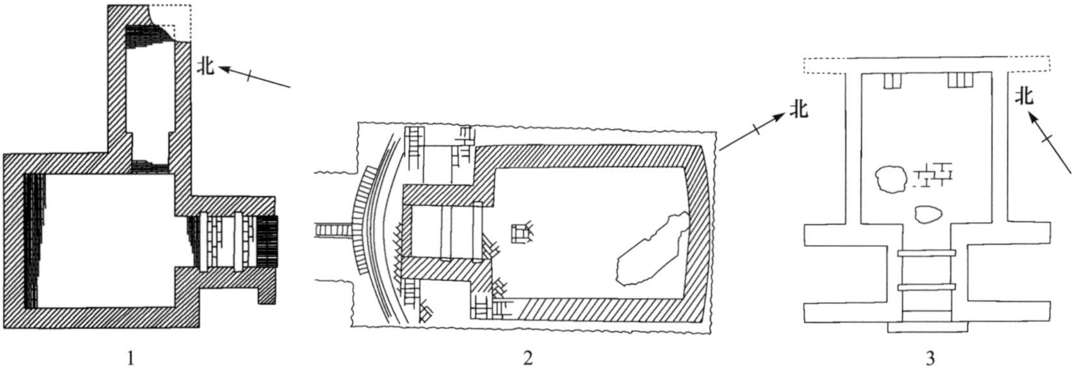


图 3-8　东晋疑似帝陵墓葬形制图

1. 南大北园东晋墓　2. 富贵山东晋墓　3. 汽轮电机厂东晋墓

1. 据南京大学历史系考古组：《南京大学北园东晋墓》，《文物》1973 年第 4 期，第 37 页图一改绘；

2. 据南京博物院：《南京富贵山东晋墓发掘报告》，《考古》1966 年第 4 期，第 198 页图三改绘；

3. 据南京市博物馆：《南京北郊东晋墓发掘简报》，《考古》1983 年第 4 期，第 316 页图二改绘

① 吴桂兵：《南京大学北园东晋大墓的形制、墓主及其他——两晋偏室墓研究之一》，《东南文化》2003 年第 9 期。

将上述大型陵墓与一般墓葬相比，可以归纳出东晋陵墓的主要特征。墓葬形制方面的特征主要有三项：一是墓葬全长8～9米，墓室边长4～7米，墓室面积在17.6～36.6平方米之间；二是墓室结构方面，墓室或主室的平面形制基本均为方形单室；三是墓内设施方面，最突出的特点是在甬道内均设有两道木门。随葬品方面的特征也有三项：一是随葬“案、榻、龙（虎）首座”等陶器组合；二是随葬通高30厘米以上的大型陶俑；三是部分陶器局部位置涂朱。以上特征虽然并非为三座帝陵所独有，但兼具这些特征的中、小型墓葬也属罕见。

图3-9　东晋疑似帝陵出土随葬品

1. 榻　2、3. 龙虎首陶座　4. 凭几　5～8. 陶俑（1、4、5出自南大北园东晋墓　2、6. 出自汽轮电机厂东晋墓　3、7、8. 出自富贵山东晋墓）

1、4、5. 分别采自据南京大学历史系考古组：《南京大学北园东晋墓》，《文物》1973年第4期，第47、48、42页图七、图九、图二；2、6. 分别采自南京市博物馆：《南京北郊东晋墓发掘简报》，《考古》1983年第4期，图版四，4、1；3、7、8. 分别采自南京博物院：《南京富贵山东晋墓发掘报告》，《考古》1966年第4期，图版七，7和图版六，7、8

# 第三节　十六国陵墓

十六国时期陵墓材料虽然数量不多，但分布范围较广，在今吐鲁番、酒泉、武威、西安、咸阳、北票等地均有发现。从上述地点中可以归纳出三个地域范围：吐鲁番—河西、关中、辽西。

## 一、吐鲁番—河西地区

吐鲁番地区的陵墓材料主要集中见于阿斯塔那墓地。阿斯塔那墓地 M383，据帛书内容判断墓主为北凉武宣王沮渠蒙逊夫人彭氏[①]。彭氏墓为单室洞室墓。墓道狭长，上口长 10、宽 0.64 米。墓室平面呈前窄后宽的梯形。随葬品有衣特疏、丝织品、铜器、铅器、木器等。彭氏墓的墓葬形制、随葬品与吐鲁番地区十六国中小型墓葬区别不大，唯所出衣物疏书于绢帛之上，这和中小型墓葬使用纸质衣物疏不同。

河西地区所发现的陵墓分散于酒泉、武威，但墓主问题多不能完全确定。酒泉城西 7.5 千米处发现有小土山墓，有学者推测墓主为西凉王李暠[②]。武威雷台墓[③]，因出有青铜“马踏飞燕”而知名度极高，但关于该墓的年代，学界曾有东汉、西晋、前凉等不同观点[④]。就现有资料看，雷台墓很有可能是一座跨越汉末魏晋的合葬墓。新近研究成果中，有学者利用墓中出土的四枚印章高清图像释读印文分别为“安西将军章”“镇西将军章”“车骑将军章”“骠骑将军章”，并依此判断墓主为前凉张轨[⑤]。

## 二、关中地区

关中地区陵墓材料，主要集中分布在当时的政治中心长安周边。西安南郊的少陵原一带，近年来接连发掘焦村 M25 和 M26[⑥]、中兆村 M100[⑦] 等大型陵墓。M25、M26 相距仅 30 米左右，中兆村 M100 距二者也仅在 5 千米左右。上述 3 座墓葬，在墓葬形制上具有相似特征，在墓葬规模上又超过关中地区其他大多数十六国墓葬。由此推测，这 3 座墓葬是年代相近的高等级陵墓，甚至不排除包含帝陵在内的可能性。

焦村 M25，南向土洞墓，由墓道、二天井、二过洞、甬道、前室、中室、后室等组成。现存墓道上口长约 60、宽约 8 米，东、西、北三面各有三层生土台阶。过洞及第一甬道上方依次有三处土雕建筑模型，雕刻有门、直棂窗并有彩绘装饰。前、中、后三墓室均为横长方形土洞结构，墓室四角有生土雕成的柱础、角柱。三墓室四壁均有壁画，现残存仪仗、翼兽等图像。另外，甬道东西壁龛外框都有红彩。

中兆村 M100，南向土洞墓，总长 80.74 米。由墓道、二过洞、二天井、四壁龛、前室、东侧室、后室组成。墓道长 68 米，东、西、北三层生土台阶。墓道上方有三处

---

① 吐鲁番地区文物保管所：《吐鲁番北凉武宣王沮渠蒙逊夫人彭氏墓》，《文物》1994 年第 9 期。

② 范晓东：《酒泉小土山墓葬考古发掘及墓主人身份初探》，《丝绸之路》2014 年第 24 期。

③ 甘肃省博物馆：《武威雷台汉墓》，《考古学报》1974 年第 2 期。

④ 何双全：《武威雷台汉墓年代商榷》，《中国文物报》1992 年 8 月 9 日第 1 版；吴荣曾：《“五朱”和汉晋墓葬断代》，《中国历史文物》2002 年第 6 期；孙机：《武威出土的铜奔马不是汉代文物》，《光明日报》2003 年 4 月 29 日第 B3 理论版；何志国：《甘肃武威市雷台出土铜奔马年代考辨》，《考古》2008 年第 4 期。

⑤ 王科社：《武威雷台 M1 出土银印识读及墓主身份探索》，《文博》2020 年第 2 期。

⑥ 辛龙、宁琰、郤紫琳、王毅：《西安南郊焦村十六国墓》，《2019 中国重要考古发现》，文物出版社，2020 年，第 134～138 页。

⑦ 宁琰：《陕西西安少陵原发现十六国高等级大墓》，《中国文物报》2021 年 1 月 15 日第 5 版。

土雕建筑模型，均南向，体量由南至北逐渐变大，高度逐渐升高。第一处为三层阁楼状，第二、三处为单层房屋状。墓室有前、后两主室，前室东侧有侧室。后室东西两侧置南北向棺床，东棺床西侧有砖砌围屏。该墓的壁画，主要分布于第二天井北壁、西壁、东壁。北壁封门上壁画内容为单体建筑；西壁壁画绘有房屋、立柱；东壁壁画内容与西壁壁画相似，不同之处是其屋脊南侧无鸱尾。前室北壁西侧壁画绘出直棂窗，窗框内凹，棂条八根。

## 三、辽西地区

辽西地区陵墓材料，主要是指分布于三燕政治中心龙城北侧，今辽宁北票西官营一带的墓地。据现有资料可知，西官营墓地至少有 M1、M2、M3、M4 四座墓葬。其中 M3 早先被破坏，详细情况已不得而知。M1 的墓主基本可确定为冯素弗；M1、M2 的墓圹相距最近处仅 0.2 米，原来应位于同一座封土之下，故 M2 当为冯素弗的妻属[①]；M4 位于 M1、M2 西北 500 米处，年代在后燕到北燕初期，规模比冯素弗墓还要大，墓主应也是北燕皇室成员[②]。综合上述考古发现，西官营一带当就是“冯氏祖茔长谷陵”陵区所在。

西官营 M1、M2 形制接近，均为土圹石椁墓（图 3-10）。M1 墓圹平面呈东西向圆角梯形，坑壁内斜。墓圹西壁中部，原挖有一凹入的龛台，龛内有釉陶壶、灰陶罐。壶、罐口上横置牛腿骨、牛肋骨，应与祭胙有关。椁室呈长方形，上小下大，西宽东窄。椁内出有木棺一具，前大后小，前高后低，棺外壁绘有彩画，可辨识的图像有羽人、侍从、仪仗、房屋等。石椁壁面绘有壁画，内容有日、月、星云、银河等天象以及人物、狗等。M2 墓圹平面呈东西向圆角长方形，西部略宽，四壁平直。石椁建于下段圹室中部，平面近长方形，椁室西宽东窄，椁顶西高东低。石椁之上有封石，石椁四壁之外相当石椁上口高度处有一周保护石椁的垫石。石椁内顶、四壁绘有壁画，椁顶绘星象图，四壁绘人物、狗、出行、家居、建筑等。

随葬品方面，冯素弗墓随葬品保存相对完整，有 470 余件，包括陶器、铜容器、玉器、玻璃器、铁工具、兵甲马具、仪仗车具、文具、服章杂用等，所出“范阳公章”金印、“大司马章”鎏金铜印、“车骑大将军章”鎏金铜印、“辽西公章”鎏金铜印为确定墓主身份提供了直接证据。另外，具有慕容鲜卑民族特色的步摇金冠，产自罗马的玻璃器也是引起学界关注较多的重要遗物。

---

① 辽宁省博物馆：《北燕冯素弗墓》，文物出版社，2015 年。

② 辽宁省文物考古研究所、北票市文物管理所：《辽宁北票市西官营四号墓发掘简报》，《东北史地》2014 年第 4 期。

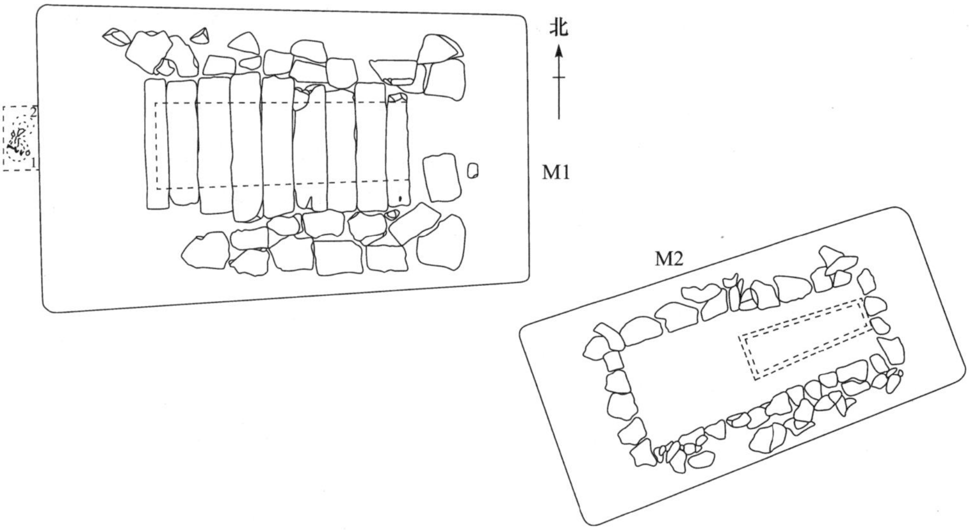


图 3-10 西营村 M1、M2 墓葬形制图
采自辽宁省博物馆:《北燕冯素弗墓》, 文物出版社, 2015 年, 第 6 页图三

# 第四节 北 朝 陵 墓

## 一、北魏早期的金陵

历史文献对北魏早期帝陵区的记录，有三种名称：盛乐之金陵、云中之金陵、金陵[①]。有学者考证，盛乐金陵、云中金陵为同地异名，其成因在于行政区划的变动，金陵则为简称[②]。至于金陵陵区的具体地望，现在还难以确定。不过，以下两个区域存在重要线索，应该作为下一步调查研究的重要对象。第一处，位于今山西右玉县境内。在该区域的马头山、石塘山、东团山、西团山、乔家山、卧羊山、大南山、小南山等山顶，发现有 20 余座大型封土墓[③]，就封土规模、形制以及地面所采集到的北魏时期遗物判断，这些封土墓很有可能和北魏时期的大型墓葬有关。第二处是在今山西左云县、内蒙古凉城县境内的魏家山、太子梁、红砂岩口、摩天岭、青石墩和狮耳山等地点分布有大型封土墓，有学者认为这些墓葬和北魏金陵有关[④]。

---

① 洛阳邙山出土北魏墓志中亦有称葬于“金陵”者，如元彦墓志、元显魏墓志等。这里的“金陵”当代指孝文帝的长陵，已和北魏早期帝陵无关。见刘连香:《民族史视野下的北魏墓志研究》，文物出版社，2017 年，第 114 页。

② 崔彦华:《北魏前期“盛乐—平城”两都格局——兼论北魏金陵之所在》,《中国魏晋南北朝史学会第十届年会暨国际学术研讨会论文集》，北岳文艺出版社，2011 年，第 120、121 页。

③ 古鸿飞:《北魏金陵初探》,《山西大同大学学报（社会科学版）》2008 年第 5 期，第 39 页。

④ 魏坚:《金陵与畿上塞围——左云北魏遗存初识》,《边疆考古研究》第 9 辑，科学出版社，2010 年，第 214 页。

## 二、北魏中期的方山永固陵

永固陵位于大同城北 25 千米方山（今西寺儿梁山）南部。《水经注》概括永固陵的选址特征为“南面旧京，北背方岭，左右山原，亭观绣峙，方湖反景，若三山之倒水下”[1]。永固陵陵区（图 3-11）以永固陵——文明太后冯氏墓冢，及位于其东北方向的万年堂——孝文帝寿陵为核心。二者南侧，分布有永固石室、思远佛寺、斋堂，以及更远处山脚下的灵泉宫池；二者之间东侧有小路遗迹，路东为一建筑遗迹，或为亭阁一类[2]。万年堂之北，有小型墓冢两处，应为陪葬墓。山顶南部断崖上有之字形小路，应为陵园御路[3]。另有文石室、鉴玄殿，《魏书》未记其形制方位，现亦未能找到考古遗存与之相对应。

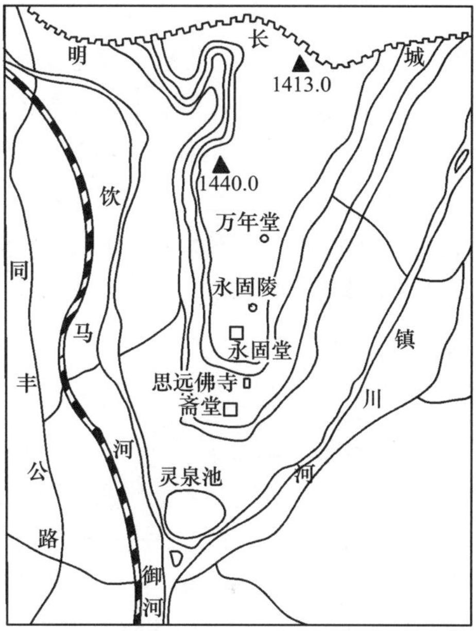


图 3-11 方山永固陵空间布局图

据大同市博物馆：《大同方山思远佛寺遗址发掘报告》，《文物》2007 年第 4 期，第 4 页图一改绘

永固陵、万年堂[4]，以及思远佛寺已被考古发掘揭露，结构形制基本明确。永固陵和万年堂均在地表设有封土，形状均为上圆下方。两者的规格尺寸均经过多次测量，但所得数据出入不小。就数据的大致范围看，永固陵封土高度在 20 米左右，边长在 110 米左右；万年堂的封土高度在 13 米左右，边长在 60 米左右。已发掘的思远佛寺位置在西寺梁山南麓，平面布局呈长方形，坐北朝南。遗址中心为“实心体回廊式塔基”，塔基西北侧分布有佛殿基址、僧房基址[5]。

永固石室未经发掘确认，但关于其位置和形制，也有不少线索可循。张庆捷经过调查，认为永固石室位于永固陵正南偏西，距永固陵约 400 米，地表现存有夯土台基及石雕、瓦当残块等遗物。《水经注·瀔水》记载有永固堂的形制[6]，这里的所谓“永固堂”应该就是《魏书》中所记“永固石室”。据文献记载，永固石室为院落式的建筑，并设置有石屏风、石碑、石兽、石阙等石刻。

永固陵之布局大致模仿“汉制”而定，地面建制组成元素丰富，且性质、功能互

① 《水经注校证・瀔水》，第 313 页。

② 张庆捷：《北魏永固陵的考察与探讨》，《民族汇聚与文明互动——北朝社会的考古学观察》，商务印书馆，2010 年，第 271 页。

③ 王雁卿：《北魏永固陵陵寝制度的几点认识》，《山西大同大学学报（社会科学版）》2008 年第 4 期。

④ 大同市博物馆、山西省文物工作委员会：《大同方山北魏永固陵》，《文物》1978 年第 7 期。

⑤ 大同市博物馆：《大同北魏方山思远佛寺遗址发掘报告》，《文物》2007 年第 4 期。

⑥ 《水经注校证・瀔水》，第 312 页。

为补充，可称陵、庙、寝三者合一。另外，永固堂外立石碑、石兽的做法，常见于汉代墓地。同时，永固陵地面建筑所展现的文化渊源又具有复杂性。永固堂的设置，或与鲜卑“凿石为祖宗之庙”遗风有关①；其石面贴金的装饰技法，则很有可能是借助冯太后辗转而来的三燕文化因素②。另外，佛教寺院进入陵园建制中，既与汉魏传统不符，也不见于本朝故事，应是出自信仰佛教的冯氏之个人意志。

永固陵和万年堂的地下墓室部分已经过发掘，现将发掘资料介绍如下。

永固陵（图 3-12），南向，砖石结构前后室墓。墓葬全长 17.6 米，由墓道、前室、甬道、后室等组成。前室平面近梯形，券顶。甬道连接前后室，前后各有一道石券门。后室平面近方形，弧壁，四角攒尖顶。永固陵内的装饰集中在甬道南端的石门处③。石门上端为尖拱形门楣，门楣两侧下端各浮雕一捧莲蕾童子，西侧童子头部有头光（图 3-13）。门框两侧为立柱，门柱上端浮雕立于藤座之上的神鸟。由于多次被盗掘，永固陵出土遗物并不丰富。出土石器有石雕武士俑、石雕兽腿残件、石模型器等；出土铜器有铜簪、铜马腿；出土铁器有箭镞、矛头、锥形器；其他还有骨簪、料环、残陶片、残瓷片等。

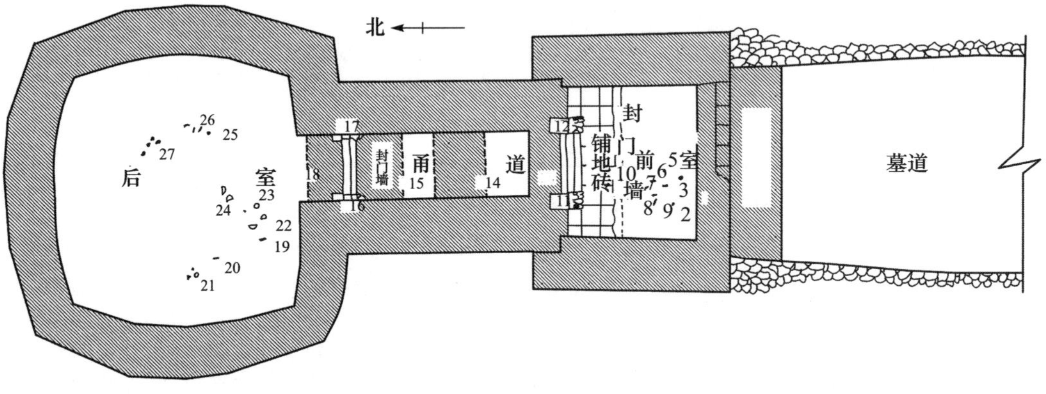


图 3-12　方山永固陵墓葬形制图

1、10、13、15、18. 封门墙　14. 封墙　2. 石模型器　3、19. 铜簪　4. 骨盖　5. 料环　6～9. 骨簪
11、12、16、17. 石雕门墩　20. 铁箭镞　21、27. 残漆片　22、23. 残陶片　24. 残瓷片　25. 铁环　26. 铁钉
据大同市博物馆、山西省文物工作委员会：《大同方山北魏永固陵》，《文物》1978 年第 7 期，第 30 页图三改绘

万年堂，南向，砖石结构前后室墓，由墓道、前室、甬道、后室等组成。前室情况不详。甬道前后各有一道石券门，保存较好的一件门框正面浮雕武士像，侧身面向左，身佩长剑。后室平面方形，长 5.68、宽 5.69、高 6.97 米，四壁外弧，四角攒尖顶，顶部中间嵌有一块雕刻莲花图案的白石。

① 杨宽：《中国古代陵寝制度史研究》，上海人民出版社，2016 年，第 48 页。
② 林圣智：《图像与装饰：北朝墓葬的生死表象》，台湾大学出版中心，2019 年，第 107 页。
③ 大同市博物馆、山西省文物工作委员会：《大同方山北魏永固陵》，《文物》1978 年第 7 期。

图 3-13　永固陵石门及浮雕童子图像

采自《图像与装饰：北朝墓葬的生死表象》，第 134、135 页图 3-31、图 3-32、图 3-33

## 三、北魏晚期的邙山陵区

北魏晚期的陵墓区位于洛阳城北的邙山一带。据现有考古材料，我们能够对邙山陵区的陵墓选址、陵园建筑、地下埋葬等进行简要概括。

### （一）陵墓选址

洛阳时代，北魏计有孝文帝、宣武帝、孝明帝、孝庄帝、长广王、前废帝、后废帝、孝武帝等皇帝先后继位。除后废帝葬邺城、孝武帝葬长安外，其余六帝均葬于邙山陵区。六座帝陵中，除长广王陵外，其余五帝陵墓位置均有相关线索可循（图 3-14）。

（1）孝文帝长陵。《洛阳出土石刻时地记》记，文昭皇后高照容墓志出土于官庄村小冢。据此，小冢当为文昭皇后迁葬后陵墓，小冢东南之大冢当为长陵。另外，邙山陵区所出北魏墓志，不少提及“窆于长陵”之东、东北，或“长陵茔内”。

（2）宣武帝景陵。黄明兰以北魏以及唐宋时期提及“景陵”的墓志出土地为坐标，考证冢头村东的墓冢为景陵，学界多沿袭此说。后该墓冢已经考古发掘，从墓葬形制与规模看，属于帝陵级的可能性较大，由此印证了黄明兰的考证。

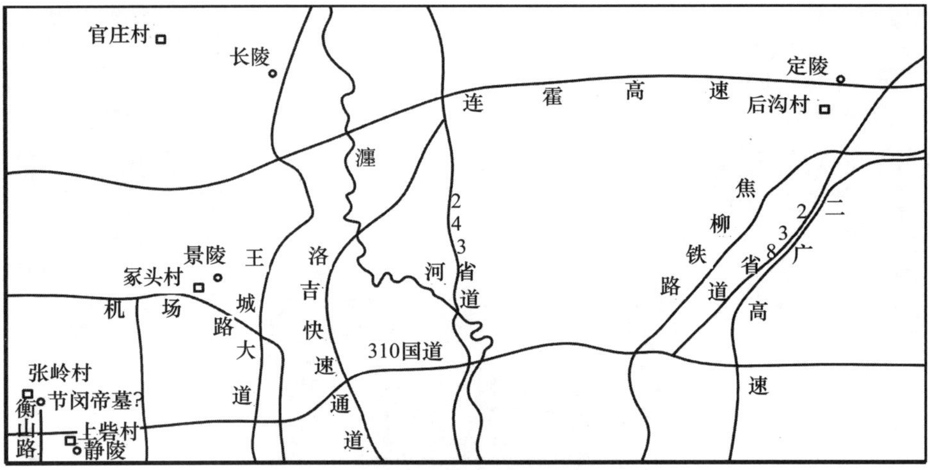


图 3-14 洛阳北魏邙山陵区陵墓分布图
笔者绘图

（3）孝明帝定陵。陈长安根据三方葬于定陵茔域的北魏墓志为据，考证定陵为孟津后沟村南侧大冢。陈长安所锁定的范围大致无误，但南侧大冢属东汉帝陵陪葬墓。近年来，当地考古工作者在后沟村北侧的玉冢开展了调查、勘探工作，并认定其为定陵[①]。这一结论已基本为学界所接受。

（4）孝庄帝静陵。今上寨村墓冢南曾发现有石人、石狮各一件，黄明兰据石人造型风格及墓冢与长陵、景陵的位置关系，考证上砦村墓冢为孝庄帝静陵。此观点已基本为学界所接受。

（5）节闵帝墓（？）。2012～2013 年，洛阳市文物考古研究院在衡山路北延线工地发现、清理了一座北魏墓葬。其东北约 7 千米为长陵，东北约 3 千米为景陵。墓葬规模与已发掘的景陵接近，发掘者推测其为节闵帝墓[②]，但证据略显不足。

宿白曾对邙山陵区的格局做出了概括：这一统治者墓区内，既包括了帝陵，又包括元氏皇室、“九姓帝族”、“勋旧八姓”和其他入内的“余部诸姓”以及一些重要降臣的墓葬。长陵左前方海拔 250～300 米的高地是区域内最重要葬地，道武帝之后到孝文帝为止的一支皆葬于此。而诸帝子孙又据王系分成不同小墓区。整个邙山墓区及各小墓区内，墓葬排列存在一定次序，大致是父子辈左右夹处，兄弟行并排成列。上述特点是原始社会族葬制遗风[③]。

## （二）陵园建筑

邙山陵区内，有几座帝陵陵园经过了勘探确认，其地面建筑的情况已基本明确。

---

① 洛阳市文物考古研究院：《洛阳孟津后沟玉冢调查勘探报告》，《洛阳考古》2014 年第 3 期。

② 洛阳市文物考古研究院：《洛阳涧西衡山路北魏墓发掘简报》，《文物》2016 年第 7 期。

③ 宿白：《北魏洛阳城和北邙陵墓——鲜卑遗迹辑录之三》，《文物》1978 年第 7 期。

孝文帝长陵陵园已经勘探确认（图 3-15）。陵园东西长 443、南北宽 390 米，四面有夯土垣墙，垣外挖出壕沟。陵园内有两座封土，孝文帝陵封土平面呈圆形，高 21、现存最大直径 103 米；文昭皇后墓封土高 15、现存最大直径 42 米。二墓冢东南部分别有建筑基址，边缘呈锯齿状。封土南侧有东西对称的石墩、花土方坑各两个，以此可大致推测南侧神道范围①。

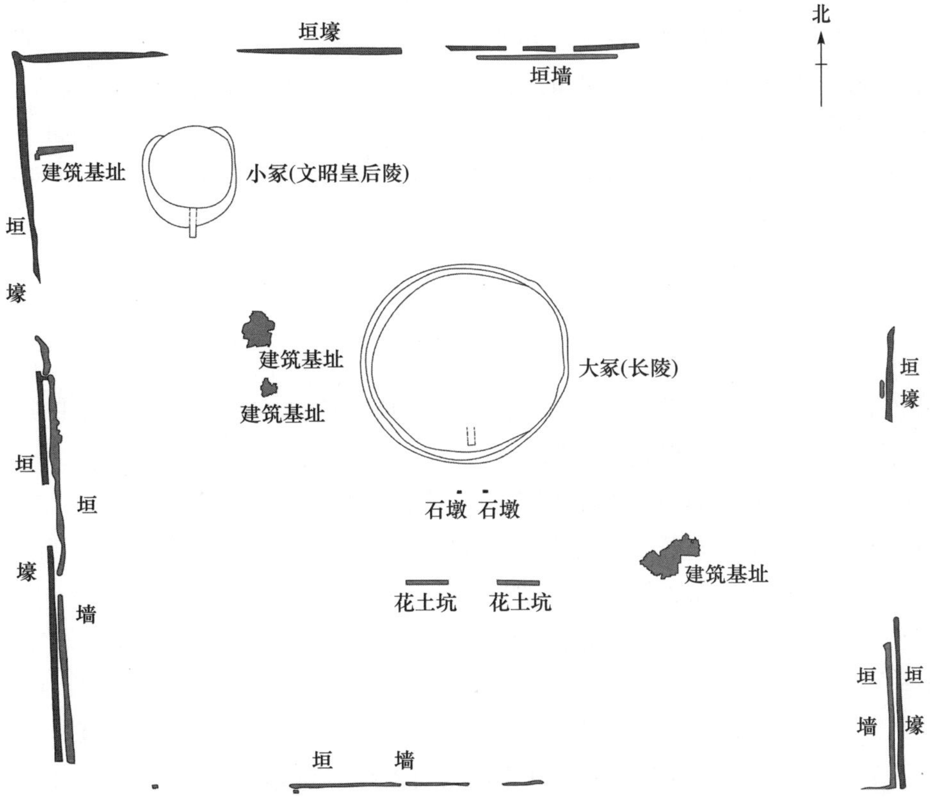


图 3-15　长陵陵园勘探平面图

据洛阳市第二文物工作队：《北魏孝文帝长陵的调查和钻探——“洛阳邙山陵墓群考古调查与勘测”项目工作报告》，《文物》2005 年第 7 期，第 52 页图三改绘

推测为孝明帝定陵的后沟玉冢陵园南北长 400、东西宽 380 米。陵园四周有夯土垣墙，墙外有壕沟。封土位于陵园中部，现存高度 16、直径 94 米。陵园内发现数量众多小型房屋基址，多分布于陵园西部、南部，基址边缘近锯齿状②。有学者认为这类遗迹非建筑基址，而是填充建筑垃圾所形成的灰坑③。

景陵、静陵近年来亦有调查勘探工作开展，详细结果尚未公布，有学者在论文中

① 洛阳市第二文物工作队：《北魏孝文帝长陵的调查和钻探——“洛阳邙山陵墓群考古调查与勘测”项目工作报告》，《文物》2005 年第 7 期。

② 洛阳市文物考古研究院：《洛阳孟津后沟玉冢调查勘探报告》，《洛阳考古》2014 年第 3 期。

③ 李继鹏：《北魏孝明帝定陵相关的几个问题》，《洛阳考古》2017 年第 3 期。

披露部分数据[①]：景陵陵园规格南北、东西均长440米，封土直径105～110米。既然可知陵园规模，似外围应有垣墙。静陵周边未见陵园，封土直径80米。另有一些和神道石刻相关的零星发现：景陵、静陵陵前都曾发现仗剑石人像（图版一，1），静陵前还曾发现石狮1件（图版一，2）。

总体来看，长陵、景陵、定陵陵园建筑有较强一致性；均包含垣墙、封土、园内建筑等要素；陵园面积、封土尺寸、建筑形制也比较接近。而静陵陵园只存规格缩小的封土、神道石刻，规制大为简化。至于节闵帝墓（？），陵园与封土均无迹可循。洛阳时代的陵园建筑，无论是长方形的陵园、圆形封土、园内建筑，还是墓前石刻的设置均越过魏晋而直接承袭汉制。这一方面与孝文帝汉化改革有关；另一方面，定都洛阳后，孝文帝曾多次派遣人员祭祀东汉帝陵，可见此时东汉帝陵地面建筑犹存——这无疑给北魏陵园建制提供了生动模板。

### （三）地下埋葬

北魏晚期的帝、王陵墓资料相对丰富，包括帝陵级的景陵（图3-16）、节闵帝墓（？）[②]，宗王墓级别的阳平王元冏墓[③]、清河王元怿墓[④]、淮南王元遵墓[⑤]、江阳王元乂墓[⑥]、南平王元暐墓[⑦]、常山王元邵墓等[⑧]。

帝陵、宗王墓的墓葬形制具有以下较稳定的共性：墓葬结构均包括墓道、甬道、前后室；墓室均为方形单室，墓壁外弧，墓顶以四角攒尖顶为主；墓室空间配置方面，基本均为西侧（右侧）布置葬具，东侧摆放随葬品。然后还可以看出，帝陵与宗王墓之间有较明确的等级区分指标。帝陵级大墓的甬道分前后两端，前部甬道较宽，可视为"前室"的孑遗，后甬道内则设置有一道石门；宗王墓甬道不分段，甬道内亦无石门。建造方式则有砖砌、土洞两类，帝陵均为砖室墓，宗王墓则两种兼有。有学者指出这两种墓葬形制的等级区分，因时代不同而有差异：528年以前，砖室墓使用者等级较高，帝陵、元氏王族墓葬都采用此形制；528年以后，帝陵以下纪年墓未见砖室墓，部分元氏王族开始使用土洞墓；这种转变的原因或在于发生于武泰元年（528年）的"河阴之变"对这种等级差别的摧毁[⑨]。

---

① 严辉、刘斌：《洛阳衡山路北魏大墓研究札记》，《洛阳考古》2016年第4期。
② 洛阳市文物考古研究院：《洛阳涧西衡山路北魏墓发掘简报》，《文物》2016年第7期。
③ 310国道孟津考古队：《洛阳孟津邙山西晋北魏墓发掘报告》，《华夏考古》1993年第1期。
④ 徐婵菲：《洛阳北魏元怿墓壁画》，《文物》2002年第2期。
⑤ 洛阳市文物考古研究院：《北魏淮南王元遵墓发掘简报》，《洛阳考古》2013年第2期。
⑥ 洛阳博物馆：《河南洛阳北魏元乂墓调查》，《文物》1974年第12期。
⑦ 黄明兰：《西晋裴祗和北魏元暐两墓拾零》，《文物》1982年第1期。
⑧ 洛阳博物馆：《洛阳北魏元邵墓》，《考古》1973年第4期。
⑨ 倪润安：《光宅中原：拓跋至北魏的墓葬文化与社会演进》，上海古籍出版社，2017年，第239～242页。

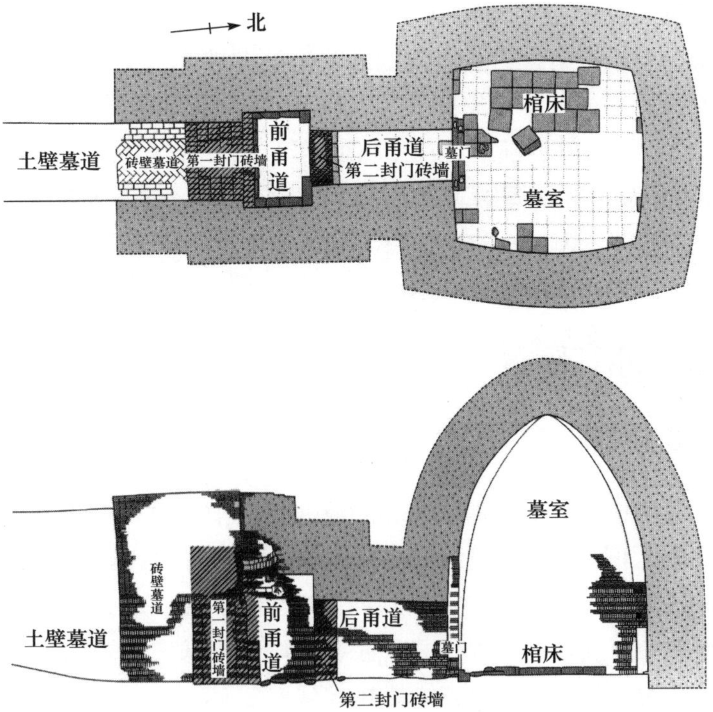


图 3-16　景陵平、剖面图
采自张学锋：《中国墓葬史》，广陵书社，2009 年，第 208 页图 5-25

就目前资料看，此时期的帝、王陵墓以随葬陶俑、墓志为稳定特征。随葬陶俑中，以节闵帝墓（？）元邵墓所存相对完整，后者所出陶俑达 115 件。陶俑的组合普遍包括武士俑、镇墓兽、男女侍俑、牲畜俑等。但其在组合、数量方面的等级指标尚难以展开讨论。北魏晚期，随葬墓志成为一种普遍的社会风尚，在元氏皇族中表现得尤为明显。有学者统计，洛阳已见北魏墓志 392 方，皇室墓志占到近一半，“是北魏拓跋氏在丧葬方面汉化的最突出表现”①。志主的官品和墓志规格应存在一定的对应关系，其中官居一品、二品者所用墓志边长在 0.66 米以上②。若考虑爵位问题，则能发现封王爵者的墓志尺寸处于一、二品官墓志规格的“较高水准”，多在 0.8 米以上。北魏洛阳时代的帝、王陵墓，延续了平城时代使用陶俑、墓志随葬的习俗，并且使之规范化、制度化。

洛阳时代的帝陵中，宣武帝景陵中壁面未见装饰。静陵墓道、墓室或有壁画，但具体内容已无法获知。节闵帝墓（？）在墓室底部分布有大量壁画残块，但残损严重，只能看出以红色为主。大致能看出，帝陵在宣武一朝之后开始装饰壁画。宗王墓中，明确装饰壁画的为元怿墓、元乂墓，二者均属孝明帝时期。元怿墓甬道东西两侧各绘两名守

① 刘连香：《民族史视野下的北魏墓志研究》，文物出版社，2017 年，第 177 页。
② 赵超：《试谈北魏墓志的等级制度》，《中原文物》2002 年第 1 期。

门武士，顶部有动物和云气纹；墓室内的壁画残损严重，具体内容无法获知。元乂墓甬道和两壁有彩绘，但未做清理；墓室内壁画被盗掘者破坏，仅能看出有“四神”残留。保存最好的是墓顶所装饰的“星象图”，有300余颗星辰，星辰之间有连线。有学者指出，天象图所反映的是当时的实际星空[①]，墓顶修筑成高大的穹隆顶或也意在与之配合[②]。由于保存较差，我们暂时无法归纳北魏晚期陵墓壁画的主要内容和题材。但从等级上看，自宣武一朝之后，墓葬装饰壁画的现象逐渐普遍，帝陵、宗王墓内皆是如此，这无疑为后来北齐时代壁画制度的完善奠定了基础。

## 四、东魏、北齐陵区

### （一）陵区选址

东魏北齐陵墓多选址于都城邺城西北的漳河与滏阳河之间（图3-17）。位于今河北磁县南部漳河北岸，旧称“曹操七十二疑冢”的墓群，现已确认为东魏、北齐皇陵和宗室贵族墓葬区。陵区内帝陵主要包括东魏孝静帝之西陵；北齐神武帝高欢之义平陵，文襄帝高澄之峻成陵，文宣帝高洋之武宁陵，孝昭帝高演之文靖陵（一作“文静陵”），武成帝高湛之永平陵。此外还有北齐废帝高殷墓。

邺城陵区的布局情况已基本明朗[③]。邺城陵区主体可分为两大部分：居南的为东魏皇陵区，位于漳水北侧，入齐后作为元氏茔地沿用；居北的为北齐皇陵区，位于滏阳河南侧，东魏时作为高氏茔地业已存在。

东魏皇陵区大致范围西至西小屋—前港村一线，东至南白道—西陈村一线，南至南营—高庄村一线，北至八里冢—曹庄村一线。茔域内的天子冢（M35）被推定为孝静帝西陵。除此之外，茔域内还分布有大量元氏皇族墓。结合地表碑刻、出土墓志和发掘材料，墓主身份可确定的墓葬有昌乐王元诞墓（M74）[④]、徐州刺史元祜墓（M003）[⑤]、文宣王元亶墓（M79）、宜阳王元景植墓（M80）[⑥]、外兵参军元始宗墓（M87）[⑦]等。茔域内墓葬涉及多个支系，各支系多聚集埋葬。同时在各支系墓地内部，

---

① 王车、陈徐：《洛阳北魏元乂墓的星象图》，《文物》1974年第12期。

② 有学者指出，元乂墓内的天象图借复制月晕五星的星图，意欲表达的是“兵起”指控之失、“贵人死”之冤、“有赦”之幸以及“辅君”之功。参见曾蓝莹：《视觉复制与政治说服：北魏元乂天象图解析》，《汉唐之间的视觉文化与物质文化》，文物出版社，2003年。

③ 马忠理：《磁县北朝墓群——东魏北齐陵墓兆域考》，《文物》1994年第11期；沈丽华：《邺城地区东魏北齐墓群布局研究》，《考古》2016年第3期。

④ 汤池：《河北磁县出土魏昌乐王元诞墓志》，《文物资料丛刊》第1辑，文物出版社，1977年。

⑤ 中国社会科学院考古研究所河北工作队：《河北磁县北朝墓群发现东魏皇族元祜墓》，《考古》2007年第11期。

⑥ 赵超：《汉魏南北朝墓志汇编》，天津古籍出版社，1992年，第340页。此处所记为元景植墓志，其父元亶墓位置可由墓志所记方位确定。

⑦ 中国文物研究所、河北省文物研究所：《新中国出土墓志·河北卷》，文物出版社，2004年，第29页。

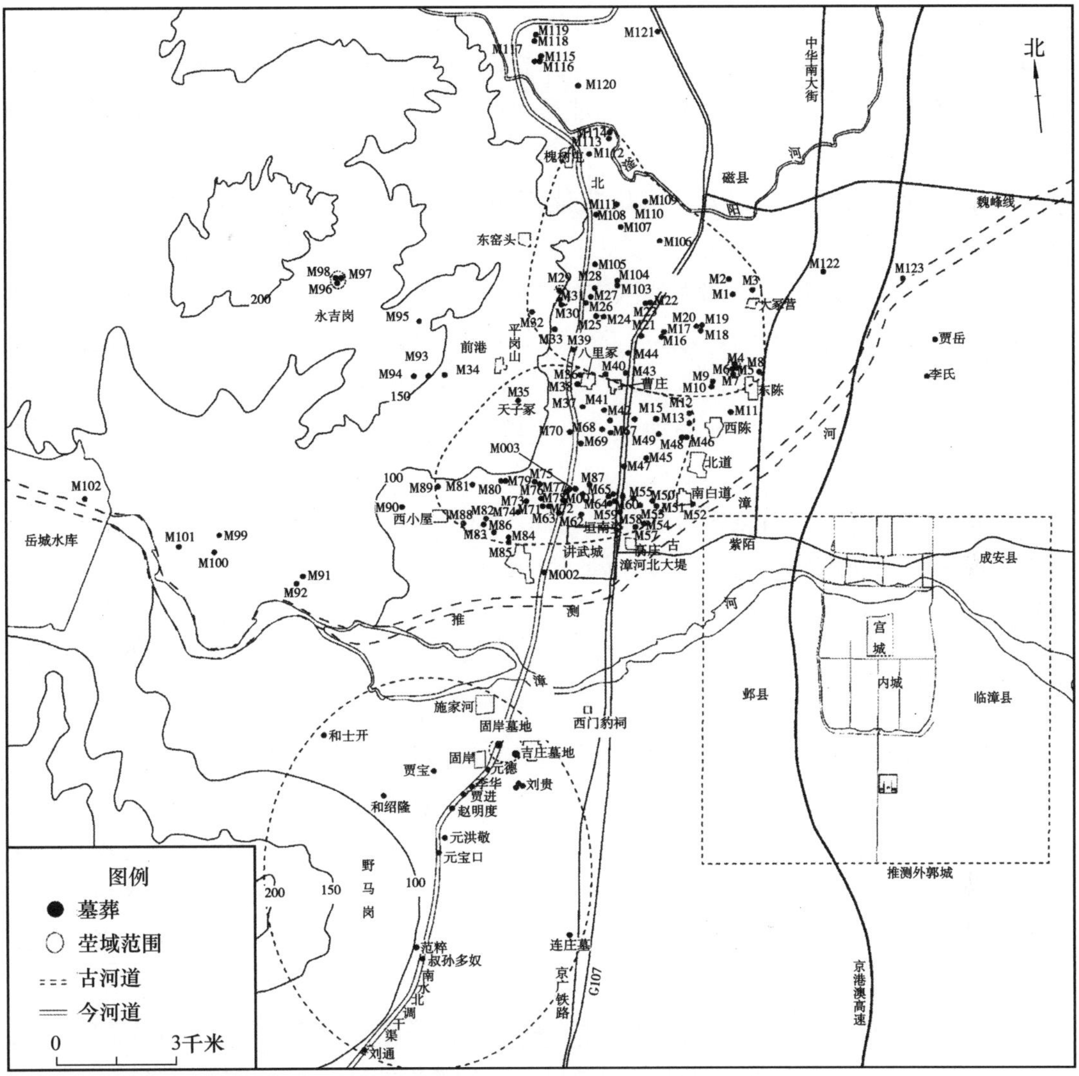


图 3-17　东魏、北齐邺城陵区陵墓分布图

采自沈丽华：《邺城地区东魏北齐墓群布局研究》，《考古》2016 年第 3 期，第 105 页图三

多“长辈在前（南），晚辈在后（北）”，兄弟辈排列为“自左向右”。

高齐皇宗陵的大致分布范围相当于今磁县八里冢至曹庄村以北和滏阳河以南、大冢营至东陈村以西、槐树屯至东窑头村以东一带。陵区内北齐帝陵主要分布在两个区域。东侧分别有 M1、M2，推测分别为义平陵、峻成陵。北侧分布有 M106（湾漳壁画墓），M106 的西北另有 M107～M111 五座大冢。M106 为武宁陵的观点已基本为学界接受；另外五座墓冢当包含废帝高殷墓，尤以距 M106 最近的 M107 可能性最大。陵区内还有一处大型墓冢 M105，不在上述两个区域内，有学者推测其为永平陵，但相关证据很少。除帝陵外，结合地表碑刻、出土墓志和发掘材料，墓主身份可确定的高氏皇族及王妃墓有太师高盛墓（M19）、太尉高翻墓（M18）、兰陵王高肃（长恭）墓（M44）[①]、文昭王高润墓（M112）[②]、修城王高孝绪墓（M39）[③]、襄乐王敬妃（M20）、废帝高殷妃李胜难墓（M21）[④]、高湛妃茹茹公主闾叱地连墓（M3）[⑤]等。陵区内还分布有北齐勋贵、上层官吏家族墓地，如陵区东南部的尧氏墓地（M4～M7）[⑥]，陵区西部的司马氏墓地（M29～M31），以及司马氏墓地西侧1.5千米左右，分布略显“孤立”的暴氏墓地（M96～M98）。

邺城陵区的规划和北魏邙山陵区有很多相似之处。首先，邺城陵区选址在都城北侧，漳河和太行山之间的岗坡地带；这与邙山陵区的地理位置较为相似。其次，邺城陵区内保留了邙山陵区内族葬制的做法。陵区西南部是以东魏孝静帝西陵为中心的元氏墓域；东部和北部，是以北齐神武帝义平陵为中心的高氏墓域；这所体现的仍是族葬之风。只是墓区内墓葬排列秩序变成了父子墓序长辈在前、晚辈在后，兄弟墓序一般为自左向右。这与邙山陵区墓葬秩序有所不同。不过也应注意，邺城陵区内也具有邙山陵区未见的新现象，主要表现在勋贵大臣和上层官吏的墓地逐渐脱离皇室陵区而以家族墓地形式出现在都城附近。

### （二）陵园建筑

东魏、北齐陵园地面建筑相对完善，是对北魏洛阳时代制度的继承。

疑似为东魏孝静帝西陵的天子冢（M35），现存有直径120余米、高30米的封土。马忠理早年曾在附近进行调查，发现墓冢周边存有以河卵石夯筑而成的围墙残基；在南墙外神道两侧和封土西侧采集到莲花纹瓦当和筒、板瓦，当为地面建筑遗物。邺城陵区内的北齐陵墓，有些封土保留较完整。例如湾漳墓封土直径达100～110米，大冢（M1）直径约80米。湾漳墓封土南侧还存有道路遗迹，应为神道；神道西侧出有持剑石人[⑦]，为神道石刻。邺城陵区范围内，一些墓冢前还立有石碑，如元景植墓碑、高盛墓碑、高翻墓碑、高肃墓碑等；可见设置陵墓石刻的做法在东魏、北齐当比较常见。

### （三）地下埋葬

邺城陵区内经过发掘的东魏、北齐墓葬数量众多，其中大致能代表帝陵制度的主

---

① 马忠理：《北齐兰陵王高肃墓及碑文述略》，《中原文物》1988年第2期。
② 磁县文化馆：《河北磁县北齐高润墓》，《考古》1979年第3期。
③ 张晓峥：《河北磁县北齐高孝绪墓》，《2009中国重要考古发现》，文物出版社，2010年。
④ 张利亚：《磁县出土北齐愍悼王妃李尼墓志》，《文物春秋》1997年第3期。
⑤ 磁县文化馆：《河北磁县东魏茹茹公主墓发掘简报》，《文物》1984年第4期。
⑥ 磁县文化馆：《河北磁县东陈村东魏墓》，《考古》1977年第6期；磁县文化馆：《河北磁县东陈村北齐尧峻墓》，《文物》1984年第4期。
⑦ 中国社会科学院考古研究所、河北省文物研究所：《磁县湾漳北朝壁画墓》，科学出版社，2003年，第11～15页。

要有湾漳壁画墓[①]、闾叱地连墓[②]两座。

湾漳壁画墓（图 3-18），一般认为其为武宁陵。南向砖砌单室墓，总长 52 米，由斜坡墓道、甬道、墓室等部分组成。斜坡墓道分前后两段，后段略窄；甬道南端有砖砌门墙，甬道中有封墙三重、石门两道。墓室平面近弧方形，四角攒尖顶。墓室西侧有须弥座石质棺床，棺床上放置松木质一棺一椁（图 3-19）。出土随葬品以陶俑为主，共计 1805 件，以高约 1.4 米的大门吏俑最为特殊，单独置于甬道石门外两侧；随葬品中较特殊的还有陶鼎、陶编磬、陶编钟等“复古”礼乐器。墓道前段东西壁绘青龙、白虎、神鸟、怪兽；后段两壁壁画分两栏，上栏为神兽、莲花、忍冬、流云，下栏绘 53 个仪仗人物，身后绘廊屋。墓道地面壁画分三列，中部为盛开莲花，两侧为莲花、忍冬等纹饰。甬道前端门墙上部中央正面绘朱雀，两侧绘神兽、莲花、流云等；甬道内东西壁残存侍卫图像局部。石门门楣正面中央绘火焰宝珠，两侧各一朱雀；背面中央绘神兽，左右绘忍冬；门扇正面朱红色减地表现门钉，另有鎏金的铁门鼻、铁门环。墓室顶部绘星象图；墓壁壁画分四栏，第一栏（自下向上数，下同）北壁残存羽扇、帐幔；第二栏南壁残存朱雀，东壁残存神兽；第三栏东壁保存较好，存九个神兽图像，推测四壁共 36 个动物，或为“三十六禽”；第四栏有建筑残迹。

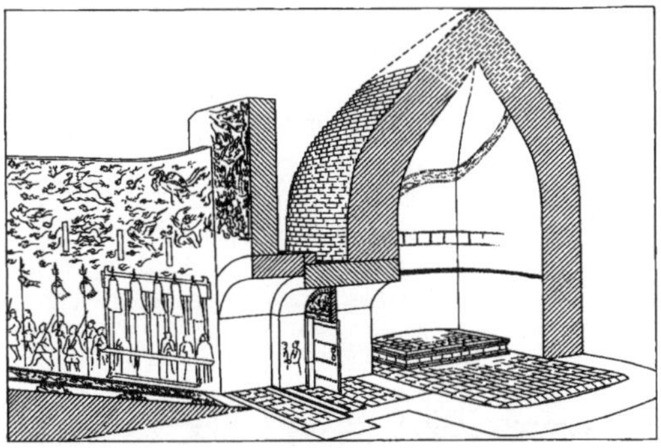

图 3-18　磁县湾漳大墓结构示意图
采自中国社会科学院考古研究所、河北省文物研究所：《磁县湾漳北朝壁画墓》，科学出版社，2003 年，第 8 页图 5

图 3-19　磁县湾漳大墓墓室内景
采自张学锋：《中国墓葬史》，广陵书社，2009 年，第 212 页图 5-29

武定八年（550 年）闾叱地连墓，墓主为高湛幼妃，墓葬形制、壁画内容也符合北齐陵墓制度。墓志记其“送终之礼，宜优常数”，故葬制当略高于一般皇族而与帝陵相当。其朝向、结构、墓室形制均和湾漳壁画墓相似，不同之处在于规模略小。墓室西侧棺床为石砌。出土陶俑数量 1064 件，种类、造型与湾漳墓相类。较为少见的所谓“胡服老人”俑在两墓内均有发现，闾叱地连墓所出左手持一锯齿状器物。有学者认为其造型

① 中国社会科学院考古研究所、河北省文物研究所：《磁县湾漳北朝壁画墓》，科学出版社，2003 年。
② 磁县文化馆：《河北磁县东魏茹茹公主墓发掘简报》，《文物》1984 年第 4 期。

为萨满巫师，来源与墓主的族属有关。另外还出有和湾漳墓接近的陶编钟、编磬，看来复原“古礼”器物似乎是北齐皇室墓的流行做法。出有方形墓志一合，边长 0.62 米。墓内装饰总体图像构成与湾漳墓类似，但在仪仗人数等方面上体现了等级之别（图 3-20）。

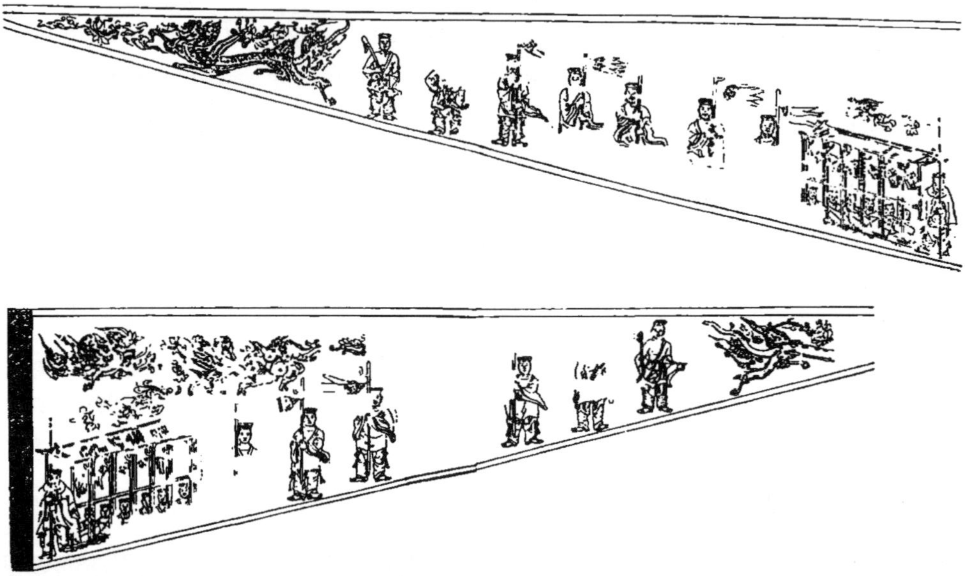

图 3-20　闾叱地连墓墓道壁画

采自郑岩：《魏晋南北朝壁画墓研究（增订版）》，文物出版社，2016 年，第 99 页图 107

## 五、西魏、北周陵区

### （一）陵区选址

西魏皇帝中，只有文帝元宝炬葬地较为明确。一般认为，文帝之永陵位于今陕西富平县何家村北，地表现仍保存有封土和石刻①。永陵内还应葬有皇后乙弗氏、郁久闾氏。永陵封土东侧还有规格略小的封土一座，其墓主难以明确。西魏政权的另外二帝，废帝元钦、恭帝拓跋廓之葬所失考。北周政权的奠基人宇文泰，被追尊为文帝，其墓葬称成陵。现一般将富平县宫里镇的一座陵墓指认为成陵②。

北周一代的帝陵共有四座，闵帝宇文觉之静陵、明帝宇文毓之昭陵、武帝宇文邕之孝陵、宣帝宇文赟之定陵。静帝宇文阐生前已禅让于杨隋，开皇元年（581 年）崩，葬恭陵。考古发掘已经确认，武帝孝陵位于咸阳市底张街道陈马村东南③，闵帝静陵位于孝陵西南方向 7.8 千米处。底张街道附近及咸阳国际机场一带还有一批北魏高等级墓

① 国家文物局主编、陕西省文物事业管理局编制：《中国文物地图集 · 陕西分册（下）》，西安地图出版社，1998 年，第 604 页。

② 徐卫民主编、陕西省地方志办公室编：《陕西帝王陵墓志》，三秦出版社，2017 年，第 332、333 页。

③ 陕西省考古研究所、咸阳市考古研究所：《北周武帝孝陵发掘简报》，《考古与文物》1997 年第 2 期。

葬,经过发掘确认,皇室成员墓有宇文俭墓①、宇文通墓②、乌六浑氏墓(宇文俭之母)③、步六孤须蜜多墓(宇文俭之妻)④,封有公爵的重臣墓独孤信墓、王士良与董氏合葬墓、匹娄欢墓、叱罗协墓、莫仁相墓、莫仕诞墓、独孤藏墓、若干云墓、尉迟运和贺拔氏合葬墓⑤等。

周伟洲认为,底张镇一代应该就是传世文献和墓志所记“洪渎原”,是都城长安北郊皇室、贵族、重臣的重要葬地;文献中还见有名为“石安原”的葬地,当大致与“洪渎原”指同一区域⑥。刘呆运结合长安城附近地理环境指出,洪渎原是距离都城最近的高原,是最理想的埋葬之地,这是这一带成为北周皇陵、贵族埋葬地的原因所在⑦。

### (二)陵园建筑

西魏的文帝元宝炬永陵筑有封土,现存封土直径约80、残高13米。有资料介绍,永陵前原置有“石人、石兽等大量石刻”,但“多数毁于60年代”⑧。现仍存的石刻有石兽两件,一件被移至西安碑林博物馆保存,一件置于原地。有学者认为,石兽身上所刻为双翼,并据此考证其为“天禄”⑨。宇文泰成陵也设置有封土、石兽。现存封土直径约40、残高9.6米。封土前原置有蹲坐状石狮一件,现也移入碑林博物馆。这些陵墓石刻的设置,表明西魏陵墓制度对北魏晚期规制仍有所沿用。

北周时期,明帝遗诏“勿封勿树”⑩,武帝遗诏“墓而不坟”⑪。经调查,孝陵未见封土、陵园等地面建筑迹象,这颇与其遗诏相符。北朝长安地区的叱罗协墓,原州地区的李贤墓⑫、田弘墓⑬等,地表均保留有封土;尉迟运和贺拔氏合葬墓南侧地层中则出

---

① 陕西省考古研究所:《北周宇文俭墓清理发掘简报》,《考古与文物》2001年第3期。

② 陕西省考古研究院:《壁上丹青:陕西出土壁画集(上)》,科学出版社,2009年,第171页。

③ 邢福来、李明:《咸阳发现北周最高等级墓葬——再次证明咸阳北原为北周皇家墓葬区》,《中国文物报》2001年5月2日第001版。

④ 郭明卿、王向农:《北周谯国公夫人步六孤氏墓葬发掘情况整理与研究》,《陕西历史博物馆论丛》第25辑,三秦出版社,2018年。

⑤ 独孤信墓、匹娄欢墓资料分别见陕西省文物考古研究院编著、姜宝莲主编:《二十世纪五十年代陕西考古发掘资料整理研究下册·西安西郊及关中西部》,三秦出版社,2015年,第74~77、65~69页;莫仁相墓、莫仁诞墓资料见陕西省考古研究院:《北周莫仁相、莫仁诞墓发掘简报》,《考古与文物》2012年第3期;王士良与董氏合葬墓、独孤藏墓、若干云墓、叱罗协墓、尉迟运和贺拔氏合葬墓资料见负安志:《中国北周珍贵文物——北周墓葬发掘报告》,陕西人民美术出版社,1993年,第109~130、76~92、60~75、10~35、93~108页。

⑥ 周伟洲:《陕西北周墓葬主死葬地考》,《中国历史地理论丛》1995年第1期。

⑦ 刘呆运:《鹿善墓葬地研究》,《考古与文物》2013年第4期。

⑧ 国家文物局主编、陕西省文物事业管理局编制:《中国文物地图集·陕西分册(下)》,西安地图出版社,1998年,第604页。

⑨ 赵克礼:《天禄、獬豸、麒麟考辨——从永陵石兽为天禄谈起》,《文博》2003年第4期。

⑩ (唐)令狐德棻:《周书·明帝纪》,中华书局点校本,1971年,第60页。

⑪ 《周书·武帝纪》,第107页。

⑫ 宁夏回族自治区博物馆、宁夏固原博物馆:《宁夏固原北周李贤夫妇墓发掘简报》,《文物》1985年第11期。

⑬ 原州联合考古队:《北周田弘墓》,文物出版社,2009年,第38页。

土石人、石羊、石虎[①]。可见北周陵墓在陵园建筑方面，重臣规制反倒比帝陵所用复杂。北周时期的“不封不树”之制虽然在流行时间和强制性等方面都有较多的局限性[②]，但还是在一定程度上改变了北周陵园的形态，使得北周制度更多地表现出对北魏晚期模式的背离。

## （三）地下埋葬

北周帝陵可以宣政元年（578 年）的武帝孝陵（图 3-21）为代表。该墓为宇文邕与皇后阿史那氏的合葬墓。南向，土洞墓，全长达 68.4 米，由斜坡墓道、五天井、五过洞、四壁龛、前室、后龛等结构组成。前室平面近方形，后龛在前室北侧中部偏东，平面近梯形。前室墓底铺砖，东西两壁残存有东西向放置的木棺椁朽痕，应该主要用于埋葬墓主。后龛内有木箱痕迹，出土龙首柄铜鐎斗、圆形漆盘等遗物。前室西侧棺椁范围内除出有人骨外，还清理出金玉饰件若干，以及弯月形石灰枕一件；东侧棺椁范围内发现珍珠、金花瓣、“质地不明的微型坐佛”等。上述器物应该与敛葬器用有关。其余残存随葬品以陶俑为大宗，绝大部分出自 4 号天井东龛。出土陶俑 150 余件，有笼冠俑、小冠俑、风帽俑、兜鍪甲士俑、侍女俑、具装甲骑俑、鞍马仪卫骑俑、骑

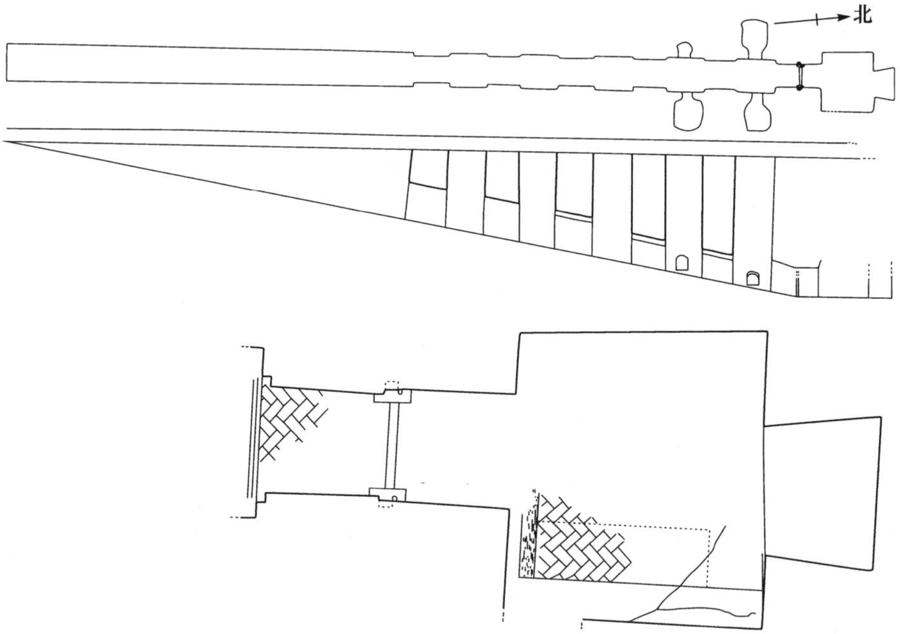


图 3-21　北周孝陵平、剖面图

据陕西省考古研究所、咸阳市考古研究所：《北周武帝孝陵发掘简报》，《考古与文物》1997 年第 2 期，第 10 页图二改绘

---

① 负安志：《中国北周珍贵文物——北周墓葬发掘报告》，陕西人民美术出版社，1993 年，第 93、94 页。

② 倪润安：《北周墓葬“不封不树”辨析》，《中国典籍与文化》2006 年第 2 期。

马乐俑、劳作俑、镇墓武士俑、镇墓兽等。上述人物俑皆为背部扁平的造型，镇墓兽则为俯卧状。甬道内出有“武帝孝陵志”一合，正方形，边长 0.85 米。当地文化局还从盗墓者手中收缴不少出土器物，其中最重要的莫过于武德皇后墓志一合，以及獬豸纽“天元皇太后玺”金印一件。

此外，宇文觉静陵也经过发掘，其形制也为斜坡墓道单室土洞墓，全长 56.84 米，设置有四天井、四过洞。整体上，该墓并不具备北周帝陵的规模形制，甚至尚不及一些已发掘的开国郡公级别墓葬。北周元年（557 年），宇文觉被宇文护囚禁杀害；建德元年（572 年），武帝诛杀宇文护，并追尊宇文觉为略阳公，谥曰孝闵皇帝，陵曰静陵。考古材料和文献资料对照，可知宇文觉当以略阳公身份下葬，武帝追尊时也并未进行改葬[①]。

## 第五节 南朝陵墓

南朝时期的陵墓，既对前代制度有所延续，但又出于政治考虑有意与东晋制度进行割裂，有学者用“师古”与“任己”分别来概括这两种取向[②]。这种特殊状况在陵区选址、陵园建筑、地下埋葬等方面均有所体现。

### 一、陵区选址

南朝帝陵中宋、陈两代位于今南京地区，齐、梁两代位于今丹阳地区（图 3-22）。具体到四代内部，诸陵的分布基本呈“散点状”。

刘宋帝陵相关考古发现较少，隐龙山发现南朝墓三座，或为陪陵的刘宋皇室墓[③]；麒麟铺石麒麟曾被认为属于初宁陵[④]，但尚有争议[⑤]。有学者归纳刘宋有四个陵墓区[⑥]，即蒋山陵区、岩山陵区、南郊坛西墓区和幕府山陵区；前述隐龙山南朝墓位于岩山陵区范围内，麒麟铺石麒麟位于蒋山陵区范围内。

齐、梁两代帝室实为同宗，故除部分追尊陵外，陵区主要是依萧氏南迁后祖茔而设，位置在“晋陵武进县”，即梁天监元年以后的“南兰陵郡兰陵县”[⑦]。结合石刻和发

① 陕西省考古研究院：《陕西咸阳北周宇文觉墓发掘简报》，《考古与文物》2024 年第 1 期。
② 付龙腾：《试析南朝陵寝制度的两大取向》，《东南文化》2020 年第 4 期。
③ 南京市博物馆、江宁区博物馆：《南京隐龙山南朝墓》，《文物》2002 年第 7 期。
④ 中央古物保管委员会：《六朝陵墓调查报告》，中华民国二十四年（1935 年）铅印本，第 21、22 页。
⑤ 杨晓春：《南京麒麟铺石兽墓主问题的再研究》，《考古》2008 年第 5 期；杨晓春：《南京麒麟铺石兽墓主问题研究补正》，《东南文化》2010 年第 3 期。
⑥ 张学锋：《南朝建康的都城空间与葬地》，《中华文史论丛》2019 年第 3 期。
⑦ 张学锋：《“齐梁故里”研究中的史料学问题——兼论“晋陵武进县之东城里”的地望》，《南京晓庄学院学报》2011 年第 1 期。

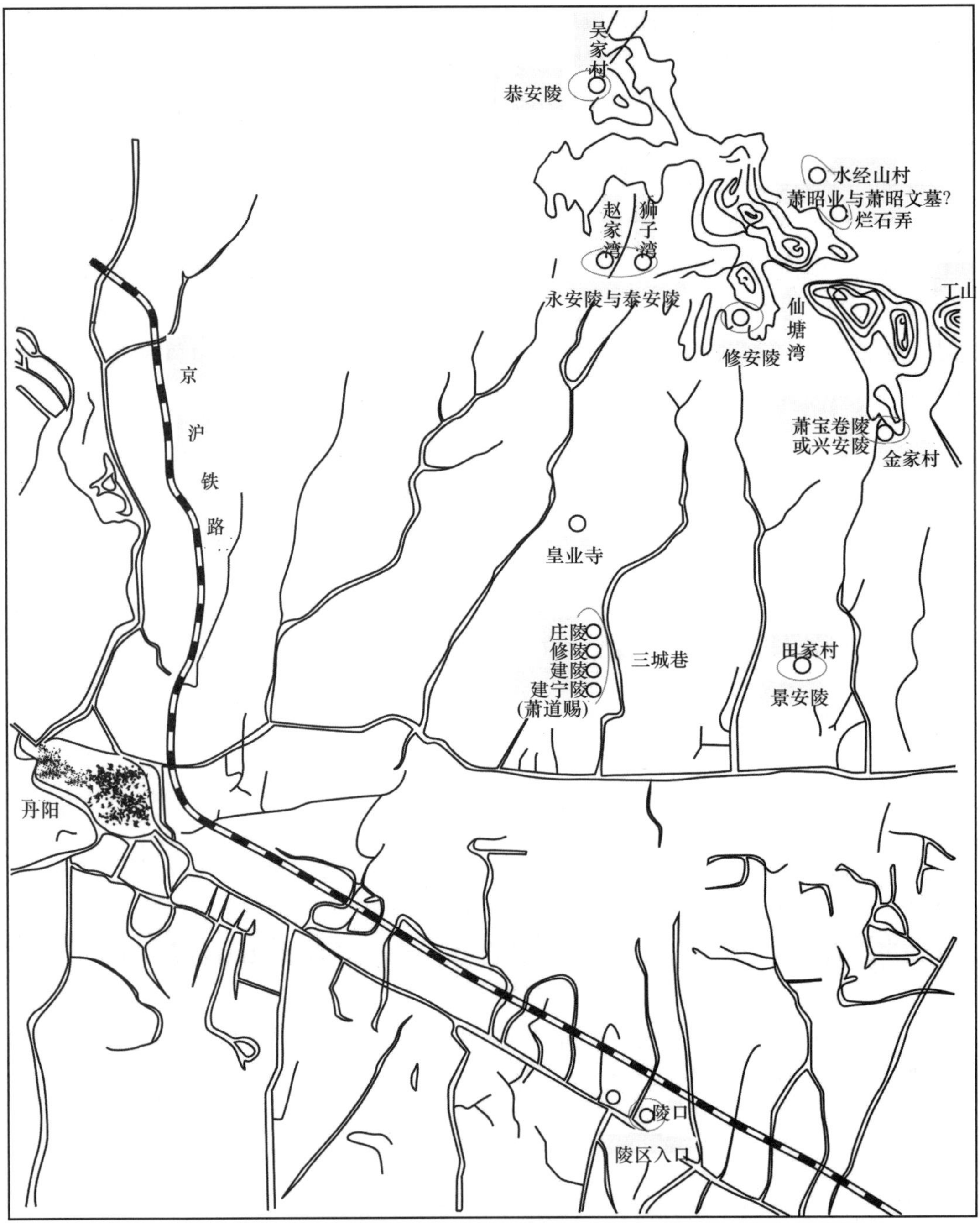


图 3-22　丹阳周边南朝陵区分布图

据〔日〕曾布川宽著，傅江译：《六朝帝陵——以石兽和砖画为中心》，南京出版社，2004 年，第 14 页图十改绘

掘材料可知，齐、梁帝陵多散布于今镇江丹阳的胡桥、建山、埤城、荆林一带。

南齐帝陵位于上述区域北部的水经山（现名水晶山）周围，地表现存多处石刻，狮子湾、赵家湾各有石麒麟 2 件（图版一，3），应与宣帝永安陵、高帝泰安陵有关，但具体的对应关系尚有争议[①]。田家村（旧称前艾庙）有石麒麟2件、龟趺座1件，应归属于武帝景安陵。仙塘湾有石麒麟2件，石麒麟北侧510米的南朝墓已经过发掘，应同属于景帝修安陵[②]。该区域内经过发掘的南朝大墓还有两座，即金家村墓和吴家村墓，发掘简报推测二者分别为废帝萧宝卷墓与和帝恭安陵[③]。但也有学者认为金家村墓为明帝兴安陵。此外，水经山村、烂石弄各有石辟邪2件，常被认为与生前被废、葬以王礼的萧昭业、萧昭文之墓有关，但证据略显不足。

萧梁帝陵多位于今丹阳三城巷一带。三城巷一带分布有近南北一线排列的四处石刻，现基本可确定皆与梁代帝陵有关。最南侧一处有石麒麟2件，具体归属尚有争议，有梁敬帝陵[④]、萧道赐夫妇（即萧衍祖父母）“建宁陵”[⑤]等不同观点。本书认同其为“建宁陵”的观点。南起第二处有石麒麟2件、石柱2件、龟趺座1件，以及柱础石若干。由于石柱石额之上刻有“太祖文皇帝之神道”，这组石刻明确归属于梁文帝萧顺之的建陵。南起第三处有石麒麟1件，或归属于梁武帝修陵；南起第四处有石麒麟1件，或归属于简文帝庄陵[⑥]。

为方便谒陵，“三城巷陵区”有萧梁河（现名肖梁河）直通南侧江南河；同时，萧梁河与江南河相交处的陵口镇，还分布有石麒麟一对，当为萧梁陵区整体入口之标识[⑦]。再加上诸陵间近南北一线排列的布局，各种迹象表明萧梁“三城巷陵区”当经过整体规划。萧梁陵墓亦有葬于别处者。南京狮子冲石麒麟的归属问题曾存在较大争议，但通过发掘资料验证，已基本能确定狮子冲处的南朝陵墓为昭明太子与其生母丁氏的安宁陵[⑧]。

陈代共有帝陵3座，追尊帝、后陵2座，废帝墓2座。陈代帝陵相关遗存较少。江宁区石马冲（今白马公园内）有石辟邪2件，曾被认为与武帝万安陵有关，但就石刻等级看更有可能归属于南朝晚期的某座王侯墓。灵山曾发掘南朝大墓1座，以出有青瓷莲花尊而闻名于世，但详细资料一直未公布。学界多认为其与文帝永宁陵有关[⑨]，但也有学者持不同意见[⑩]。南京油坊桥罐子山发现有南朝大墓1座，或为宣帝显宁陵。

---

① 《六朝陵墓调查报告》认为狮子湾石刻对应永安陵、赵家湾石刻对应泰安陵。曾布川宽在判定两处陵墓均为南向的基础上，结合六朝陵墓排序“尚右”的规律，认为狮子湾石刻对应泰安陵、赵家湾石刻对应永安陵。详见〔日〕曾布川宽著，傅江译：《六朝帝陵——以石兽和砖画为中心》，南京出版社，2004年，第13～17页。

② 南京博物院：《江苏丹阳胡桥南朝大墓及砖刻壁画》，《文物》1974年第2期。

③ 南京博物院：《江苏丹阳县胡桥、建山两座南朝墓葬》，《文物》1980年第2期。

④ 〔日〕曾布川宽著，傅江译：《六朝帝陵——以石兽和砖画为中心》，南京出版社，2004年，第49～53页。

⑤ 王志高：《丹阳三城巷（1）南朝陵墓石兽墓主身份及相关问题考订》，《东南文化》2011年第6期。

⑥ 中央古物保管委员会：《六朝陵墓调查报告》，中华民国二十四年（1935年）铅印本，第33～36页。

⑦ 〔日〕曾布川宽著，傅江译：《六朝帝陵——以石兽和砖画为中心》，南京出版社，2004年，第44～49页。

⑧ 许志强、张学锋：《南京狮子冲南朝大墓墓主身份的探讨》，《东南文化》2015年第4期。

⑨ 罗宗真：《六朝考古》，南京大学出版社，1994年，第71～76页。

⑩ 邵磊：《南京灵山梁代萧子恪墓的发现与研究》，《南京晓庄学院学报》2012年第5期。

在罐子山南朝墓周围，分布有西善桥黄法氍墓[①]、马家店砖瓦厂墓[②]、铁心桥小村墓[③]等一批南朝晚期的砖室墓，或许是与显宁陵有关的陪葬墓。此外，罐子山南朝墓附近还分布有墓壁装饰“竹林七贤与荣启期”的西善桥宫山大墓[④]，有学者认为其为陈废帝墓[⑤]，这或许与该墓的年代有抵牾之处。

## 二、陵园建筑

南朝陵园实物遗存，现以石翼兽（辟邪和麒麟）[⑥]、石柱、石碑等陵墓石刻保存最为丰富。资料较为详细的南朝神道石刻，现存共计39处。

南朝神道石刻主要有石兽、石柱、石碑三大种类。《南齐书》载，齐武帝为改变寻访萧嶷时“入他冢墓内寻人”的情况，迁徙宋长宁陵之“表、阙、骐驎”于东岗上。同时，《南齐书》还记，这里的阙、骐驎是宋孝武帝“于襄阳致之”[⑦]。虽然学界对表和阙的含义尚有争议，但“表、阙、骐驎”三者分别对应石碑、石柱、石兽的可能性最大。由此判断，至迟在刘宋早期，神道石刻已是三者皆备。

石兽的形制，总体上都是以狮子为原型的翼兽，大致可以分为两种：一种头部有单角或双角，造型“神化”色彩较多，与狮子原型差别较大，整体窈窕动感，即本书所称麒麟；一种头部无角，造型为写实化的狮子，整体雄伟厚重，即本书所称辟邪（图版一，4）。两种造型之间的等级界限明确，前者为帝陵专属、后者为王侯墓所用。齐、梁两代石麒麟的样式区别较大，很多学界对这一问题进行过探讨，尤以林树中[⑧]、曾布川宽的论述为代表。综合前人研究成果，可知齐、梁石麒麟的区别，主要体现在整体造型、前肢朝向，以及头部、双翼、垂鬏、背部圆形凸起、肘部三角形鬏毛等部位的细节特征上。典型的“齐式麒麟”以狮子湾、赵家湾、田家村等处石刻为代表；“梁式麒麟”则以三城巷南起第四处、陵口镇等处石刻为代表。

---

① 南京市博物馆：《南京西善桥南朝墓》，《文物》1993年第11期。

② 南京市博物馆、雨花台区文化局：《南京铁心桥镇马家店村南朝墓清理简报》，《南京文物考古新发现：南京历史文化新探（二）》，江苏人民出版社，2006年，第105～111页。

③ 南京市博物馆：《南京市雨花台区铁心桥小村南朝墓发掘简报》，《东南文化》2015年第2期。

④ 南京博物院、南京市文物保管委员会：《南京西善桥南朝墓及其砖刻壁画》，《文物》1960年第8、9期合刊。

⑤ 王志高：《简议南京西善桥“竹林七贤”砖印壁画墓时代及墓主身份》，《六朝建康城发掘与研究》，江苏人民出版社，2015年。

⑥ 对于石兽名称的讨论还存在较多争议。该问题的讨论始于朱希祖的《天禄辟邪考》（见《六朝陵墓调查报告》，第183～199页）。此后众多学者对此进行过考证，邵磊《对南朝陵墓神道石刻研究的回顾与反思》（《南京晓庄学院学报》2010年第1期）一文对相关研究的学术史进行了详细梳理。本书暂统一将帝陵前有角石兽称为麒麟、王侯墓前无角石兽称为辟邪。

⑦ （梁）萧子显：《南齐书·豫章文献王嶷传》，中华书局点校本，1972年，第414页。

⑧ 林树中：《南朝陵墓雕刻》，人民美术出版社，1984年。

南朝神道石柱位于帝陵者现仅保存建陵石柱一例，其余均归属于萧梁宗室的郡王、县侯墓。石柱的形制基本一致，保存较完整者由柱础、柱身、柱头三部分组成。柱础上圆下方，圆形部分浮雕双螭纹，方形底座四周亦装饰有神怪图像。柱身上部装饰凸楞纹，下部装饰凹楞纹（亦称“隐陷直刳棱纹”），两者之间以绳索纹、交龙纹相隔。柱身上部附有石榜，上刻与墓主身份有关的文字。石榜侧面装饰图案，下端有的装饰浮雕力士像。柱头部分为装饰莲瓣纹的顶盖，上立有一小型辟邪。另外，部分石榜上的文字有“反书”“倒书”现象，这些石柱的制作年代应该比较接近，最早的当为天监元年（502 年）追尊时所作建陵石柱，最晚的当为中大通元年（529 年）左右制作的萧绩墓石柱。

南朝神道碑保存数量极少，目前所知较为完整者仅见萧秀墓 1 对、萧憺墓 1 通、萧宏墓 1 通。这些石碑形制比较接近，皆由碑座、碑身两部分组成。碑座为龟趺形；碑身为圆首长方形，碑额有穿，装饰浮雕双螭龙。碑侧有分格图案，以萧宏墓石碑一侧图案保存较为完整，其自上而下分为 8 格，浮雕神怪、羽人、青龙等。

组合形式方面，保存较为完整的萧梁神道石刻，以石兽、石柱、石碑各 1 对最为规整。也有在此基础上有所增加的，例如萧秀墓设有 2 对石碑（其中 1 对仅存龟趺座），萧憺墓现存 3 通石碑，建陵石刻则在基础模式之外另有础石若干。稍简化一些的仅有两类，表现为石兽和石柱或石兽和石碑的组合形式。更为简化的，仅保留石柱一种。石刻的组合形式与墓主身份有关，郡王等级石刻不止一类，低级别宗室县侯才有可能单独使用石柱①。《隋书》载天监六年（507 年），诏令“凡墓不得造石人兽碑，唯听作石柱”②，看来这里所限制的当是郡王以下身份者。空间配置方面，石刻均两两相对分布在神道两侧。《六朝陵墓调查报告》对建陵、萧宏墓等石刻组合较完整者的平面分布进行了记录③。根据这些记录，以前来吊祭者的视线为序，神道两侧由近及远一般分布有翼兽、石柱、石碑（图 3-23）。

此外，考古发掘还发现和垣墙、门阙有关的线索。狮子冲二墓周边发现四条疑似夯土墙；四条墙体将两墓包在其中，推测为两墓共享的陵墙④。北家边南朝墓外围则发现有墓阙建筑一处⑤。

---

① 王志高：《南京尧化门外北家边南朝陵墓神道石刻墓主身份新证》，《南京晓庄学院学报》2016 年第 3 期。

② （唐）魏征：《隋书·礼仪志》，中华书局点校本，1973 年，第 153 页。

③ 《六朝陵墓调查报告》，1935 年，第 30、39 页。

④ 许志强：《江苏南京市栖霞区狮子冲南朝陵园考古概况》，《黄淮七省考古新发现（2011～2017 年）》，大象出版社，2019 年，第 591 页。

⑤ 南京市文物研究所、南京栖霞区文化局：《南京梁南平王萧伟墓阙发掘简报》，《文物》2002 年第 7 期；朱光亚、贺云翱、刘巍：《南京梁萧伟墓墓阙原状研究》，《文物》2003 年第 5 期；王志高：《南京尧化门外北家边南朝陵墓神道石刻墓主身份新证》，《南京晓庄学院学报》2016 年第 3 期。

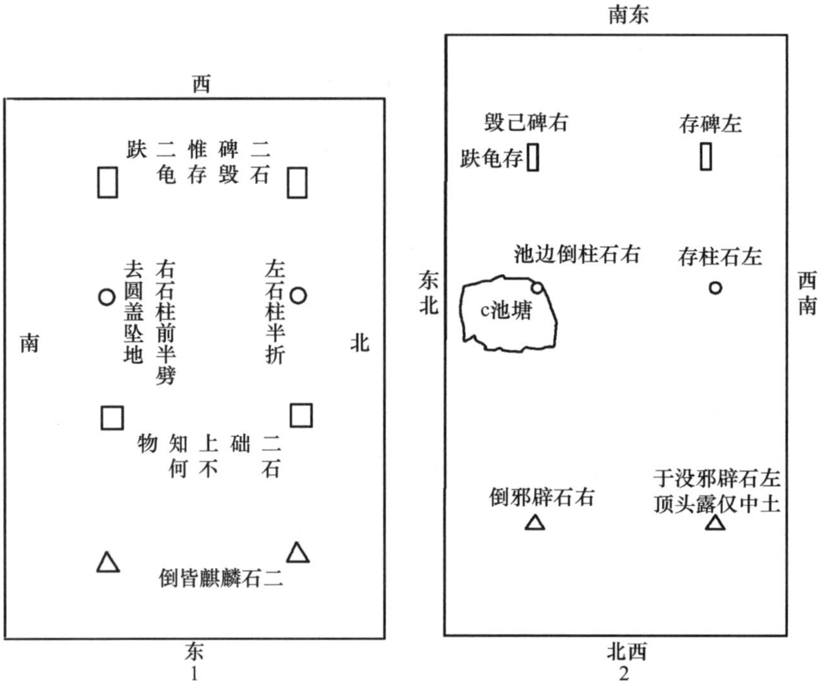


图 3-23　南朝陵墓石刻空间配置

1. 建陵石刻平面分布　2. 萧宏墓石刻平面分布

据中央古物保管委员会：《六朝陵墓调查报告》，1935 年铅印本，第 32、49 页图 20、40 改绘，图中文字顺序与原图保持一致

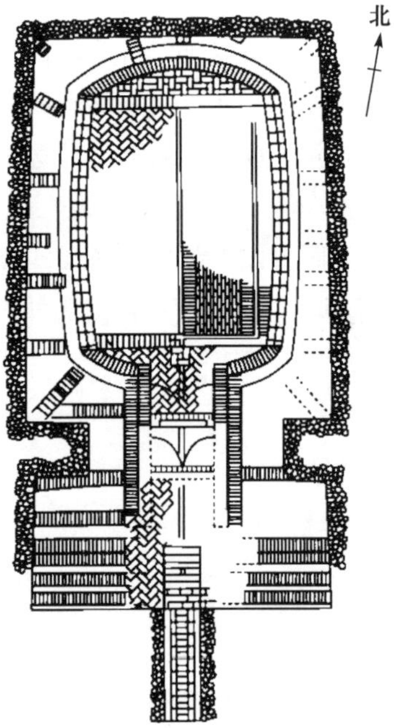


图 3-24　南朝仙塘湾墓平面图

采自南京博物院：《江苏丹阳胡桥南朝大墓及砖刻壁画》，《文物》1974 年第 2 期，第 45 页图二

## 三、地下埋葬

丹阳地区有三座经过发掘的南齐墓葬被认定为帝陵，即仙塘湾墓、吴家村墓、金家村墓，学界对此已基本无异议。南京西善桥宫山墓、西善桥罐子山墓也被认为和南朝帝陵有关，但目前尚不能定论。

仙塘湾墓（图 3-24），一般认为是齐景帝萧道生的修安陵。南向，全长 15、宽 6.2 米，由封门墙、甬道、墓室及附属结构组成。甬道长方形，券顶，内有两道石门，门额呈半圆形，浮雕人字拱。墓室呈长椭圆形，顶部经复原为穹隆顶。墓葬附属结构包括排水沟和挡土墙两种。墓壁除壁画砖外，其余均为花纹砖。出土遗物中陶器有陶俑、陶屋、陶盘、陶罐、陶盒、陶座等；瓷器有青瓷罐等；石器有石俑、石板等；铁器有铁刀和铁剑；其余还有各类金、玉、料饰件。墓内装饰有拼镶砖画，主要位于墓室东、西两壁。墓室东壁下部仅存“骑马鼓吹”壁画，阴刻“左家脩”文字；上部为大型“竹林七贤”半幅，绘有 4 人。墓室西壁前部中间为“羽人戏虎”，其下有三幅，为骑马武士、执戟武士、执伞盖侍从，阴刻文字分别为“右具张”“右立（笠）戟”“右散（繖）迅”。西部后半部残缺，据其余墓葬资料推测应为“竹林七贤”中的另外半幅。

吴家村墓，一般认为是齐和帝恭安陵。南向，全长 13.5 米，由封门墙、甬道、墓室及附属结构组成。甬道长方形，内有石门两道，门额浮雕人字拱，周围还有阴刻纹饰。墓室呈长八角形，左右壁中部偏上位置设置两个直棂窗和桃形灯龛。整个墓室使用的墓砖均有花纹或图案。墓内还有彩绘壁画，但内容已无法辨识。拼镶砖画保存较多。甬道前端左右壁有狮子图；甬道两重石门之间的左右壁有武士图。墓室两侧墓壁前端上部为羽人戏龙、羽人戏虎图；二者之下有骑马武士、持戟武士、持扇盖侍从，阴刻文字分别为“具张”“立（笠）戟”“散（繖）迅”。墓室后部上方为“竹林七贤与荣启期”，两壁对称，每壁各半幅四人。

金家村墓，一般认为是萧宝卷墓或齐明帝兴安陵。南向，全长 13.6 米，墓葬结构、墓葬装饰与前述吴家村墓基本一致，唯独甬道最前端日、月图像不见于吴家村墓，阴线刻文字为“小日”“小月”。

此外，宫山墓曾常被认为刘宋帝陵有关，但该墓葬的年代尚有争议，墓主身份也存在不同认识；罐子山墓，常被推测为陈宣帝的显宁陵。萧梁昭明太子萧统及其生母丁氏的狮子冲 M1、M2 已被发掘；考虑墓主身份，这两座墓葬当能在一定程度上代表当时的陵墓制度。

若将这些材料进行整体观察，能够看到南朝陵墓的特征具有一定程度的连续性，例如：墓室后壁外弧，左右壁为弧壁或直壁微弧，平面近似长椭圆形（吴家村墓除外）；甬道内设置两道石门，石门门额浮雕人字拱；除罐子山墓外，墓室与墓坑之间多存在十条以上放射状的挡土墙，用以加固墓室；墓壁设有直棂假窗和桃形灯龛的组合；墓内设施常见石祭台。此外，拼镶壁画的布局模式如下：甬道内的装饰分为前后两段，前段（第一道石门之前）两壁装饰狮子，顶部装饰日、月；后段（两道石门之间）两壁装饰武士，自铭为“直阁”。墓室内左、右两壁的图像分为上、下两部分。上部图像前端对置统称为“羽人戏龙”“羽人戏虎”的图像，由羽人和“大龙”“大虎”“天人”等主题元素构成，这里后三者皆有墓砖文字佐证；后端则对称布置“竹林七贤与荣启期”，尽管会有形象和榜题不对应的情况发生，还是可以看出两壁一般各以嵇康、向秀的图像打头，有时或也因实际工程需求而有所变动。下部图像则表现出行仪仗，依次排列有骑马武士、持戟护卫、伞扇护卫、骑马鼓吹（所持乐器有鼓、萧、笳）四部分。这四项元素分别对应砖铭文字中的“具张”“立（笠）戟”“散（繖）迅”“家脩”。另外，根据散砖纹样，以及“大日”“大月”“朱鸟”“玄武”等文字推测，墓室内当还装饰有日、月、朱雀、玄武等图像。这些图像的具体位置尚难以确定，朱雀、玄武可能分居墓顶前后壁面，与左右壁的龙、虎合为四神图像；日、月图像的位置，参考甬道装饰内容，很有可能位于墓顶。丹阳三座疑似南齐帝陵（仙塘湾墓、金家村墓、吴家村墓）壁画内容丰富，基本包括上述所有题材；西善桥墓仅在墓壁装饰竹林七贤与荣启期（图 3-25），罐子山墓则只在甬道装饰有狮子图像。狮子冲 M1、M2 并未完全清理到底，但据现有资料可以确定 M1 装饰有羽人戏龙、羽人戏虎、竹林贤与荣启期，M2 装饰有羽人戏龙、羽人戏虎。很多学者还在对比各陵墓图像特征的基础上，对不同陵墓壁画所依“粉本”年代的早晚进行了大致判断。虽然各学者的观点略有不同，但基本均认同各粉本存在“西善桥→金家村→吴家村”的演变序列。

图 3-25　西善桥宫山大墓墓室左右两壁竹林七贤图与荣启期壁画拓本
采自姚迁、古兵：《六朝艺术》，文物出版社，1981 年，图 162、图 163

# 思　考　题

1. 对比秦汉帝陵，思考魏晋南北朝时期陵墓的时代特征。
2. 举例说明魏晋南北朝时期政治因素对陵墓制度的影响。
3. 总结北朝陵墓制度演变的主要阶段。
4. 思考南朝陵墓中“竹林七贤与荣启期”拼镶壁画题材出现与消失的原因。

# 延 伸 阅 读

吴桂兵：《南京大学北园东晋大墓的形制、墓主及其他——两晋偏室墓研究之一》，

《东南文化》2003 年第 9 期。

巫鸿:《从“庙”至“墓”——中国古代宗教美术发展中的一个关键问题》,《礼仪中的美术：巫鸿中国古代美术史文编》，生活・读书・新知三联书店，2005 年。

刘连香:《北魏冯熙冯诞墓志与迁洛之初陵墓区规划》,《中原文物》2016 年第 3 期。

左骏、张长东:《模印拼砌砖画与南朝帝陵墓室空间营造——以丹阳鹤仙坳大墓为中心》,《故宫博物院院刊》2019 年第 7 期。

# 第四章　魏晋南北朝墓葬

纵观整个魏晋南北朝时期，由于长期的政治对峙和文化隔阂，南方、北方地区的墓葬文化逐渐走向了不同的发展道路。因此，本章分别对北方地区的魏晋北朝墓葬和南方地区的六朝墓葬进行叙述。需要说明的是，陵墓资料必然也是其所在地域墓葬时代特征的重要代表，但考虑本书的章节安排，本章在叙述各分区、分期的典型墓例时，一般不再详细介绍大型陵墓资料。

## 第一节　魏晋北朝墓葬

2009 年，李梅田出版《魏晋北朝墓葬的考古学研究》①，形成了魏晋北朝墓葬分区、分期的完整框架序列。2021 年，李梅田出版《葬之以礼——魏晋南北朝丧葬礼俗与文化变迁》②，在墓葬分区上补充了河西、辽东、辽西三个地区。本节对魏晋北朝墓葬分区与分期进行叙述，主要依据李梅田的上述两部著作③。

### 一、关东地区

魏晋北朝时期，关东地区墓葬多为砖室墓，主要有方形单室墓、双室墓、梯形墓、近圆形墓、长方形墓等几种形制。其中，近方形单室墓数量最多，是北魏晚期之后的主流形制，参考《三国—宋元考古》讲义的表述④，可以将其分为Ⅰ、Ⅱ、Ⅲ三个等级。这三个等级的墓葬，墓室边长分别为 7 米左右、5 米左右和 3～4 米；三个等级墓葬都随葬生活用具、仓厨明器和陶俑，但各等级随葬品在数量、种类、质地等方面都有较明显区别；约从十六国时期开始，仪仗俑的数量和有无鼓吹俑、骑马俑，更是明显具备区分等级的作用。此外，虽然整个关东地区墓葬有着相对统一的演变轨迹，但是各小区域在墓葬资料积累程度方面有明显差异，现分出洛阳、邺城、云代、幽蓟、定冀、并州、青徐兖等七个小区域分别进行叙述。

---

① 李梅田：《魏晋北朝墓葬的考古学研究》，商务印书馆，2009 年。

② 李梅田：《葬之以礼——魏晋南北朝丧葬礼俗与文化变迁》，上海古籍出版社，2021 年。

③ 墓室壁画参考郑岩：《魏晋南北朝壁画墓研究（增订版）》，文物出版社，2016 年。

④ 北京大学历史系考古教研室：《三国—宋元考古》（上），1974 年，试用讲义，第 10 页。需要说明的有两点：一是原文表述为三个“类型”，实际上更接近现今学界所惯用“等级”的内涵；二是原文并未区分墓葬形制，但实际上相关标准主要适用于方形单室砖墓。

## （一）洛阳地区

作为曹魏、西晋、北魏晚期的政治、文化中心，洛阳地区魏晋北朝墓葬以上述三个时段的发现最为丰富，且墓葬等级颇高。因此，洛阳地区墓葬文化面貌最为清晰的也是这三个时段。十六国至北魏早期及北魏分裂后的北朝晚期，墓葬资料则相对缺乏。具体来看，洛阳地区墓葬可以分为以下四期。

第一期，曹魏至西晋初期。本期典型纪年墓例包括曹休墓、涧西 16 工区 M2035（即正始八年墓）；此外，西朱村 M1，偃师杏园 M6、M55 和谷水晋墓等也是较重要的墓例。墓葬形制以前后室砖墓为主，一般前室方形、后室长方形。随葬品以陶质生活用具、模型明器、侍从俑和少量金属器等为主。陶质生活用具多延续汉代常见器类，唯有陶双系罐、四系罐、熊柱灯等，是不见于东汉时期的新器形。模型明器有仓、灶、井、圈、磨等生活设施模型和鸡、狗等家畜俑。侍从俑男、女皆有，多袖手、穿袍服。金属器则有铁豆形灯、铁帷帐架、三足式铜博山炉、铜鋗、连弧纹铜镜等。

涧西 16 工区 M2035，帷帐铁构件上有“正始八年”（247 年）纪年，由长斜坡墓道、甬道、前室、后室及前室两侧对称耳室组成。斜坡墓道有五级台阶，甬道内有石门一道。前室近方形，后室纵长方形，南北耳室方形。关于该墓葬的年代，有学者认为正始八年纪年只能认定年代上限，进而判定其为西晋早期墓葬[①]。

第二期，西晋中后期。墓葬形制以前后室砖墓、单室砖墓为主，墓室多呈方形，以第Ⅱ等级的元康九年（299 年）贾皇后乳母徐美人墓最为典型。少数墓葬为满足合葬需求采用多室墓形制，例如元康三年（293 年）裴祗墓、永宁二年（302 年）士孙松墓等，此时的墓室数量已经不能代表等级。此外，长方形单室土洞墓虽然结构简单，但等级颇高，西晋帝陵峻阳陵墓地、枕头山墓地内的墓葬，皆采用此种形制。这一时期，“晋制”随葬品组合逐步确立（图 4-1），其中又以三组组合最为重要：武士俑与镇墓兽、牛车与鞍马、裤装男侍俑与袍服女侍俑；此外，生活用具方面，双沿罐、双耳罐消失，四系罐、空柱盘、多子槅继续存在，新增酱釉小壶和方形小扁壶等[②]。

徐美人墓[③]，是诸多学者讨论“晋制”时经常提到的重要墓例。该墓为长斜坡墓道的单室砖墓（图 4-2），墓道长达 37.36 米，两侧壁之间的宽度自上而下递减，形成五级阶梯。甬道口和甬道中部各设一重石门。方形墓室，四壁外弧，穹隆顶。墓室内前壁左侧立有圭首碑形石墓志，隶书“晋贾皇后乳母美人徐氏之铭”。

---

① 朱亮、李德方：《洛阳魏晋墓葬分期的初步研究》，《洛阳考古四十年——一九九二年洛阳考古学术研讨会论文集》，科学出版社，1996 年，第 278～290 页。

② 倪润安：《北京石景山八角村魏晋墓的年代及墓主问题》，《故宫博物院院刊》2012 年第 3 期。

③ 河南省文化局文物工作队第二队：《洛阳晋墓的发掘》，《考古学报》1957 年第 1 期。

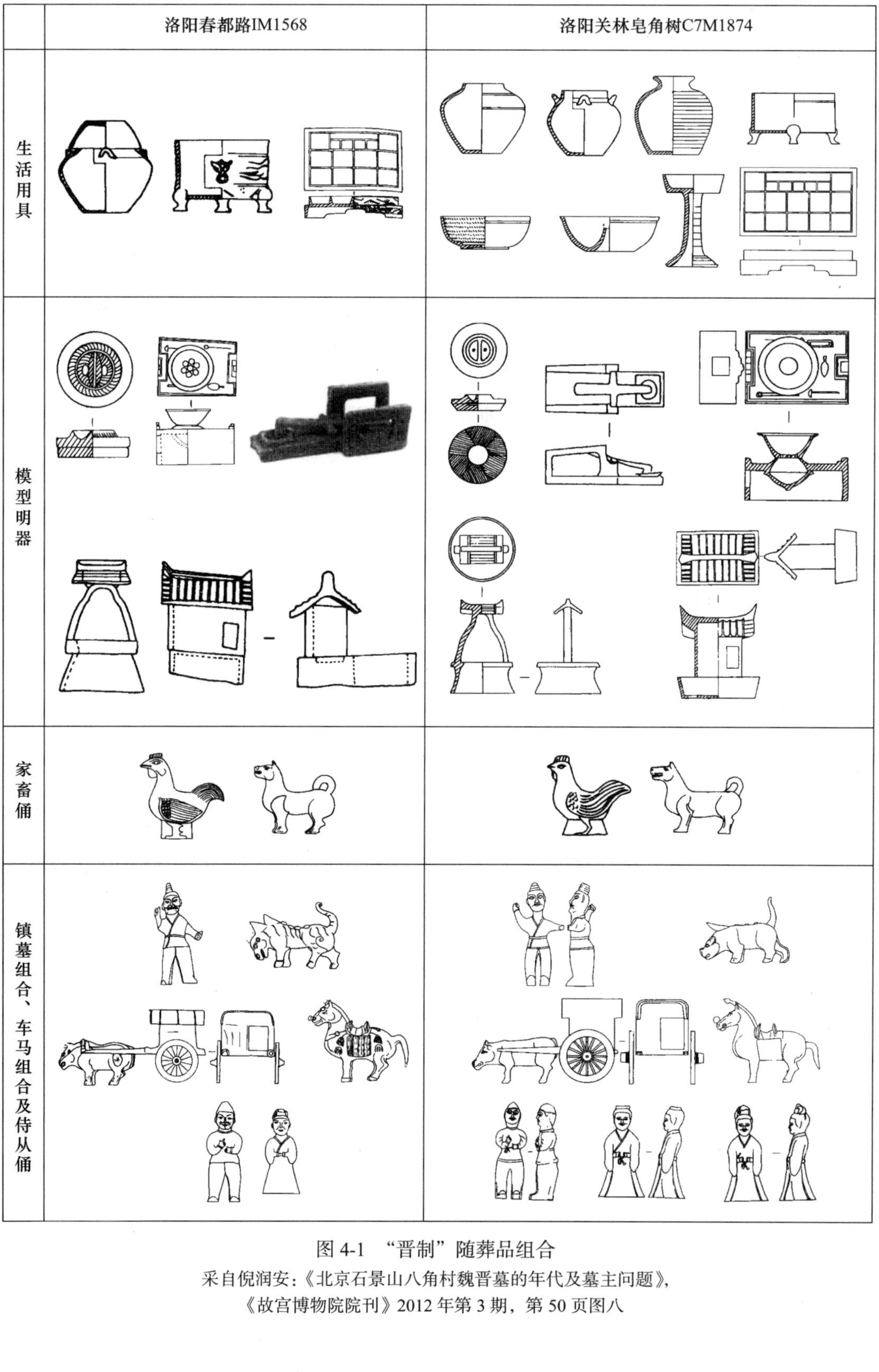


图 4-1 “晋制”随葬品组合

采自倪润安:《北京石景山八角村魏晋墓的年代及墓主问题》,《故宫博物院院刊》2012 年第 3 期，第 50 页图八

裴祇墓①，因墓志文字详细记录了多代人的合葬情况而受到学界关注。该墓坐西朝东，由长斜坡墓道、甬道、方形前室和纵长方形后室，以及前室北侧的大型侧室和该侧室东侧的方形小侧室等部分组成（图4-3）。出土小碑形墓志，记墓主为大司农、关中侯裴祇，并记“太夫人柩止西箭。府君柩止北箭西面。夫人柩止北箭东面。女惠庄柩止北箭东入”。由此可知：裴祇之母葬于后室，裴祇夫妇葬于前室的北侧室，该侧室东侧的小室葬裴祇的女儿惠庄。

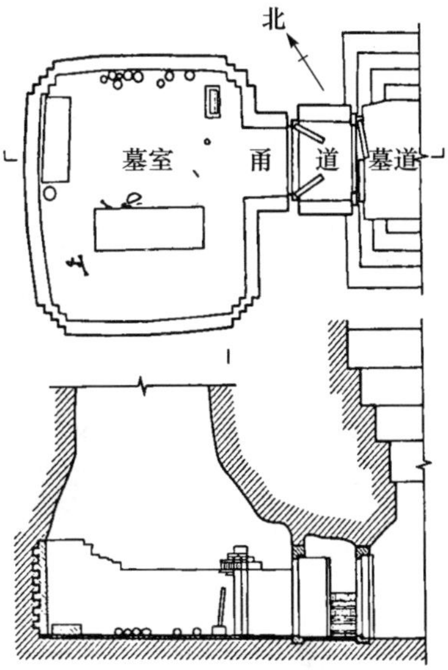


图 4-2　徐美人墓平、剖面图
采自中国社会科学院考古研究所：《中国考古学·三国两晋南北朝卷》，中国社会科学出版社，2018 年，第 94 页图 2-4

第三期，十六国至北魏迁洛以前。已发现的本期墓葬数量较少，以单室土洞墓和竖穴土坑墓为主。随葬品仅有少量陶瓶、壶、罐、铜钱、银镯、指环、玛瑙饰物。总体上文化面貌和西晋墓葬差别较大，或与已发掘墓葬等级普遍不高有关。

第四期，北魏洛阳时代。洛阳重新成为北方政权的都城所在，墓葬的数量猛增，等级也较高，甚至包括了帝陵。除第Ⅰ等级的宣武帝景陵（详见第三章第四节）外，本期典型的Ⅱ、Ⅲ等级纪年墓例还有寇猛墓、元乂墓、司马悦墓、元囧墓、元睿墓、侯掌墓、元怿墓、染华墓、元暐墓、元邵墓、曹连墓、王温墓（图4-4）等。墓葬形制主要有单室砖墓和单室土洞墓两大类，又各自有斜坡墓道、竖井墓道两种类型；稍早阶段墓葬形制多样，平面形状有梯形也有近方形，有单室墓，也有单主室带耳室墓和前室弱化的前、后双室墓；较晚阶段，几乎全部墓葬均简化为单室墓，平面均呈方形或弧方形。墓道出现一至二组天井和过洞，常见外弧墓壁和四角攒尖顶，勋贵、官吏墓葬普遍有石门、石棺床和画像石棺，部分出现壁画，但多保存不佳。陶俑是随葬品的主体，包括镇墓兽、镇墓武士、武士、文吏、具装俑、伎乐、侍仆、持物杂役、胡俑等。出现一些青瓷器，包括青瓷碗、盘口壶、鸡首壶、唾壶等。墓志之风盛行，多以覆斗顶盖方形石墓志为定制。

这一时期的丧葬图像也有一定发展，形式有墓室壁画和石棺、石棺床线刻两种。洛阳地区的北魏帝陵中，宣武帝景陵内未见装饰。静陵墓道、墓室或有壁画，但具体内容已无法获知。推测为节闵帝墓的衡山路北魏墓，在墓室底部分布有大量壁画残块，但残损严重，只能看出以装饰红色为主。壁画资料较为详细的墓葬，主要有元怿墓、元乂墓、王温墓三座。王温墓是三座墓葬中的唯一一座单室土洞墓②。墓志记

① 黄明兰：《西晋裴祇和北魏元暐两墓拾零》，《文物》1982 年第 1 期。
② 洛阳市文物工作队：《洛阳孟津北陈村北魏壁画墓》，《文物》1995 年第 8 期。

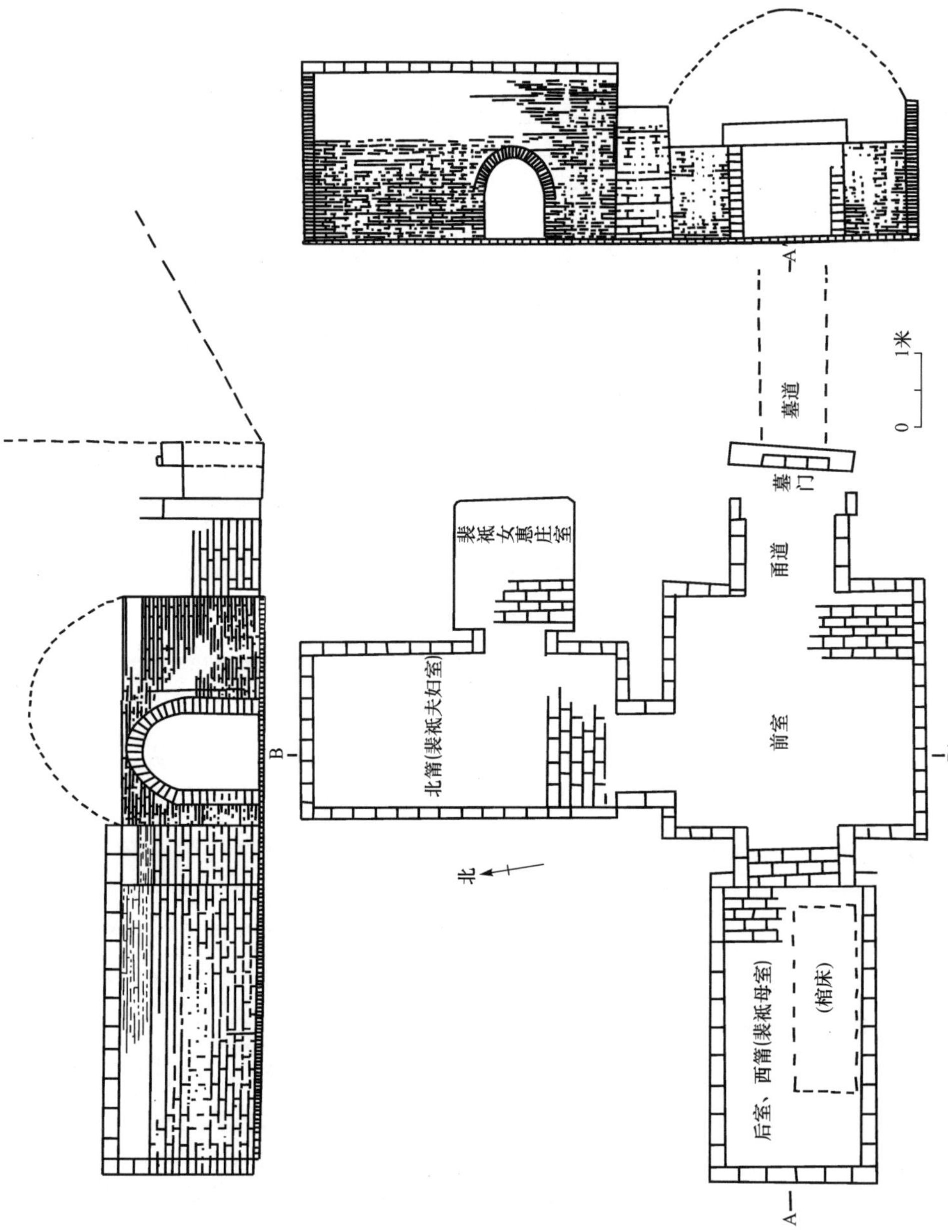


图 4-3 裴祗墓平、剖面图

采自黄明兰:《西晋裴祗和北魏元暐两墓拾零》,《文物》1982 年第 1 期,第 71 页图三

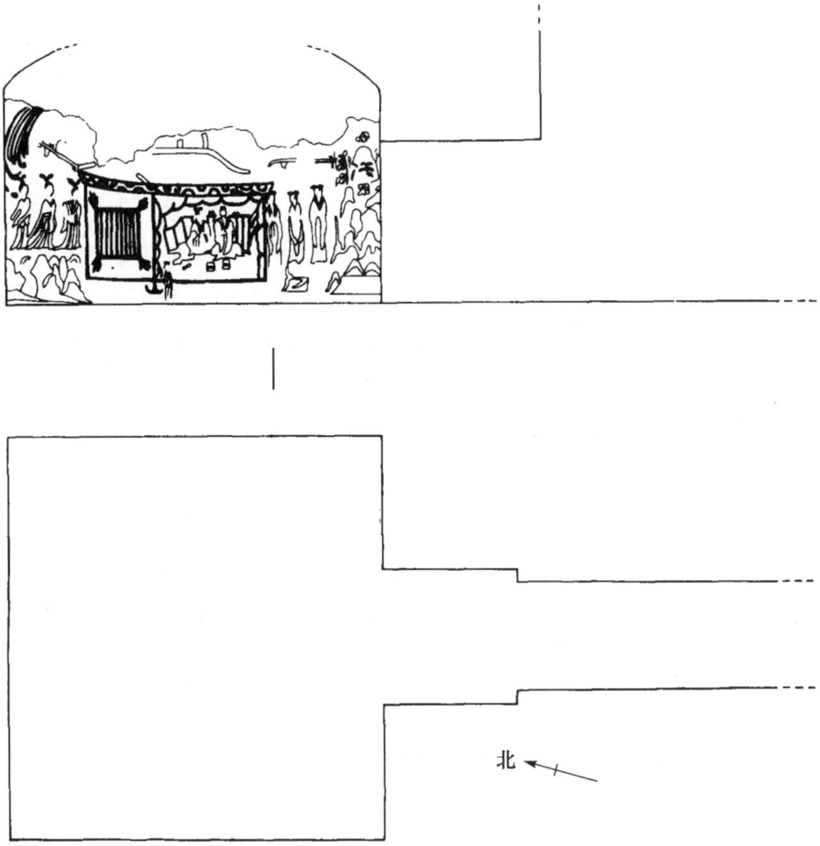


图 4-4　洛阳北魏王温墓平、剖面图
采自洛阳市文物工作队：《洛阳孟津北陈村北魏壁画墓》，《文物》1995 年第 8 期，第 27 页图二

墓主生前为安东将军，于太昌元年（532 年）葬于邙山。墓室东壁壁画保存较好，绘制流程是先在土壁上涂白灰，然后用红、蓝、绿等颜色绘制图像。壁面中心为一座房屋，房屋内左侧为直棂窗，房屋内右侧为坐于帷帐下的墓主夫妇像。房屋外左侧为舞蹈图，房屋外右侧绘三侍女，房屋之前绘一站立童子。壁面两侧以朱色、墨色绘园林景致。画面中远方又一房屋隐约可辨。

图 4-5　洛阳宁懋石室
采自郑岩：《魏晋南北朝壁画墓研究（增订版）》，文物出版社，2016 年，第 93 页图 100

洛阳地区还出土有十余件装饰孝子图、升仙图的画像石棺及石棺床构件，例如：美国波士顿美术馆藏北魏孝昌三年（527 年）宁懋石室（图 4-5），明尼阿波利斯美术馆藏正光五年（524 年）元谧石棺，洛阳北郊上窑瀍河东砖瓦厂墓升仙画像石棺，开封市博物馆藏升仙画像石棺，纳尔逊—

阿特金斯美术馆藏北魏孝子画像石棺和孝子画像石棺床围屏，沁阳市西向粮管所出土石棺床，芝加哥美术馆购藏北魏石棺床围屏，以及新近发掘的北魏曹连墓所见石棺。

## （二）邺城地区

邺城地区约相当于今河北磁县至河南安阳一带，是魏晋十六国时期中原地区另一政治和文化中心。东魏、北齐是邺城地区最为繁盛的时期，因此本地区发现的高等级墓葬也多属这一时期。此外，魏晋十六国时期的墓葬也有一定发现，其中甚至包括疑似为曹操高陵的西高穴M2；但是这一时期的资料还是相对较少，墓葬时代特征仍不明朗。综合前引李梅田著作和其他学者的研究成果①，可以将本区域墓葬分为以下四期。

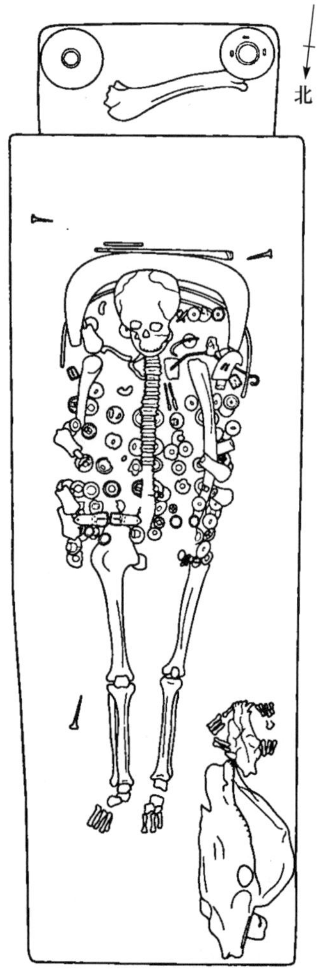


图 4-6　安阳孝民屯 M154 平面图
采自中国社会科学院考古研究所：《中国考古学·三国两晋南北朝卷》，中国社会科学出版社，2018 年，第 134 页图 2-19

第一期，东汉末至魏晋时期。属于这一时期的大型墓葬，可以安阳西高穴 M2 为例（详见第三章第一节）；其余已发掘的墓葬包括邺城 M510、M400、M1207 等。总体上，这一时期的墓葬均为砖室墓，墓葬形制主要包括多室墓、双室墓和单室墓三类。多室墓减少了甬道两侧耳室的设置、前室由纵长方形发展为横长方形，或许代表了曹魏前期墓葬在逐步摆脱汉制的过渡状态。此外，邺城魏晋墓葬多见四壁弧方形或弧长方形的特点，甚至相较同时期洛阳地区表现得更为明显，不排除后来中原北方流行的弧形墓室是受其影响而产生的可能性。

第二期，十六国慕容垂占据邺城期间。已发现的墓葬数量较少，且多为长方形竖穴土坑墓，随葬品多为陶罐、陶壶和铜钱，部分有马具；有的设置壁龛，龛内放置陶瓷瓶、罐和牛腿骨，例如安阳孝民屯 M154（图 4-6）；也有的不带壁龛。葬具有木棺、陶棺或砖棺，例如安阳大司空村 M38 即使用砖棺。

第三期，东魏至北齐天保以前。第Ⅰ等级砖室墓有武定八年（550 年）闾叱地连墓（图 4-7）和被推测为文宣帝高洋武宁陵的湾漳大墓；其余多属第Ⅲ等级，包括元祜墓、赵胡仁墓、姚赵氏墓、元良墓等。墓葬形制

① 沈丽华：《曹魏邺城都城空间与葬地初论》，《芳林新叶——历史考古青年论集》第二辑，上海古籍出版社，2019 年；沈丽华：《邺城地区六世纪墓葬的考古学研究》，《考古学报》2017 年第 1 期。

包括斜坡墓道单室砖墓和斜坡墓道带天井单室土洞墓两类，均坐北朝南，由斜坡墓道、甬道（过洞、天井）和墓室组成，墓室以近方形为主。墓葬形制等级体系较清晰，墓葬形状规整程度、墓葬规模大小以及石门、壁画的使用和随葬品种类、数量等均与墓葬等级密切相关。随葬品以陶俑群为大宗，一般包括镇墓兽和镇墓武士各一至二对、具装俑、侍卫骑俑、伎乐骑俑、侍从骑俑、持盾俑、箭箙俑、步行伎乐俑、文吏、女官、杂役、胡俑、动物模型等；陶俑的数量、种类也和墓葬等级密切相关。此外，部分高等级墓葬随葬编钟、编磬、陶鼎、方壶等“陶礼器”；另外出现了大量青瓷器，或为墓内祭祀供奉饮食的容器，产地或在长江流域。

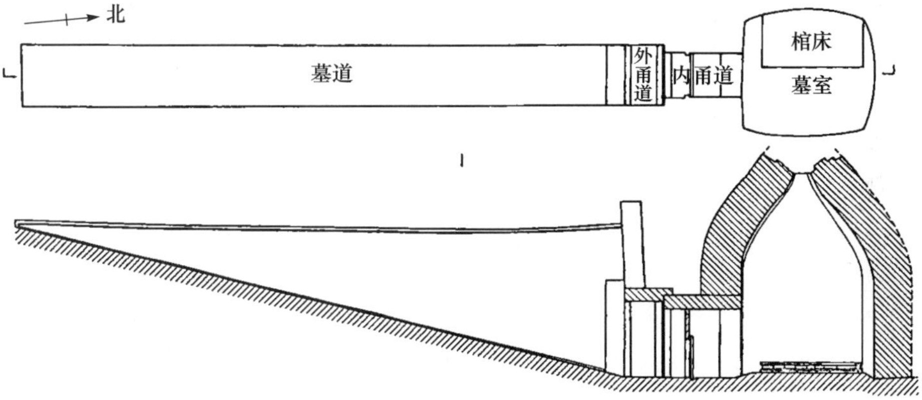


图 4-7　间叱地连墓平、剖面图

采自中国社会科学院考古研究所：《中国考古学·三国两晋南北朝卷》，中国社会科学出版社，2018 年，第 201 页图 4-11

第四期，北齐中后期。代表墓例主要包括太宁二年（562 年）讲武城 M1，天统三年（567 年）尧峻墓，天统四年（568 年）和绍隆墓，武平元年（570 年）李胜难墓、叔孙多奴墓，武平三年（572 年）贾进墓、刘通墓，武平四年（573 年）刘贵墓、贾宝墓，武平六年（575 年）范粹墓、李华墓，武平七年（576 年）高润墓、颜玉光墓等。除高润墓属第Ⅱ等级外，其余基本为第Ⅲ等级。墓葬形制包括斜坡墓道单室砖墓和斜坡墓道单室土洞墓两类。土洞墓为方形或近方形墓室，穹隆顶，墓葬规模小于同等级砖室墓，多有壁画痕迹。砖室墓的墓葬等级体系仍然较为严密，其中大型墓的墓室边长在 5 米以上，设三道封门墙、石门、石棺床，有大面积壁画等，墓主为皇室重要成员。陶俑种类变化不大，但镇墓兽、执盾武士俑、镇墓武士俑的造型已和前期有所不同（图 4-8）。青瓷器比例增加，有来自长江流域的青瓷鸡首壶、盘口壶、莲花盖罐、四系罐、莲瓣碗、高足莲瓣盘、虎子，也有北方所产的绿釉或黄釉扁壶、白釉莲花罐长颈瓶、碗等。

东魏、北齐时期（第三、四期），邺城地区常见壁画墓，较典型的有湾漳大墓、间叱地连墓、尧峻墓、高润墓、颜玉光墓等。壁画墓的规制化程度较高，据杨泓概括主

图 4-8　邺城东魏、北齐墓葬随葬品类型演变

1～4. 出自元祜墓　5、6. 出自闾叱地连墓　7～9. 出自湾漳墓　10. 出自元良墓　11～13. 出自高润墓

采自沈丽华：《邺城地区六世纪墓葬的考古学研究》，《考古学报》2017 年第 1 期，第 106 页图五

要表现在以下几个方面：第一，墓道壁画以巨大的龙、虎布置在最前端，青龙和白虎面向墓外，衬以流云、忍冬，有时附有凤鸟和神兽。第二，墓道两侧中段绘出行仪仗，闾叱地连墓出现廊屋内的列戟，湾漳墓仅存廊屋残迹。墓道地面有莲花、忍冬、花卉等图案，或是模拟地毯。第三，墓门正上方绘正面的朱雀，两侧有神兽等图案，闾叱地连墓、尧峻墓和湾漳墓保存较好，高长命墓仅残存神兽及火焰，余二墓（指高润墓和颜玉光墓）残毁不详。门侧多有着甲门吏。第四，甬道侧壁为侍卫人像。第五，墓室内壁画仍按传统做法，在正壁（后壁）绘墓主像，旁列侍从卫士。侧壁有牛车葆盖或男吏女侍。墓主绘作端坐帐中的传统姿势，如高润墓。室顶绘天象，其下墓壁上栏分方位绘四神图像，闾叱地连墓保存较完整[①]。此外，以湾漳大墓和闾叱地连墓为代表的“帝王级别”陵墓，在墓室规模和壁画配置上都与其他墓葬有较明显的区别。这说明壁画已经和帝王陵墓制度结合在一起，成为当时丧葬等级制度的重要组成部分，故学界有“邺城规制”之概念。

① 杨泓：《南北朝墓的壁画和拼镶壁画》，《中国考古学论丛——中国社会科学院考古研究所建所 40 年纪念》，科学出版社，1993 年，第 434 页。

## （三）云代地区

云代地区，是指河套至雁北一带，为拓跋鲜卑从北方草原部落向统一北方的封建政权演变的重要舞台。结合不同时期的考古发现，可将本地区的墓葬文化演进分为以下三期。

第一期，东汉晚期至曹魏时期。东汉晚期，拓跋鲜卑南迁至河套以北汉五原郡境内的匈奴故地，组成以檀石槐为大人的部落军事联盟；不久后联盟瓦解，东部鲜卑退保辽东，拓跋鲜卑则盘踞在河套地区。据宿白分析，今内蒙古乌兰察布等地区发现的大量墓葬可能是鲜卑初迁匈奴故地时期的遗存[①]。代表墓例有察右后旗三道湾墓地、二兰虎沟墓地，达尔罕茂明安联合旗百灵庙墓群、察右前旗下黑沟墓地、托克托县皮条沟墓地等。这一时期的墓葬，文化面貌较复杂，包括了匈奴、拓跋鲜卑、东部鲜卑等文化因素。墓葬形制多为面积狭小的长方形或梯形土坑墓，多有前宽后窄的木棺。随葬品数量较少，仅陶罐、陶壶、铜鍑及少量装饰品，部分墓内有作为殉牲的动物骨骼。

第二期，以盛乐为中心的北魏早期。力微三十九年（258 年），“迁于定襄之盛乐”，拓跋鲜卑开始游牧于河套东部一带。西晋建兴三年（315 年），拓跋猗卢受封为代王，标志代国建立；登国元年（386 年），拓跋珪在牛川即代王位，同年返回传统政治中心盛乐，并改称魏王，是为北魏之始。盛乐时期的墓葬正以河套东部区域最为集中，典型墓例有和林格尔西沟子村墓葬、包头固阳北魏墓、呼和浩特美岱村北魏墓等。墓葬形制有砖筑前后室墓、单室墓和单室土洞墓。随葬品仍以陶罐、陶壶、铜鍑为主，殉牲现象仍有保留，这些都是拓跋鲜卑民族文化的体现。

第三期，定都平城的北魏中期（下限可延至迁都洛阳初期）。天兴元年（398 年），拓跋珪自盛乐迁都平城。此后近一个世纪的时期，平城成为北魏的政治中心。平城时代的北魏墓葬集中在大同附近，包括北郊以方山永固陵为主的皇室陵墓，东郊官吏墓葬和家族墓区，以及南郊可能是南朝人降入北魏者墓葬区。墓葬发现最为集中的是南郊电焊器材厂墓地，共发掘北魏墓葬 167 座。明确的纪年墓例有沙岭 M7（图 4-9，3）、尉迟定州墓、宋绍祖墓（图 4-9，2）、司马金龙夫妇墓（图 4-9，1）、封和突墓、元淑墓（图 4-9，4）等。内蒙古南部的典型墓例有呼和浩特大学路北魏墓、和林格尔壁画墓等。其中，永固陵、司马金龙墓是等级最高的双室墓外，其余均为第Ⅱ、Ⅲ等级单室墓。平城时代墓葬文化面貌复杂，既有拓跋鲜卑固有民族文化，也有主要经由河西地区传入的汉晋传统文化，也有丝绸之路复通后输入平城地区的域外文化因素。墓葬形制较为丰富，包括单室砖墓、前后室砖墓、土洞墓、竖穴土坑墓等；墓室结构普遍呈弧方形，墓内常见石葬具。随葬品主要有陶罐、陶壶、陶俑、模型明器、模型动物等陶器，鸡首壶、盘口壶、碗等青瓷器，砖、石质墓志也较为常见。还可见一些时代

---

① 宿白：《东北、内蒙古地区的鲜卑遗迹——鲜卑遗迹辑录之一》，《文物》1977 年第 5 期。

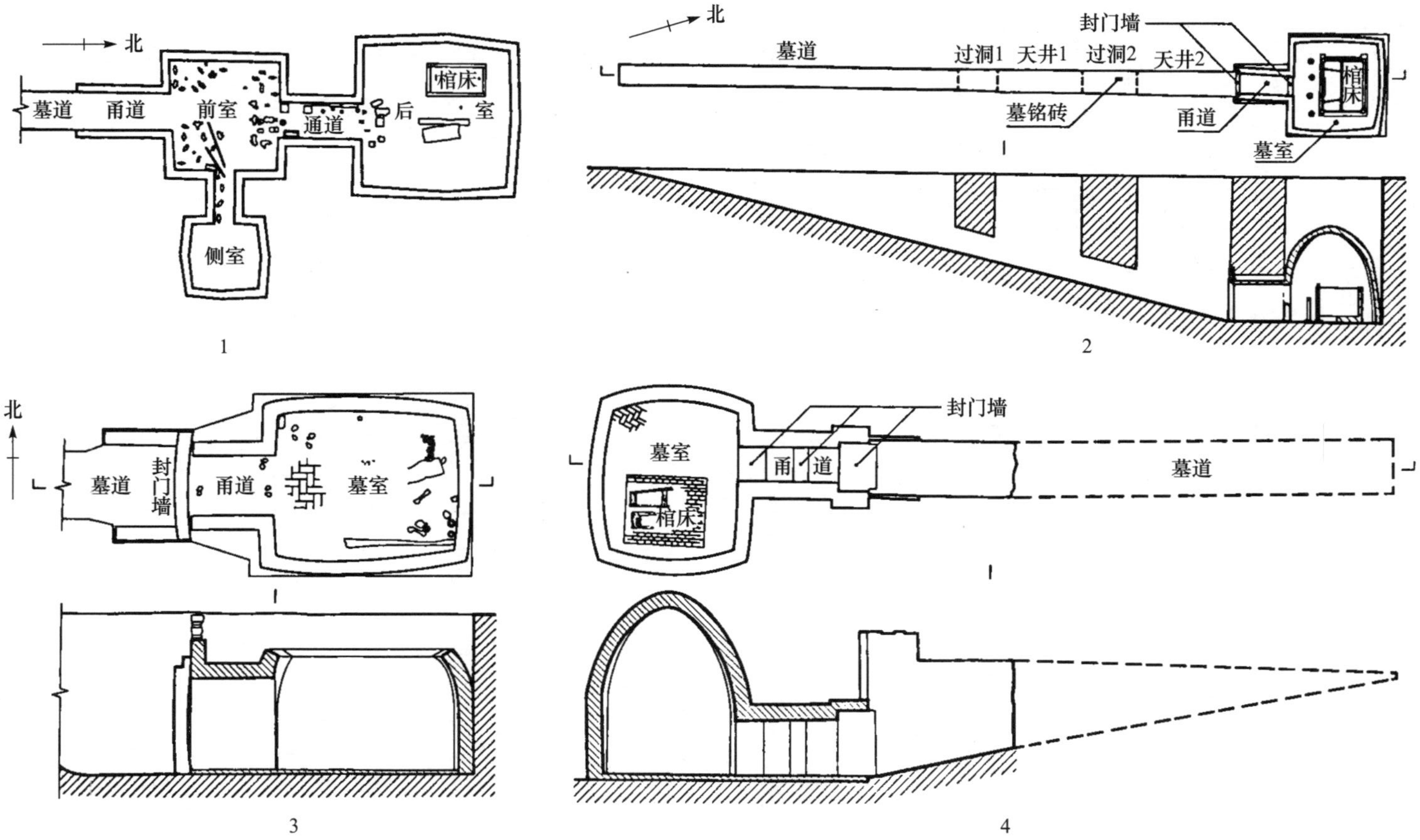


图 4-9　大同北魏墓葬平、剖面图

1. 司马金龙墓　2. 宋绍祖墓　3. 沙岭 M7　4. 元淑墓

采自中国社会科学院考古研究所：《中国考古学·三国两晋南北朝卷》，中国社会科学出版社，2018 年，第 180 页图 4-4

特征鲜明的石器，如砚台、灯、托杯等，以及源自草原的铜鍑和金银器、玻璃器等外来珍品。

墓壁装饰有壁画，石葬具装饰也较为丰富。有学者综合考虑墓室、葬具图像的特征，将大同所见北魏前期丧葬图像的发展分为了以下三个阶段[①]：

第一阶段相当于5世纪50年代前，目前仅沙岭7号墓（图4-10）一例。这一阶段丧葬图像承袭了汉晋十六国时期的不少内容，诸如墓主夫妇并坐、宴饮、庖厨、杂技百戏、出行等。同时又对传统题材进行了改造，例如人物服饰以鲜卑服为主，毡帐、宰羊等题材具有鲜明的草原文化特点，杂技人物形象具有西域特征，伏羲女娲手中所持为域外传入的摩尼宝珠；最重要的创新，还在于甬道两侧的镇墓武士和人首兽身怪兽，对后来北朝、隋唐时期的壁画、陶俑有一定程度的影响。

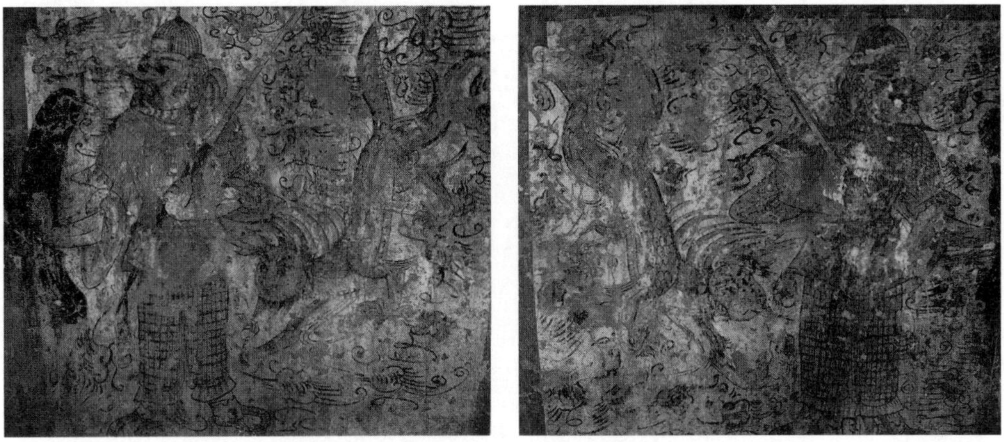

图4-10　沙岭M7甬道两侧壁画

采自大同市考古研究所：《山西大同沙岭北魏壁画墓发掘简报》，《文物》2006年第10期，第22页图四七、图四八

第二阶段相当于5世纪60年代前后。云波里墓、梁拔胡墓、迎宾大道M16装饰有墓室壁画；大同南郊电焊器材厂北魏墓M185、M229、M238、M253，智家堡沙场北魏墓出有彩绘木棺；张智朗墓、邢合姜墓、解兴墓出有彩绘石椁。这一阶段丧葬图像的内容和表现方式多样化，以狩猎图为代表的草原游牧生活得到更多表现，汉晋文化固有的宴饮、庖厨、百戏等题材仅作为墓主夫妇并坐的辅助题材而出现。佛教文化的影响力已不容小觑。邢合姜墓出土石椁完全以佛像、菩萨、供养人为主题（图4-11）；张智朗墓石椁镜像对称式羽人、形似“飞天”的侍女和形似天鹅的仙鸟，也是较为明确的佛教文化因素。

① 韦正：《山西大同北魏墓葬壁画研究》，《壁上观：细读山西古代壁画》，北京大学出版社，2017年。

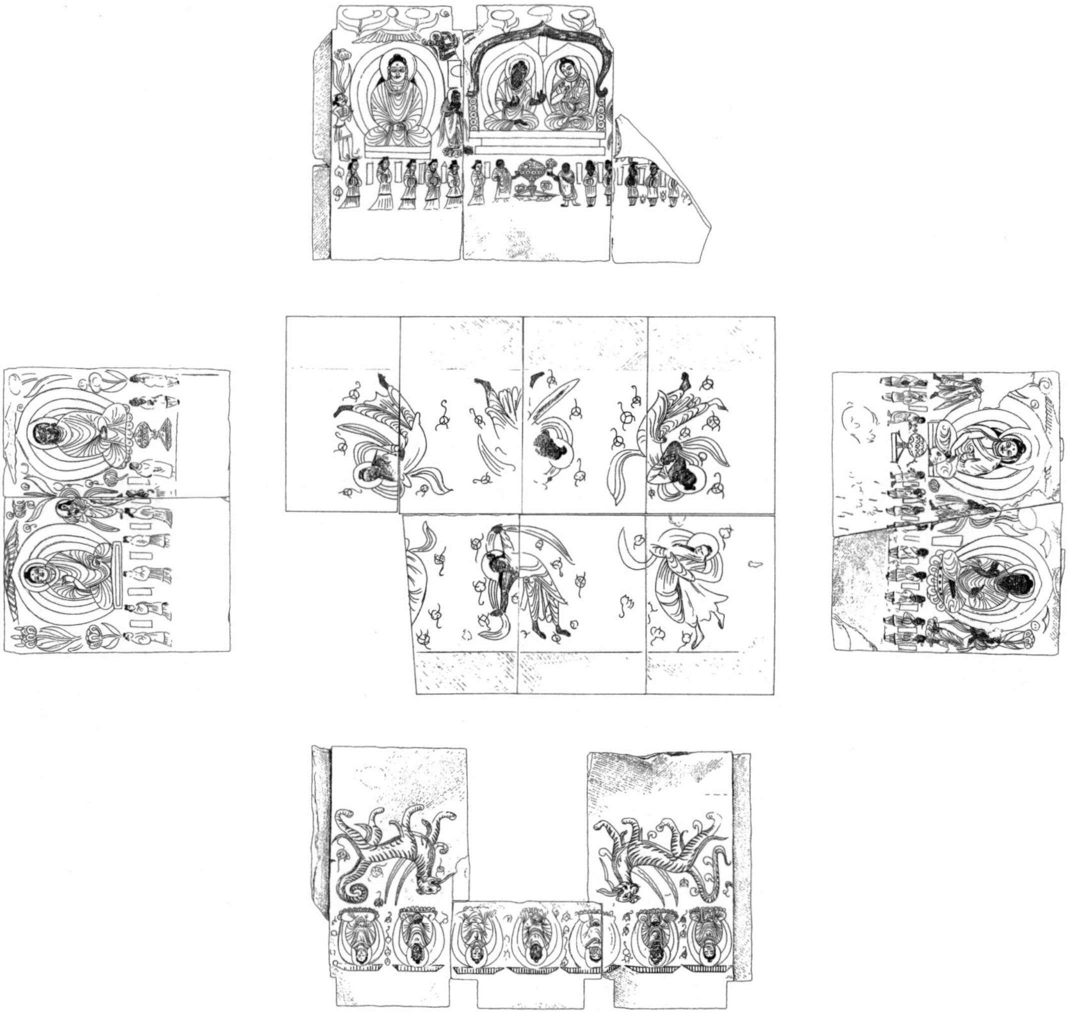

图 4-11　邢合姜墓石椁图像

采自大同市考古研究所:《山西大同仝家湾北魏邢合姜墓石椁调查简报》,《文物》2022 年第 1 期，第 26 页图一六

第三阶段相当于 5 世纪 70 年代以后。文瀛路墓、丹扬王墓、陈庄墓有墓室壁画；宋绍祖墓、智家堡沙场墓有石椁彩绘；湖东 M1 有木棺彩绘。这一阶段丧葬图像发现数量虽然不多，但几乎每座墓葬所出都有较为鲜明的个性，形式和文化内涵上都较为丰富，总体上处于“推陈出新”的过程之中。文瀛路墓出现了“火炕式”棺床，设置有矮隔墙、踏步等结构，力图模仿现实居所；但是棺床表面的装饰题材和墓室空间功能之间并未形成必然联系。大同湖东 M1 所出木棺彩绘和前一阶段木棺彩绘有较大区别，包含了更多外来文化因素。陈庄墓的仿木结构壁画仅见于墓门、墓室四角等转折性部位，墓壁上却没有壁画，是这一阶段才出现的新现象。

## （四）幽蓟地区

魏晋南北朝时期幽州治所蓟城在今北京西南，因此本书将北京附近统称为幽蓟地区。该区域虽远离中原政治中心，但却是多个政权的经济和军事重镇。同时，由于其特殊的地理位置，该区域也是游牧民族南下、东北移民内迁中原的必经之地。在西晋时期，受益于卫瓘、张华、唐彬等历任幽州刺史的经营，幽蓟地区社会稳定，经济较为繁荣，人口数量较多。与之相关，本区域已发掘的墓葬也以西晋墓为主。此外，十六国、东魏、北齐墓葬也有一些发现，但数量较少。据此，幽蓟地区墓葬可分为以下两期。

第一期，西晋时期。纪年墓例包括：永嘉元年（307年）王浚妻华芳墓（图4-12，1）、老山南坡永嘉元年（307年）墓。此外，大致属魏晋时期的墓葬还有北京石景山景王坟西晋砖室墓、石景山八角村魏晋壁画墓（图4-12，2）、顺义大营村8座砖室墓（图4-12，3）；2014年，北京大兴三合庄的基建项目发现200余座墓葬，其中属魏晋时期的有不少。墓葬形制常见直背刀把形墓，随葬组合大致与中原魏晋墓葬相近，

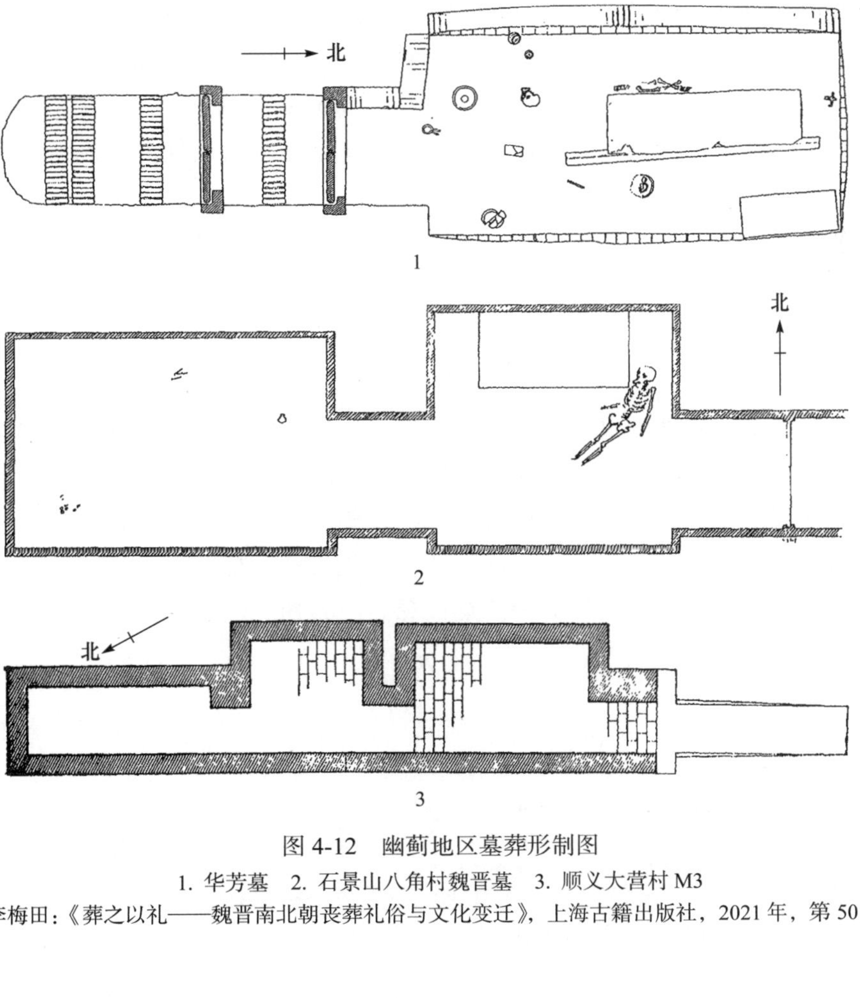


图4-12 幽蓟地区墓葬形制图

1. 华芳墓 2. 石景山八角村魏晋墓 3. 顺义大营村M3

采自李梅田：《葬之以礼——魏晋南北朝丧葬礼俗与文化变迁》，上海古籍出版社，2021年，第50页图2.5

不同之处在于增添扁壶、玻璃碗等。华芳墓、八角村墓等级较高。华芳墓为单室砖墓，由墓道、短甬道和长方形墓室组成；墓道偏于一侧，内有两道青石封门；甬道内有两道封门墙和青石墓门。墓室内木棺前放置漆器和铜熏炉，或和祭祀有关；此外还随葬较多贵重的金属器、玻璃器，以及引起学界较多关注的骨尺①。八角村魏晋墓为前后室砖墓，由墓道、短甬道和长方形墓室组成。甬道内设石墓门，门扉雕刻执戟武士和三角纹。前室内有一庑殿顶石椁，石椁装饰有彩绘壁画。石椁正壁（后壁）绘墓主手持麈尾正面坐像，墓主面前绘凭几，左右各一侍女②。还有一些墓葬，年代可能晚到十六国时期。例如大兴三合庄项目部分墓葬有砖砌成的梯形椁室，形制与安阳一带的十六国墓相似；还发现一组十座相连的迁葬墓，围绕在共用前堂的三面，各室内皆有二次葬人骨；墓顶多为人字形斜插结构，与安阳大司空村十六国墓相似。这些墓葬可能是十六国时迁居于此的鲜卑或乌桓人墓。

第二期，北朝时期。典型纪年墓例有：房山岩上北魏皇兴三年（469年）M1和太和十一年（487年）M2、延庆西屯北魏神龟元年（518年）M317、通州胡各庄北魏正光五年（524年）M56和北齐天保四年（553年）M51、大兴三合庄东魏元象二年（539年）M66、怀柔北齐武平二年（571年）傅显隆墓等。这一时期，墓葬平面多呈梯形，有竖穴土坑墓、砖椁墓和带墓道砖室墓等几种形制；随葬品多见北方草原风格的陶壶、陶罐，以及着鲜卑服饰的陶俑③。三合庄M66内发现东魏“元象二年四月十七日乐良（浪）郡朝鲜县人韩显度铭记”铭文砖，墓主应来自高句丽灭乐浪后侨置于辽西和冀东的朝鲜县④。怀柔北齐武平二年（571年）傅显隆墓，墓葬破坏严重，具体形制不详，出土有女俑残块多件以及碑形墓志一件⑤。王府仓半圆形单室砖墓，同样破坏严重，墓内出有北齐常平铜钱⑥。

### （五）定冀地区

定冀地区，是指魏晋北朝时期定州、冀州之地，约相当于今太行山以东的河北，战略位置极其重要。同时，该地文化较为发达，活跃有众多北朝高门士族。北魏攻陷后燕后，被征召进朝廷的定冀士人众多，包括范阳卢玄、博陵崔绰、赵郡李灵、河间邢颖、渤海高允、广平游雅等，正是这一地域文化特征的反映。也正因为此，定冀地区发现有众多大族墓地，包括景县封氏墓地和高氏墓地、河间邢氏墓地、赞皇李氏墓地、无极甄氏墓地等。根据已发掘的资料，定冀地区墓葬可以分为以下两期。

---

① 北京市文物工作队：《北京西郊西晋王浚妻华芳墓清理简报》，《文物》1965年第12期。
② 石景山区文物管理所：《北京市石景山区八角村魏晋墓》，《文物》2001年第4期。
③ 张利芳：《西晋至北朝时期北京地区墓葬变化的考古学观察》，《中原文物》2022年第4期。
④ 北京市文物研究所：《北京市大兴区三合庄东魏韩显度墓》，《考古》2019年第9期。
⑤ 北京市文物工作队　郭存仁：《北京郊区出土一块北齐墓志》，《文物》1964第12期。
⑥ 北京市文物管理处　马希桂：《北京王府仓北齐墓》，《文物》1977年第11期。

第一期，北魏后期至东魏初期。典型墓例以第Ⅲ等级墓为主，例如吴桥 M2（图 4-13，1）、李仲胤夫妇墓、博陵太守邢伟墓、封魔奴墓、营州刺史韩贿妻高氏墓、处士甄凯墓、定州刺史李翼夫妇墓、冀州刺史高雅夫妇子女合葬墓（图 4-13，4）等。墓葬形制以单室砖墓为主，墓室多呈弧方形，墓门上方可见仿木结构门墙。高雅墓形制较特殊，主墓室为椭圆形，为满足祔葬需要而在主室东侧和后部附有侧室[①]。随葬品主要有镇墓俑、胡俑、仪仗鼓吹俑，陶模型明器，陶碗、碟、杯类小件饮食器和青瓷唾壶、罐等大件饮食器；还有铜长颈瓶、鐎斗，金银首饰，金箔云母片等。

第二期，东魏中期至北齐。典型墓例以第Ⅲ等级墓为主，例如封延之墓、毕氏墓、李希宗夫妇墓（图 4-13，2）、高长命墓（图 4-13，3）、石家庄赵陵铺天保十年（559 年）北齐墓、崔昂墓、封子绘墓、常文贵墓等。以单室砖墓、前后室砖墓为主，墓室大多呈椭圆形，个别为圆形，流行在墓门上方砖砌高大的仿木构门墙，绘以门卒、异兽等壁画。随葬品有骑马俑、胡俑，以及着鲜卑服俑，人物形象多丰壮；青瓷器多见，种类丰富，主要有杯、碗、碟、盖罐、唾壶、盘口壶、鸡首壶、尊等，不少应是产自长江流域。此外，一些高等级墓葬还出土有东罗马金币、玻璃器等域外舶来品。

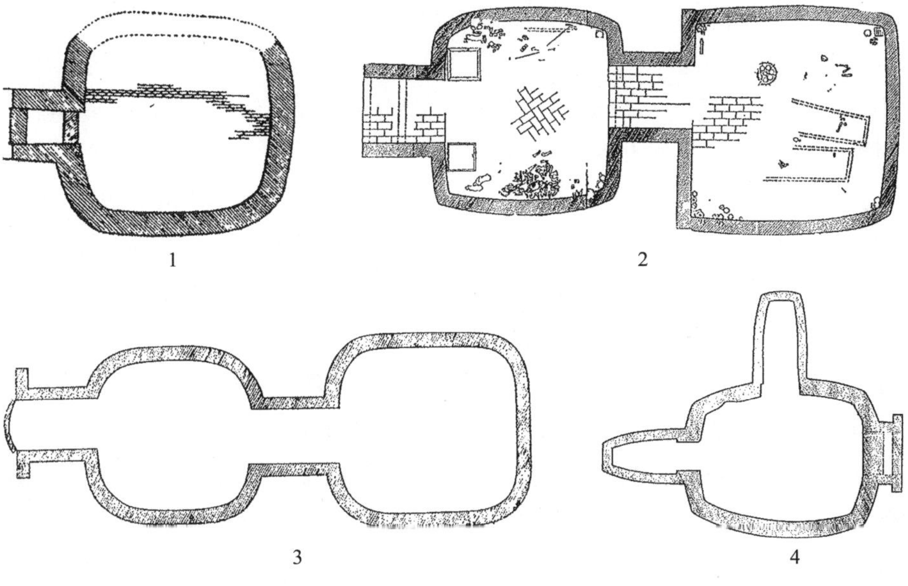

图 4-13　定冀地区墓葬形制图

1. 吴桥 M2　2. 李希宗墓　3. 高长命墓　4. 高雅墓

采自李梅田：《葬之以礼——魏晋南北朝丧葬礼俗与文化变迁》，上海古籍出版社，2021 年，第 52 页图 2.6

① 河北省文管处：《河北景县北魏高氏墓发掘简报》，《文物》1979 年第 3 期。

### （六）并州地区

魏晋南北朝时期的并州，约相当于今太原周围及以南地区。魏晋十六国时期，该地处于北方少数民族内迁的前沿，形势较为动荡，故已发现的墓葬数量也不多。在东魏、北齐时期，晋阳（今太原）因是高氏霸府所在而格外受重视，大量贵族、官吏移居至此。因此，并州地区发现有不少北齐高等级墓葬。这一地区的墓葬可以分为三期。

第一期，西晋时期。以运城十里铺西晋墓为代表，有前、中、后三室及一侧室，各室以短甬道相通，均为四角攒尖顶，中室、后室和侧室四角砖砌角柱，顶端作砖砌仿木构斗拱；中室主要置随葬品；侧室发现棺木遗迹。随葬器物群也与洛阳地区晋墓基本一致，以陶器为主，主要有男女侍俑、动物俑、双耳罐、矮领罐、勺、盘、耳杯、槅、樽、仓、井、磨、碓、灶、牛车等。

第二期，北魏晚期。典型墓例有太和二十三年（499 年）李诜墓、神龟三年（520 年）辛祥墓，以及年代在神龟年间的方兴画像石棺墓。墓葬形制主要包括单室土洞墓和带对称耳室的砖室墓。带对称耳室的砖室墓室属中原魏晋葬制，在北魏洛阳时代已较为少见，说明并州地区墓葬形制演进相对“滞后”。方兴画像石棺，画像题材与洛阳所见相似。右帮刻有墓主生前生活和死后乘龙升天景象，前挡部分分为上下三层，上层刻墓主姓名官职，中层中间为墓主坐榻宴饮，两侧为侍仆与朱雀，下层为乐师舞女。左帮的中部刻出行狩猎，前部刻胡人伎乐。随葬品有青瓷盘口壶、青瓷盏托、石灯、陶灶、铜镜、铜手镯、砖雕人物和牵马俑等。

第三期，北齐时期。代表墓例以第Ⅱ、Ⅲ等级墓为主，例如贺拔昌墓、□子辉墓、张肃俗墓、贺娄悦墓、厍狄迴洛墓、狄湛墓、张海翼墓、厍狄业、韩裔墓、娄睿墓（图 4-14）、徐显秀墓，以及太原热电厂壁画墓、朔州水泉梁壁画墓、忻州九原岗壁画墓等。墓葬形制、随葬品的特征和邺城地区相近。墓葬形制以单室砖墓为主，流行在墓室设房形石椁。随葬品包括镇墓俑、出行仪仗、庖厨童仆、动物等陶俑，罐、壶、仓、井、灶、车、磨、碓、厕等陶器，鸡首壶、盘口壶、贴花瓶、盂、灯、盏托等青瓷器，长颈瓶、唾壶、熏炉、鎏金鐎斗、高足盘等铜器，以及金、银、玉、琥珀、蚌壳饰物等。墓葬等级体系分明，在墓室大小、墓内设置、壁画布局、随葬品多寡等方面均有所体现。

上述几座墓葬，在壁画的题材和配置方面都和邺城地区壁画墓基本一致，充分印证了“邺城规制”的影响力。但是，这几座墓葬壁画也具有一定的“个性”。九原岗墓的壁画图像多样，尤其在“升天图”题材上较“邺城规制”更为丰富，似乎广泛借鉴了《山海经》相关内容，因此自成体系；九原岗墓、娄睿墓壁画的狩猎图、出行图，虽然形式上与“邺城规制”的出行仪仗相似，但性质明显不同。这些图像很有可能与墓主的经历有关，故而脱离于政治中心规制之外。

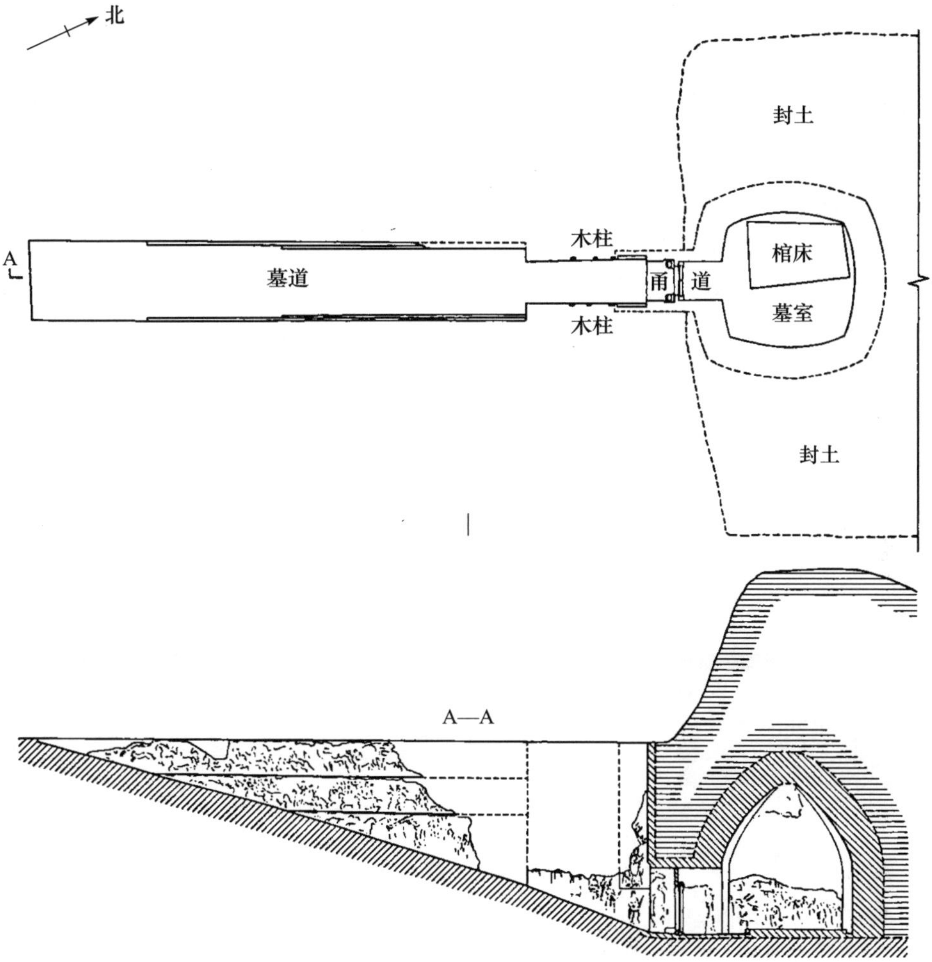


图 4-14　北齐娄睿墓平、剖面图
采自中国社会科学院考古研究所：《中国考古学・三国两晋南北朝卷》，中国社会科学出版社，2018 年，第 206 页图 4-12

## （七）青徐兖地区

魏晋南北朝时期青、徐、兖三州范围，约与今山东省辖区相当。东晋十六国至南北朝前期，南北政权对该区域开展反复争夺。刘宋泰始五年（469 年），北魏慕容白曜攻下青州州治东阳，青齐之地尽数为北魏所有。所谓“青齐入魏，既为要邑”，该地区在北魏统治期间社会相对稳定。同时，该区域在良好的汉文化传统基础上，形成了以世家大族为主导的地域文化。本区域墓葬可以分为三期[①]。

第一期，曹魏西晋时期。明确为曹魏墓葬的只有一座，即东阿县曹植墓。纪年明确的西晋墓葬包括临朐大周家庄咸宁三年（277 年）墓、诸城西公村 M2、龙口东梧桐

---

① 付龙腾：《山东魏晋南北朝墓葬的文化因素辨析》，《西部考古》第 17 辑，科学出版社，2019 年。

M7、滕州元康九年（299 年）墓（图 4-15，5）、邹城西晋刘宝墓（图 4-15，4）。推测属于西晋时期的有诸城西公村 M1（图 4-15，6）、苍山城前村（现兰陵县晒米城前村）画像石墓、苍山庄坞乡（现兰陵县庄坞镇）晋墓、龙口东梧桐 M6、菏泽巨野前贺庄西晋墓、临沂洗砚池 M1 和 M2。墓葬形制上，保留了汉代横前堂长方形后室的石室墓；邹城刘宝墓墓室分为前后室，均近方形，前室两侧附有耳室，近似洛阳地区西晋早期墓葬形制；诸城西公村 M1、临朐咸宁三年墓两座墓葬平面形制上墓壁外弧，墓顶为四隅券进式穹隆顶。随葬陶器有罐、盆、碗、瓶、空柱盘、盏托、壶等；模型明器有榻、耳杯、奁、灯、磨、仓、井、灶、碓、案、牛车；青瓷器有盘口壶、碗、盏等。

第二期，东晋十六国至南北朝前期。墓葬材料较少，纪年明确的有龙口东梧桐 M1 和 M2、临朐魏家庄元嘉十七年（440 年）墓。其中龙口东梧桐 M1、M2 墓壁外弧程度大，整体已近圆形，此种形制不见于同时代的其他地区，有学者将其视为胶东地区晋墓的时代特征。随葬陶器有罐、盆、碗、钵、盘；模型明器有仓、井、灶、灯、耳杯、釜甑、磨、礁、厕、案、圈、鐎斗；青瓷器有盘口壶、鸡首壶、四系罐、碗、盆。

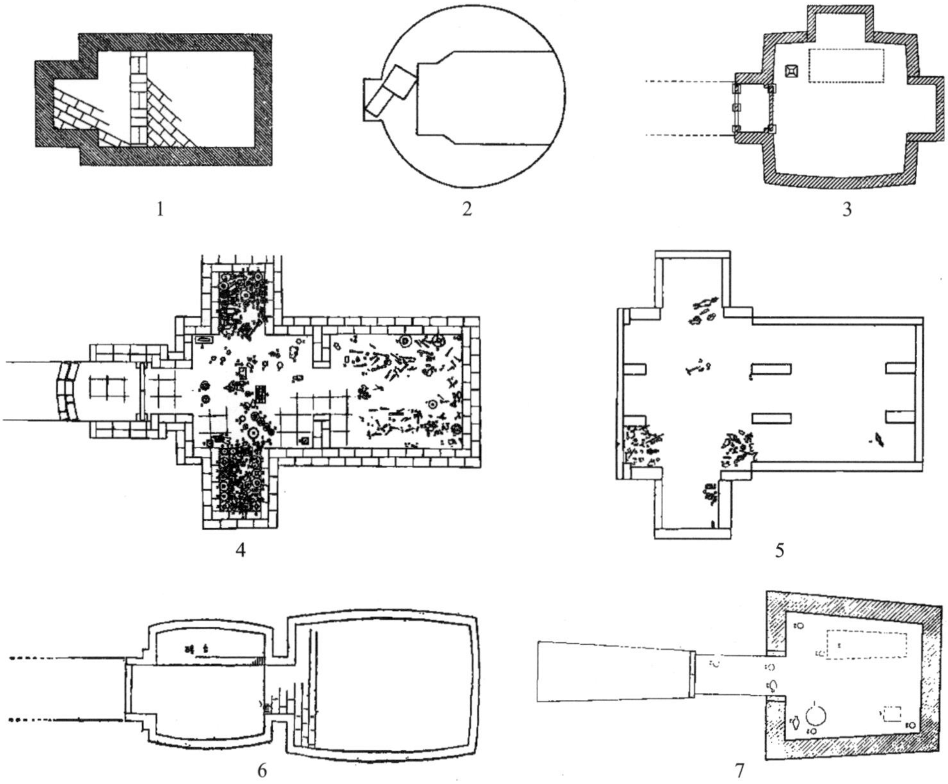

图 4-15　青徐兖地区墓葬形制图

1. 临沂金雀山画像砖墓　2. 崔氏家族墓地 M1（崔鸿墓）　3. 临朐崔芬墓　4. 邹城刘宝墓
5. 滕州元康九年墓　6. 诸城西公村 M1　7. 济南马家庄北朝墓

采自付龙腾：《山东魏晋南北朝墓葬的文化因素辨析》，《西部考古》第 17 辑，科学出版社，2019 年，第 173 页图一

第三期，北朝后期。纪年明确的墓葬有临淄北朝崔家族墓地的 M1（图 4-15，2）、M3、M5、M12、M14、M15，寿光东魏贾思同墓，济南崔令姿墓，高唐东魏房悦墓，临朐北齐崔芬墓（图 4-15，3），济南马家庄□道贵北齐墓（图 4-15，7）。临沂金雀山画像砖墓（图 4-15，1）也被认为属于这一时期。崔氏家族在墓葬制度方面进行了革新，为青州地区带来了独具特色的圆形石室墓；在崔氏家族墓地以外，石室墓也是主流，墓室平面形状有方形、长方形、梯形三种。砖室墓有高唐房悦墓、寿光贾思伯墓、寿光贾思同墓三座。虽然数量较少，但墓主地位较高，均为受到东魏、北齐政权重视的汉族士人。随葬陶器有罐、盘、长颈瓶；模型明器有仓、井、灶、磨、碓、奁、车、厕；青瓷器有碗、高足盘、莲花尊、莲瓣碗；陶俑有镇墓兽、镇墓武士、武装步卒、风帽胡俑、男女侍从、跪拜俑等。这一时期墓葬常装饰有壁画，内容来源丰富，□道贵墓墓门两侧绘侍卫，后壁绘墓主画像，左右壁绘鞍马与牛车，墓顶绘星象的格局明显受到“邺城规制”影响；同墓所见墓门上方兽面、墓主像背后屏风做法，则是受到并州地区影响。而崔芬墓内墓主出行画像、崔芬墓和东八里洼壁画墓绘有竹林七贤与荣启期题材相关内容，应来源于南朝[①]。

## 二、关中地区

魏晋时期，匈奴、氐、羌数次主动或被动地迁入塞内，以至在西晋末年形成“关中之人百余万口，率其少多，戎狄居半”的局面。十六国时期，原本作为华夏文明核心地带之一的关中成为多个族群角逐的竞技场。前赵、后赵、前秦、后秦、大夏先后占领了关中，其中前赵、前秦、后秦定都长安。始光三年（426 年），北魏太武帝征服关中地区。北魏末年，宇文泰逐渐控制武川军人集团，是为后来宇文氏立国之基础。宇文氏治下的西魏、北周时期，统治范围始终以关中地区为中心区域。关中地区魏晋、十六国、北朝墓葬以长安（今西安）、原州（今固原）分布最为集中。总体上，这些墓葬可以分为以下五期。

第一期，曹魏西晋时期。墓葬形制以双室砖墓、单室砖墓为主，另有少量双室土洞墓和单室土洞墓。西安田王晋墓斜坡墓道有多级台阶，华阴晋墓 M1 墓门上方砖砌高大门楼。随葬品主要是中原魏晋墓中常见的组合，包括陶饮食具和炊具、陶庖厨模型、少量仿铜或仿漆器的陶器、家禽家畜、男女侍俑等。

第二期，十六国至北魏早期。较为重要的墓葬资料有咸阳文林小区建元十四年（378 年）M49、咸阳平陵 M1、咸阳北贺村墓地 M298、西安草厂坡墓、西安焦村 M25 和 M26、西安中兆村 M100 等[②]。其中，草厂坡墓、焦村 M25 和 M26、中兆村 M100、

① 郑岩：《魏晋南北朝壁画墓研究（增订版）》，文物出版社，2016 年，第 184～186 页。

② 十六国时期墓葬特点，主要参考韦正、辛龙、宁琰：《民族交融视野下的十六国墓葬》，《中原文物》2022 年第 4 期。

北贺村墓地 M298（图 4-16）等规模较大，具有以下特点：有多级阶梯状的长斜坡墓道；设置二室或三室，墓室和耳室的形状都很规则；多有天井、过洞和小龛，过洞和甬道上部生土上多有土雕建筑；墓室之中多绘壁画，有些墓葬的甬道和墓道中也有壁画；随葬品中有骑马鼓吹俑、甲骑具装俑、铠甲武士俑、十字髻女伎乐俑、侍从俑以及仓、井等模型明器。

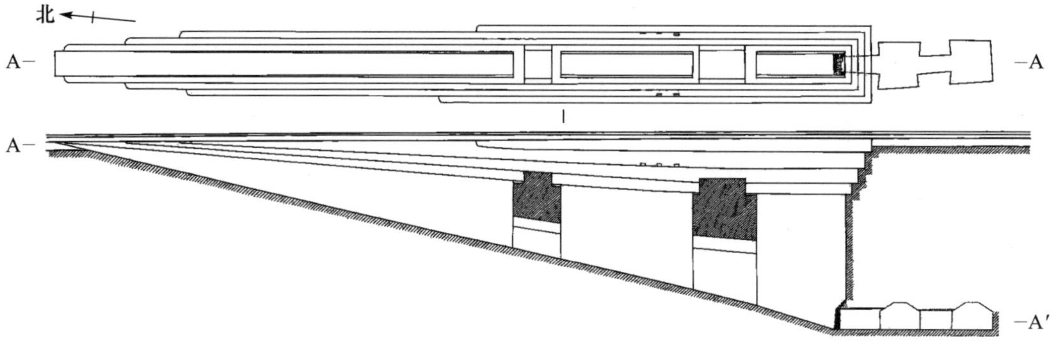


图 4-16　北贺村墓地 M298 平、剖面图
采自刘杲运、赵海燕：《关中地区十六国墓葬分布研究》，《考古与文物》2023 年第 2 期第 80 页图二

第三期，北魏中晚期。典型墓例有熙平二年（517 年）杨舒墓，正光元年（520 年）邵真墓，韦曲 M1、M2，彭阳新集 M1、M2，咸阳周陵乡北朝墓等。墓葬形制以双室和单室土洞墓为主，也有部分单室砖墓。墓门上方门楼装饰复杂，有砖砌、土刻、线绘等不同形式。随葬品除沿用前一阶段内容外，新出现域外色彩浓郁的透雕铜饰、波斯银币等，陶俑群中则新出现了镇墓兽和镇墓武士。

第四期，西魏至北周武帝前期。典型墓例有侯义墓、拓跋虎墓、刘伟墓、宇文猛墓、李贤墓等。均为土洞墓，有单室、前后室两类。流行木质墓门，长斜坡墓道内常见三组以上天井、过洞，有的附设壁龛和耳室，天井数量或与墓葬等级有关。流行随葬俑群，新出现了胡人俑，伎乐、鼓吹类俑的比例明显增大；陶俑的造型比较拙朴，肢体比例失调，尤其具装俑的骑士与铠马的比例严重失真。壁画遍及墓道、甬道、墓室等部位，墓门上方以彩绘楼阁形象取代此前的砖雕或土刻门楼，以栏框相隔绘单幅人物画像，流行拄剑仪卫门吏等形象。

第五期，北周武帝后期至北周末，即 6 世纪七八十年代。墓主明确的高等级墓葬材料相对丰富，帝陵可以本书第三章第四节已介绍的武帝孝陵为代表，皇族“王”“公”墓，主要包括冀国公宇文通墓、谯王宇文俭墓；“国公”一级墓葬包括尉迟运和贺拔氏墓；“郡公”一级墓葬包括叱罗协墓、田弘墓、莫仁诞墓、若干云墓；“县公”一级墓葬包括匹娄欢墓、莫仁相墓、独孤藏墓等。墓葬形制多为土洞墓，由斜坡墓道、甬道、墓室等结构组成。墓道内多设置 3～5 个天井、过洞，部分天井两侧设置小龛。甬道内多设置木质墓门。墓室有单室、前后室两种结构，墓室内有的设有土质

1　　　2　　　3

4　　　5

6　　　7

图 4-17　北周墓葬出土陶俑

1. 风帽俑　2. 笼冠俑　3. 武士俑　4、5. 镇墓兽　6. 骑马俑　7. 骑马乐俑（1、2、4. 出自宇文俭墓，3、5. 出自叱罗协墓　6. 出自独孤藏墓　7. 出自莫仁相墓）

1、2、4 采自陕西省考古研究：《北周宇文俭墓清理发掘简报》,《考古与文物》2001 年第 3 期，第 30、31、33 页图八、图九、图一四；3、5、6 采自负安志：《中国北周珍贵文物——北周墓葬发掘报告》，陕西人民美术出版社，1993 年，第 18、81 页图二〇、图二二、图一六三；7. 采自陕西省考古研究院：《北周莫仁相、莫仁诞墓发掘简报》,《考古与文物》2012 年第 3 期，第 5 页图五

或砖砌棺床。随葬品的陶俑群组合没有大的变化，但陶俑稍显精致，人物比例大体适中，人物形象仍较丰满圆润（图 4-17）；此外出现了大量金银玛瑙珠玉类饰物、鎏金铜带、蹀躞玉带等，以及较多的大件瓷器，釉色有青釉、白釉、黑釉等。宇文通（宇文泰十四子）墓的墓道、过洞、天井和墓室壁面上都绘有壁画，但保存情况不佳[①]。壁画

① 陕西省考古研究院：《壁上丹青：陕西出土壁画集》（上），科学出版社，2009 年，第 171 页。

基础处理简单，画工也较粗率；墓道和过洞两壁用朱红色绘柱、柱头、斗拱；天井两壁绘双手拄仪刀站立的武士；墓室四壁绘影作木构，柱间绘有山石树木和人物。

## 三、河西地区

永嘉之乱后，河西地区虽然也陷于多个政权的反复争夺之中，但却在文化上保留了中原汉晋文化之传统。这在考古发现的墓葬资料中也有所体现。目前所发现的墓葬以汉末魏晋和五凉时期居多，主要集中于各割据政权的中心统治地区酒泉、敦煌、张掖、武威等地。河西地区墓葬在照墙和墓室处常装饰有壁画[①]。照墙通常为门楼式，装饰有仿木结构的砖雕和彩绘画像砖。墓室多装饰"一砖一画"的画像砖，较晚阶段的丁家闸发现有通壁绘制的大幅壁画。绘画技法是在砖面上以白垩土为底，墨线勾画轮廓，再着朱、赭、黄、灰、白、绿等色，也有单绘墨线而不着色者。依据壁画特征，结合墓葬形制、随葬品，可将河西地区壁画墓分为三期[②]。

第一期，曹魏时期至西晋前期。该期墓葬主要分布于酒泉、嘉峪关一带，墓葬形制以带长斜坡墓道的砖筑三室墓、双室墓为主，也有砖筑单室墓，多室墓两侧常见耳室、壁龛。墓内装饰大量画像砖，照墙装饰相对简单。随葬陶器有罐、樽、釜、灯、壶、盘、甑、碗、钵、碟、斗瓶、灶等；铜器有釜、甑、鼎、盘、铜俑。此外多见日光镜、昭明镜、位至三公镜等铜镜。三室墓有嘉峪关新城M3、M6、M7和酒泉西沟村M5等；双室墓有嘉峪关新城M1（图4-18）、M4、M5，酒泉西沟M6、M7，嘉峪关观蒲M11等；单室墓有敦煌佛爷庙湾M37、M39。嘉峪关新城M1，出有"甘露二年"（257年）朱书镇墓瓶，是本期少见的纪年材料。该墓照墙下部有砖雕门阙、守门的牛首人身与鸡首人身神怪、雷公、兽、力士等图像，中部有五层斗拱，上部雕有四排凸起的圆形，顶部用两层侧砖砌成横人字形。前、后墓室皆装饰有画像砖；后室南壁有侍女、绢帛、丝束、蚕茧、衣架等；前室东壁、南壁东侧、北壁东侧绘庖厨、侍女进食等，南壁东侧一砖上有墓主像，有"段清""幼絜"题记，或为墓主姓名与字。南壁西侧、西壁、北壁西侧绘宴饮、女主人出游、狩猎、耕种、收获、畜牧等。

第二期，西晋中晚期至前凉时期。敦煌佛爷庙湾墓葬的年代基本上都属于本期，其余墓例还有高台骆驼城M2、高台南华镇M10、高台县骆驼城画像砖墓等。酒泉丁家闸M5是一座著名的壁画墓，发掘资料认定其年代在后凉至北凉期间[③]。有学者考证，

---

① 酒泉郡及其附近地区还流行一类地域性较强的丧葬图像——"棺画"，例如嘉峪关新城M1、M6、M13，嘉峪关毛庄子魏晋墓，高台南华镇2003GNM10，高台地埂坡M4、M6，玉门官庄M1等。除玉门官庄M1是在侧板贴有牵马牛车图纸画外，其余漆棺的装饰基本都在顶板位置。图像大多以伏羲、女娲为母题，特例有：嘉峪关新城M13盖板所绘为东王公、西王母；嘉峪关新城M6盖板所绘为两世俗装扮人物。详见孙彦：《河西魏晋十六国壁画墓研究》，文物出版社，2011年，第85～87页。

② 本书的分期方案据孙彦：《河西魏晋十六国壁画墓研究》，文物出版社，2011年，第35～39页。

③ 甘肃省文物考古研究所：《酒泉十六国墓壁画》，文物出版社，1989年，第11页。

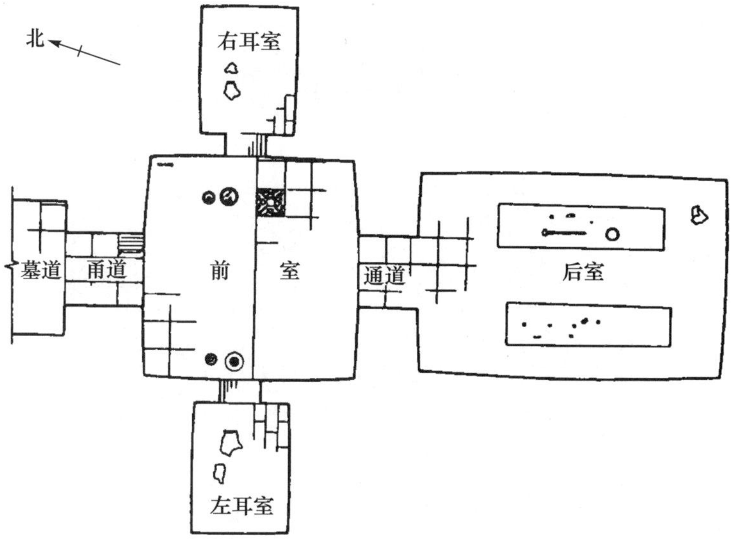


图 4-18　嘉峪关新城 M1 平面图

采自中国社会科学院考古研究所：《中国考古学·三国两晋南北朝卷》，中国社会科学出版社，2018 年，第 119 页图 2-13

该墓“属于魏晋时期，其时代下限当不晚于前凉”[①]。这一阶段的墓葬，虽然沿用了三室墓、双室墓的形制，甚至还出现了高台骆驼城 M2 这样的四室墓，但是已基本不见设置耳室、壁龛者。随葬陶器有罐、樽、釜、灯、壶、盘、甑、碗、碟、斗瓶、槅；模型明器有仓、井、灶等；铜器有博山炉、铜俑等。墓葬装饰方面的变化同样明显，在不同地区呈现出不同的发展趋势。敦煌地区墓葬照墙画像砖制作精致、装饰复杂，但墓室画像砖却大为简化。例如照墙画像砖装饰复杂的佛爷庙湾 M133（图 4-19），墓室内只是在前室西壁南北两侧有仓廪和收获题材画像砖。高台地区发现的几座墓葬，墓室和照壁位置的装饰都较为简单。酒泉地区以丁家闸 M5（图 4-20）为代表的墓葬装饰，则呈现出全新面貌。该墓壁画抛弃“一砖一画”表现方式，采用大幅通栏式，绘于照墙、前室四壁和后室北壁上。

第三期，约相当于后凉、前秦、西凉、北凉时期。代表墓例有嘉峪关新城观蒲 M9、敦煌祁家湾 M310 等。如果说前一阶段墓葬装饰的“简化”还只是表现在部分地区和墓葬的局部位置，这一阶段的墓葬装饰已经进入“全面简化”的时代，主要表现有：墓道缩短，墓室数量减少、规模变小；随葬品的明显变化是器物形体变小，有明器化的趋势，罐上纹饰简化，槅取代碟，耳杯消失，灶、井和仓等模型明器刻划精细；照墙上只装饰砖雕或少量彩绘画像砖，有些甚至已无照墙结构；墓室使用画像砖极少，有些甚至壁面无装饰。

① 韦正：《试谈酒泉丁家闸 5 号壁画墓的时代》，《文物》2011 年第 4 期。

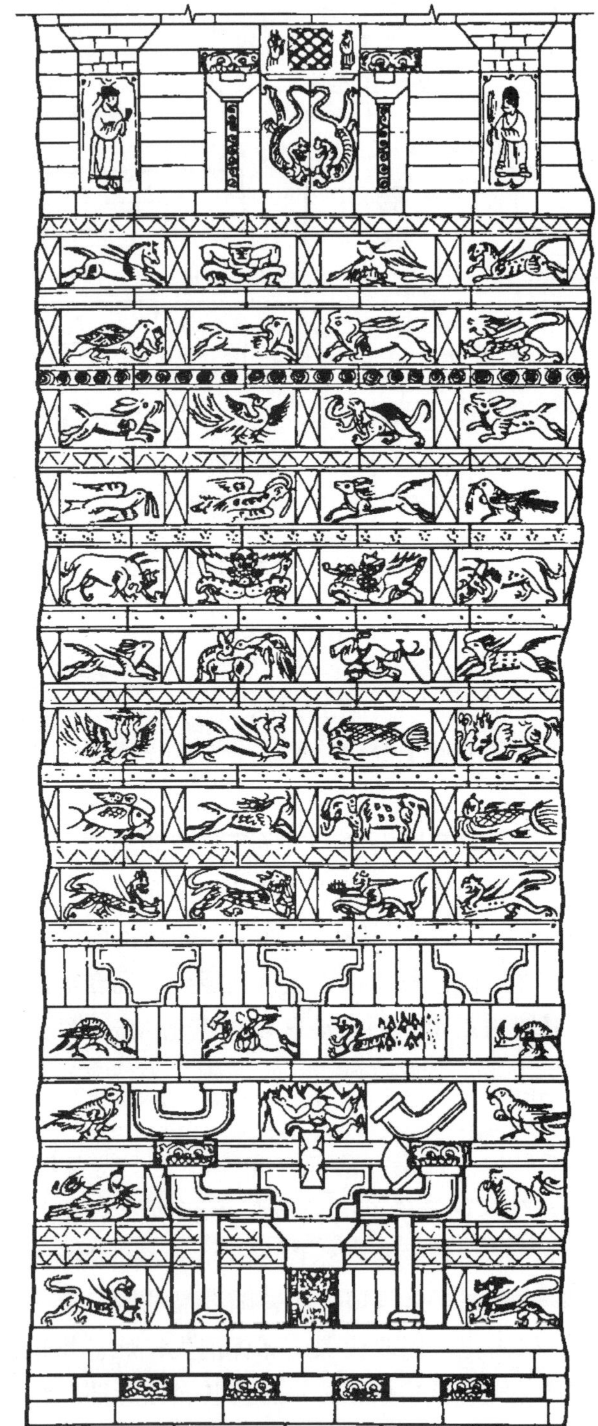

图 4-19 甘肃敦煌佛爷庙湾西晋 M133 照墙画像砖

采自中国社会科学院考古研究所:《中国考古学·三国两晋南北朝卷》，中国社会科学出版社，2018 年，第 266 页图 5-6

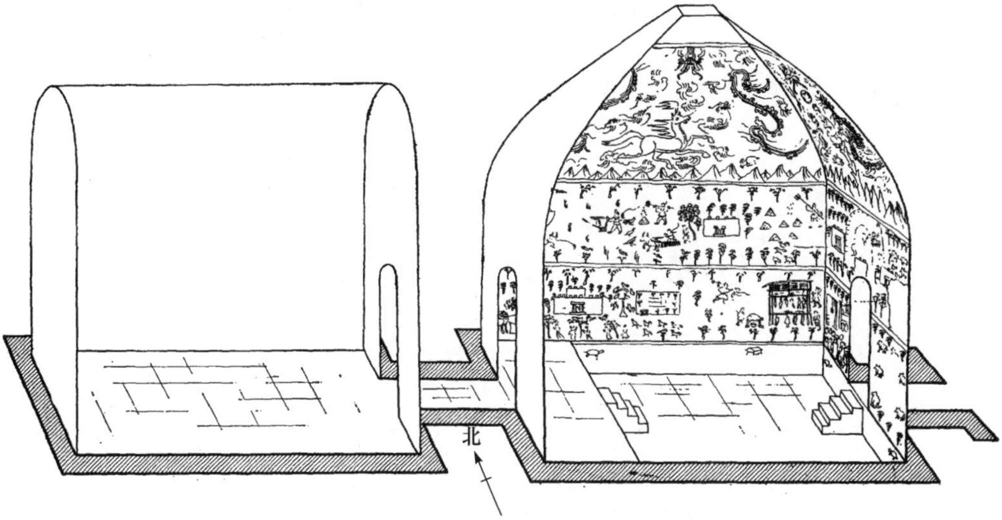


图 4-20　酒泉丁家闸 M5 壁画位置示意图

采自甘肃省文物考古研究所：《酒泉十六国墓壁画》，文物出版社，1989 年，第 4 页图八

## 四、辽西地区

魏晋时期，慕容鲜卑从东部鲜卑中分离出来，盘踞于辽西地区。十六国时期，慕容鲜卑先后以辽西地区为中心建立前燕、后燕、北燕政权，即所谓“三燕”。以今朝阳、北票为中心的辽西之地是三燕政权的据点，这里发现了前燕建国以前的慕容鲜卑墓葬、三燕时期墓葬，还有少量北魏统一之后的墓葬。这些墓葬资料可以分为以下三期。

第一期，曹魏至两晋之际。典型墓例包括朝阳田草沟 M1、M2，房身村晋墓北票 M1、M2、M3，朝阳王子坟山墓地，北票仓粮窖鲜卑墓，北票喇嘛洞部分鲜卑墓等。墓葬形制包括石板墓和竖穴土坑墓两类。石板墓主要是平顶的单室墓，少量带有耳室，附设小龛或二层台，一般无墓道和甬道，多为前宽后窄、前高后低的梯形。随葬罐、壶、尊等陶器，以及“位至三公”铜镜、鐎斗、鎏金马具和饰品等。其中，朝阳王子坟山 M8713 等出土的树状冠饰，一般被认为是慕容鲜卑贵族所佩戴的“步摇冠”。

第二期，三燕时期。典型墓例有喇嘛洞部分鲜卑墓，十二台村砖厂 M2、M3、M4、88M1，永昌三年（324 年）李廆墓，袁台子壁画墓，建兴十年（395 年）崔遹墓，北燕冯素弗墓（详见第三章第三节）等。墓葬形制类型较为多样，新现了以石板和石柱结合支砌的多室石板墓和砖室墓，但仍以平顶单室石板墓为主要形制。墓葬出现壁画，多采用汉文化常见题材如门吏、出行、墓主宴饮、牛耕、庭院等，有些则出现或与鲜卑习俗有关的黑犬形象。袁台子壁画墓，是壁画保存较好、内容较丰富的一座墓葬，年代大约在前燕时期[①]。墓葬由石板、石条砌筑，由墓道、主室和 4 个壁龛、1 个

① 辽宁省博物馆文物队、朝阳地区博物馆文物队、朝阳县文化馆：《朝阳袁台子东晋壁画墓》，《文物》1984 年第 6 期。

耳室组成（图 4-21）。墓壁涂抹黄草泥、白灰，白灰面上用红、黄、绿、赭、黑等色绘制壁画（图 4-22）。

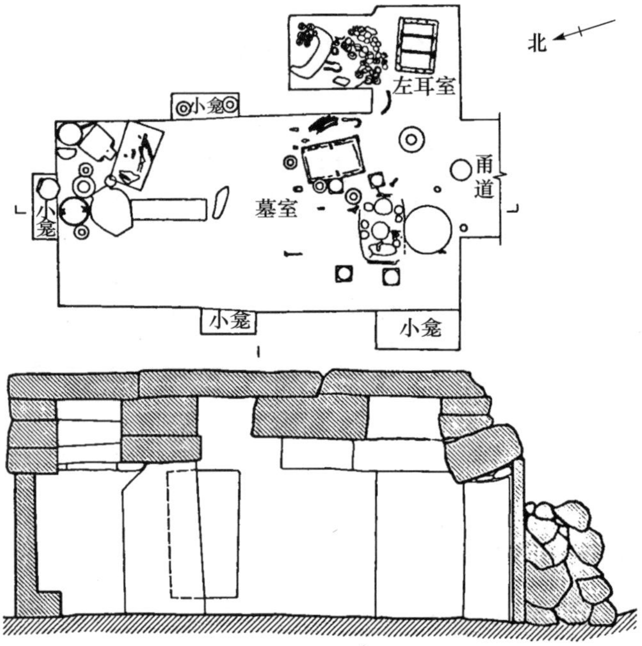


图 4-21 朝阳袁台子壁画墓平、剖面图

采自中国社会科学院考古研究所：《中国考古学·三国两晋南北朝卷》，中国社会科学出版社，2018 年，第 132 页图 2-18

图 4-22 朝阳袁台子壁画图像（局部）

1. 青龙 2. 白虎 3. 狩猎图

采自郑岩：《魏晋南北朝壁画墓研究（增订版）》，文物出版社，2016 年，第 31 页图 14、15

第三期，北魏迁洛以前，即 5 世纪 30 年代至 5 世纪末。墓葬急剧减少，石板墓衰落，出现了少量叠涩穹隆顶方形石室墓；长斜坡墓道、方形墓室略外弧的砖室墓成为本期最主要的墓葬形制。随葬陶罐、陶壶、青瓷碗、青瓷盘口壶等，鲜卑式的马具和饰物已基本不见。

## 五、辽东地区

汉晋时期，辽东地区先为公孙氏所占，后属西晋之平州。4 世纪至 5 世纪初，辽东地区陷入高句丽、前燕、后燕的反复争夺之中，局势较为动荡。辽东地区已发掘墓葬，基本集中于汉末魏晋时期，正和这种历史背景相符。辽东地区墓葬集中发现于辽阳一带，时代从东汉晚期延续至西晋时期，具有较强的连续性。墓葬形制基本均为石室墓（有学者称之为“支砌石椁墓”），平顶或叠涩藻井顶；流行多人合葬，规模较大的墓葬可能为家族合葬。壁画直接画在石面之上，多位于耳室或前、后侧廊。一般布局形式如下：墓门绘门卒、守门犬；前室耳室正壁绘墓主像，向左右展开绘乐舞百戏、侍者供奉图像；另一侧耳室绘制庖厨场景；其他耳室绘车马出行、楼阁。根据墓葬形制和壁画特征，辽东魏晋壁画墓可以分为以下三期。

第一期，东汉晚期至汉魏之际。典型墓例有辽阳旧城东门里墓、北园 M1、棒台子 M1 等。墓葬形制多为带环绕棺室四周回廊的石室墓，回廊结构模仿木椁墓，回廊据壁画题材有具体不同象征意义。壁画题材多见墓主形象、庖厨、百戏、楼阁、车马出行、门卒、守门犬、日月云气等。墓主像只绘男子像，多表现墓主在厅堂接待来客的场景，有些墓葬因埋葬多人而绘制多幅墓主像。出土随葬品以陶瓮、陶壶以及仿铜陶器、仿漆器彩绘陶壶为代表。

第二期，汉魏之际到魏晋之际。典型墓例有棒台子 M2、南雪梅 M1、北园 M2、三道壕 M1、三道壕 M2、三道壕 M3、三道壕窑业第二现场墓（令支令张君墓）（图 4-23，1）、三道壕窑业第四现场墓（车骑墓）（图 4-24）等。前一阶段环绕棺室四周的回廊两侧部分消失，通常只有前、后廊或只有前廊；一般只有两耳室，右耳室大于左耳室；规模较大的墓葬有 4 棺室，中小型墓葬有 2～3 个棺室。相较前一阶段，墓主图像有较大变化，场景由第一期的厅堂转变为侧重表现帷帐、屏风、侍者，同时普遍增添女主人形象。车马出行题材一般由多辆马车和导从骑吏组成，牛车尚未占据主要地位。随葬品中陶实用器皿增加、明器减少，前一阶段流行的仿铜器、仿漆器的陶器器形较为少见，另出现少量釉陶器。

第三期，西晋时期。目前属于此阶段的墓葬只发现上王家村墓（图 4-23，2）一座。墓葬形制最大的变化在于前廊发展为正方形的墓室，顶部为抹角叠涩。壁画中墓主形象演变成手持麈尾、坐于榻上、身处帷帐之下的正面像；墓主身边有身体矮小的“书佐”等使吏；左耳室正壁绘车马出行。此外，今朝鲜安岳发现有冬寿墓，墓主曾任前燕司马，后亡命高句丽，于永和十三年（357 年）薨官[1]。该墓壁画中的墓主形象与王家村墓壁画相似，进一步说明了辽东壁画墓题材的连续性。

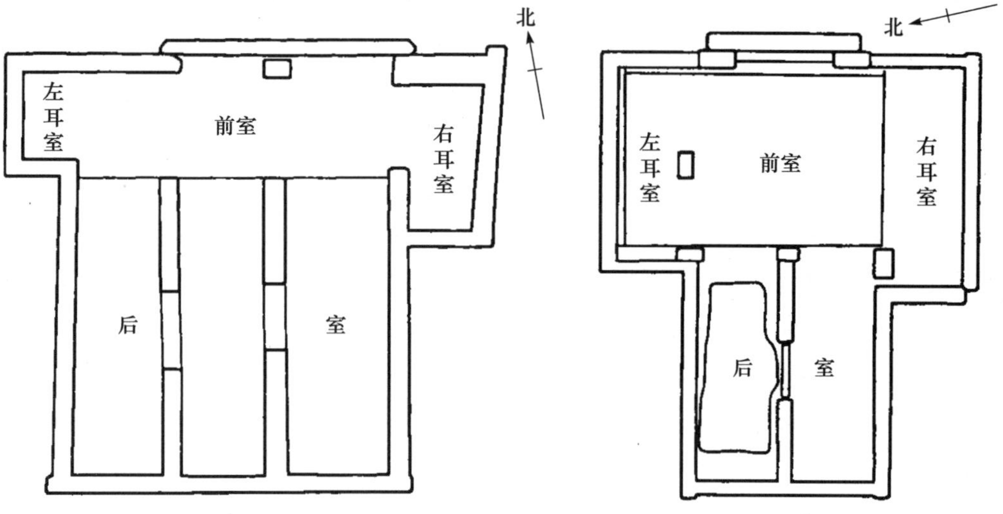


图 4-23 辽阳魏晋墓葬平面示意图
1. 三道壕第二现场墓 2. 上王家村晋墓
采自中国社会科学院考古研究所：《中国考古学·三国两晋南北朝卷》，中国社会科学出版社，2018 年，第 111 页图 2-10

图 4-24 辽阳三道壕第四现场墓墓主画像
采自李文信：《辽阳发现的三座壁画古墓》，《文物参考资料》1955 年第 5 期，第 30 页插图十八、二十、二十一

## 第二节 六朝墓葬

韦正《六朝墓葬的考古学研究》（以下简称《六朝墓葬》）[2]，归纳出六个六朝墓葬

---

① 洪晴玉：《关于冬寿墓的发现和研究》，《考古》1959 年第 1 期。
② 韦正：《六朝墓葬的考古学研究》，北京大学出版社，2011 年。

的分布区，即长江下游、长江中游、赣中南闽西北、福建沿海、两广地区、西南地区。六朝四百年间，南方经济发展迅速、人口迁徙频繁，这必然导致墓葬分区的边缘或局部地区具有不确定性；不过，同一区域内前后阶段墓葬面貌具有继承性，不同区域之间墓葬面貌又始终具有明确的差异性。按照上述六个区域对六朝墓葬分别加以论述，应该是比较接近历史实际情况的。

依据墓葬规模，可以大致把六朝墓葬分为四大等级：特大型墓，全长 15 米以上；大型墓，全长 7～15 米；中型墓，全长 4～7 米；小型墓，全长 4 米以下。特大型墓以及多数大型墓一般为帝、王陵墓，前已述及；中型墓多为官吏墓；小型墓多为平民墓。

## 一、长江下游地区

长江下游地区六朝墓葬可分为三期：东吴—两晋之际、两晋之际—刘宋中期、刘宋晚期—陈代。该地区所发现六朝墓葬，按墓主身份可分为三组：第一组为帝、王陵墓，第二组为官吏墓，第三组为平民墓[①]。

第一期，东吴至两晋之际墓葬形制多样，有多室墓、双室墓、单室墓等。第一组均为多室墓，多为前后室附侧室形制，流行四隅券进顶。第二组多室墓皆有一个中心墓室，其余墓室分布于其后部或三面，中心墓室多为四面结顶或四隅券进顶，后室为券顶或四隅券进顶；常见墓内设施有灯台、砖台等。第三组为单室或并列双室，常见券顶、平顶。墓内常见青瓷容器，如罐、盘口壶、鸡首壶、唾壶等；总体造型矮胖，多模印网格纹、水波纹、联珠纹、铺首等图案。其他常见器物还有青瓷多子槅（圆形、方形两种造型）、虎子、狮形水注、洗、鐎斗、男女侍俑；陶或瓷质地的五联罐、魂瓶，仓、灶、井等炊厨明器，猪、羊、鸡圈等牲畜明器，以及买地券、铜镜、铜鐎斗等。墓砖装饰流行叶脉纹、米字纹、篦形纹、半圆圈纹、钱文、方胜纹以及青龙、白虎、鱼纹等。

朱然墓，由甬道、方形前室、短过道、后室等组成（图 4-25）。前室平面近方形，四隅券进式穹隆顶。后室平面长方形，券顶。随葬品有漆器、陶瓷器、铜器等。漆器有 80 余件，器形包括案、盘、耳杯、槅、盒、壶、樽、奁、匕、勺、凭几、砚、虎子、屐、扇、梳、刺、谒，部分漆器上有彩绘。另外，墓室铺地砖上和棺内散布铜钱 6000 余枚。

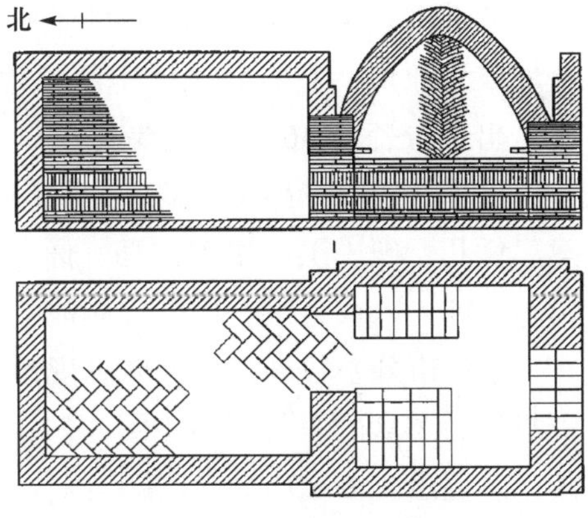


图 4-25　朱然墓平、剖面图
采自王俊等：《马鞍山六朝墓葬发掘与研究》，科学出版社，2008 年，第 12 页图二

① 长江下游东汉末三国初还流行“横前堂、并列双后室”的多室墓，例如苏州黑松林 M4 和高邮墩三国墓、马鞍山独家敦三国墓等。考虑此类形制是东汉晚期流行墓形的孑遗，本节不将相关墓例考虑在内。

南京西岗墓，南北长 8.15、东西宽 11.15 米。平面呈十字形，由甬道、前室、后室、东侧一室、西侧二室等组成。前室呈方形，其余墓室均为长方形。墓内有多个砖台，其中前室有两个，东侧室有三个，西侧两室各有一个。据随葬品分布情况判断，墓内应葬有三对夫妻和一位女性，当属于同一家族的不同辈分。结合墓葬形制和青瓷器造型判断，墓葬年代当在东吴晚期至西晋初期。

第二期，两晋之际至刘宋中期。墓葬形制以单室墓为绝对主流。第一组墓葬平面近凸字形，券顶，甬道内多有两道门槽，代表原应设置有木门，墓室外侧常见挡土墙；墓壁无灯龛、直棂窗。第二组墓葬除少量“双凸字形”墓外，绝大多数也是单室墓，但具体形制多样：① 墓室近方形的凸字形；② 四壁平直或微弧的凸字形；③ 弧壁凸字形；④ 有挡土墙的凸字形；⑤ 有砖柱的凸字形；⑥ 刀形。上述几类形制的墓室顶部以券顶为主，另可见四隅券进顶、覆斗形顶等。甬道内可见一道门槽，墓壁有凸字形小龛、直棂窗，墓室内设有砖砌棺床、砖台；但上述墓内设施并非每墓必有，总体上是年代越晚越常见。第三组墓葬，据墓顶可分为券顶和叠涩顶两类。本期随葬品中，以凭几为中心的棺前器物组合比较稳定，包括青瓷鸡首壶、盘口壶、碗、唾壶、砚、圆形多子槅，以及陶耳杯、盘、魁等。瓷器造型重心开始上移，装饰通常只有弦纹、点彩。瓷俑几乎不见，流行陶质胡俑、侍从俑；还常见玉、石、金银质地饰品，以及砖质墓志。多数墓砖室装饰简单，以叶脉纹、钱纹、几何形状的花纹为主，铭文砖也较为常见，同时还出现少量图像较复杂的画像砖；例如南京万寿村永和四年（348 年）墓，装饰三块砖拼成的虎，画面四角有隶书“虎啸丘山”四字。有学者认为，这种拼合图像的做法是后来大型拼镶砖画的先声[①]。

南京象山 M7[②]，西向，平面为四壁略外弧的凸字形，穹隆顶，全长 5.3、宽 3.22、高 3.42 米（图 4-26）。甬道中间有一道门槽，原应有木门。墓室平面呈长方形，左、右壁外鼓呈弧形，左右后三壁中间各砌一个七格直棂假窗，其上有壁龛，龛内置一青瓷碗。出土青瓷器 36 件，主要有盘口壶、鸡首壶、罐、灯、唾壶、洗、盆、盘、香薰、羊、虎子、碗等。出土陶器（含釉陶）36 件，主要有酱釉小罐、灯、盘、托盘、耳杯、案、凭几、砚、囷、牛车、马、俑。出土铜器 10 件，此外还出土有玻璃杯、金刚石戒指、玉蝉，以及金银、玛瑙等质地装饰品。

镇江市郊畜牧场二七大队（现镇江市旅游学校附近）晋墓[③]，是迄今所知丧葬图像资料最为丰富的东晋墓葬（图 4-27）。该墓为横前堂的前后室墓，前后室都镶嵌有画像砖，发掘出土画像砖共 54 幅。画像内容有青龙、白虎、朱雀、玄武四神画像砖，人首鸟身（千秋）、兽首鸟身（万岁）画像砖，兽首人身执刀持钩镶（方相氏）画像砖，兽

① 杨泓：《南北朝墓的壁画和拼镶砖画》，《中国考古学论丛——中国社会科学院考古研究所建所 40 年纪念》，科学出版社，1993 年。

② 南京市博物馆：《南京象山 5 号、6 号、7 号墓清理简报》，《文物》1972 年第 11 期。

③ 镇江博物馆：《镇江东晋画像砖墓》，《文物》1973 年第 4 期。

首噬蛇人物画像砖和虎首戴蛇画像砖，还有楔形兽面砖、人面兽脚珥蛇画像砖、男性裸体画像砖等。有学者评价：“画像砖的内容也可窥见与鲁南淮北地区的联系。这座墓葬画像砖的题材内容在一定程度上反映了包括《山海经》在内的楚文化的残留影响，在总体上则可以看作汉晋墓葬壁画的自然延续。这座墓葬的年代在东晋晚期，南朝开始

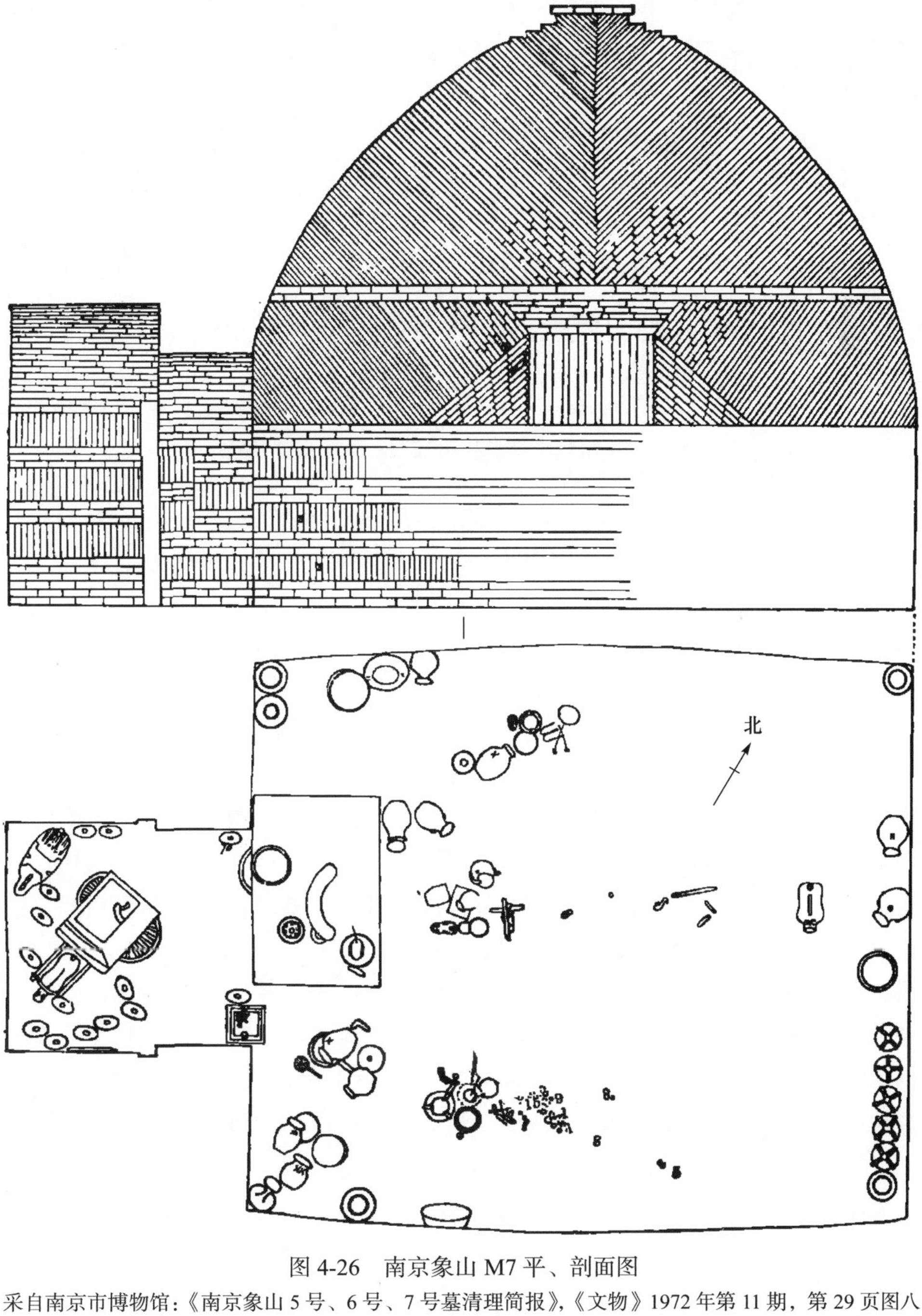


图 4-26　南京象山 M7 平、剖面图

采自南京市博物馆：《南京象山 5 号、6 号、7 号墓清理简报》，《文物》1972 年第 11 期，第 29 页图八

图 4-27　镇江市郊畜牧场二七大队晋墓画像砖

采自郑岩:《魏晋南北朝壁画墓研究(增订版)》,文物出版社,2016 年,第 67 页图 54

长江下游地区的墓葬画像砖转以其他内容为表现主题。因此,这座墓葬具有一定的时代意义,它大致标志着汉晋墓葬壁画系统的基本终结。"①

第三期,刘宋晚期至陈代。墓葬形制仍以券顶单室墓为主。第一组墓葬形制为长椭圆形或委角凸字形,总体上年代越晚、越接近圆形。甬道内设置一或两道石门(或仅残留门槽),石门数量差异或可代表帝陵、王墓等级之别;墓葬左右两侧墓壁常见桃形灯龛、直棂窗;墓室外侧可见挡土墙,墓室内设有砖台、棺床。第二组墓葬,仍保留一定数量的双室墓,有的以砖柱间隔前后室;多数墓葬为单室墓,第二期流行的几种形制单室墓于本期仍能见到,区别主要表现在:墓顶基本均为券顶;灯龛由凸字形变成桃形;墓内常见有石质设施,如石棺床、石棺台、石墓门等。第三组墓葬,基本均为券顶长方形单室墓。随葬品方面,除盘口壶、鸡首壶、唾壶、圆形多子槅等器类外,常见陶瓷器还有瓷托盘、陶小鼎、凭几、牛车、仓、灶、井、镇墓兽等。瓷器造型普遍修长(部分罐、唾壶除外)(图 4-28),器表常见莲花纹。陶俑形体修长,女俑多有半月形覆额,男俑头戴小冠。石质随葬品亦较为常见,包括俑、凭几、墓志、马等。

墓砖纹饰发达,以莲花纹最为常见,大型墓葬流行以"竹林七贤与荣启期"为核心内容的拼镶砖画。南京地区还有一些年代约在萧梁时期的中型墓葬,墓内局部使用模印画像砖,如南京石子岗 M5、小村 M1 等。南京地区以外,很多南朝中型墓葬的丧

---

① 韦正、朴南巡:《江苏镇江东晋画像砖墓的渊源和意义补论》,《东南文化》2018 年第 6 期。

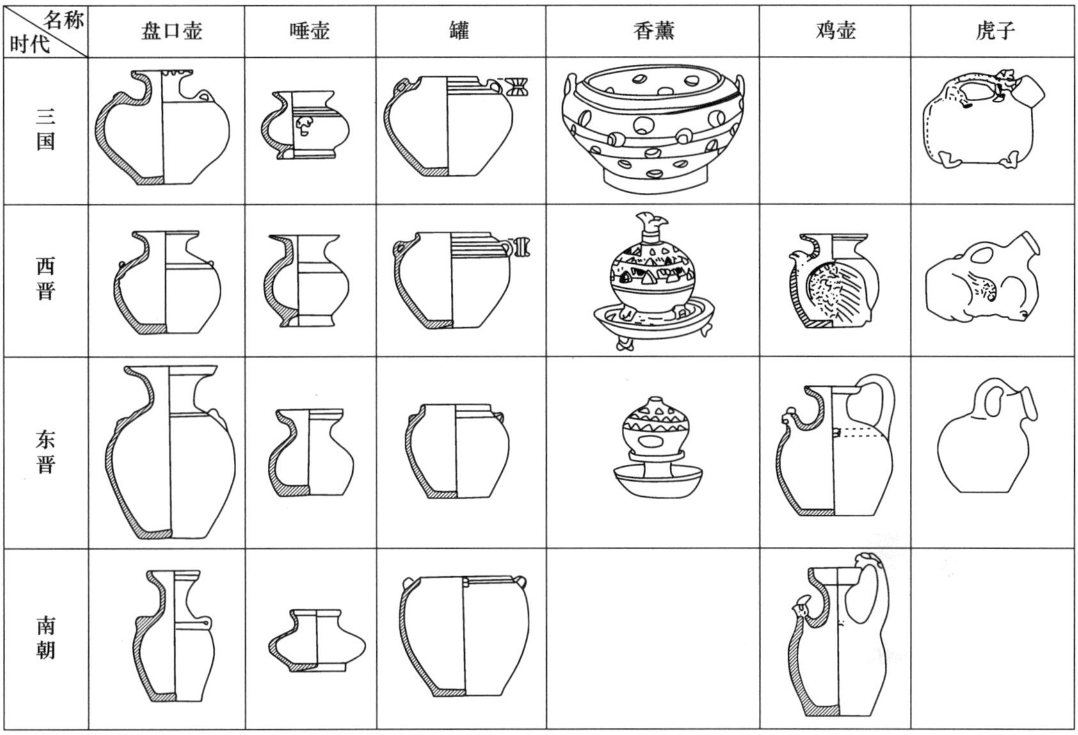


图 4-28　长江下游六朝墓瓷器类型演变示意图
据李军：《论早期越窑青瓷》，《东南文化》1999 年第 4 期，第 92 页图十四改绘

葬图像也较为丰富，除延续六朝早期的花纹砖外，新题材层出不穷，拼镶砖画较为常见；不少画像砖表面凹凸有致，形成近似浅浮雕、高浮雕的效果。这些墓葬集中发现于江苏的邗江、常州，以及浙江的余杭等地。图像有少量一砖一画，大多为多砖拼合的拼镶壁画，装饰技法浅浮雕、高浮雕皆有。

邗江包家 M1①，后壁两角圆弧的砖室墓，甬道两壁、墓室壁面和棺床前沿砌有大量画像砖与花纹砖，分高浮雕和浅浮雕两种。浅浮雕的八瓣小莲花、四瓣小莲花、八瓣大莲花、女供养人小像、怪兽、朱雀、人首鸟身像、小佛像等和高浮雕的八瓣大莲花模印在砖的端面上；浅浮雕的两个八瓣大莲花模印在砖的平面上；浅浮雕的男供养人像、女供养人大像则模印在砖的侧面上。多为一砖一画，兽首蛙身神怪、人首鸟身像和八瓣大莲花为两砖拼成。

常州戚家村墓、田舍村墓②（图 4-29），墓葬形制均为长椭圆形，均在甬道、墓室左右壁装饰画像砖，并且均用多块高浮雕画像砖拼镶出图像。戚家村墓图像保存较好，包括武士、侍女、飞天、青龙、白虎、朱雀、狮子、千秋万岁、托举神怪、兽面等，

① 扬州博物馆：《江苏邗江发现两座南朝画像砖墓》，《考古》1984 年第 3 期。
② 常州市博物馆：《常州南郊戚家村画像砖墓》，《文物》1979 年第 3 期；常州市博物馆、武进县博物馆：《江苏常州南郊画像、花纹砖墓》，《考古》1994 年第 12 期。

部分砖侧面或端面有编号数字；田舍村墓图像内容有狮子、飞仙、牛车、鞍马出行、仙女骑龙、凤鸟等。

图 4-29　常州田舍村墓画像

采自郑岩：《魏晋南北朝壁画墓研究（增订版）》，文物出版社，2016 年，第 66 页图 53

余杭地区的情况较为特殊，装饰画像砖的墓葬数量较多，但却多集中于一处墓地，即小横山墓地。小横山墓地内，共有 20 座墓葬装饰画像砖，多配置在封门券门正面、墓室南壁及东西壁，北壁也偶有分布。小横山 M1 是整个墓地唯一一座装饰大型四神图像的墓葬①。墓室破坏严重，东壁残存大幅拼合的龙的下肢，残长 1.5、高 0.15 米；西壁残存大幅拼合的虎的下肢部分，残长 1.8、高 0.15 米；龙、虎前面均残存人形下肢，应为羽人双腿。此外，根据残存画像砖判断，北壁应有拼合玄武图像，南壁券门中部应有朱雀图像。

## 二、长江中游地区

长江中游地区大致相当于今湖北、湖南两省之地；但就墓葬资料看，该区域边缘地带具有不稳定性。首先，湘南一带墓葬文化于东吴早期与两广地区具有较强的共性；东汉建初六年（81 年），湘桂峤道开通，是湘南、两广墓葬文化存在共性的历史背景。东吴中期之后，湘南、两广墓葬特征差异性开始大于共性，或与建业中心交通网络建立、湘桂峤道地位下降有关。其次，汉水中上游地区，在南朝晚期突然出现一批装饰精美的画像砖墓，集中分布于今汉中、安康、襄阳等地。这些墓葬兼备南朝、北朝之文化因素，又具有一定的地方特色，需要以襄阳地区为例单独进行叙述。

### （一）长江中游地区墓葬分期

《六朝墓葬》一书将长江中游墓葬分为四期：东吴早期、东吴中期—东晋早期、东

① 杭州市文物考古研究所、余杭博物馆：《余杭小横山东晋南朝墓》，文物出版社，2013 年，第 6～41 页。

晋中期—刘宋早期、刘宋中期—梁。此外，鄂州地区历年清理了大量六朝墓葬，是研究分期的重要资料。《鄂城六朝墓》经过系统整理，将这些墓葬的演变阶段分为九期：东吴前期、东吴中期、东吴后期—吴晋之际、西晋前期、西晋后期、东晋前期、东晋后期、南朝前期、南朝后期[①]。结合当时历史背景，综合两种分期方案，本书将长江中游六朝分为四期：东吴早期、东吴中期—西晋前期、西晋后期—刘宋早期、刘宋中期—萧梁。

第一期，东吴早期。墓葬形制多样，大、中型墓常见前后室墓[②]和前室附左、右侧室的多室墓[③]，墓顶有券顶、四边券进顶、四隅券进顶等形式。中、小型墓平面以长方形为主，凸字形和并列双室墓也较为常见，墓顶有券顶、叠涩顶、平顶三种形式。少数墓葬有灯台、砖台、棺床等设施。随葬品以陶器、釉陶为主，灰陶牛鼻系罐、釉陶双系罐、釉陶四系麻布纹罐等是最为常见的器类；出土青瓷器的种类、数量均比较有限，主要有罐、碗、盏、灯、虎子等。此外，随葬铜镜的现象比较普遍，甚至小型墓也能随葬1～2面铜镜，铜镜纹饰以重列神兽纹最为常见。本期代表墓例有黄武六年（227年）道士郑丑墓、鄂州M2215等。

第二期，东吴中期—西晋前期。本期墓葬形制延续前一期特征并有所发展：大型墓葬仍以多室墓、前后室墓为主。但是多室墓的侧室数量与形制产生了新的形式；有的墓葬在前后室两侧所附侧室多达六个，侧室方向除了与前、后室垂直外，还出现了少量与前、后室平行者。墓顶仍存在券顶、四边券进顶、四隅券进顶等形式。中型墓葬中带有甬道的凸字形墓葬数量开始增加，是本期内较突出的特征；小型墓仍以长方形墓为主流；二类墓葬的墓顶形式则与前一期基本一致。此外，相较第一期，本期灯台、砖台、棺床等设施在各类型墓中均更为常见。随葬品方面，相较前一期最明显的特征是陶器、釉陶的衰落和青瓷器的日渐兴盛。除部分陶人物俑、陶镇墓兽（俑）以及本期稍晚出现的陶帷帐座外，陶质生活用具逐渐减少；青瓷器逐渐成为主要随葬品类，甚至较晚阶段在小型墓葬中也开始流行。青瓷器组合以“碗、盘、罐”较为稳定，其他器类有盘口壶、鸡首壶、唾壶、多子槅、熏；大、中型墓内还常见院落、房屋、人物俑、镇墓兽（俑）、仓厨用具、家禽畜圈等（图4-30）。出土铜镜数量仍较多，但质量明显下降。本期代表墓例有鄂州鄂钢饮料厂M1、鄂州M2081（孙将军墓）（图4-31）等。

---

① 两者相较，前者“略前详后”，后者“详前略后”。东吴、西晋时期，鄂州（古武昌）先后为王都、西都、郡治所在，发展程度较高，因此墓葬材料丰富、墓葬等级多样，可支撑起精细化的分期研究；反观六朝后期，鄂州一带地位下降，墓葬材料减少，等级普遍不高，分期结论自然粗略。

② 发掘资料常称其为吕字形墓。

③ 发掘资料常称其为十字形墓。

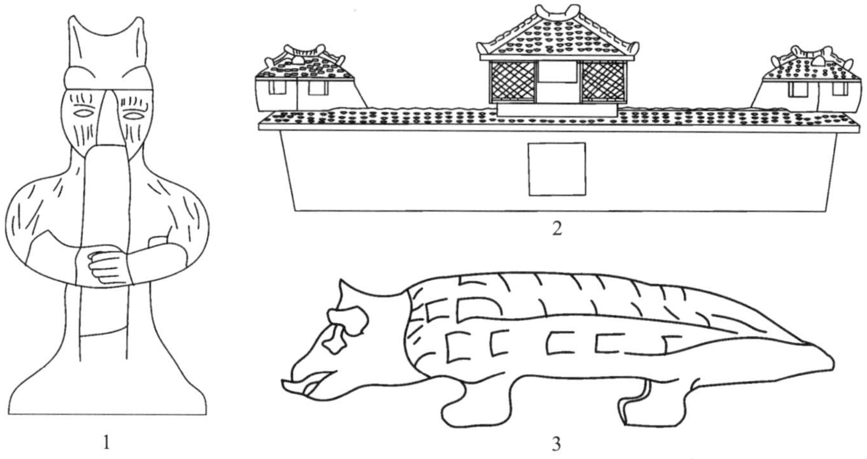


图 4-30 长江中游吴墓随葬品

1. 口吐长舌镇墓俑（鄂城 M2081：13） 2. 青瓷院落（鄂城 M2081：37） 3. 穿山甲形镇墓兽（溷口吴墓：53）

采自付龙腾：《孙吴陵墓制度新探》，《东南文化》2022 年第 2 期，第 129 页图五

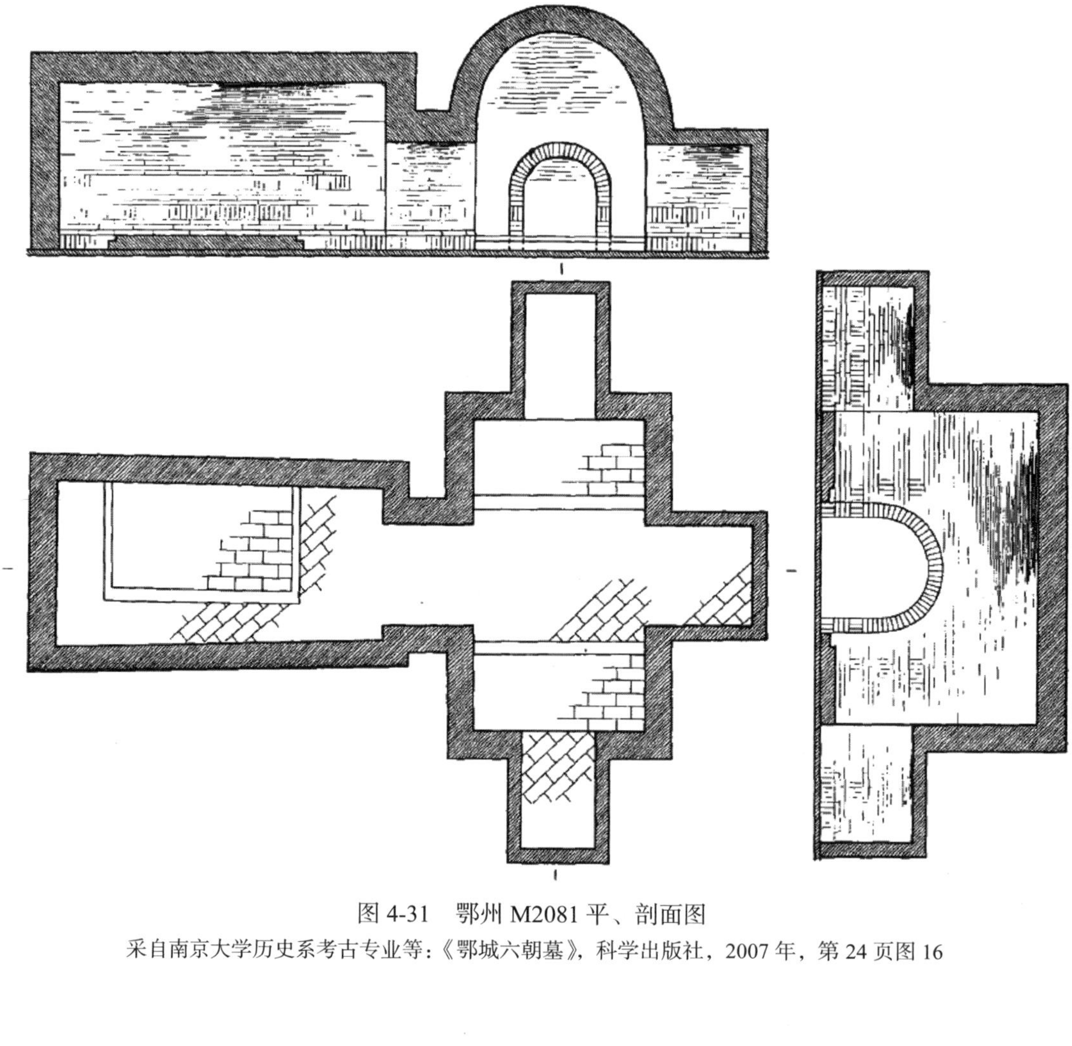

图 4-31 鄂州 M2081 平、剖面图

采自南京大学历史系考古专业等：《鄂城六朝墓》，科学出版社，2007 年，第 24 页图 16

第三期，西晋后期—刘宋早期。经过发掘的本期墓葬以中、小型墓为主。与前一阶段相比，第三期在墓葬形制、随葬品等方面的变化均较为显著。墓葬形制方面，代表东吴旧制度的多室墓、前后室墓已基本不见，中、小型墓葬均趋向使用单室墓。不过，并列双室甚至三室的墓葬也仍然占有不小比例。墓顶形式简化，四隅券进顶减少，券顶最为常见。随葬品方面，陶器逐渐“卷土重来”；甚至在较晚阶段，中型墓葬中陶器成为主流。当然，陶器的器类不同于东汉晚期至东吴早期墓葬。再依据一些细节特征，可以将本期墓葬分为前后两个小阶段：① 西晋后期—东晋早期。墓葬平面形制以凸字形、长方形为主。墓内继续流行灯台、砖台、棺床等设施，新增砖柱、壁龛等设施。随葬品方面，中型墓葬常见青瓷盘口壶、鸡首壶、唾壶；小型墓葬的青瓷器则以盘口壶、碗、盏为主。中型墓葬随葬陶器增多，主要有盘、多子槅、魁、勺、耳杯等；小型墓则基本不见陶器随葬品。② 东晋中期—刘宋早期。墓葬平面形制以凸字形、长方形为主，设有砖柱的墓葬数量大幅度增加，是本阶段墓葬最为显著的时代特色。中型墓中陶器随葬品较前一阶段更为常见，器类仍以盘、多子槅、魁、勺、耳杯为主。但是，小型墓则仍以青瓷器为主。本期前一阶段以安乡刘弘墓最为典型[①]，后一阶段可以鄂州塘角头 M3 为代表[②]。

第四期，刘宋中期—梁。经过发掘的本期墓葬仍以中小型墓葬为主。多室墓、前后室墓彻底退出，并列双室、三室墓也消失，墓葬平面形制以凸字形、长方形为主；墓顶则基本均为券顶。砖台、棺床常见，直棂假窗也开始流行；砖柱结构更为普及，超过半数墓葬均有。随葬品中陶器比重超过青瓷，器类有碗、盘、魁、勺、多子槅、唾壶、凭几、陶俑、陶屋等。瓷器数量较少，器类基本同于前几期，突出特征是器表常装饰有莲花纹。这一时期代表墓例有武汉周家大湾孝建二年（455 年）墓、邵阳姜家山 M5 等。湖北武昌东湖三官殿梁墓，墓砖有萧梁普通元年（528 年）纪年，是这一时期少见的画像砖墓。该墓由甬道、前室和后室等结构组成，画像砖图像有青龙、朱雀、男女侍者等[③]。朱雀砖图案较为复杂，砖的上方左右两角均有一圆形图案，图中分别有蟾蜍、三足乌。砖的中上方为由八边和八个椭圆形组成的图案，图中有一人物，双手持物（似锤或蛇），发掘者推测其与古神话中的“雨师妾”有关，杨泓推测其为雷公[④]。两朱雀之间有一“水”字符，朱雀双足踩四脚蛇。砖下左右两角均为卷草纹饰。

### （二）襄阳南朝画像砖墓

襄阳地区南朝画像砖墓发现较为丰富，主要集中于今襄阳、谷城附近的几个墓地中，例如襄阳贾家冲南朝墓、谷城肖家营 M40、谷城西郊龙家湾村 M1、襄阳麒麟清水

---

① 安乡县文物管理所：《湖南安乡西晋刘弘墓》，《文物》1993 年第 11 期。

② 湖北省文物考古研究所、鄂州市博物馆：《湖北鄂州市塘角头六朝墓》，《考古》1996 年第 11 期。

③ 武汉市博物馆：《武昌东湖三官殿梁墓清理简报》，《江汉考古》1991 年第 2 期。

④ 杨泓：《雷公怒引连鼓辨》，《寻常的精致》，辽宁教育出版社，1996 年，第 251～253 页。

沟 M1、襄阳柿庄 M15 等是较为典型的墓例。此外，在与襄阳同属南阳盆地的南阳邓县（今邓州），曾发现有画像砖墓一座，其墓葬形制、图像内容与上述几座襄阳画像砖墓较为接近。故学界在研究襄阳地区南朝画像砖墓时，通常也将邓县画像砖墓考虑在内。根据墓葬年代，可将襄阳地区南朝画像砖墓分为早、晚两组。

图 4-32 邓县画像砖墓券门壁画
采自河南省文化局文物工作队：《邓县彩色画像砖墓》，文物出版社，1958 年，第 7 页

第一组，包括邓县画像砖墓①（图 4-32）、肖家营 M40、龙湾村 M1、清水沟 M1，年代约在萧齐至萧梁初期，其中邓县画像砖墓的上限或能早到刘宋中晚期。

第二组，包括贾家冲南朝墓②（图 4-33）、柿庄 M15，年代约为萧梁时期。

襄阳南朝墓少见大型拼镶砖画（邓县拼镶武士图除外）；不见“竹林七贤”主题，或以“南山四皓”“王子乔”“浮丘公”等代替之，并以庞杂的佛教、儒家、道教、神仙和民间信仰、地方性乐舞等

图 4-33 襄阳贾家冲画像砖
1. 兽面 2. 人物 3. 狮子 4. 千秋
采自襄樊市文物管理处：《襄阳贾家冲画像砖墓》，《江汉考古》1986 年第 1 期，第 18、19、23、24 页图二、图四、图十二～图十四

① 河南省文化局文物工作队：《邓县彩色画象砖墓》，文物出版社，1958 年。
② 襄樊市文物管理处：《襄阳贾家冲画像砖墓》，《江汉考古》1986 年第 1 期。

内容为特色；画像主题不突出，装饰性较强；画像配置与砌筑工艺较为随意。题材单一，多为莲花、忍冬、四神、仕女、飞天等简单装饰性图案，叙事性图案仅见“郭巨埋儿”等故事。画像砖的主要作用是装饰墓壁，并无突出的礼制涵义；各墓画像砖的规格、制作工艺、画像风格相似性较强，可能出自同一批工匠或同一类作坊，邓县墓画像虽题材稍丰富，但从风格看，画像砖可能来自襄阳；南朝襄阳可能已出现商业性的画像砖等丧葬用品作坊[①]。

此外，襄阳地区画像砖墓也是展示南北文化融合的重要资料，正如宿白所述：该墓（邓县画像砖墓——编者注）画像砖中表现的丧葬习俗、孝子故事、天人姿态以及墓中所出陶俑的种类和造型，都与北魏晚期中原地区的同类内容和形象极为相似。反映出齐梁时期宛洛一带和汉水一线，不仅是南北时有军事冲突的区域，同时又是南北文化交流、主要是北朝向南朝学习的重要地区[②]。

## 三、赣中南、闽西北地区

该区域的中心范围为南昌至樟树之间，扩及建瓯一带。依据墓葬文化面貌，该区域具体范围在六朝前、后阶段有明显变化。赣中南、闽西北地区在东晋之前仅指赣中南；至六朝中晚期，闽西北与闽东、晋江流域的墓葬区别明显，反倒与赣中南日益相似，故应与之划为一区进行讨论。赣中南、闽西北墓葬特征趋同的原因尚无法确定，但由于以下两个条件的存在使得这一演变趋势也不算突兀。其一，江州的设立。西晋惠帝元康元年（291 年），“割扬州之豫章、鄱阳、庐陵、临川、南康、建安、晋安，荆州之武昌、桂阳、安城，合十郡，因江水之名而置江州”。由此，赣中南与闽西北在行政区划上的联系得到了加强。其二，移民活动的推动。汉斯·比伦斯泰因曾对福建早期移民的来源与过程进行了归纳，着重指出“浙江西南部”“江西东部”两个重点区域[③]。若此说成立，赣中南墓葬文化是有可能借助移民活动传播至闽中南地区的。

本地区墓葬材料可以墓室长度 4～5 米为界限，划分出中型和小型两类墓葬，墓主身份基本可分别对应官吏和平民。整个六朝时期，小型墓在形制上以凸字形、长方形、刀形为主，分期变化不太显著。故以下分期特征均以中型墓为主。

本地区墓葬可分为四期：东吴前期、东吴后期—东晋早期、东晋中后期、南朝。

第一期，东吴前期。本期墓葬保留很多东汉时期特征[④]，同时较多受到长江中游地区墓葬文化的影响。墓葬形制以吕字形前后室为主，有的在前室两侧附有耳室，有的则是在长方形外框内部以砖柱间隔为双室。随葬陶瓷器多兼具汉末、东吴特征，有陶

---

① 李梅田、周华蓉：《试论南朝襄阳的区域文化——以画像砖墓为中心》，《江汉考古》2017 年第 2 期。

② 宿白：《三国两晋南北朝考古》，《中国大百科全书·考古学》，中国大百科全书出版社，1998 年，第 422 页。

③ 〔美〕汉斯·比伦斯泰因著，周振鹤译：《唐末以前福建的开发》，《历史地理》第五辑，上海人民出版社，1987 年。

④ 事实上，本区域内东汉晚期和东吴早期的墓葬还很难准确区分开来。

器、酱褐色釉陶、青绿色釉陶、青瓷等种类。器形以多种形制的罐最为常见，小口深腹罐、小口矮腹罐、四系罐的组合较为稳定；其余器形还包括盘口壶、碗、杯盘、灶、井、钵等。本期的典型墓例有南昌高荣墓、小兰村墓、叠山路 M2、徐家坊墓等。

高荣墓①，全长 6.18 米，南向，由甬道、前室、耳室、后室等结构组成（图 4-34，1）。前室为横长方形，双层券顶。前室左右中部各有一大小相等的耳室，单层券顶。高荣墓的形制在鄂州吴墓中较为常见，应是长江中游墓葬文化影响下的产物。墓内朱漆棺三具，两具并列排放在后室，另一具放在甬道至前室的位置。随葬陶器中的灶、罐、井、仓等具有东汉特色；青瓷罐、盘口壶、子母口罐、卵形罐、直壁罐、钵则明显与前述陶器形态不同。除陶瓷器外，还随葬有漆器、竹木器、金银器、铜铁器等。编号为“丙”的木棺内出有 30 件竹木器。

第二期，东吴后期—东晋早期。墓葬形制以吕字形前后室、凸字形单室为主，带有长方形外框的数量增多。随葬陶瓷器中，代表东汉遗风的酱釉陶器基本不见，青瓷成为主要的种类。器物形制主要有两大类，一类与长江中游瓷器关系密切，如青瓷虎子、水注、三足盆、盘口壶、曲腹钵等；另一类则具有地方特色，如高领球腹罐、球形仓、鸡笼、牲圈、井等。具有长江下游地区特征的瓷器也能见到，包括盘口壶、高圈足唾壶、蛙形水注、双耳熏炉、魂瓶等。本期的典型墓例有南昌永安六年（263 年）墓、靖安虎山墓、南昌火车站雷鋽墓、清江（现樟树）晋墓、瑞昌马头墓等。

瑞昌马头墓②，南向，全长 10.28 米，由甬道、前室、过道、后室等部分组成。随葬遗物百余件，包括陶器、青瓷器、铜器、铁器、金银器等。所出青瓷器如盘口壶、蛙形水注、高圈足唾壶、双耳熏炉等，均是长江中下游地区的典型器。该墓还出有基本只见于长江下游的魂瓶，是此类器物分布的最西地点。关于该墓的年代，过往多沿用简报提出的西晋一说；近期有学者提出孙吴晚期说，并认为墓主来自江浙一带，是孙吴时期流行“不归葬”的体现③。

第三期，东晋中后期。这一阶段的墓葬，形制和随葬品都相当简化。墓葬形制方面，带耳室的多室墓、吕字形前后室墓已基本消失；“长方形外框 + 砖柱”的长方形、凸字形墓成为主流。另有个别墓葬采用并列双室、前壁连接为一堵封门墙的形制。随葬品的变化也较为显著，瓷器种类仅保留鸡首壶、罐、唾壶、盘、碗等几种，胎、釉质量较之前阶段也下降明显。本期的典型墓例有南昌老福山 M2、清江（现樟树）洋湖晋墓 M4、南昌市郊京山 M1 等。

第四期，南朝时期。之前流行的长方形、凸字形形制仍然存在，带有多级甬道的凸字形墓尤具地方特色。单个墓葬内砖柱数量增多，赣中南有在两壁各列 5 处砖柱者，闽西北有的墓葬甚至设有 30 余处砖柱。随葬陶瓷组合包括盘口壶、四系罐、长颈瓶、

① 江西省历史博物馆：《江西南昌市东吴高荣墓的发掘》，《考古》1980 年第 3 期。
② 江西省博物馆：《江西瑞昌马头西晋墓》，《考古》1974 年第 1 期。
③ 张科：《论瑞昌马头“西晋”墓的年代与归属——兼谈孙吴时期的不归葬》，《东南文化》2021 年第 6 期。

五盅盘、果盘、浅腹盘、三足炉、博山炉、灶等。器物造型的地域特征明显，主要体现在盘口壶、四系罐下腹外撇，博山炉上部的莲峰、人物装饰等方面。本期的典型墓例主要有赣县区南齐墓 M4、南康横寨 M3、建瓯木墩梁墓（图 4-34，2）、政和松源 M834 等。

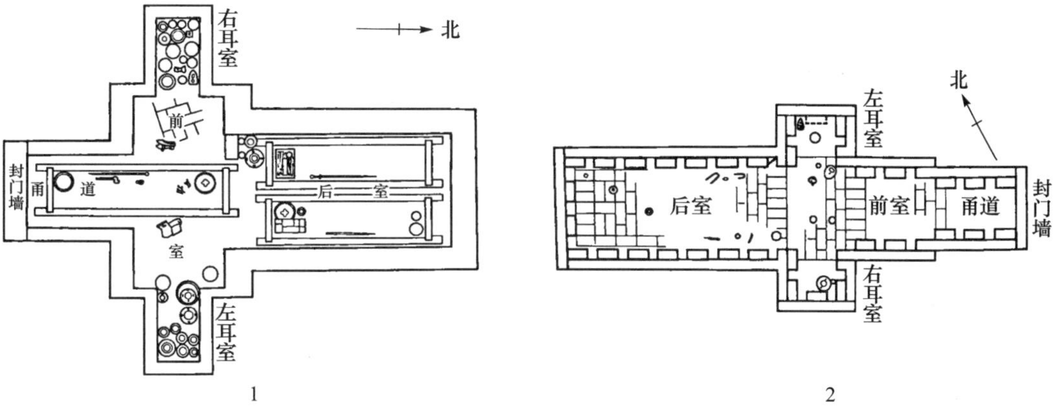


图 4-34　赣中南、闽西北地区六朝多室墓平面图

1. 高荣墓平面图　2. 福建建瓯南朝墓平面图

采自中国社会科学院考古研究所：《中国考古学・三国两晋南北朝卷》，中国社会科学出版社，2018 年，第 164 页图 3-11

## 四、福建沿海地区

福建沿海地区已发现墓葬数量不算丰富，并且墓葬等级区分不明显，无法按墓主身份进行墓葬分类。依据墓葬形制、随葬品的特点，整体上可分为以下四期。

第一期，西晋至东晋早期。墓葬形制有以下几种：双室墓，例如浦城吕处坞村七坊山 M2、十八窑 M5；凸字形墓，长度一般在 4～6 米之间，如建瓯阳泽村墓；刀形墓，长度一般在 3～6 米之间，如吕处坞村七坊山 M1。随葬陶瓷器主要有盘口壶、碗、圆形虎子、托盘、盖钵、狗圈等，器物组合形式不明确。盘口壶浅盘、粗颈，造型整体较矮胖；碗一般为敛口，深腹或近斜直腹。

第二期，东晋中期—刘宋早期。双室基本不见。主要形制有：凸字形墓，如将乐永吉 M2；刀形墓，如福州灰炉头墓。墓内出现棺床，棺床之前的条砖之上用木板搭建成台子。随葬陶瓷器主要有罐、盘口壶、鸡首壶、碗、圆形虎子、砚台等，但是器物组合无太明显的规律。

第三期，刘宋中后期。墓葬形制变化不明显，与刘宋早期区别不大。随葬陶瓷器主要有盘口壶、鸡首壶、碗、鼎盘、五盅盘、托盘等；碗、盘、单耳杯盘、鼎盘、盘口壶大致构成器物组合。盘口壶、鸡首壶器形和前两个阶段相比变化显著，整体已呈瘦高造型，以福州屏山 M1、福州东郊墓所出同类器较为典型。

第四期，南朝中后期。墓葬形制方面，新出现带砖柱的双室墓，刀形墓最为流行；棺床普遍流行，器物直接放置在棺前，典型墓例有晋江霞福隆昌元年（494 年）墓（图 4-35）、闽侯南屿墓、闽侯关口桥头山建武四年（497 年）墓等。其中，闽侯南屿墓花纹砖包含丰富的佛教因素（详见第七章第三节）。随葬陶瓷器主要有罐、盘口壶、博山炉、鐎斗、四孔插器、烛台、虎子、托盏等，碗、盘、五盅盘、博山炉、插器、烛台等大致构成器物组合。罐有小口罐、折肩罐、圆肩环耳罐等器形，盘口壶器形和前一阶段差别不大。

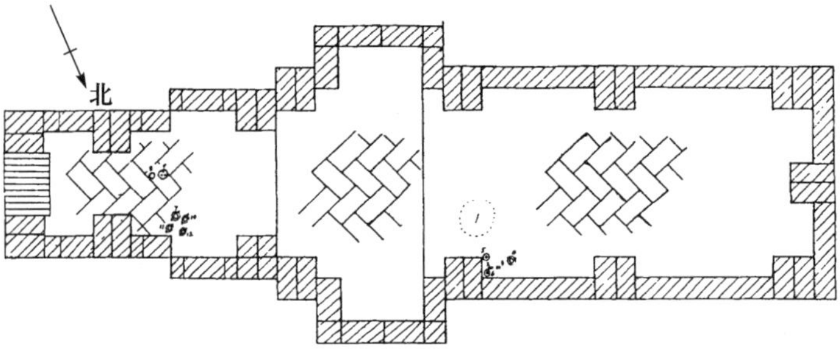


图 4-35　晋江霞福南齐墓平面图

采自福建省泉州市文管办、福建省晋江市博物馆：《福建晋江霞福南朝纪年墓》，《南方文物》2000 年第 2 期，第 2 页图二

## 五、两广地区

两广地区的情况与福建沿海地区相近，也无法开展详细的墓葬等级分类。按墓葬形制、随葬品的特征，可分为以下四期。

第一期，东吴至西晋中期。墓葬形制主要流行以下几种：一是前室带耳室，或前后室之间有过道的双室墓；规模较大，一般长度在 7 米以上，如广州沙河顶西晋墓。二是外框为长方形的双室墓，部分墓内有简单砖柱间隔墓室，如韶关市郊 M10。三是凸字形墓，长度通常在 5 米左右，墓内无砖柱，如钟山西门岭墓。四是券顶长方形墓，长度通常在 2～4 米，如乳源虎头岭 M2。随葬陶瓷器主要有罐、碗、夹砂陶釜，看不出明显的器物组合；罐有折腹罐、溜肩罐等器形，碗以敛口为主。

第二期，西晋晚期—东晋中期。墓葬形制相较前期无明显变化，纪年墓广州狮子岗建兴四年（316 年）墓，墓葬形制为前室带耳室的双室墓。随葬陶瓷器主要有罐、碗、耳杯盘、多子槅、带盖盂、大口斜直壁的碗、牛车、仪仗俑、仓、犁田模型等；罐、盘、碗、唾壶，构成基本的器物组合。规模较大的墓葬，还会增加砚台、水注等文房用品，或者增加牛车仪仗俑等模型明器。罐有圆肩罐、直筒罐、扁腹罐等器形；圆肩罐下腹较长且略外撇，器例有鹤山雅窑 M3：5、M3：10，和平龙子山 HLM2：24、HLM2：30 等。

第三期，东晋晚期—刘宋。墓葬形制主要流行以下几种：一是前后室之间无过道的双室墓，通长多在 5 米左右，有的在墓壁设置有砖柱，典型墓例有广州东山（现属越秀区）梅花村 M9、广州先烈南路 M11 等。二是外框为长方形的双室墓，砖柱结构发达，如广州塘望岗 M3。三是凸字形墓，墓壁有砖柱，如梅县区梅畲 M2。四是券顶长方形墓，如兴安界首泰（太）元四年（379 年）墓。有些较大型的墓葬，已在墓壁设置有直棂假窗，如梅县区梅程 M2；不少墓葬在墓葬地面与棺床之间砌出若干级台阶，如肇庆牛岗墓。随葬陶瓷器有罐、鸡首壶、碗、盘、多子槅、鼎盘等，罐、碗、鸡首壶构成基本组合；罐主要有溜肩罐、圆肩罐等器形，均下腹较长且外撇；鸡首壶器形较高，器柄高于盘口，附有桥形纽。

第四期，南齐、萧梁时期。墓葬形制方面，沿用前一阶段的双室墓、凸字形墓、长方形墓；长方形墓流行一端或两端墓壁外延的形式，如始兴纸厂墓；新出现叠涩顶长方形墓，长度一般小于 2 米，如英德 E.H.-M8。墓葬中仍有设置砖柱的现象，但已不如前期规整；墓葬地面与棺床之间修砌台阶的做法已较为常见。随葬陶瓷器有罐、鸡首壶、碗、唾壶、盘等；罐、碗、盘构成基本组合，有的墓葬中还会增加砚台等物品。罐主要有溜肩罐、圆肩罐等器形，下腹外撇更加明显；鸡首壶造型瘦高，器柄远高于盘口，下腹部亦明显外撇；唾壶，多见长颈、扁锥形腹，高圈足。

## 六、西南地区

采用“西南地区”这样一个范围广大的地理概念，是因材料不充分而做出的“权宜之计”。实际上，西南地区还可细分为川北、古南中、三峡三个区域，但前两个区域内已公布的资料较少，尚不能展开详细的分期讨论。

川北六朝墓葬集中发现于成都至广元一线，砖室墓之外，绵阳至广元间还集中发现一定数量的崖墓[①]。蜀汉、西晋墓葬保留不少汉墓的特征，例如画像石、画像砖墓仍装饰门吏、怪兽、神话故事、车马出行等图像；崖墓形制变化不大，但规模有所缩小，壁面装饰也变得简化。随葬品以陶器为主，出现少量长江中游特征的麻布纹青瓷器。已公布的东晋墓葬资料，集中分布于绵阳、广元两地，墓葬形制仍以崖墓为主，瓷器特征仍近长江中游。南朝墓葬状况基本同于东晋墓葬，但开始随葬不少具有地域特征的瓷器，或为本地产品，这和长江上游地区瓷业发展状况相吻合（详见本书第五章第一节）。川北的秦岭与大巴山之间的汉水上游，南朝墓葬的文化因素构成比较复杂。以汉中崔家营墓为例，其墓葬形制为四壁内弧的前后室，极少见于同时代的其他地区；墓砖多装饰叶脉、莲花、忍冬、武士等花纹，与长江下游地区墓砖相似。随葬品可细分为三类：一是来自南方地区的青瓷碗、盘口壶；二是常见于北方墓葬的蹲坐状镇墓兽、角形器等；三是本地特色的武士、文吏、侍女陶俑。

---

① 据笔者所知，成都地区近年来发掘的汉、六朝崖墓数量亦相当可观，但资料大多尚未公布。

古南中地区发现墓葬的主要地点有川滇交界的西昌、昭通、楚雄和大理、保山，以及贵州北部的习水、中部的清镇和平坝等。这一地区的蜀汉西晋墓葬，保留了不少汉墓的特征，地表可见高大封土，形制有崖墓，以及砖砌、石砌或砖石混砌等形式的墓葬。相关考古发现有：安宁河东侧台地上分布的成片汉晋封土墓群[①]；贵州习水县发现的崖墓五座，崖墓旁有蜀汉章武三年（223年）题记[②]。明确的东晋墓葬发现数量较少，昭通发现的东晋太元年间的霍承嗣墓[③]，是迄今所知唯一一座东晋彩绘壁画墓（图4-36）。该墓形制为单室石砌墓，墓顶浮雕直径28厘米的莲花。墓室四壁以石灰涂抹，石灰之上以墨、朱、黄、赭、白等色彩绘壁画。其壁画展现出了文化上的复杂性。一方面，墓主坐像、四神、龙虎等题材与中原、南方地区存在一定的联系；另一方面，壁画绘少数民族部曲，画风极其粗朴，代表了地方文化特色。壁画中还有一处特殊现象，若以墓主像为中心观察，青龙、白虎的方位是颠倒的；甚至二者的墨书题记，也写成有悖常识的"右青龙""左帛虎"。有学者根据墓主像题记中的"魂来归墓"推测该墓施行的是"招魂葬"，青龙、白虎的方位系有意设计，以体现招魂葬与正常埋葬的区别[④]。可备为一说。贵州平坝马场M35、M38，随葬有青瓷四系或六系壶、大平底碗，是目前所知古南中地区最早的青瓷器[⑤]。明确的南朝墓葬，主要见于贵州清镇、平坝。墓葬多用石块砌成，形状狭长。随葬瓷器质量较高，浮雕莲瓣纹罐和刻画莲花纹长腹罐的精致程度，甚至超过了两广地区。墓内还随葬大量金属质地装饰品，应为墓主入葬时随身佩戴；金属器皿的数量和种类也较为丰富，多数应是本地产品。

图4-36　东晋霍承嗣墓北、东、西壁壁画摹本

采自李梅田：《葬之以礼——魏晋南北朝丧葬礼俗与文化变迁》，上海古籍出版社，2021年，第129页图4.3

① 凉山州博物馆主编，刘海林、潘用良编著：《丝路汉痕——凉山汉晋砖集粹》，巴蜀书社，2009年，第2页。
② 《贵州通史》编辑部：《贵州通史简编》，当代中国出版社，2005年，第26页。
③ 云南省文物工作队：《云南省昭通后海子东晋壁画墓清理简报》，《文物》1963年第12期。
④ 李梅田、李童：《魂归于墓：中古招魂葬略论》，《江汉考古》2019年第4期。
⑤ 贵州省博物馆考古组：《贵州平坝马场东晋南朝墓发掘简报》，《考古》1973年第6期。

三峡地区的六朝墓葬，发现有砖室墓、崖墓、石室墓、砖室混筑墓、土坑墓、土洞墓等不同种类。按照墓室平面结构和随葬品，可分为以下三期。

第一期，六朝早期至东晋中期前后。墓葬形制主要有以下三种：一是双室墓，前、后室宽度相差不大，长度一般 7～8 米，如忠县涂井崖墓 M5（图 4-37）。二是凸字形墓，墓室长方形，多用小砖砌出券顶弧线，墓室长 3～8 米，如秭归蟒蛇寨 M25。三是凸字形墓，墓室近方形，多用榫砖砌成曲折券顶，如忠县涂井 M2。随葬陶瓷器主要有罐、盘口壶、碗，还有各类陶质模型明器、动物俑、人物俑，随葬铜器的数量亦不少。罐的器形有卵形罐（深腹）、矮腹罐，多附四系或六系，施米黄釉、褐釉或青釉，常见釉层脱落现象。盘口壶造型矮胖，腹部圆鼓。

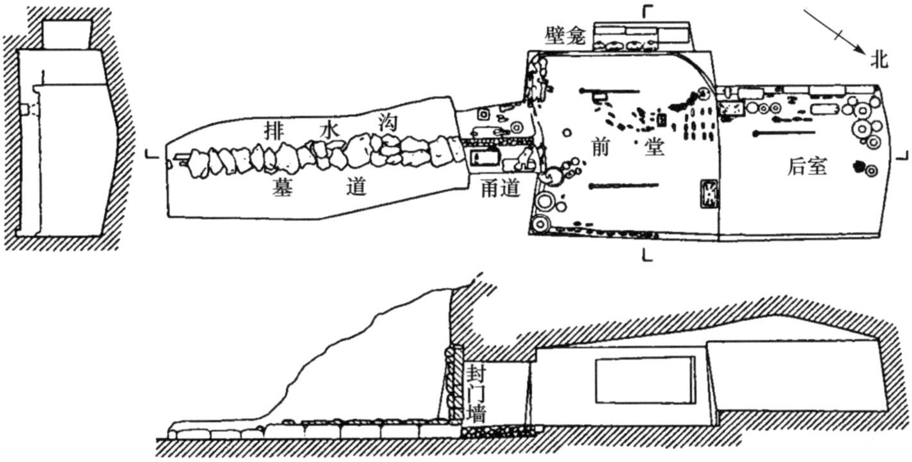


图 4-37 忠县崖墓 M5 平、剖面图
采自中国社会科学院考古研究所：《中国考古学・三国两晋南北朝卷》，中国社会科学出版社，2018 年，第 169 页图 3-12

第二期，东晋中期至南朝早期。本地区所有墓葬形制在这一阶段基本均能见到，包括双室墓、凸字形墓（长方形墓室）、凸字形墓（方形墓室）、刀形墓（长方形墓室）、刀形墓（方形墓室）、倒凸字形墓、长方形墓等。随葬陶瓷器主要有罐、盘口壶、鸡首壶、唾壶、碗等，瓷器的数量明显超过陶器。罐多为侈口、溜肩，附四系，器表施釉特征和前一阶段相似。盘口壶腹部变长，新出现肩部丰鼓、下腹内收和颈部较细的两种器型；唾壶腹部下垂明显。

第三期，南朝中后期。墓葬形制种类明显减少，较常见的只有两种：一是墓室近方形的刀形墓，如忠县大坟坝 M2；二是倒凸字形，如丰都汇南 M27。随葬陶瓷器主要有罐、盘口壶、碗等。罐仍为侈口，下腹较第二期明显加长，四系多为桥形，器表多施青釉；盘口壶上腹圆鼓，下腹瘦长；唾壶腹部近扁锥形，两端微微翘起。

## 思 考 题

1. 何谓“晋制”？
2. 总结洛阳地区北魏墓葬的主要特征。
3. 对比长江下游地区东晋墓葬和南朝墓葬的异同。

## 延 伸 阅 读

杨泓：《三国考古的新发现——读朱然墓简报札记》，《文物》1986年第3期。
韦正：《六朝墓葬的考古学研究》，北京大学出版社，2011年。
郑岩：《魏晋南北朝壁画墓研究（增订版）》，文物出版社，2016年。
李梅田：《葬之以礼——魏晋南北朝丧葬礼俗与文化变迁》，上海古籍出版社，2021年。

# 第五章　魏晋南北朝手工业

古代手工业的考古学研究，主要包括手工业生产遗迹研究和手工业产品研究两个方面[1]。魏晋南北朝时期的各手工业门类中，陶瓷烧造业生产遗迹——窑址的考古资料已有一定程度积累，手工业产品——各类陶瓷器的发现非常丰富，是手工业考古研究的重点。铜器冶铸业、铜镜铸造业、漆器制造业的产品有较为丰富的发现，其中也蕴含着工艺技术、产品产地的相关线索，故也具备开展研究的基础条件。上述门类是本章的重点叙述对象。此外，铁器工业、玉器加工业、纺织业等，材料积累、研究成果尚不充分，本章仅做简要介绍。

## 第一节　陶瓷烧造业

魏晋南北朝时期，南方和北方瓷器手工业的发展状况差异显著。南方地区制瓷业发展迅速，以青瓷为主的产品经久不衰，并为唐代诸多名窑的兴盛拉开了序幕。北方地区瓷器手工业起步较晚，除了在南方瓷业影响下生产青瓷外，还烧造有黑瓷、白瓷。此外，瓷器的发展不代表陶器（含釉陶）生产停滞。陶质日用器、明器、俑、砖瓦等，仍是这一时期遗址、墓葬中常见的出土遗物，专门烧造陶器的窑址也有所发现。

### 一、南方地区瓷业

六朝时期，南方地区制瓷业在继承东汉瓷器工艺基础之上，获得了迅猛发展。属于这一时期的瓷窑有较多发现，墓葬、遗址出土瓷器数量亦较为丰富。在自然条件、技术传统等因素的影响下，各地瓷窑产品有较为显著的地方特征，由此可大致划分出长江下游、长江中游、江西、闽粤桂、四川地区等不同区域。

#### （一）长江下游地区

**1. 窑址考古发现**

长江下游地区窑场数量众多，集中分布于浙江北部、中部和东南部的广大区域，现所知的主要有越窑、德清窑、瓯窑、婺州窑、均山窑等。

---

① 白云翔：《手工业考古论要》，《东方考古》第9集，科学出版社，2012年。

“越窑”一词，最初是唐宋时期以上林湖一带为中心的窑址群的总称，因地处越州而得名。考虑上虞东汉、六朝窑场和后来唐宋时期越窑在工艺、产品上的关联性，可将这些窑场也纳入“越窑”范畴之中，也有学者因此提出“早期越窑”的概念。早期越窑的分布范围，以上虞曹娥江流域为中心，后逐渐扩展至绍兴、余姚、鄞州、宁波、奉化、临海、萧山、余杭、湖州等地，是我国最先形成的窑场众多、分布地域广、产品风格一致的瓷窑体系①。上虞境内经普查确认的三国至西晋窑址有130余处②，以鞍山（图5-1）、尼姑婆山③等地发现为代表。

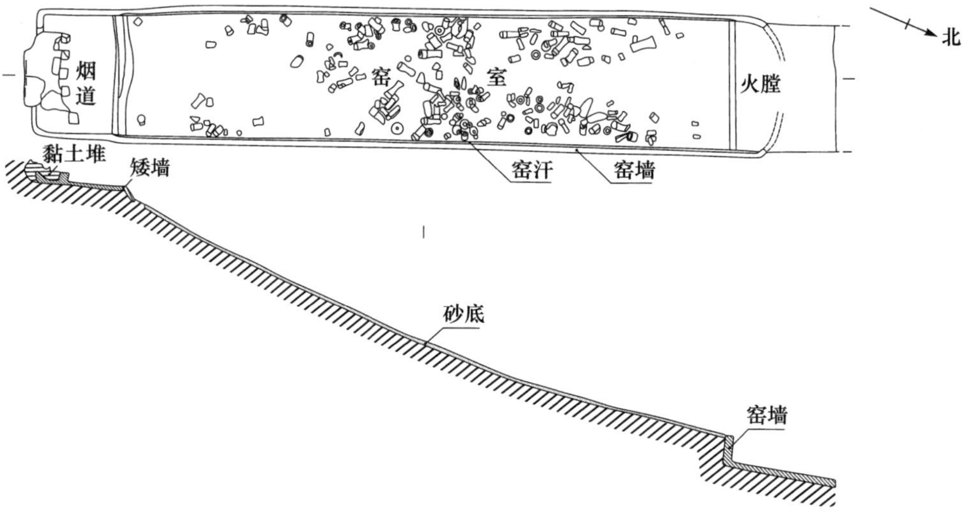


图5-1　浙江上虞鞍山三国龙窑平、剖面图

采自中国社会科学院考古研究所：《中国考古学·三国两晋南北朝卷》，中国社会科学出版社，2018年，第300页图6-4

上虞地区东晋、南朝窑址发现较少，与之相对应的是同时段慈溪地区窑址数量有所上升，表明越窑生产中心开始向浙江东部转移，为隋唐时期上林湖地区越窑的繁荣奠定了基础④。

依据窑址资料，可大致概括越窑产品具有以下共性：胎质不甚紧密，呈淡灰色，表面多有肉眼可见的细小气孔；釉层较厚，釉色较深，有较强的“滋润感”；装饰题材多样。越窑窑场产品，经曹娥江航运至杭州湾，向西可达山阴（今浙江绍兴），或经运河抵京口（今江苏镇江）、建业等大都市⑤。江东孙吴西晋墓葬出土青瓷器有些带有标记产地的铭文，是说明越窑产品流向的重要资料。铭文多见于堆塑罐（魂瓶）龟趺碑装

① 中国硅酸盐学会编：《中国陶瓷史》，文物出版社，1982年，第137页。

② 高宝萍：《浙江上虞早期越窑窑址概述》，《南方文物》2018年第2期。

③ 郑嘉励、张盈：《三国西晋时期越窑青瓷的生产工艺及相关问题——以上虞尼姑婆山窑址为例》，《东方博物》第三十五辑，浙江大学出版社，2010年。

④ 吴双、李明轩：《上虞地区早期越窑窑场空间分布初探》，《文物春秋》2022年第2期。

⑤ 中国硅酸盐学会编：《中国陶瓷史》，文物出版社，1982年，第139页。

饰之上，所记产地多为“会稽”“始宁”“会稽上虞”等，这和现今发现越窑窑址分布的中心范围相吻合。此外，越窑产品还向外运输至中原、北方地区。

德清窑，是一处创烧于东汉晚期，持续至隋唐时期，主要分布于东苕溪中下游地区的德清、余杭、湖州南部等地的青瓷、黑瓷同窑合烧的窑场①。三国时期，德清窑窑址主要分布于黄角山、长山西坡，产品均为黑釉，玻璃质感较强，器形有直口短颈罐、双唇罐、罍、碗等，罐、罍通体拍印重圈太阳纹、钱纹等。西晋时期，窑址数量仍较少。但产品质量明显提高，基本不再出现生烧和剥釉现象，胎色灰白，釉色青翠。器形有盘口壶、碗、洗、罐等。东晋南朝时期，德清窑进入鼎盛期，已发现该时期窑址十余处，主要分布于德清城关、余杭良渚一带。产品有青釉、黑釉两种，已知的窑址均为两种合烧。青釉瓷胎以紫红色、灰黑色、青灰色为主，极少数为灰白色；黑釉瓷胎均为灰黑色，多使用化妆土，釉层较厚，釉色黑如墨、器表光洁。器形主要有碗、盘口壶、鸡首壶、罐、灯、熏、砚、虎子、洗、盆等。

瓯窑，主要分布于浙江温州、永嘉、瑞安一带的瓯江流域，约在东汉晚期开始烧造成熟瓷器。其产品特征是胎色较白，釉色淡青，透明度较高。西晋潘岳《笙赋》“倾缥瓷以酌酃”中的“缥瓷”或就是指这类瓷器②。三国西晋时期，瓯窑青瓷种类、造型和越窑产品相近，均有罐、碗、钵、洗、壶、盘等，但是其胎、釉品质皆不如后者。东晋时期，瓯窑制瓷技术有所进步，胎质细腻，胎釉结合牢固，釉色多呈青绿色；同时还发展出自身独特的造型风格，例如牛形灯、虎形灯座、点彩飞鸟碗、雌雄成对鸡首壶等。产品装饰特征鲜明，尤以东晋至南朝早期瓷器普遍流行的褐色点彩为代表。南朝时期，胎、釉质量较东晋有所下降，但却出现了新的器物造型，如竹节颈盘口壶、莲花纹盖罐、瓜形盖罐等。

婺州窑，分布于浙江金华、武义、兰溪、义乌一带的武义江等河畔，也是在东汉晚期开始烧造成熟瓷器。三国时期的婺州窑青瓷品质较差，釉面开裂处往往有结晶体析出。西晋时期，婺州窑瓷工专用红色黏土作坯料，并创造性地使用白色化妆土掩盖胎色。在胎外化妆土的衬托下，瓷器釉色滋润柔和，在青灰或青黄中泛有褐色。三国、西晋时期，婺州窑产品除生活用具外，还有猪圈、鸡笼、鐎斗、堆塑罐、谷仓等明器。东晋以后，转为以生产罐、壶、碗、碟、水盂、鸡首壶等日用器皿，明器已基本不见。三国两晋时期，婺州窑瓷器造型具有不少地方特色。例如武义县桐琴果园三国墓出土五联罐，上部的塑罐塑造成高鼻、圆眼的男性头像；大约属同一时期的水盂、双系小罐，多在底部有三个圆柱形矮足；这些均是不见于其他地区的器物造型。东晋、南朝瓷器的特色依然鲜明，例如腹部瘦长的盘口壶和腹部近椭圆状的鸡首壶等。此外，刘宋元嘉年间出现的颈部堆贴龙纹的盘口壶，已颇具唐宋龙纹瓶的意匠。

---

① 郑建明：《德清窑略论》，《文物》2011 年第 7 期。

② 也有学者认为“缥瓷”是长江中游岳州窑产品，见李建毛：《岳州窑相关问题再议》，《中国国家博物馆馆刊》2023 年第 4 期。

均山窑，位于江苏省宜兴市丁蜀镇汤渡西南南山北麓。1959 年，南山北麓大公堂山谷至均山之间，发现多处六朝时期窑址，命名为均山窑（又称“南山窑”）。1975～1976 年，在南山北麓自西向东 1.5 千米范围内发现数量众多的窑址，属于六朝时期的有龙丫窑、大松园一号窑、大松园二号窑、六十头窑、马臀窑等。均山窑的时代大致在孙吴后期至西晋，所烧造的青瓷器种类主要有钵、碗、盏、洗、壶、罐、双唇罐、堆塑罐等，器表多装饰弦纹、网格纹、联珠纹，罐耳常见叶脉纹，肩部堆贴铺首纹。产品整体造型和纹饰与越窑风格相近，同时又具有如下特点：胎体厚重、气孔多，釉色青绿、青黄色皆有，部分器物胎釉结合较差。

**2. 墓葬、城址出土瓷器**

除上述窑址资料外，墓葬、城址内出土瓷器也能从另一个侧面反映当时的制瓷业发展情况。

三国西晋时期，是该区域出土青瓷数量、种类最为丰富的阶段，生活用具、文房用具、仓储牲畜模型、明器、俑均能见到，涵盖了六朝瓷器的大多数门类。器物造型复杂多样，主要体现在以下四个方面：① 仓储牲畜模型造型丰富，有鸡笼、猪圈、鹅圈、羊圈、牛栏等。② 容器类器物整体造型扁矮，小口径，扁鼓腹。③ 常见动物造型器物，如狮形水注、蛙形水盂、羊形尊、虎子、鸡首壶等。④ 堆塑罐，是一类基本仅流行于孙吴、西晋时期的明器，罐口以上塑造亭台楼阁、胡人、飞鸟、佛像、神兽等，有的在底层门楼塑出龟趺碑；罐身装饰仙人、武士、瑞兽、佛像、鱼、蟹、铺首衔环等图像。上述各类青瓷，釉层均较厚，釉色呈青绿色，胎釉结合牢固。器物装饰也较为多样，以由斜方格纹、弦纹和联珠纹组成的纹饰带为主，模印、堆塑技法也较为常见，个别器物口沿部位采用褐色点彩装饰。南京地区的长岗村 5 号墓以及大行宫、皇册家园考古工地，还出土有使用釉下彩装饰的瓷器（图 5-2）。

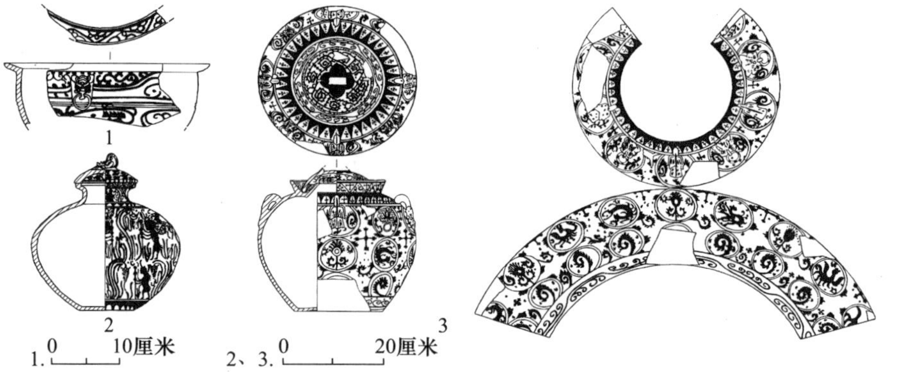


图 5-2　江苏南京东吴、东晋遗迹出土釉下彩瓷器

1. 大行宫出土盆（02NXDT612H706：71） 2. 长岗村 M5 出土盘口壶（M5：1） 3. 皇册家园出土双唇罐（04NQHT04 ⑦ B：30）

采自中国社会科学院考古研究所：《中国考古学·三国两晋南北朝卷》，中国社会科学出版社，2018 年，第 299 页图 6-3

东晋时期，长江下游地区瓷器面貌变化显著，青瓷出土数量、种类均远不如孙吴西晋时期。本阶段常见器物不过十余种，主要有盘口壶、罐、盘、耳杯、多子槅、唾壶、薰等。青瓷造型较为单一，动物造型少见；装饰技法简单，以弦纹、褐色点彩为主。各类瓷器釉层普遍较薄，釉色绿中泛黄。以上特征，体现了东晋瓷业较为衰落的状态。

南朝时期瓷器的种类较东晋时期无太大变化，但多数器物的形态趋向修长（唾壶除外），曲线优美柔和。器物装饰方面，初期沿用弦纹等纹饰，南齐之后莲瓣纹逐渐流行，刻划于碗、盏、盘等器物内、外壁。南朝瓷器在施釉方面延续了东晋釉层偏薄、偏黄的特点，但也可见釉色翠绿者。

## （二）长江中游地区

### 1. 窑址考古发现

长江中游地区的窑址，集中分布在今湖南省岳阳市湘阴县境内，故古陶瓷学界有“湘阴窑”之概念。同时，“湘阴窑”“岳州窑”“长沙窑”关系密切[①]。岳州窑、长沙窑窑址，主要分布在自湘阴县城起，经青竹寺窑、铁角嘴窑，至望城区铜官石门矶窑的湘江两岸70千米范围内（图5-3）。其中，岳州窑早期阶段，即称为湘阴窑的窑址，现可粗略地分为两个时期[②]。

东汉、三国时期。属于这一时期的窑址有青竹寺窑、河岭上窑、巷子口窑等。其中，青竹寺窑最为知名的是出土器物残片有“汉安二年”（143年）铭文。该残片本身是印纹硬陶，但却可以佐证共出于第3层的大量青瓷残片属东汉中晚期。由此

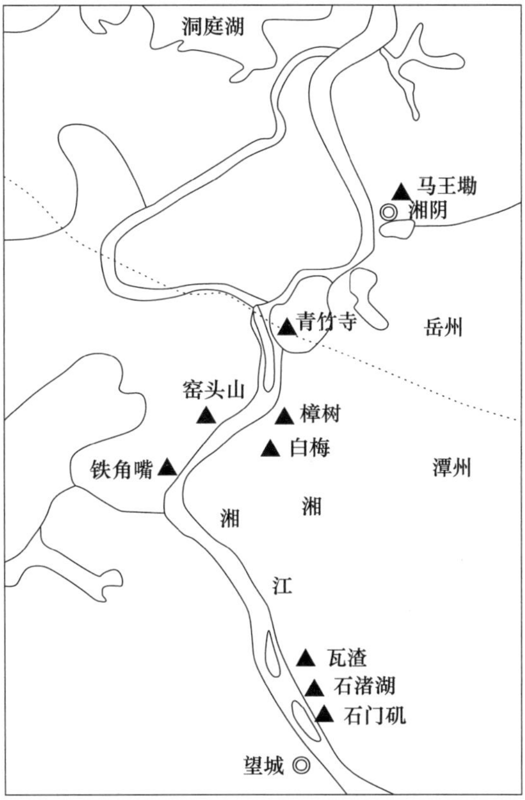


图5-3　岳州窑、长沙窑窑址分布图
采自李梅田：《岳州瓷与岳州窑研究》，《故宫博物院院刊》2019年第9期，第66页图一

① 周世荣最早注意到这一点，指出湘阴窑是岳州窑发展的早期阶段，长沙窑则是岳州窑在盛唐之后的继续发展。李梅田进一步总结，岳州窑经历了前后两个不同的发展阶段：东汉至唐初，以生产青瓷器皿和丧葬类瓷俑为主，窑址主要在今湘阴境内，即学界所称湘阴窑；中晚唐、五代时期，吸收北方唐三彩工艺走向创新发展，以生产高温釉上彩绘青瓷为主，产品主要是日用饮食器皿，窑场在今长沙市铜官镇石渚湖一带，即学界所称长沙窑（铜官窑或石渚窑）。详见周世荣：《岳州窑源流初探》，《江汉考古》1986年第1期；李梅田：《岳州瓷与岳州窑研究》，《故宫博物院院刊》2019年第9期。

② 湘阴窑、岳州窑的分期有多种方案，本书主要参考李建毛：《岳州窑相关问题再议》，《中国国家博物馆馆刊》2023年第4期，并做局部调整。

可证明，长江中游地区烧造成熟瓷器的年代不晚于长江下游地区。这一时期瓷业技术与印纹硬陶有着明显的承袭关系，瓷器器形也和印纹硬陶多有相似之处。这一时期的产品，以青绿釉为主，另有青黄釉、酱黑釉；器类有罐、碗、壶、洗、盆等，器表常见印花和篦划的方格纹、波浪纹、连弧纹等。

两晋至初唐时期。马王墈窑址发现南朝至隋代龙窑 2 座，是这一时期最具代表性的窑址。隋代龙窑窑身叠压于东晋至南朝的窑渣堆积之上，堆积中的部分匣钵内粘附东晋器物，由此可以说明，湘阴窑在东晋时期既已使用匣钵，这是窑业技术上的一项重大创新；此外，马王墈窑址还出土“官”字款匣钵和瓷片，据此确定该窑烧制过专供宫廷和官府使用的器物①。这一时期湘阴窑产品具有以下特点：一是胎釉结合程度不稳定，不同器物的质量差别较大。这可能既反映了烧造具体时间上的差异，或也反映出不同窑场技术水平参差不齐。二是在器类方面，除生活用具外，出现多种陪葬明器，尤其是各种造型的俑类最为常见。三是在装饰上，多见印花、贴塑和点彩工艺，独创器心“方块露底”的装饰方法（图 5-4）；流行莲瓣纹样，碗类仅在外壁勾勒莲瓣轮廓，烛台底座、盖罐、莲花尊则以高浮雕的形式表现莲瓣②。

图 5-4　岳州窑的露底现象

采自李梅田：《岳州瓷与岳州窑研究》，《故宫博物院院刊》2019 年第 9 期，第 68 页图二

### 2. 墓葬出土瓷器

长江中游出土瓷器的六朝墓葬数量较多，集中分布在今天的鄂州、武汉、长沙等地区。《鄂城六朝墓》总结孙吴前期墓葬出土青瓷只有碗、盏、罐、虎子等少数几类；孙吴中晚期墓葬出土器类丰富，既有盘口壶、唾壶、耳杯、砚、多子槅、羊形插座、虎形烛台等生活用具，也有院落、房舍、仓、灶、井、案、磨、碓、猪、狗、鸡、牛、猪圈、马、俑、镇墓兽等。据发掘报告分析，鄂州出土六朝青瓷大部分产自长江中游及江西地区窑址，最大可能是江西九江寻阳城窑址、湖南湘阴窑和江西丰城窑（即洪

① 刘永池：《浅谈湘阴窑》，《中国古陶瓷研究》第九辑，紫禁城出版社，2003 年，第 22、23 页。

② 李梅田：《岳州瓷与岳州窑研究》，《故宫博物院院刊》2019 年第 9 期。

州窑——编者注）；此外，还有约 10% 的青瓷可能为越窑产品[①]。

武汉地区青瓷器集中出土于南朝墓葬，例如武汉江夏龙泉南朝墓出土盘口壶、五管烛台、碗盏等青瓷器，基本可以确定产自湘阴窑。最能代表长江中游瓷业水平的是 6 件青瓷莲花尊，分别出自于何家大塆 M193、钵盂山 M392（2 件）、关山 M335、钵盂山 M335、何家垅南朝墓等几座南朝墓。这几件青瓷莲花尊能够排出一个发展序列，说明长江中游应该是此类器物的生产地；此外，南京灵山大墓出土的青瓷莲花尊也可置于这个发展序列之中，由此可见长江中游瓷业水平或已“反超”下游。

长沙地区西晋墓出土青瓷器，以一批形式多样的俑为代表，包括骑马俑、对书俑、鼓吹俑、庖厨俑、劳作俑等；很多俑为头戴尖帽、高鼻深目的胡人形象，部分还表现与佛教有关的“白毫相”。镇墓兽数量不多，但特征鲜明，尤其是穿山甲形镇墓兽，明显受鄂州文化因素影响。

### （三）江西地区

#### 1. 窑址考古发现

目前发现的江西地区六朝窑址可以洪州窑为代表（图 5-5）。洪州窑窑址分布在江西省丰城市赣江沿岸的丘陵地带，主要位于今曲江镇、同田乡、尚庄街道、河洲街道、石滩镇等行政村镇内，现已知窑址共 31 处。综合各窑址发掘资料，将洪州窑的发展分为八个阶段，其中第一至四阶段属东汉、六朝时期，第五阶段属隋代，第六、七、八阶段为唐早期至五代南唐时期。现将第一至四阶段的主要情况介绍如下[②]。

第一阶段，为港塘清丰河窑址第一期，年代为东汉晚期至东吴时期。产品有硬陶和瓷器两种。瓷器器类主要有双唇罐、罐、壶、钵、盅等。胎质较粗，呈黑灰或深灰色；釉色多样，有黑泛青、青黑、黄黑等，色调普遍较深，釉层不均匀。装饰技法简单，主要有拍印花、划花两种，基本承袭了本地区原始瓷、印纹硬陶的装饰工艺。窑具以筒形支座为主，呈束腰状或上细下粗状。

第二阶段，为港塘清丰河窑址第二期和龙凤乌龟山窑址第一期，年代为西晋至东晋早期。产品中罐的类型减少，钵、碗、盘、盏、杯等饮食器流行，还出现砚台。胎质细腻，以灰色、浅灰色为主，少量呈深灰色；釉色以青色和青泛黄色为主，釉面光洁，釉层均匀。装饰技法除沿袭前一阶段拍印花、划花外，出现贴花和褐色点彩。贴花技法仅见铺首纹一种。褐色点彩较为流行，主要装饰于器物口沿、器盖；褐色点彩的运用，是洪州窑装饰工艺的一大突破。窑具除支座外，流行间隔具。间隔具有环形、环形三足、圆形锯齿等形状。

---

① 南京大学历史系考古专业、湖北省文物考古研究所、鄂州市博物馆：《鄂城六朝墓》，科学出版社，2007 年，第 330～332 页。

② 北京大学中国考古学研究中心、江西省文物考古研究院、江西省丰城市博物馆：《丰城洪州窑址》，文物出版社，2018 年。

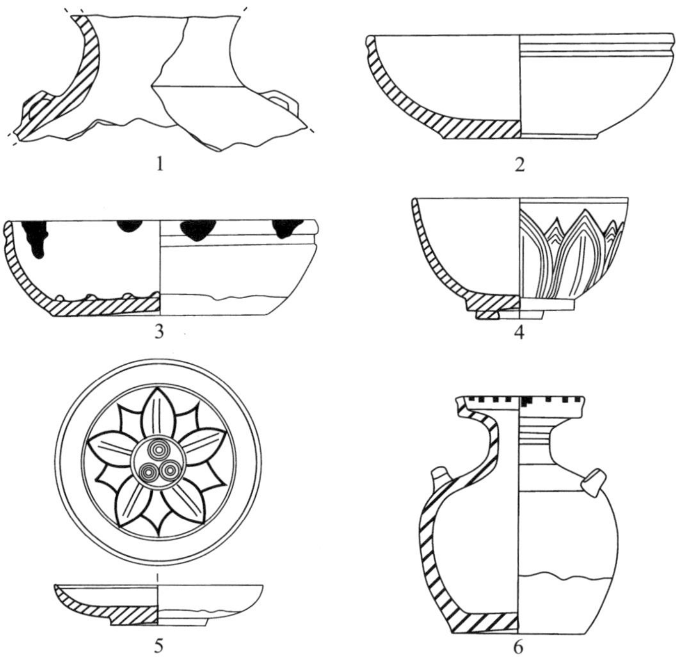


图 5-5　洪州窑瓷器

1. 壶（港塘清丰河窑址 T2 ②：8） 2、3. 钵（港塘清丰河窑址 T2 ②：19、龙凤乌龟山窑址 T2 ④：26）
4. 莲瓣纹碗（龙凤乌龟山窑址 T2 ③：241） 5. 莲花纹盘（龙凤乌龟山窑址 T3 ②：10）
6. 盘口壶（龙凤乌龟山窑址 T2 ③：305）
采自北京大学中国考古学研究中心等：《丰城洪州窑址》，文物出版社，2018 年，第 9、16、19、24、30 页，图五、图九、图一一、图一四、图一七

第三阶段，为龙凤乌龟山窑址第二期和龙凤李子岗窑址、罗湖寺前山窑址第一期，年代为东晋中晚期至南朝早期。产品器类以盏、钵、碗、盅、盘等日用饮食器为主，另有少量瓮、罐、盘口壶等盛储器。胎、釉特征基本接近前一阶段，同时由于开始使用匣钵装烧，釉面光净、晶莹，釉层均匀。装饰工艺发生较大变化，拍印花、贴花基本不见，划花、褐色点彩技法继续流行，新出现刻剔花技法，形成了以划花、刻剔花技法做出莲瓣纹、褐色点彩为主体的新装饰风格。窑具除支座、间隔具外，还创造发明了匣钵。但是，匣钵形制还在探索中，匣钵装烧法的使用也不普遍。

第四阶段，为龙凤乌龟山窑址第三、四期和龙凤李子岗窑址、罗湖寺前山窑址第二期，年代为南朝中晚期。器类基本是对前一阶段的延续，但器形更为丰富，新出现莲瓣纹碗、高足盘、高足杯等。胎、釉特征类似第二、三阶段。褐色点彩使用范围缩小，主要是密集、规整地装饰于盘口壶、钵的口沿；划花、刻剔花技法纹饰有菊瓣纹、莲瓣纹和莲花纹。窑具有间隔具、匣钵，支座基本不见，装烧工艺继承前一阶段的主要特点并趋于成熟。

## 2. 墓葬出土瓷器

江西地区六朝墓葬出土瓷器，可分为孙吴早期、孙吴后期至西晋、东晋至南朝早期、南朝中后期等四个阶段进行介绍。

孙吴早期墓葬出土瓷器，多保留陶器器形和纹饰特征。以南朝高荣墓为例，所出瓷器均为浅灰胎，釉色有豆青、蟹壳青两种，施釉不及底，露素胎。器类均为平底器，包括罐、钵、盅、壶等；纹饰以麻布纹、弦纹为主。

孙吴后期至西晋时期墓葬出土瓷器，以青釉瓷为主，但胎、釉结合状况较差。器类主要包括生活用具和模型明器两大类。生活用具有钵、盏、洗、盘、罐、盘口壶、鸡首壶、灯、虎子、狮形水注等；模型明器有家畜、牲棚、猪圈、仓、灶、厕、井等。器物造型特征整体与同期越窑产品接近，但也包含了不少地域特色。例如：壶、盘口壶多颈部短、腹部鼓，上下比例略显失调；瓷灯灯盏和支柱多连接在一起，与汉代陶灯相似。装饰方面，早期麻布纹、弦纹仍能见到，方格纹、联珠纹、铺首等也较为常见，部分器物口、肩部开始装饰有褐色点彩。

东晋墓葬出土瓷器，胎质细腻，多呈灰白色；釉色多青黄色，胎釉结合状况不稳定。器类明显减少，模型明器基本不见，动物形象的狮形水注、虎子等器物少见，常见的主要有钵、盏、杯、盘、唾壶、灯、薰、鸡首壶等。纹饰也比较简单，除弦纹外，褐色点彩装饰也继续使用。

南朝墓葬出土瓷器（图 5-6），胎质细腻、灰白色；釉色多青绿或青黄色，釉层较

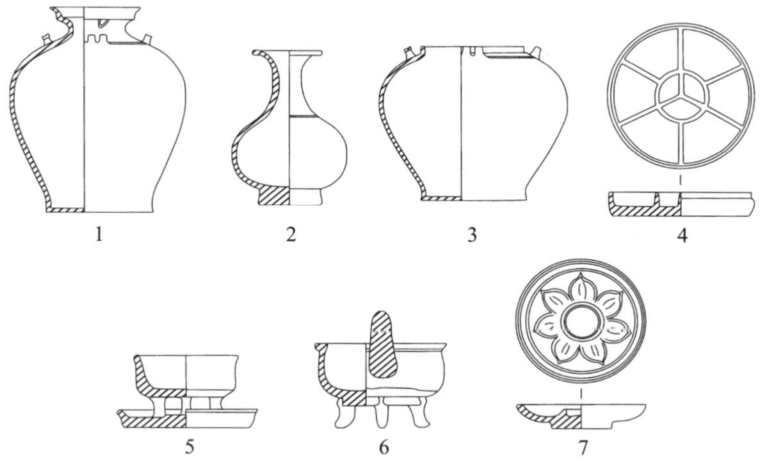


图 5-6　江西南朝墓葬出土瓷器

1. 盘口壶（赣县区白鹭刘宋墓） 2. 细颈瓶（樟树南朝墓 M4：1） 3. 四系罐（赣县白鹭宋墓） 4. 槅（樟树山前南朝墓 M12：3） 5. 带托炉（樟树山前南朝墓 M13：4） 6. 带把三足器（樟树山前南朝墓 M6：10） 7. 盘（樟树山前南朝墓 M7：3）

采自中国社会科学院考古研究所：《中国考古学 · 三国两晋南北朝卷》，中国社会科学出版社，2018 年，第 307 页图 6-8

厚。器类方面，在沿用前一阶段主要内容基础上，有两大变化：一是新器类出现，以托盏、五盅盘、细颈瓶、博山炉等为代表；二是模型明器重新出现，以瓷灶造型最为复杂。

### （四）闽粤桂地区

#### 1. 窑址考古发现

福建地区瓷窑遗址以怀安窑为代表。怀安窑，位于福州市建新镇洪塘怀安村天马岭西南山麓坡地之上，生产时间至少应从南朝延续至唐代。遗址南朝地层出土瓷器胎质疏松，呈灰色；釉色青灰或青黄，施釉多不及底。器类有盘口壶、罐、钵、豆形盘、鐎斗、砚台、博山炉等。出土窑具有支烧具和垫烧具，支烧具多为倒喇叭状，垫烧具可分为矮圈足、齿状、锥钉足三类。一件支烧具底座外壁刻有“大同三年（537 年）四月廿日造此，长男刘满新”。除怀安窑外，连江县己古窑和晋江磁灶窑的年代也可早到南朝时期。两广地区窑址也有所发现，但详细资料多未公布，例如：深圳沙田猪肉地和岗头山馒头窑，桂林市郊上窑村和藤县马鹿头岭发现两处窑址[①]。

#### 2. 墓葬出土瓷器

福建地区六朝墓葬出土瓷器较为丰富（图 5-7），可分为东吴西晋、东晋、南朝前期（刘宋）、南朝中晚期（齐—陈）四个阶段[②]。

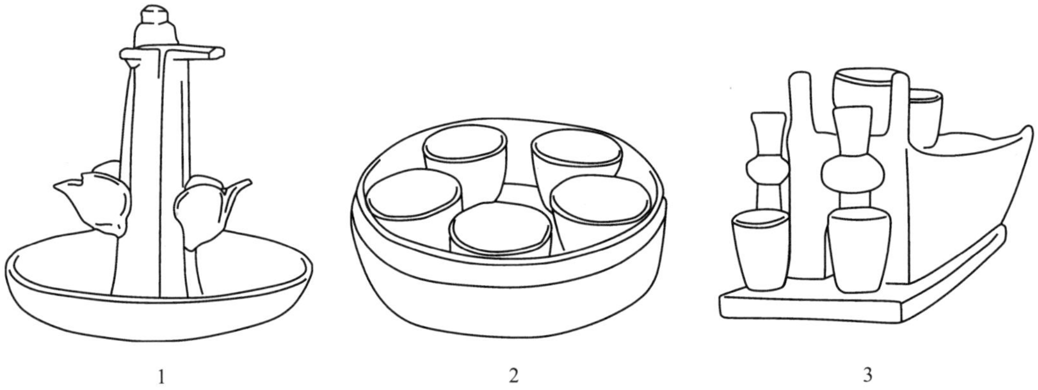


图 5-7 福建南朝墓葬出土瓷器

1. 灯台（闽侯荆山南朝墓） 2. 五盅盘（闽侯荆山南朝墓） 3. 灶（建瓯木墩梁墓）

采自中国社会科学院考古研究所：《中国考古学 · 三国两晋南北朝卷》，中国社会科学出版社，2018 年，第 309 页图 6-9

东吴西晋墓葬出土瓷器数量不多，胎质致密，呈灰白、浅灰色；釉层薄，有黄绿、青绿、灰绿等釉色；胎釉结合紧密。主要器类有钵、双系罐、唾壶、盘口壶、虎子、

---

① 覃义生：《广西出土的六朝青瓷》，《考古》1989 年第 4 期。

② 刘逸歆：《福建六朝墓葬出土青瓷研究》，《东南文化》2008 年第 3 期。

羊形或狮形水注、盘托三足炉、堆塑罐等。装饰技法主要有刻划和模印两种，器物口沿或肩腹部饰常见弦纹、铺首纹、网格纹、蕉叶纹等。

东晋墓葬出土瓷器，胎质坚硬、呈灰白色；釉层透明度提高，釉色有淡绿、深绿、灰绿和黄绿。主要器类有钵、杯、盅、盂、盘、罐、带流罐、盘口壶、直领尊、三足砚和蛙形水盂等。装饰简单，以弦纹为主，部分器物口、腹部有褐色点彩。

南朝前期墓葬出土瓷器，胎质致密坚硬，釉色有青黄、淡青、青绿等，釉面常见冰裂纹。器类与前一阶段接近，主要有细颈瓶、盏托、多足砚、盘托三足炉、鐎斗等。装饰技法有刻划、剔刻、褐色点彩等，纹饰主要有弦纹、莲瓣纹。

南朝中后期墓葬出土瓷器，釉色丰富，有青黄、淡青、青绿、灰绿等，釉层较厚，釉面有冰裂纹。出土瓷器的数量、种类明显增加，尤以熏炉、莲花灯台、五盅盘单管器、多管器、附俑灶等最具地方特色。这一时期的装饰技法主要有划花、剔刻、模印、堆塑等，最常见的纹饰为莲瓣纹，有些烛台、多管器甚至整体造型就是莲瓣形。

在福建地区内部，闽西北、闽东南出土瓷器具体特征又有所不同。大致来看，闽西北两晋瓷器与长江下游地区瓷器相似，南朝瓷器则与江西地区瓷器雷同；闽东南两晋瓷器也和长江下游地区瓷器有不少共性，南朝瓷器则具有较多的地域特色。

广东地区出土瓷器的六朝墓葬集中分布于两个地区：一是以广州为中心的珠江三角洲一带，包括广州、肇庆、四会、鹤山等；二是粤北地区，包括英德、韶关、曲江、始兴等[①]。出土瓷器胎质疏松，多呈灰白色；釉色以青绿色为主，还有青黄、酱黄、酱黑等种类；釉面多冰裂纹，出土时多严重剥落。上述胎、釉特征，在整个六朝时期未有太明显改观。两晋时期的器类有四耳罐、四耳盖罐、六耳罐、钵、杯、盘、鸡首壶、唾壶等。南朝时期大致延续上述几类，但四耳罐、六耳罐、杯等器类的数量明显增加。其中，四耳罐、鸡首壶的器形最具地域特色，且演变规律最为明确。两晋时期，四耳罐器形直口、鼓腹、平底；南朝时期，四耳罐器形下腹急内收、底部外撇，且底径多明显大于口径。鸡首壶的器形，则由两晋时期的粗颈、扁鼓腹、平底，演变为南朝时期的长颈、长椭圆形腹、底部外撇。

广西地区出土瓷器的六朝墓葬分布较为广泛，遍布桂北、桂东、桂东南等地；恭城县一座南朝墓，出土青瓷器百余件，器形有罐、盘口壶、唾壶、三足炉、盘、碗、盒、钵、盂、碟、砚、灯等，是广西地区目前所知出土青瓷器数量最多、器形最丰富的六朝墓葬[②]。广西出土瓷器胎、釉特征与广东地区瓷器基本相近，器类也大致雷同，在生活用具上多出三足盒、多足砚等（图 5-8）。最突出的特征还在于广西地区出土一定数量的青瓷俑，例如苍梧倒水南朝墓出土骑马俑，广西永福县寿城南朝墓出土持物俑、侍从俑。这些瓷俑造型简陋，具有较强的地域特色。

---

① 邓宏文：《广东六朝墓葬出土瓷器研究》，《华夏考古》2000 年第 3 期。

② 覃义生：《广西出土的六朝青瓷》，《考古》1989 年第 4 期。

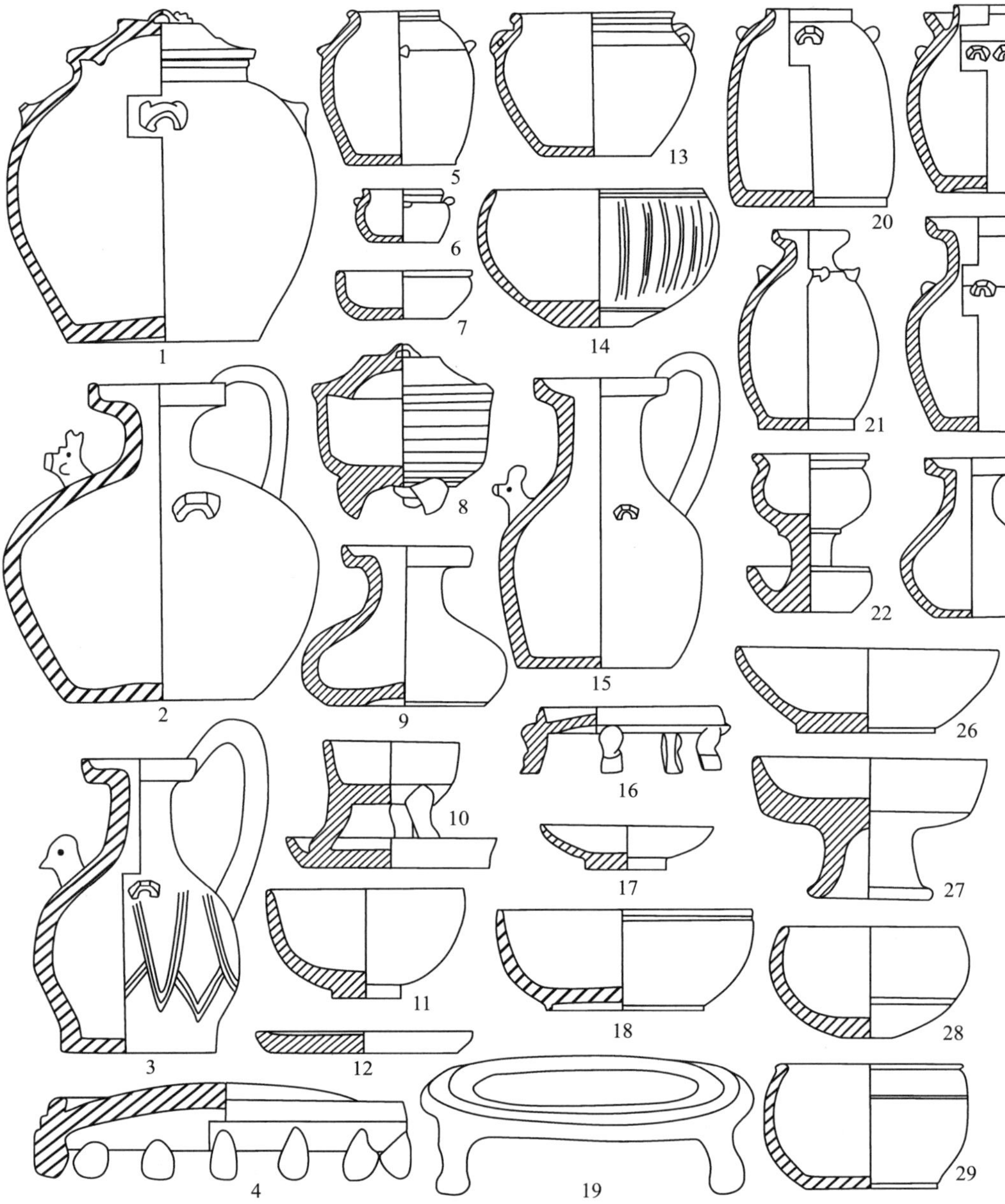

图 5-8 广西六朝墓葬出土瓷器

1、5、6、13、20、23. 罐 2、3、15. 鸡首壶 4、16、19. 砚 7、11、18、26. 碗 8. 三足盒 9、25. 唾壶 10. 炉 12、17、27. 盘 14. 盂 21、24. 盘口壶 22. 灯 28、29. 钵

（1、18. 平乐银山岭晋墓 5、6、7、19、29. 梧州晋墓 3、4. 融安南朝墓 12、17. 融安 M5 15、25. 藤县晋墓 27. 永福南朝墓 余为恭城南朝墓）

据覃义生：《广西出土的六朝青瓷》，《考古》1989 年第 4 期，第 359 页图一改绘

总体上，两广地区两晋及以前时期墓葬出土瓷器，在器形、器类上受长江中下游地区影响明显；南朝墓葬瓷器则具有比较多的地域特色。这应当是当地瓷业水平变化的一种反映。

## （五）四川地区

### 1. 窑址考古发现

四川地区窑址集中分布于以成都平原为中心的川西、川南，始烧年代确定能够早到南朝时期的以成都青羊宫窑及江油青莲九岭窑、方水窑为代表。

青羊宫窑，因窑址集中于成都青羊宫附近得名，曾被称为成都窑或蜀窑。窑址群的分布范围大致以青阳宫、省农展馆、省人民医院一带为中心，东到西较场，西达光华村，南临锦江，北临中医药大学；其烧造瓷器的历史，上限应在南北朝时期（可能更早），下限在唐末、五代之际，以隋唐时期最为繁荣①。出土南朝瓷器胎质致密，多呈灰白色，釉色以豆青色为主；器类主要有高足盘、盘口壶、罐、杯、碗等，壶、罐肩部多附有桥形方纽。

九岭窑、方水窑是江油市南部的两个窑址区②。九岭窑分布于青莲镇南侧的浅丘坡脚及平坝中，采集到的标本瓷胎呈灰白色，釉色有青釉、黄釉、黑釉、绿釉等，可辨器形有盘、碟、盏、杯、碗、多系罐、盘口壶等。方水窑区，分布在方水河西岸的浅丘一带。瓦子梁一带是标本最为丰富的采集点，瓷器标本的釉色有青釉、黄釉、褐釉、黑釉等，可辨器形有碗、钵、多系罐等。同时采集到的还有一些窑具，包括多柱状支垫和匣钵残片。采集标本的可辨器形有桥形纽的盘口壶、多系罐，饼形足的碗，以及联珠纹的钵，年代约在南朝至唐初。因此可以判断，两处窑区的始烧年代当不晚于南朝。

### 2. 墓葬出土瓷器

出土瓷器的六朝墓葬，集中分布在岷江以东地区，可分为三国至西晋、东晋、南朝早中期、南朝晚期等四个阶段（图 5-9）③。三国至西晋时期，主要器类有碗、盘口壶、鸡首壶、罐、洗、蛙形水盂等。纹饰有凹弦纹、斜方格纹、波浪纹等，部分器物表面有褐色点彩装饰。东晋时期，基本沿袭前一阶段的主要器类和纹饰，变化之处如下：一是出现黑瓷；二是部分瓷器使用了化妆土；三是开始出现莲瓣纹。南朝早中期，主要器类有碗、盘口壶、鸡首壶、罐、唾壶、盘、盏托、砚、三足炉等，纹饰主要流行弦纹和莲瓣纹。南朝晚期，器类、数量有所减少，常见器类主要有碗、盘口壶和罐等。这一阶段流行的纹饰还是弦纹、莲瓣纹，莲瓣纹出现堆塑浮雕新样式。

---

① 翁善良：《成都青羊宫窑址调查》，《景德镇陶瓷》第二辑，江西省陶瓷工业公司，1984 年。

② 黄石林：《四川江油市青莲古瓷窑址调查》，《考古》1990 年第 12 期。

③ 何志国：《四川六朝瓷器初论》，《考古》1992 年第 7 期。

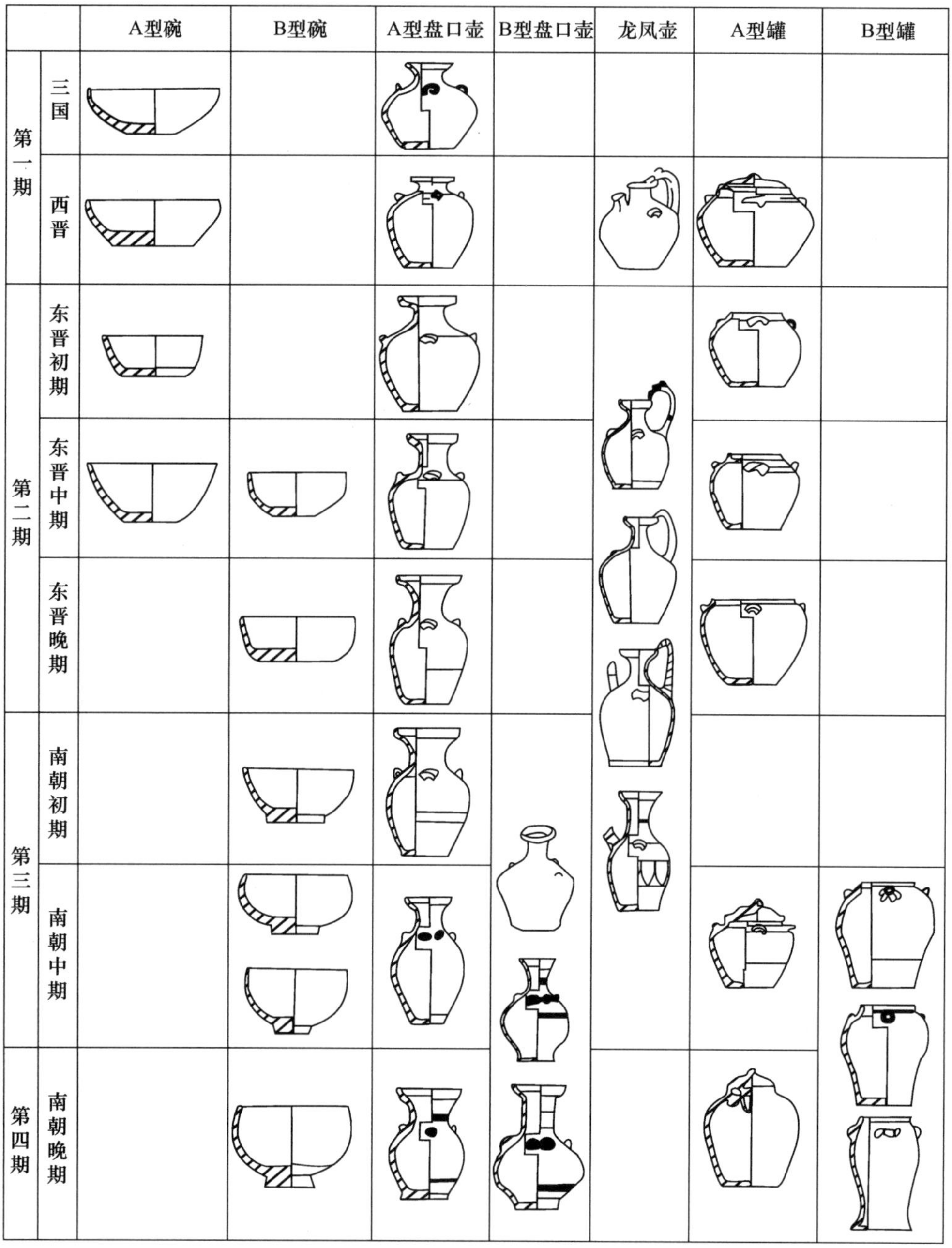


图 5-9 四川地区出土瓷器类型演变

据何志国：《四川六朝瓷器初论》，《考古》1992 年第 7 期，第 649 页图二改绘

## 二、北方地区瓷业

北方地区魏晋时期墓葬出土有一定数量的青瓷器，器类有罐、盘口壶、鸡首壶、唾壶、碗、钵、狮形水注、虎子等生活用具，基本未见明器；这些青瓷的产地以长江

下游越窑为主，也有一些来自长江中游窑场[①]。整体上可以判定为南方地区输入，与北方地区制瓷业无关。

北方地区制瓷业开始于北朝时期，这一结论已为学界所普遍接受。但是对于瓷业发生的具体时间节点，学界有北魏晚期、东魏北齐、北齐晚期等不同观点。分歧产生的主要原因有两点：一是不同学者对北方窑址的年代上限判断不同；二是北朝墓葬（含城址）出土瓷器是否产自北方地区尚有争议。因此，这一小节重点对北方窑址考古发现和墓葬、城址出土瓷器进行系统介绍。

### （一）窑址考古发现

北朝时期窑址发现有十余处，集中分布于鲁北、鲁南苏北、冀南豫北三大区域内。

鲁北地区窑址以淄博寨里窑[②]、泰安中淳于窑[③]两处为代表。①寨里窑（图 5-10），位于淄博市淄川区城东十余千米处，经调查发现有顺道地、大张、甜水井、金盆地等 4 个地点。出土瓷器可分为三组：第一组，年代下限约在东魏前后。胎质厚重，呈灰褐色，釉色以青褐色、黄褐色为主，少数接近黑釉，釉层中可见铁锈斑点。器类简单，以碗、盆为主。第二组，年代在北齐至隋代。胎质致密，呈灰白色，釉色有青褐色、淡青色两种。器类有碗、盆、四系罐、高足盘、贴塑残片等。贴塑残片为带系罐的肩部，贴塑莲瓣、宝相花、宝塔等纹饰，半环形纽装饰有联珠人面。这和北朝瓷器精品青瓷

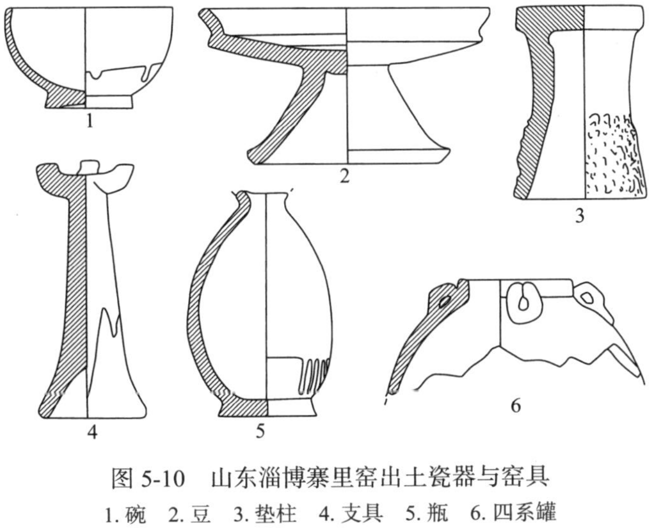


图 5-10　山东淄博寨里窑出土瓷器与窑具

1. 碗　2. 豆　3. 垫柱　4. 支具　5. 瓶　6. 四系罐

采自中国社会科学院考古研究所：《中国考古学・三国两晋南北朝卷》，中国社会科学出版社，2018 年，第 312 页图 6-10

① 耿朔：《北方地区出土西晋瓷器初探》，《故宫博物院院刊》2015 年第 3 期。

② 山东淄博陶瓷史编写组、山东省博物馆：《山东淄博寨里北朝青瓷窑址调查纪要》，《中国古代窑址调查发掘报告集》，文物出版社，1984 年。

③ 山东大学历史系考古专业：《山东泰安县中淳于古代瓷窑遗址调查》，《考古》1986 年第 1 期。

莲花尊在装饰工艺上有很大的相似性，为判定青瓷莲花尊的产地提供了重要线索。可以说，无论从胎质、釉色，还是器形、装饰上看，这一组寨里窑产品已经具有较高的质量。第三组基本均为黑釉瓷器，年代已进入唐代中晚期。②中淳于窑，位于泰安城西南约16千米处。所采集标本除素烧器外，釉色有青、白、黑等，器形有碗、盆、罐、盘等。根据青瓷盘、假圈足碗的器形判断，窑址的始烧年代在北朝晚期；其施釉工艺较寨里窑更为进步，故相对年代应略晚于后者。

鲁南苏北地区窑址有临沂朱陈窑①、枣庄中陈郝窑②、徐州户部山窑③等。①朱陈窑，位于临沂市区西南13千米处。采集标本胎质疏松，呈灰白色；釉色多青黄、黄褐、青褐色，少数为深褐色；多施半釉，釉层厚薄不均匀，有铁锈斑点，光洁度较差。窑具有三叉支钉、圆柱形支具、钵状垫具、垫饼等。器类以多种形制的碗、罐为主；其中，饼足碗、直口罐、侈口罐等，器形皆具有北朝晚期的时代特征。据此推测，朱陈窑的始烧年代约在北朝晚期。②中陈郝窑，位于枣庄市区西北10千米处。窑址堆积可分为六期，第一期年代约为北朝晚期。第一期堆积出土瓷器有碗和胡人头像，瓷碗胎体厚重粗糙，施青釉，釉层厚薄不均，色调灰暗。出土窑具为扁平三足支钉和筒状支柱，可推测装饰技法为底层用筒状支柱支撑，上部叠放器物，器物之间垫三足支钉的裸烧法。③户部山窑，位于徐州市南部户部山西、南麓。出土窑具有豆柄状支柱、三叉支钉、垫圈等。出土瓷器胎体上多施有化妆土，釉色有青、黄两种，釉层表面有冰裂纹，器底多积釉，器类主要有碗、盘、高足盘、盘口壶、罐等。假圈足碗、高足盘、盘口壶等和徐州地区北齐墓葬所出瓷器在器形、胎釉等方面基本相同。可以推测，该窑址始烧年代在北朝末期。户部山窑的窑具、产品，和上述枣庄中陈郝窑出土同类遗物基本相似，应是同一时期发展起来的青瓷窑址。

冀南豫北地区已发现的窑址数量较多，大多数分属于邺城窑、邢窑、相州窑、巩县窑四大窑系。

（1）邺城窑，生产瓷器的窑场主要有邺南城东北郭曹村窑址、东郭倪辛庄窑址，以及西南芝村三个窑区，详见第二章第一节。窑址产品以铅釉瓷器、青瓷、白瓷为主，其窑业技术的成熟和推广，催生出周边同属邺城窑系的临水窑、贾壁窑等窑场，更是对邢窑、相州窑的创烧产生了一定影响。

（2）邢窑，以河北省内丘、临城县为中心，分布在太行山东麓的山前丘陵和平原交界地带，是以烧制白瓷著称的唐代名窑。邢窑系窑场遗址中，始烧年代在北朝晚期的有邢台西坚固、内丘西关和城关、临城陈刘庄等。西坚固遗址采集有北朝晚期遗物，包括青瓷碗、罐及三足支钉、齿形垫具等窑具。内丘西关采集到的标本可以分为五期，其中第一期约为北朝晚期。第一期瓷器以青瓷为主、白瓷较少。青瓷胎体粗糙厚重，气孔

---

① 临沂市博物馆　冯沂：《山东临沂朱陈古瓷窑址调查》，《考古》1995年第8期。

② 山东大学历史系考古专业、枣庄市博物馆：《山东枣庄中陈郝瓷窑址》，《考古学报》1989年第3期。

③ 徐州博物馆：《江苏徐州市户部山青瓷窑址调查简报》，《华夏考古》2003年第3期。

较多；白瓷多使用化妆土，釉色白度较低。器类主要有碗、杯、钵、盘、罐、细颈瓶等。

（3）相州窑[①]，是北朝至隋唐时期中国北方最大的青瓷窑址。在其核心区洹河南岸，已发现灰坑、灰沟、窑址、沉淀池、工棚遗迹、水井、瓷器瓷片堆积坑等。出土瓷器胎质细腻厚重，釉色以青釉、白釉为主，有少量黄釉、褐釉，釉层较薄。器类主要有碗、高足杯、罐、钵、盂、盘、瓶等。装饰技法有刻花、划花、印花、贴花等，纹饰以莲瓣纹为主流，多装饰在瓶颈和盘内底部。出土窑具主要有齿形支具、三叉形支具、支棒、圈状支具、垫具等。安阳安丰乡发现北齐武平四年（573年）贾宝墓，墓中所出4件青瓷罐与相州窑址出土瓷器特征基本一致。由此可确认，相州窑至迟在北齐时期已经开始烧制瓷器。

（4）巩县窑，位于河南巩义市区东约5千米的白河两岸。巩县窑在唐代进入兴盛期，但部分窑场的年代可早到北朝时期，以白河窑最为值得关注。2005年，白河窑经过发掘，发现窑炉6座、灰坑、灶、沟等遗迹110余处。发掘者认为，此次发现的窑炉ⅢY1是一座烧制白瓷和青瓷的北魏窑炉[②]。该窑炉残长13.7米，由工作坑、火膛、窑室、烟囱（被破坏，不存）等结构组成（图5-11）。火膛内出土大量青釉瓷器、三足支具和柱形支具等窑具，也有少量的白釉瓷器出土。不过，白河窑年代上限是否能到北魏时期还有争议，也有学者认为白河窑出土瓷器更接近东魏北齐器物特征[③]。

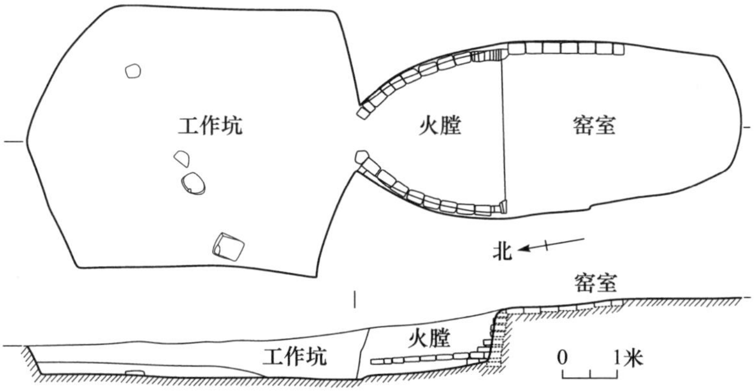


图5-11　河南巩义白河窑Y1平、剖面图

采自河南省文物考古研究所、中国文化遗产研究院：《河南巩义市白河窑遗址发掘简报》，《华夏考古》2011年第1期，第29页图五

## （二）墓葬、城址出土瓷器

北朝墓葬、城址出土瓷器数量丰富，能列出较为明确的编年表（图5-12）。现分北魏、东魏西魏、北齐北周三个时期，对出土瓷器进行如下介绍。

① 孔德铭：《安阳相州窑及相关问题研究》，《殷都学刊》2014年第1期。

② 河南省文物考古研究所、中国文化遗产研究院：《河南巩义市白河窑遗址发掘简报》，《华夏考古》2011年第1期。

③ 武夏、桂冠、张馨芳：《论巩义白河窑出土的早期白瓷年代》，《文物世界》2015年第1期。

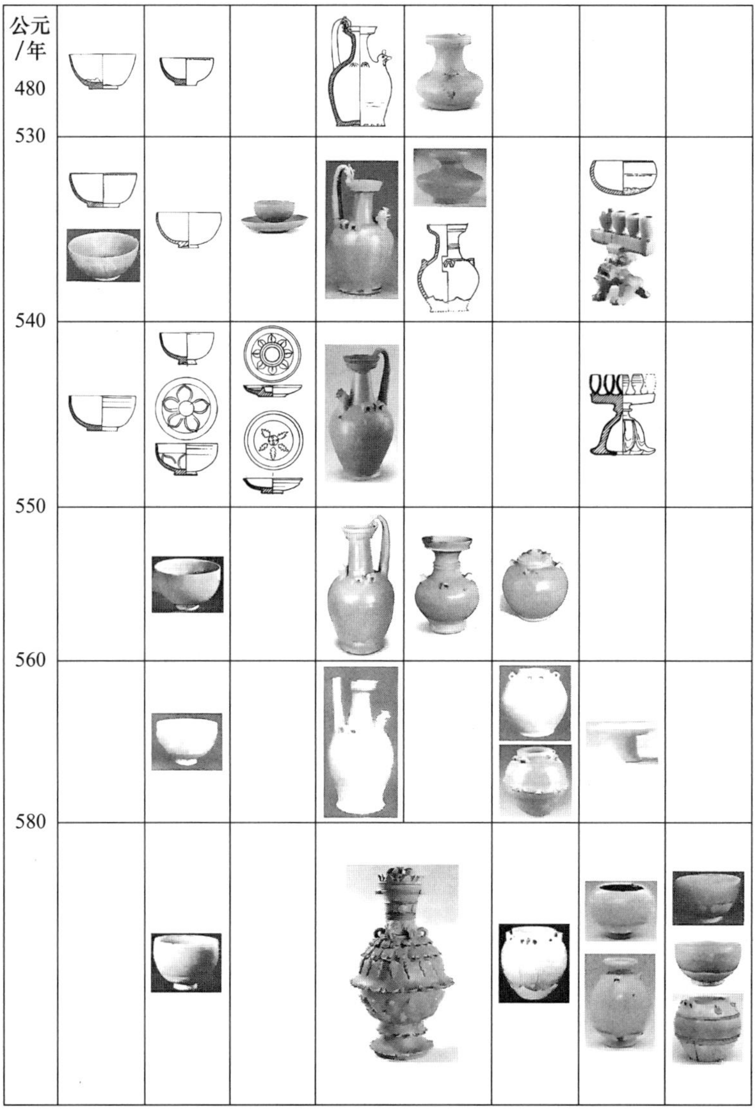


图 5-12　北朝墓葬出土瓷器编年表

采自北京大学考古文博学院等：《赞皇西高北朝赵郡李氏家族墓地：2009～2010 年北区发掘报告》，科学出版社，2021 年，第 69 页表一

**1. 北魏时期**

出土瓷器的北魏墓葬，集中分布于今山西、山东、河南（图 5-13）、河北范围内，陕西华阴、西安等地也有零星发现。这些墓葬的年代，绝大多数在北魏迁洛之后。时代在迁洛之前的墓葬极少，例如：太和八年（484 年）司马金龙墓，出土有青瓷唾壶 1 件；雁北师院 M1，出土有青瓷碗 1 件。出土瓷器数量较为丰富的有宣武帝景陵（12 件）、赞皇李翊墓（19 件）、偃师南蔡庄北魏墓（13 件）等。此外，北魏洛阳城大市遗址出土瓷器 62 件，宫城阊阖门遗址出土瓷器 5 件。北魏墓葬、城址出土瓷器，胎

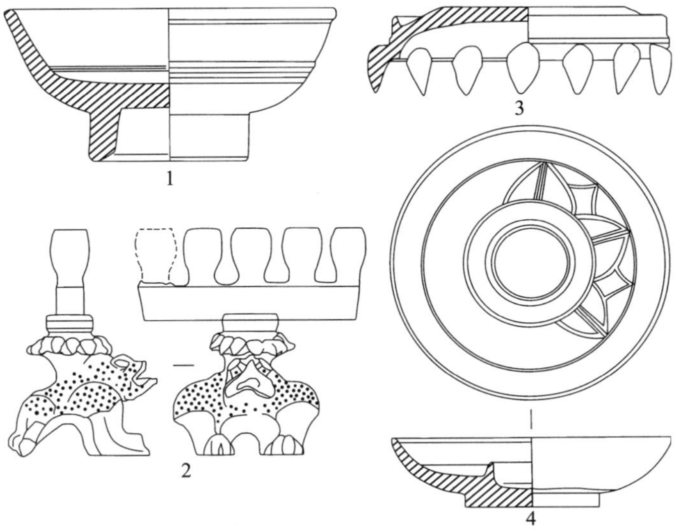


图 5-13　河南出土北魏瓷器

1. 高足盘（洛阳大市 85BDT12H2：1） 2. 烛台（偃师染华墓 M7：38） 3. 砚台（洛阳大市 85BDT4G2：3）
4. 盏托（洛阳大市 85BDT8H2：1）

采自中国社会科学院考古研究所：《中国考古学·三国两晋南北朝卷》，中国社会科学出版社，2018 年，第 313 页图 6-11

体厚重粗糙，釉色以青釉为主，也有酱釉黑瓷和白瓷；器类以碗、盏、鸡首壶、唾壶、盏托、盘、钵、盘口壶、五管器、砚等生活用具为主。关于这些瓷器的产地（尤其是青瓷类），有学者判断大多数来自长江中游的岳州窑、洪州窑[①]。但是，洛阳大市遗址出土瓷器和南方产品的区别还是比较明显的，很有可能产自洛阳城邻近地区窑场，或暗示了文献所记“洛京窑”的相关线索。

### 2. 东魏西魏时期

这一时期出土瓷器的墓葬集中在东魏境内，纪年较为明确的墓例有：河北景县高氏墓地天平四年（537 年）高雅墓，吴桥封氏墓地武定二年（544 年）封思温墓、武定四年（546 年）封柔墓，赞皇武定二年（544 年）李希宗墓，磁县东陈村武定五年（547 年）赵胡仁墓、武定八年（550 年）闾叱地连墓；山东临淄元象元年（538 年）崔混墓，高唐兴和三年（541 年）房悦墓，寿光武定二年贾思伯墓等。

这一时期瓷器器类有所减少，除碗、盏外，主要有鸡首壶、盘口壶、带系罐，多共出酱釉陶器、青黄釉陶器。冀南豫北和山东地区瓷器的地域差异较明显：冀南豫北地区墓葬出土瓷器数量和种类相对较为丰富，例如李希宗墓出土有青瓷碗 16 件，青瓷带系罐 2 件；闾叱地连墓出土带系罐附有六泥条系，腹部浮雕莲瓣纹，其装饰技法已经和北齐时期的青瓷莲花尊比较接近；封思温墓出土的多系罐灰白胎、淡青色釉，延

① 刘未：《北朝墓葬出土瓷器的编年》，《庆祝魏存成先生七十岁论文集》，科学出版社，2015 年。

续了北魏时期青瓷向白瓷过渡的特点。山东地区青瓷器多和酱釉陶器、青黄釉陶器共出，例如房悦墓出土青瓷碗盏 6 件、青黄釉盘口壶 1 件、青黄釉陶盒 2 件、酱釉陶虎子 1 件、酱釉陶龙首三足架 2 件、酱釉陶鐎斗 2 件、酱釉陶唾壶 2 件、酱釉陶灯 2 件。

**3. 北齐北周时期**

出土瓷器墓葬的数量迅速增加，以冀南豫北、山东两地区最多，其余出土地点还有山西太原、祁县、朔州，陕西咸阳、西安，江苏徐州等。

北齐、北周墓葬出土瓷器，有青瓷、酱釉黑瓷、白瓷等不同种类，瓷器与青黄釉陶共出的现象更多。有些青黄釉陶与一般定义的“白瓷”很难区分开，这里一并作简要介绍。

青瓷器类主要有碗、盏、四系罐、鸡首壶、高足盘、盘口壶、盂、莲花尊等。这一时期的青瓷，不少具有与南方产品明显不同的特征，应是产自北方窑场。北方产瓷器较为公认的器形特点有：球腹四系罐，部分上腹部浮雕莲瓣纹，肩部四系有方形纽、半环纽两种；碗，有敞口、侈口两种形制，底部多微外侈内凹。此两类器形，以天统二年（566 年）崔昂墓、武平四年（573 年）崔博墓、武平七年（576 年）高润墓、武平七年（576 年）李云墓所出最为典型。北朝墓葬出土青瓷器最精美者，还是要以青瓷莲花尊为代表。此类器物出土情况如下：景县河清四年（565 年）封子绘墓和祖氏墓各出 2 件，浅灰胎、青釉，形制基本一致，高度在 55～65 厘米之间，仅颈部分层贴塑和腹部莲瓣层数上略有差异；淄博和庄出土 1 件，灰白胎，釉色青中泛黄，高 59 厘米。关于青瓷莲花尊的产地问题争议颇多，本书倾向上述几例属北朝窑场产品。

酱釉黑瓷出土较少，当然这也和不少发掘报告将此类器物归入“釉陶”有关。崔昂墓所出四系罐，广肩长腹，肩部有四环纽，底部微外撇；其胎质坚硬，内外均施黑釉。这类器物，已明显不能再归为“釉陶”，而是属于较为典型的黑瓷。

青黄釉陶出土数量较多，器类主要有碗、盏、耳杯、托杯、盘、碟、高足盘、四系罐、三系壶、罐、鸡首壶、盘口壶、唾壶、虎子、瓶、尊、鐎斗、砚、熏炉等。这些釉陶以瓷土作胎，但胎质偏软，所施为低温铅釉，釉色不稳定。此类釉陶集中出土于邺城、太原两地。墓葬出土疑似白瓷的随葬品有不少，但很难将其和前述青黄釉陶区分开。例如安阳武平六年（575 年）范粹墓，出有碗、盏、罐、三系罐、四系罐、长颈瓶等，曾被认为是北齐白瓷代表，但经检测为釉陶器[①]。安阳武平四年（573 年）贾宝墓出土有碗、盏、高足盘等器类，釉色青白泛黄，已经近似白釉，但烧成火候较低，具有釉陶器的特征。安阳固岸墓地 M2 出土瓷罐，胎呈灰白色，釉色白中泛青，可视为青瓷向白瓷过渡的产品。咸阳大成元年（579 年）尉迟运墓出土瓷器，有盒、碗、烛台、瓶等器类，施白釉，器表有冰裂纹。

---

① 李国霞、赵学锋等：《新发现曹村窑三种釉色陶瓷的初步分析》，《中国古陶瓷研究》第十六辑，紫禁城出版社，2010 年。

## 三、制陶业的发展

### （一）日用陶器、陶明器与陶俑

#### 1. 南方地区

南方六朝墓葬出土日用陶器数量不多，器类主要有罐、盘、碗、钵、耳杯等，整体与汉代陶器差别不大。但是六朝陶器多为质地松软的灰陶，与实用性的硬陶有较大区别；有些东晋、南朝时期的盘、碗、杯等器物，在局部“涂朱”，或代表其具有一定的礼制意义。因此，墓葬中出土的所谓“日用陶器”，其实仅是考古学家据其器类所做推测，未必能确切反映其功能。

孙吴、西晋墓葬随葬陶明器，包括井、灶等生活设施，杵、臼、舂、磨、箕、筛、帚等劳动工具，以及猪、牛、鸡、鸭等牲畜模型。长江下游地区流行的陶五联罐，以及由之发展而来的陶、瓷堆塑罐（魂瓶），是地域和时代特征均比较鲜明的明器。陶塑组合则主要包括镇墓兽和男女人物俑两类。镇墓兽有独角犀牛形和穿山甲形两类，男女人物俑与汉式陶俑差别不大，部分还出土有外貌夸张化的胡人俑。整体上，南方吴晋墓葬所出明器还是以青瓷为主，陶明器数量和种类均比较有限。

东晋政权建立后，建康及其周边地区墓葬随葬品组合发生了巨大变化，前一阶段流行的青瓷明器大为衰落，大中型墓葬中的陶明器和陶塑主要有四类：一是代表出行场面的牛车、鞍马、牵马俑和仆从俑；二是仪卫性质的武士俑、门吏俑；三是象征家居生活的帐座、榻、案、凭几等；四是日常生活用具砚、熏炉、耳杯、盘、勺、魁、槅、盆等。东晋早期南京象山M7，出土组合最为完整（图5-14），且保留了较完整的空间布局信息。

图5-14　南京象山M7出土俑群

采自张学锋：《中国墓葬史》，广陵书社，2009年，第314页图6-65

南朝时期，大中型墓葬流行随葬石质随葬品，在一定程度上是对陶明器的替代。不过，南朝墓葬内还是出土不少陶明器，主要包括陶俑、凭几、生活用具等；甚至一些在东晋时期已经基本消失的器类，例如镇墓兽、仓、灶、磨等又再次出现。重新流行的镇墓兽，以脊背、前腿两侧有鬃毛的犀牛造型为主，与孙吴、西晋镇墓兽有较大区别。南朝陶俑的造型和东晋有较大区别，多呈体态修长状。男俑一般头戴小冠或平顶帽，服饰颇具“褒衣博带”特征，作拱手而立状。女俑造型演变特征明确：刘宋时期保留前期十字穿环状发髻；萧梁时期多戴扇形冠，有半月形覆额；南陈流行梳双发髻，垂于头两侧。

**2. 北方地区**

曹魏西晋时期，北方地区墓葬出土的陶质生活用具主要有长颈壶、扁壶、四系罐、樽、多子槅等。出土明器逐渐形成了较为固定的组合模式，主要包括镇墓兽、武士俑、男侍从俑、女侍从俑、牛车、鞍马以及鸡、狗、猪、灶、井、碓、磨等。镇墓兽、武士俑与牛车具有较强的时代特色，是学界所归纳“晋制”内涵的重要组成部分。镇墓兽，形似狮虎，额头与背部布满尖刺，作低头冲撞、四足蹬踏状。武士俑形体较其他陶俑更为高大，多头戴盔，身着鱼鳞甲，左手执盾，右臂高举。在保存较好的西晋墓葬中，常见 1 件镇墓兽和 1 件武士俑的组合，二者分居墓门左右两侧。

十六国时期陶器，可以关中地区墓葬出土遗物为例。西安、咸阳十六国墓葬出土的陶器组合，除延续西晋时期的牛车、鞍马、侍从俑、动物俑和模型明器外，还恢复了在汉代常见、魏晋时期消失的多枝灯，并且随葬数量较多的伎乐俑和鼓吹俑。伎乐俑集中出土于草场坡十六国墓、平陵 M1、凤栖原 M9，演奏者所使用的乐器有琴、琵琶、排箫、胡笳、鼓等。鼓吹俑主要见于草厂坡墓、平陵 M1，包括骑马与步行两种形态，所演奏乐器主要包括角、鼓、排箫。此外，具装武士和具装铠马俑也是关中十六国墓葬常见随葬品，反映了当时军事色彩浓厚的社会氛围。

北魏前期陶器，可以平城地区墓葬出土遗物为例。日用陶器以灰陶为主，器类以细颈壶、鼓肩罐、单把罐为主；器表装饰磨光暗纹，纹饰以几何形为主，包括竖线纹、水波纹、三角纹、斜线方格纹等。这些日用陶器在形制和纹饰上与早期拓跋鲜卑墓葬出土陶器有一定的相似性，可以视为鲜卑民族文化的延续。同时，北魏前期墓葬也出有反映农耕文明的动物俑和模型明器，主要有猪、羊、鸡、仓、磨、碓、井、灶等；此外，镇墓兽、侍从仪仗俑的种类、数量也较为丰富。北魏前期墓葬俑群的造型，已与前代有了较大区别。此外，俑群中胡人面貌者增多，且一改汉晋时期简陋形象，造型更为写实，动物俑则增添了草原民族和胡人商队惯用的驼、驴、羊等，整体看来可谓“胡风”浓郁。

北魏晚期陶器，可以洛阳地区墓葬出土遗物为例。日用陶器方面，以平沿、磨光暗纹为特征的“鲜卑式”陶器数量很少，且常和汉式壶、盆、盘、碗等陶器共出。北魏晚期俑群明器和前一阶段类似，也可分为四类：①镇墓组合，固定为一对镇墓武士俑和一对镇墓兽的形式。造型趋向程式化，镇墓武士俑均头戴兜鍪，身着明光铠，左手按盾，右手下垂作持兵器状；镇墓兽均作蹲坐状，一为人面一为兽面，脊背有尖角状鬃毛。②侍从仪仗组合，包括牛车、鞍马、武士俑、文吏俑、骑马鼓吹俑、步行鼓吹俑、男女侍俑等。侍从仪仗组合沿袭了不少北魏前期的文化特点，突出的变化在于汉式造型俑较为普遍，文吏俑着汉式小冠和宽袖长衫，形象显得文雅清俊，甚至连武吏俑也是着小冠长袍，只在袍外加穿裲裆。此外，洛阳地区北魏晚期陶俑一般为合模制作，身体比例协调，各部位塑造较准确，整体上造型的写实程度远超北魏前期。③模型明器组合，主要有仓、磨、碓、灶等。④动物俑组合有猪、狗、羊、鸡、马、驴等，驼的出土数量增加。综合上述四类组合，可以看出北魏晚期俑群在继承北魏前期文化的基础上有两大重要变化，一是鲜卑文化特征的弱化和汉文化特征的加强；二是俑像造型的精致化和程式化[①]。

北朝晚期，东魏、北齐和西魏、北周在陶器组合方面有显著区别。东魏、北齐日用陶器继承了北魏晚期的主要器类。还有学者注意到，疑似帝陵的磁县湾漳大墓和景县高氏、赞皇李氏的家族墓地内，出有一些模仿汉代陶器但却又有所走样的陶器，包括陶鼎、壶、钫、磬、编钟等。东魏、北齐墓葬的明器、俑群，沿用了北魏晚期的四大类组合，造型也是以承袭为主而略有变化，例如镇墓兽头部多增添一“冲天戟”。同时，俑群应该已被纳入到丧葬制度之中，其种类、数量有区别等级的作用。

西魏、北周的日用陶器出土数量不多，主要有罐、瓶、碟、砚等。明器、俑群类虽然也沿用北魏晚期的四大种类，但是在制作工艺和造型等方面已有很大差别[②]。镇墓组合方面，镇墓武士形体偏胖，腰部扭曲，面容近胡人；镇墓兽作俯卧状，脊背有鬃毛，两目圆睁，大嘴阔鼻，造型与东魏—北齐蹲坐状镇墓兽截然不同。仪仗俑群有骑马俑、步行俑、鞍马俑等，与东魏、北齐俑群最大的不同在于没有牛车。同时，俑群中虽有着汉式服装者，但比例远不如东魏、北齐。男女侍俑、动物俑、模型明器等表现的内容与东魏、北齐俑群明器基本相同，但造型却有较大差异，模制人物背部扁平，合模制作的动物俑内部中空，整体上均是造型矮胖、姿态僵硬。

### （二）铅釉陶器

铅釉陶器主要见于魏晋南北朝时期的北方地区。曹魏西晋时期，釉陶出土相对较少，釉色多为酱色，最为常见的是一类被称为“酱釉小罐”的器物。酱釉小罐，是器表施有酱色低温铅釉，高度均在10厘米以下、一般在5厘米左右的容器。以豫中地区

---

① 李星明：《两晋南北朝墓俑概述》，《中国陵墓雕塑全集4·两晋南北朝》，陕西人民美术出版社，2007年，专论第55、56页。本书这里据其观点略作修改，增添“程式化”的表述。

② 李星明：《两晋南北朝墓俑概述》，《中国陵墓雕塑全集4·两晋南北朝》，陕西人民美术出版社，2007年，专论第64～66页。

发现最为集中，甘肃、北京、辽西、辽东、山东、苏南等区域的墓葬均有发现。据夏鼐研究，酱釉小罐的产地应该在洛阳地区。甘肃、山东、苏南、辽东等地酱釉小罐，当与赐葬和人口迁徙有关；北京、辽西等地出土酱釉小罐在形制上有明显的地域特征，或为当地的仿制品[①]。

十六国时期，釉陶主要出土于关中、辽西，以及高句丽政权所在区域。关中地区釉陶以酱黄色釉为主，例如咸阳平陵 M1 所出具装马俑、虎子、壶等；同墓所共出酱黑色釉陶壶，是这一时期较为少见的釉色。辽西地区三燕遗存，出土釉陶器主要有罐、壶、碗等，喇嘛洞ⅠM30、喇嘛洞ⅡM64 还出有洛阳地区多见的酱釉小罐，但形制略有差别。部分墓葬出有造型精致的大型釉陶器，例如喇嘛洞ⅡM28 出土釉陶羊尊、北燕冯素弗墓出土酱釉陶壶[②]。出土釉陶器的高句丽墓葬，集中分布在我国的吉林省集安市、辽宁省抚顺市和桓仁县，以及朝鲜平安南道，年代则主要集中在 4 世纪中叶至 5 世纪末[③]。大多数器类是仿照中原汉晋以来陶器样式制造的，也有具有北方民族特点的器物，如四耳釉陶壶、釉陶灶等。

北魏前期，釉陶工艺较前一阶段有了较大进步，集中体现在两大方面：一是使用范围的扩大。出土数量最多的器类，是鲜卑特色浓厚的细颈瓶，造型的特征和演变规律与陶细颈瓶基本一致。各类釉陶俑也较为常见，例如司马金龙墓出土各类釉陶俑 300 余件，有青绿、黄褐、黑色等不同釉色。二是这一时期的釉陶工艺已熟练掌握黄、绿二彩的配料和使用，出现了“二彩”釉陶器。北魏晚期，或许是由于青瓷器的流行，釉陶器出土数量并不多。北魏洛阳城大市遗址出土酱釉碗的外壁有联珠纹装饰，与萨珊玻璃器造型相似，说明这一时期的釉陶仍在“推陈出新”。

东魏、北齐时期的釉陶器数量、种类大幅增加，釉陶工艺进入魏晋南北朝时期的“巅峰期”。釉色以酱色釉、青黄色釉为主，胎、釉质量极高，有些已和瓷器相差无几。器类主要有碗、杯、虎子、鐎斗、唾壶、盒、鸡首壶、盘口壶、盘、罐、瓶、尊、扁壶等。装饰方面借鉴当时的金银器工艺，以刻划、堆塑、模印等技法，表现铺首、莲花、忍冬、联珠、驯兽、舞蹈等图案。部分器物造型精致、装饰精美，是这一时期釉陶工艺的典型代表，例如：娄睿墓、徐显秀墓出土的青黄釉陶灯，分座、柄、盏三部分，在不同部位分别装饰联珠纹、仰莲纹、覆莲纹、忍冬纹等纹样；娄睿墓、韩裔墓等出土的鸡首壶，器形与南方青瓷相似，但装饰题材较后者复杂丰富得多；范粹墓出土 4 件青黄釉扁壶，颈部装饰联珠纹，壶体正反两面模印胡人乐舞图，是这一时期釉陶复杂装饰工艺的典型代表。范粹墓、李云墓、娄睿墓等墓葬出有“二彩”釉陶器，器形有尊、罐、瓶、盂等，多为黄白釉装饰条状绿彩。此类“二彩”釉陶器，可视为后来唐代大量出现的三彩器的前身。

---

① 付龙腾、李文成：《酱釉小罐的再研究》，《东南文化》2019 年第 2 期。

② 辽宁省文物考古研究所：《三燕文物精粹》，辽宁人民出版社，2002 年，第 147、148 页。

③ 耿铁华：《高句丽釉陶器的类型与分期》，《考古与文物》2001 年第 3 期。

# 第二节　铜器冶铸业与铜镜铸造业

目前，经过考古发掘的魏晋南北朝时期的铜矿矿冶遗址较少。墓葬出土铜器能划分为三国至西晋、东晋十六国至南北朝两大发展阶段，可从一个侧面反映铜器冶铸业的概况。需要说明的是，铜镜虽然是铜器的一个门类，但由于铜镜的出土数量多、演变轨迹明确，因此本书单独列出一部分对铜镜的类型与分期进行介绍。

## 一、铜矿的开采与冶炼

作为我国现代铜业基地的长江中下游地区，早在先秦时期就已经成为重要的铜料产区。孙吴在长江下游沿用了汉代的丹阳郡铜矿，大致分布于今安徽南部、江苏西部和浙江西北部，为铜器、铜镜的铸造提供了重要铜资源。此外，长江中游的江夏郡铜矿也是在孙吴时期较为重要的铜产地。铜陵燕子牧冶炼遗址采集遗物有炼渣、白色灰团、炉壁残片、陶瓷片等遗物，初步判断其年代为六朝时期①。西南地区也是六朝时期重要的铜产地，据《华阳国志》记载，贲古县在晋代成为新的矿产区，主要产银、铅、铜等。南齐武帝永明八年（490 年），曾在南广郡界蒙山下发现有“古掘铜坑”，故遣使复通旧坑以铸钱，但因功费过多而止。

## 二、铜器的类型与分期

魏晋南北朝的铜器（图 5-15），可分为两期：第一期为三国至西晋时期，第二期是东晋十六国至南北朝时期②。

第一期，三国至西晋时期。出土铜器包括生活用具类釜、釜甑、鍪、鍑、钵、鐎斗、勺、樽、耳杯、洗、博山炉、灯、炭炉、熨斗、唾壶等，武器类弩机、刀，车马器镳、辖等，还有一些小型的服饰器具。单个墓葬出土铜器数量不多，一般有一件或三五件容器。三国西晋时期铜器的形制，具有“区域性”和“跨区域性”两个方面的发展趋势。一些形制简单的生活用具，具有较强的区域性。鍪、釜主要流行长江上游地区，在长江中游也有发现，但器形有所不同；传统汉式铜器如洗、盆、釜甑、碗、钵等，主要集中在长江中下游地区。与之不同的是，一些造型精致的铜器，反倒具有“跨区域性”，即在不同地区呈现出共同的造型特征或意匠。最为典型的代表是一类附带圆管的器物，现多被命名为水注、烛台等，马鞍山朱然墓、鄂州铁 M105、襄樊（今襄阳）菜越汉末三国

① 魏国锋、于东华、郑晓平、张爱冰、方青：《安徽铜陵古铜矿冶遗址 2016 年调查及若干收获》，《南方文物》2019 年第 2 期。

② 杜廼松：《三国两晋南北朝至隋唐时期的青铜器综论》，《故宫博物院院刊》1988 年第 4 期；吴小平：《六朝青铜容器的考古学研究》，《考古学报》2009 年第 2 期；韩茗：《六朝铜器的考古学研究》，中国社会科学院研究生院博士学位论文，2017 年。上述论著的分期方案有所不同，本书对各方案综合整理并略作调整。

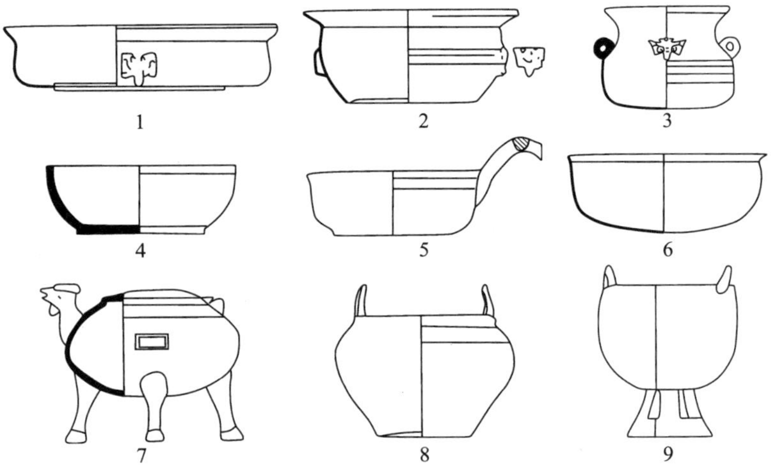

图 5-15 魏晋南北朝铜器

1、2. 洗（高荣墓、忠县涂井 M13：42） 3. 鍪（忠县涂井 M5：139） 4. 碗（临沂洗砚池 M1 西：91）
5. 魁（临沂洗砚池 M1 东：45） 6、8、9. 釜（河南新安 M262：87、巩义芝田窖藏）
7. 鐎壶（临沂洗砚池 M1 西：8）
据吴小平：《六朝青铜容器的考古学研究》，《考古学报》2009 年第 2 期，第 188、191、193 页图一、二、三改绘

墓等所出在形制上具有较强的一致性；临沂洗砚池晋墓的仙人骑兽形器、邹城刘宝墓的卮灯、巩义站街晋墓的蟾蜍形水器则与前面几例在造型特征上也具有一定的相似性。

第二期，东晋十六国至南北朝时期。汉式炊盛饮器逐渐消失，鐎斗出土数量最为丰富，其余器类有铛、盏托、砚台、虎子、唾壶、瓶、高足杯等。北燕冯素弗墓、北齐库狄回洛墓、北周王德衡墓等大中型墓葬，出土铜器的数量能够达到十几至三十件之间。各器类的地域性减弱，除少量模拟外来金银器造型的铜瓶和铜高足杯多见于北方外，其余基本无明显地域界限。器形整体趋于简化，形体逐渐升高，这在鐎斗、铛、樽等三足器上体现得最为明显，基本均由"曲腹、圜底、矮蹄足"向"直腹、平底、高蹄足"演化。东晋、南朝墓葬出土铜器数量较少，但都城周边窖藏的组合相对完整，器形有手炉、高足杯、高足盘、盏托等，几乎均为不见于墓葬的实用器组合。器形增高或带高足，直腹或斜收为小平底，器壁变薄。此时周边地区、少数族群的铜器铸造业也有一定发展。西南地区的双耳铜釜、铜盆，岭南地区的铜鼓，皆具有较强的地域和民族特点。三燕、高句丽地区墓葬常随葬有鎏金铜马具，主要有镳、鞍桥、镫等几种。

## 三、铜镜的类型与分期

徐苹芳将魏晋南北朝时期的铜镜分为三期：第一期是三国至西晋时期，第二期是东晋十六国至南北朝前期，第三期是南北朝后期[①]。本书对铜镜的分期，沿用徐苹芳的

① 徐苹芳：《三国两晋南北朝的铜镜》，《考古》1984 年第 6 期。

方案，并结合孔祥星、刘一曼等学者研究成果略作补充[①]。

第一期，三国至西晋时期，铜镜铸造业虽然不如汉代发达，但是已经算是整个魏晋南北朝有较大发展的阶段。北方地区的曹魏西晋铜镜沿用了不少汉式镜的样式[②]，如方格规矩镜、内行花纹镜、兽首镜、夔凤镜、对鸟镜、龙虎镜等。其中，夔凤镜也被称为“双头龙纹镜”，有的刻有“位至三公”铭文。出土“位至三公”铜镜的魏晋墓葬除集中分布在洛阳地区外，还见于其他很多地区，例如：河南的焦作、郑州，陕西的西安，甘肃的敦煌，河北的沧州、邢台，山东的诸城，北京的密云、顺义等。位至三公镜在海外亦有发现，最远可达中亚。在以福冈县和佐贺县为中心的日本北九州地区发现较多，这些遗物出土于3～5世纪的古坟，形制与中国大陆所见基本一致，当为自中国传入[③]。需要附带说明的是，由于铜料的缺乏，北方地区常见铸造铁镜以代替铜镜的做法，其形制和铜镜基本一致[④]。

南方地区的铜镜铸造业要比北方地区发达，进入了兴盛期。东汉晚期的南方铸镜中心，在这一时期继续发展，主要有会稽山阴（今浙江绍兴）和江夏武昌（今湖北鄂州）两处[⑤]。目前发现的刻有“会稽山阴”“会稽”或山阴工匠姓氏的孙吴、西晋时期铜镜以神兽镜为主；而在今浙江绍兴出土的孙吴、西晋铜镜，则主要有神兽镜、画像镜两类。神兽镜，包括重列式、对置式、同向式和环绕式三种类型。武昌地区出土铜镜以神兽镜最多，主要有对置式、同向式和重列式三种类型，此外还有变形四叶八凤镜、夔凤纹镜和画像镜。值得注意的是，鄂州地区吴墓出土铜镜有些还装饰有佛像。有的佛像出现在夔凤纹镜上，多配置在纽座的四叶纹内，另有胁侍和飞天；也有的出现在对置式神兽镜上，被称为“佛兽镜”。

第二期，东晋十六国至南北朝前期。这一时期的北方地区，几乎不见铜镜出土资料，以铁镜取代铜镜的现象依然较为常见。南方地区出土有一定数量的铜镜，但是相较前一阶段，种类减少、纹饰普遍有简化的趋势，镜体也逐渐变小、变薄。所见铜镜以神兽镜为主，但是纹饰复杂的重列式神兽镜在东晋时已消失，较为流行的是对置式和环绕式神兽镜。神兽镜的纹饰内容发生简化，内区的瑞兽有时被圆形乳钉所取代，由此产生了“四神四乳镜”“五神五乳镜”“八神八乳镜”等。画像镜仍存，但已不似前代装饰复杂场景，仅保留两组神人和瑞兽。

第三期，南北朝后期。北方地区发现有一定数量的铜镜，主要有内行花纹镜、变形兽首镜、盘龙镜、昭明镜等。可见这一时期的北方地区铜镜，仍沿用东汉、魏晋甚

---

① 孔祥星、刘一曼：《中国古代铜镜》，文物出版社，1984年，第119～136页。

② 事实上，目前可以明确的曹魏墓葬出土铜镜数量较少，这里基本是就西晋时期而言。

③ 韩茗：《汉晋时期双头龙纹镜研究》，《考古学报》2020年第1期。

④ 全洪：《试论东汉魏晋南北朝时期的铁镜》，《考古》1994年第12期。

⑤ 此外，汉六朝时期的吴县（今江苏苏州）也可能是南方铸镜中心之一，重要证据是带有“吴”“吴郡”铭文的铜镜资料。但是，这类铜镜出土数量极少，连同传世品不过十余件，加之今苏州几乎未有已知的汉六朝铜镜出土资料。所以，就现有资料，还很难确定吴县在当时的铜镜铸造业中究竟处于何种地位。

至是西汉时期的旧样式，有些铜镜不排除是汉晋旧物的可能性。南方地区的铸镜业在此时陷入衰落阶段，墓葬中随葬铜镜数量极少，偶见方格规矩镜、夔凤镜、盘龙镜等少数几种。所见铜镜小而薄，有的直径仅在 3 厘米左右，且做工低劣，纹饰草率。铜镜质量的下降，根本原因在于东晋以后长江中下游地区铜矿区产量大幅减少。这种“铜荒”的局面一直到隋代才开始好转，到唐代铜产量大大增加，唐代的铜镜也随之呈现出全新的面貌。

## 第三节　漆器制造业

纵观整个魏晋南北朝时期，南方、北方地区的漆器制造业差别较大。南方地区漆器集中发现在东晋以前阶段，分布地域比较集中，显示出了较高的工艺水准；同时段的北方地区漆器出土资料较少。而在较晚阶段的南北朝时期，南方地区的漆器发现较少；北方地区漆器制造业在沿袭旧式器类的基础上，发展出了高艺术水准的漆画木棺、漆屏风，似在漆器工艺上另辟蹊径“反超”南方。

### 一、南方地区

南方地区出土漆器的墓葬主要属吴晋时期，而且主要集中分布在今南京（以及马鞍山）、鄂州、南昌三地。其他地区仅见零星资料，例如安徽宣城外贸巷 M2、安徽南陵县麻桥吴墓、湖北宜昌枝江拽车庙东晋墓等。南朝墓葬出土漆器的例子较为少见，目前所知仅贵州平坝马场墓群几座南朝墓出土有漆器[①]。

孙吴时期出土漆器数量较多的墓葬有：南京上坊孙吴大墓、马鞍山朱然墓、南昌高荣墓、鄂州 M2215（即郭家垴 M16）等。其中，朱然墓出土漆器数量最多，制作和装饰水平较高，是反映三国时期漆器发展水平的重要实物资料。

两晋时期，南昌地区出土漆器的墓葬数量增多，目前所知的材料有上窑湾老福山晋墓，南昌火车站 M2、M3（雷陔墓）、M4、M5，南昌火车站雷鋽墓，东湖区永外正街晋墓等。其中，南昌火车站 M3 出土的“宴乐图”平盘，受到了学界较多关注。漆盘内底中央绘四位皓首长髯老者，均为坐姿。四位老人或为商山四皓，即东园公、绮里季、夏黄公、甪里先生，画面右侧手执麈尾者为惠太子（汉惠帝）[②]。南京地区出土漆器则主要见于东晋时期的世家大族墓地，例如象山 M2、象山 M3（王丹虎墓）、仙鹤观 M2（高崧墓）、仙鹤观 M6（高悝墓）、幕府山 M1、上坊 M1、下坊 M1 等，器类主要有盒、盘、耳杯、唾壶、器盖、奁等几种。值得注意的是，除部分漆器装饰云纹、几何纹、莲花纹、云气纹等纹样外，已不见孙吴时期的复杂图案装饰，素面漆器较为常见。

---

① 贵州省博物馆考古组：《贵州平坝马场东晋南朝墓发掘简报》，《考古》1973 年第 6 期。
② 孙机：《翠盖》，《中国文物报》2001 年 3 月 18 日第 6 版。

综合上述资料，可以看出吴晋时期南方地区的漆器制造业具有以下特点：

一是南方地区出土漆器的生活用具器类丰富，在继承汉代旧有种类的基础上，还能有所创新。这能够说明，尽管随着瓷业技术的成熟，瓷器在日常用具中的比重越来越高，漆器也仍然是生活用具的重要门类。

二是南方漆器制造业有着丰富的工艺技术。漆器工艺包括镶嵌、戗金、犀皮等，在这一时期均有运用。镶嵌技法的运用范围扩展，不仅如汉代漆器在器物口沿、盖口镶嵌金属箍，还常在器盖、器身等位置贴镶各种形状的铜饰件。传世文献记载犀皮工艺始于唐代，朱然墓、上坊吴墓所出部分漆器，更新了学界对此种工艺的认识。

三是南方漆器制造业具有较高的艺术水准。漆器装饰题材在沿袭汉代几何图案和动物纹样的基础上，衍生出各类复杂图案，包括各种人物、神禽神兽、飞禽走兽、游鱼水草、车马出行、九天玄女、西王母。特别是以朱然墓、南昌火车站 M3 出土漆盘为代表的图像装饰，在有限的空间内对多组人物进行灵活构图，呈现出特定生活场景或历史故事，艺术水准堪比汉代画像石、壁画（图 5-16）。

1　　2　　3

图 5-16　南方地区出土漆器

1. 南昌火车站出土“宴乐图”漆盘　2. 朱然墓出土季札挂剑图漆盘　3. 朱然墓出土童子对棍图漆盘
1. 采自江西省文物考古研究所、南昌市博物馆：《南昌火车站东晋墓葬群发掘简报》，《文物》2001 年第 2 期，第 19 页图一三；2、3. 采自张学锋：《中国墓葬史》，广陵书社，2009 年，第 317 页，图 6-67、图 6-68

四是漆器的产地或集中在几处重要城市。漆器集中出土的地点，鄂州、南京是孙吴的两处都城，南昌则是江州州治所在。尽管朱然所出漆器有“蜀郡造作牢”“蜀郡作牢”铭文，但考虑上述地点漆器出土数量和工艺水平的连续性，本书还是倾向于长江中下游尤其下游的吴地，或许是南方漆器的重要产地。此外，南京地区东晋墓漆器种类单调且装饰简单，南昌地区则延续了前代器类丰富、装饰复杂的特点。这或许代表东晋时期漆器工艺的中心发生了转移。

## 二、北方地区

魏晋十六国时期，中原北方地区墓葬随葬品中少见漆器。较为重要的资料见于山东临沂洗砚池M1，该墓出土保存较好的日用漆器20余件，器类有壶、碗、盘、勺、奁等。多数为素面，仅一件漆勺绘有涡云纹、波纹、圆点等。漆盘器底有“官”字题记，表明这批器物或许与官府作坊有关。但是也有学者指出，洗砚池晋墓墓主身份非同寻常，但漆器工艺水平与其他随葬品颇不相称，可能来自私人作坊，具体产地很可能就是临沂附近①。除临沂洗砚池晋墓外，漆器出土资料还有零星几例：河南新安西晋墓出土较完整漆奁盒1件，盒顶镶嵌水晶5枚，同墓还出有漆器铜配件若干。偃师首阳山西晋帝陵陪葬墓四方砖厂M1出土有漆器残片，有“泰始二年造，朱涞工”题记。新安西晋墓体现了较高的工艺水准，四方砖厂漆器题记反映了西晋时期的工官制度。曹操《上杂物疏》记当时的漆器有纯银参镂带漆画书案、漆画韦枕、黑漆韦枕、漆画重几、油漆画严器（奁）等种类，整体看来魏晋北方地区漆器制造水准当也不低。

魏晋十六国漆器遗存，主要集中发现于三燕政治中心即今朝阳、北票一带，包括日用漆器和漆棺两大类。朝阳袁台子壁画墓出土有成组漆器，在一件长达64厘米的兽足漆案上，摆放有十余件食具，其中的漆器有大小盘、钵、勺、长方形盒、椭圆形盒、壶等。北燕冯素弗墓发现有漆器6件，包括圆案、长方形盒等；该墓还出有彩画漆棺1件，前挡绘羽人，后挡绘云气，右侧板绘有建筑、人物、半月形图案等内容。

图5-17　北魏司马金龙墓出土屏风漆画
采自王世襄：《中国古代漆器》，生活·读书·新知三联书店，2013年，第55页图30

北魏前期的漆器数量较多，基本发现于大同地区北魏墓葬中。出土漆器可分为日用漆器和漆棺两大类。日用漆器有案、盘、盆、钵、缸、多子槅、碟、耳杯等，较多地继承了汉晋文化因素。湖东M1出土漆棺装饰最为复杂：顶板表面黑漆，边缘联珠圈纹，圈外有兽首和圆环，圈内有伎乐童子和忍冬纹；后挡边缘为联珠纹，圈内外装饰与顶板相同，中部为建筑与三个着鲜卑服饰人物；左侧板为联珠圈纹，内外图案与顶板同。智家堡墓、南郊M185、南郊M229、南郊M253、沙岭M7等墓所出漆棺，装饰集中在侧板，除云气、忍冬等纹样外，题材主要以世俗生活为主，包括车马出行、狩猎、舞蹈杂技、庖厨、宴饮、夫妇并坐等。此外，司马金龙墓出土唯一留存至今的魏晋南北朝时期漆屏风（图5-17），历来为考古学家、艺术史家所珍视。现存5幅屏风较完整，每幅长80、宽20厘米，两面绘制，分上下四层。

① 韦正：《临沂洗砚池晋墓反映的两个重要问题》，《东南文化》2005年第4期。

板面遍涂红色，题记、榜题处涂成黄色，上有墨书文字。据题记、榜题可知画面内容延续汉代以来传统，主要表现历代帝王将相、烈女、孝子、高士等。学界常将该屏风画与顾恺之联系在一起，或至少倾向于屏风画表现的是南朝画风。也有学者提出，该屏风画是在北方地区自主完成的，其与《女史箴图》《列女仁智图》的相似性源于汉晋绘画传统，同时还可能受到顾恺之《洛神赋图》的影响。

在大同地区以外，也有一些墓葬使用了彩画漆棺，例如宁夏固原北魏墓[①]、内蒙古和林格尔北魏墓、内蒙古察哈尔右翼中旗七郎山M10等。北魏晚期及东魏—北齐、西魏—北周的日用漆器和彩画漆棺，目前几乎未见报道。北魏时人贾思勰在《齐民要术》中记载了漆器保养的方法[②]，这说明当时必然有一定数量的漆器仍在流通和使用。更为值得关注的是，相关内容收录在《种漆》一篇，虽然不知何故全文未有对“种漆”技术的直接记录，但也能说明作者对漆器生产工艺是有所关注的。

# 第四节　其他门类手工业

## 一、铁器工业

魏晋南北朝时期的铁器工业技术水平较前代有一定进步，这在文献记载中主要有以下体现：一是东汉南阳太守杜诗发明的“水排”，在三国时期被广泛运用于冶铁；二是至迟在东晋，已经有了使用煤作冶铁燃料的文字记载；三是南北朝时期发明了“灌钢法”并应用于实际生产中。

魏晋南北朝时期的铁器生产考古遗存发现较少。河南渑池县发现有冶铁作坊和铁器窖藏一处[③]。作坊遗址南北长250、东西宽220米，断崖处可见东汉至北朝时期的文化层，包含有铁渣、耐火材料和筒瓦、板瓦残片。窖藏铁器发现有4195件（块），较完整的约1300件，包括铁范、铁器、铁材和烧结铁灯。铁器包括手工业工具、农具、兵器、生活用具和杂器等种类。这批窖藏铁器中，有200多件铭文可辨识，主要有黾、黾左、黾右、黾池军左、黾池军右、绛邑冶左及津右等30多种。铭文总体属于东汉—西晋时期的书写风格，有铭铁器的年代应为魏晋时期；该批铁器主要来自黾池、绛邑、新安等八地至少十几个作坊，不同铁器作坊的产品源自统一规格模范；铁器的物勒工名形式与汉代明显不同，体现的是西晋时期军事性质浓郁的冶铁制度下的铁器冶铸管理形式[④]。

2012年以来，考古工作者在广西壮族自治区梧州市龙圩区发现了百余处六朝山岭

① 宁夏固原博物馆：《固原北魏墓漆棺画》，宁夏人民出版社，1988年。

② （北魏）贾思勰、石声汉校释：《齐民要术今释·卷五·种漆》，中华书局，2009年，第441、442页。

③ 渑池县文化馆、河南省博物馆：《渑池县发现的古代窖藏铁器》，《文物》1976年第8期。

④ 张凤：《渑池窖藏铁器铭文相关问题研究》，《华夏考古》2022年第6期。

遗址，其中30多处遗址发现炼炉、鼓风管、炉渣、矿石、木炭等冶铁遗存。其中，后背山遗址经抢救性发掘，发现灰沟、灰坑、柱洞、炼炉等遗迹，出土陶器、瓷器、铁刀、炉渣、鼓风管、矿石等遗物；发掘者判断，该遗址是一处六朝时期在聚落基础上形成的冶铁遗址[①]。

魏晋南北朝墓葬出土的铁器除铁棺钉外，主要有武器、工具、生活用具和建筑构件，能在一定程度上反映当时现实生活中铁器的种类。兵器主要有刀、剑、戟、矛、钩、箭镞、匕首等，还有兜鍪、颈甲、马胄、甲片等铁甲胄。铁刀是重要的武器门类，文献中有不少对当时宝刀的记载。例如曹操曾铸"百辟刀"五枚，并著《百辟刀令》；孙权在黄武五年（226年）"采武昌山铜铁，作十（千）口剑、万口刀"，"皆是南钢越炭作之"。发掘出土铁刀则以环首刀最为常见。刀、剑、匕首类武器多配以夹纻漆刀鞘、护套，部分还装饰有贵金属，例如安乡刘弘墓出土铁匕首柄部装饰龙虎图案金片，北燕冯素弗墓出土捶鍱金刀柄。三燕、高句丽地区出土有较多铁镞，不少应为狩猎用具，形状主要有三翼形、菱形、柳叶形、铲形、扇面形、鱼尾形、双叉形等。墓葬出土铁工具数量较少，基本不出渑池县铁器窖藏所见种类，大致以凿、锯、刀、剪、针、铰链、扁铲等较为常见。铁质生活用具以容器为大宗，但器形较为单调，主要包括釜、甑、鼎、炉、鐎斗，还有来自草原文化的铁鍑。建筑构件以"四通管状"小构件较常见，当是墓内帷帐座的组成部分，主要见于洛阳正始八年墓、西晋刘弘墓、安徽凤台南金M3等。

## 二、玉器加工业

魏晋南北朝时期的玉器，在器类与琢制技术方面，相较汉代无太大发展。但是就用玉礼制来讲，这一时期是组玉佩制度发展与定型的重要阶段，无疑具有重要历史地位。据出土资料，魏晋南北朝时期的玉器加工业可分为三国至西晋、东晋十六国、南北朝三个阶段。

第一阶段，三国至西晋时期。洛阳曹魏正始八年墓出土玉杯一件，通体洁白晶莹，是难得的珍品，同时也是这一时期较为少见的玉质器皿。东阿曹植墓出土有组玉佩构件，包括玉璜、上珩、下珩、玉珠，是现所知魏晋南北朝组玉佩年代最早的实物资料。曹植墓组玉佩形制与汉代组玉佩明显不同，或是魏侍中王粲所作新样式的反映。孙吴时期的玉器，主要见于南京上坊吴墓、丹徒葛村吴墓、宜昌一中吴墓等墓葬，器类主要有玉带钩、玉剑璏、玉翁仲等。安乡西晋刘弘墓，是这一时期出土玉器数量最为丰富的一座墓葬。该墓出有与曹植墓所出类似的组玉佩构件一套，还出有不见于曹植墓的两件心形佩，或许也是组玉佩的组成部分。但也有学者认为此类佩玉是可以单独佩带的玉饰[②]。该墓所出玉器还包括印、樽、卮、璧、环形器、带钩、剑璏、玉猪等。

---

① 蒙长旺、邹桂森：《广西梧州六朝冶铁遗址初探》，《金属世界》2017年第4期。

② 卢兆荫：《玉德·玉符·汉玉风格》，《文物》1996年第4期。

这一时期的墓葬，存在不少沿用、改制早期玉制品的现象，上述刘弘墓出土玉樽和谷纹玉璧或为汉代物品，南京板桥街道石闸湖晋墓中的玉璜甚至可能是新石器时代的遗物；洛阳华山路西晋墓镂空玉璜，则是利用西汉玉环改制而成[①]。

第二阶段，东晋十六国时期。东晋时期的玉器集中发现于建康地区，尤其以大族墓地出土数量最多，例如南京仙鹤观 M6、仙鹤观 M2、郭家山 M1、郭家山 M5、幕府山 M1、富贵山东晋墓，马鞍山林里建元二年（344 年）东晋墓，当涂青山 M23 等。其中，仙鹤观 M6 和 M2 是玉器出土数量最多的两座墓葬，主要包括佩饰和剑饰，以及葬玉类的玉猪和生活用玉类的带钩、柄饰。佩饰方面，M2、M6 各出土一套相对完整的组玉佩（图 5-18、图 5-19），皆出自男性墓主腰部及以下位置。需要注意的是，东晋墓出土玉器，有些可能沿用了西晋旧玉，或是使用了南迁时从中原带来的玉料，这和文献所记江左“美玉难得”的情况相吻合。

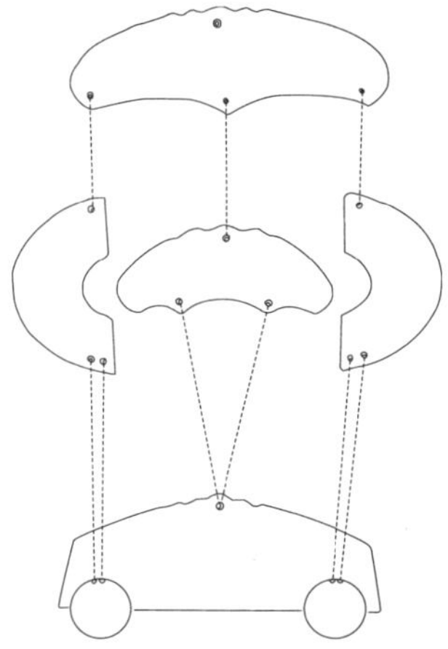

图 5-18　仙鹤观 M2 组玉佩复原图
采自王志高、周裕兴、华国荣：《南京仙鹤观东晋墓出土文物的初步认识》，《文物》2001 年第 3 期，第 81 页图一

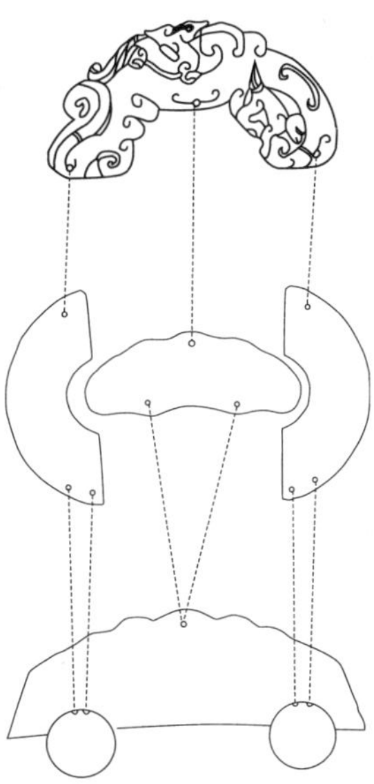

图 5-19　仙鹤观 M6 组玉佩复原图
采自王志高、周裕兴、华国荣：《南京仙鹤观东晋墓出土文物的初步认识》，《文物》2001 年第 3 期，第 82 页图二

十六国时期的玉器，以北燕冯素弗墓出土品最具代表性。该墓出有玉盏一件，形制与共出的琉璃盏相似；出有剑首一件，形制、纹饰具有汉代特征，不排除是汉代遗物的可能性。关中地区的十六国墓葬也出有玉器，包括咸阳文林小区 M140 出土玉璜、咸阳师院 M5 出土玉圭、中铁七局三处 M3 出土玉管等。

① 左骏、王志高：《中国玉器通史 · 三国两晋南北朝卷》，海天出版社，2014 年，第 26 页。

第三阶段，南北朝时期。南朝玉器仍集中出土于建康地区，但数量已不如东晋时期丰富。南京马群南朝墓出土组玉佩构件，似是东晋制品的沿用；丹阳胡桥南朝大墓出土刻字玉牌、玉棋子、玉扣、玉泡等；西善桥南朝墓出土谷纹玉璧1件；南京蔡家塘南朝墓出土玉环2件；南京花神庙南朝墓出土玉人、玉兽、玉猪各1件；南京将军山M13出土玉钗首、玉兽各1件；南京西善桥油坊村大墓出土玉瑱1件。在建康地区之外，也有零星出土资料：江西南昌京山M1出土玉带钩1件，广州市先烈南路南朝墓出土玉印1件，贵州平坝马场M37出土玉饰1件。

北魏时期的玉器，多和佛教活动有关，例如河北定州发现北魏舍利石函，函中盛有玉、玛瑙、水晶、珊瑚、珍珠、玻璃等质料的遗物，玉器有玉璧、玉料、云纹残佩饰等。迄今为止，尚未发现北魏墓葬有随葬玉器的现象。

东魏—北齐、西魏—北周时期，高等级墓葬内常随葬有玉器。太原北齐娄睿墓的玉器位置被扰乱，出土时位于砖砌棺床之上，包括多套组玉佩以及玉笄、玉串珠等，玉佩多有镶金装饰。寿阳北齐库狄迴洛墓出土有组玉佩构件（图版二，2）。疑似为帝陵的磁县湾漳大墓出土玉佩3件，均作龙首形；玉棒1件，可能是笄。西魏、北周随葬玉器的墓葬，多位于陕西西安、咸阳和宁夏固原。北周武帝孝陵，墓内出有组玉佩构件汉白玉珩、璜各2件，玉璧1件，玉珠4件等。其余随葬玉器的西魏、北周墓有吕思礼墓、小寨北周墓、王世良墓、宇文通墓、宇文俭墓、若干云墓、尉迟运墓、枹罕公墓（图版二，1）等。出土玉器以组玉佩构件为主，此外还有玉钗、玉指环、玉带钩、玉璧等。若干云墓出土的蹀躞玉带，是北周时期新出现的器类。整个玉带有玉扣1件、方銙附环8件、柿蒂纹方銙1件、玉环9件、铊尾1件，共计20件；鞓（皮带）已全部腐烂，仅残余少数附在扣、銙、环及铊尾之上。

## 三、纺织业

魏晋南北朝时期，纺织业发展较为充分。纺织生产技术在继承前代基础上有所进步，例如《齐民要术》所记录的蚕桑技术和染色技术已颇为系统，曹魏时期的马钧还曾对织机进行过改良，束综提花机在南北朝时期也基本定型。纺织品中丝织品品种较为丰富，主要有绢、缣、绡、紬、练、纱、罗、縠、绫、绮、锦、织成等；毛织物有毛布、毛褐、罽、绯毛、地毯；此外还有刺绣、绞缬等特殊工艺织品。

魏晋南北朝时期北方丝织品供应区主要在今河南、河北、山东范围内。西域纺织业混合了毛、棉、丝、麻等多种工艺，形成了龟兹、疏勒、高昌、于阗等丝织中心，创造了丘慈锦、疏勒锦等特色产品。由于受到保存条件的限制，目前考古发现的魏晋南北朝纺织品主要分布在西北地区的新疆、甘肃等地。

新疆的民丰、楼兰、且末、和田等地区，发现不少“汉晋时期”的纺织品。最为著名的考古发现，当属民丰尼雅遗址的95MNⅠM3和95MNⅠM8[①]。M3出土有舞人茱萸纹“王侯合昏千秋万岁宜子孙”锦被、人物禽兽纹和几何纹“世毋极锦宜二亲传子孙”锦袍、动物骑兽火焰纹“长乐大光明”锦、禽兽茱萸纹“延年益寿”锦手套、“延年益寿长葆子孙”锦筒靴面、动物茱萸回字纹锦覆面、龟甲纹毛毯以及各色绢。M8出土了云气纹“安乐如意长寿无极”锦枕、云气茱萸纹“安乐绣”“宜子孙”锦长袍下摆、云龙怪兽茱萸纹“延年益寿长葆子孙”锦袍襟袖口等，知名度最高的为瑞兽星云纹“五星出东方利中国”锦护臂（当为“射韝”或“臂韝”）和星云羽人“讨南羌”锦。发掘者将这两者相连缀，释其文为“五星出东方利中国……讨南羌”（图5-20）。一般认为，尼雅遗址两座墓葬出土丝织品多来自内地。出土汉晋纺织品遗物的墓葬还有楼兰孤台墓地MB2，尉犁营盘墓地95BYYM14、95BYYM15、95BYYM22、95BYYM23，且末扎滚鲁克一号墓地第三期墓葬、和田山普拉墓地等。这些墓葬出土的纺织品，有不少反映了当时中西文化交流的状况。例如：孤台墓地MB2出土的云纹瑞兽“延年益寿大宜子孙”锦，织有佉卢文题记。营盘墓地毛织物上有不少异域风格图案，包括裸体天使、石榴树和狮子等。山普拉墓地既出有来自中原地区的汉式织锦和绮，也有来自中亚地区的蜡染棉布、缂毛武士人像和缂毛半人马像（图5-21）。

图5-20 “五星出东方利中国……讨南羌”锦缀合复原示意图

采自新疆文物考古研究所：《新疆民丰县尼雅遗址95MNⅠ号墓地M8发掘简报》，《文物》2000年第1期，第36页图七三

十六国、北朝至初唐时期的纺织品集中发现于吐鲁番阿斯塔那、哈拉和卓（哈喇和卓）墓地，敦煌佛爷庙M1、玉门毕家滩M26等墓葬也有零散发现。夏鼐曾对1959～1960年阿斯塔那墓地出土织锦进行观察，指出这一时期的织锦存在由汉晋式锦向北朝—唐初新式锦演变的过程[②]。就目前材料看，演变的关键阶段大约在6世纪50年代前后。这一时期，汉晋式锦日趋式微，逐渐兴起以至于盛行的是一种重组织斜纹的经锦，多以联珠纹作为“骨架纹样”[③]，即由大小基本相同的圆形几何点联接排列形成几

① 新疆文物考古研究所：《尼雅95一号墓地3号墓发掘报告》，《新疆文物》1999年第2期；《新疆民丰县尼雅遗址95MNⅠ号墓地M8发掘简报》，《文物》2000年第1期。

② 夏鼐：《新疆新发现的古代丝织品——绮、锦和刺绣》，《夏鼐文集》（中），社会科学文献出版社，2000年。

③ “骨架纹样”定义参考赵丰、尚刚、龙博：《中国古代物质文化史·纺织（上）》，开明出版社，2014年，第232页。

图 5-21　山普拉墓地出土缂毛武士人像、半人马像
采自赵丰等：《中国古代物质文化史·纺织（上）》，开明出版社，2014 年，第 187 页图 4-2-3

何形框架，框架内填充纹样。这期间的纹样题材，展现出中西文化交融的特点。既有龙、凤鸟、羽人及各种瑞兽，也有域外色彩浓厚的狮子、孔雀、骆驼、大象、翼马、山羊；人物题材有射箭骑士、吹奏乐手、杂技艺人、牵骆胡人及西方神话人物；植物纹样有忍冬、团花、莲花、花瓣等。这一时期织锦的产地问题，尤为值得关注。曾有学者认为，阿斯塔那所出织锦绣有些来自萨珊波斯东部即中亚地区。诚然，吐鲁番地区随葬衣物疏中常见“波斯锦”的表述，织锦的装饰图案也包含了波斯文化因素。但是，这些织锦在工艺上为“经锦”，与西亚、中亚常见的“纬锦”不同①；同时在装饰上还呈现了明确的汉文化特征，尤以汉字的使用为代表，例如阿斯塔那北区 64TAM18 就出土有牵驼胡人联珠纹“胡王”锦。因此，本书倾向于这些织锦并非从萨珊波斯传入，至多是在装饰风格上（以及疑似在部分工艺上）受到了波斯文化影响。

# 思　考　题

1. 总结“早期越窑”的地域范围和产品特征。
2. 归纳魏晋南北朝铜镜的类型与分期。
3. 思考吴晋时期南方地区漆器制造业的主要特征。

# 延伸阅读

夏鼐：《新疆新发现的古代丝织品——绮、锦和刺绣》，《夏鼐文集》（中），社会科学文献出版社，2000 年，第 305～337 页。

贺云翱：《六朝瓦当与六朝都城》，文物出版社，2005 年。

李梅田：《岳州瓷与岳州窑研究》，《故宫博物院院刊》2019 年第 9 期。

① 新疆出土部分织锦可能是“纬锦”，但尚存争议。可参考夏鼐：《新疆新发现的古代丝织品——绮、锦和刺绣》，《夏鼐文集》（中），社会科学文献出版社，2000 年，第 336 页。

# 第六章　魏晋南北朝石刻与简牍文书

在纸张发明之前，我国古代用于书写的材料主要有龟甲、兽骨、玉石、砖瓦陶、青铜、简牍、缣帛等。具体到魏晋南北朝时期，出土或存世的文字资料主要有石刻、简牍和文书写本等形式。这些遗物是历史学、文献学的重要研究对象，也是考古学研究领域的重要实物遗存。

## 第一节　魏晋南北朝石刻

魏晋时期，受“碑禁”政策影响，石刻工艺发展陷入低谷。但是，秦汉时期流行的石刻主要形式，在魏晋南北朝时期仍继续存在。更为重要的现象是，地下埋葬“小碑形”墓志的现象开始普及，为后来墓志的成熟定型奠定了基础。进入南北朝，传统的各种石刻形式均继续发展，且物质形态多基本定型，与后世石刻形制已差别不大。此外，用于传播佛教文化的石刻新形式例如石窟、造像碑、刻经等均已出现，并迅速发展成南北朝石刻的重要门类①。

### 一、三国西晋石刻

曹魏、西晋时期存在“碑禁”政策②，但是在执行上又有不少可回旋的余地。与之相符的是，制作于三国西晋时期的碑刻数量相较汉代大幅缩减，但汉代流行的碑刻主要种类在这一阶段基本均能见到，包括纪事碑、墓碑、神道柱、纪功碑、石经、摩崖题刻，以及其他类型碑刻等③。

#### （一）纪事碑

如延康元年（220 年）公卿将军上尊号碑、黄初元年（220 年）受禅表碑、黄初元年孔羡碑、咸宁四年（278 年）辟雍碑等。上尊号碑、受禅表碑，是汉、魏禅让易代产物；二者规格相近，均高约 2、宽约 1 米。此外，还发现一些与修缮工程有关的记事

---

① 本节主要参考赵超：《中国古代石刻概论（增订本）》，中华书局，2019 年。

② （梁）沈约：《宋书·礼志二》，中华书局点校本，1974 年，第 407 页。

③ 四川渠县现存六组石阙中，有三组曾被推测年代属两晋时期；但据孙华先生考证，这些石阙实际上是东汉末期至蜀汉时期的遗物。考察其形制特征，确也与汉阙无异，故本书这里不涉及这批石刻。详见孙华：《试论四川渠县石阙的年代和风格》，《中国国家博物馆馆刊》2015 年第 8 期。

碑，如华阴西岳庙“华百石都训造”残碑、徐州鼓楼区金地商都遗址□康七年二月残碑[①]等。

## （二）墓碑、神道柱

墓碑有曹魏青龙三年（235年）范式碑、景元二年（261年）王基断碑，孙吴凤凰元年（272年）谷朗碑，西晋泰始六年（270年）郛休碑、泰始八年（272年）孙夫人碑等；神道石柱有韩寿墓石柱、笴府君墓石柱二例，均为西晋遗物。韩寿墓神道柱（图6-1，2），仅存柱身上半部，残高1.1米。圆柱形，表面装饰凸楞纹，上下两端各有一道缠绳纹。石柱上部有方形石额，刻有隶书四行，完整内容为“晋故散骑常侍骠骑将军南阳堵阳韩府君墓神道”，现仅存中间两行文字完整。笴府君墓神道柱（图6-1，1），顶盖以上部分不存，残高3.1米。底座分上下两段，下段为方形，上段覆盆形；柱身也分两段，下段装饰凹楞纹，上段装饰凸楞纹。顶端有方形石额，刻有篆文四行，内容为“晋故安乐相河内笴府君神道”。

1

2

图6-1　西晋神道石柱

1. 笴府君墓神道石柱　2. 韩寿墓神道石柱

采自张道一、李星明：《中国陵墓雕塑全集4·两晋南北朝》，陕西人民美术出版社，2007年，第2、3页图版一、图版二

① 刘尊志：《徐州出土晋代记事碑及相关问题略考》，《中原文物》2004年第2期。

### （三）纪功碑

主要有曹魏曹真残碑、毌丘俭纪功碑，西晋太康十年（289 年）齐太公吕望表，亦可归于此类。曹真碑，仅存中部，残存部分高 0.82、宽 1.22 米。残存碑文记曹真与蜀汉作战功绩；碑侧阴刻龙纹，碑阴题名存 30 行，多为曹真主政雍州时的属官。毌丘俭纪功碑，仅存原碑之一角，残高 0.39、宽 0.3 米。碑文阴刻隶书，记毌丘俭征讨高句丽之役，此役载于《三国志・魏书》。

### （四）石经

以刻写儒家经典的曹魏正始石经为代表。据今西安青年路出土残石推测，正始石经刻立于正始二年（241 年）。石经采用古文、篆文、隶书三种书体写成，故又称“三体石经”；所刻经典，至少包括《尚书》《春秋》二种（一说还有《左传》）。关于碑石数量，有 48、35、25 等三种不同观点。正始石经残石有几次集中发现[①]：第一次是宋代洛阳御史台出土残石共刻写八百余字；第二次是清光绪二十一年（1895 年）于洛阳城东二十里出土《尚书・君奭》残石共刻写百余字；第三次是民国十一年（1922 年）洛阳东三十里太学遗址范围内出土残石共刻写 2500 字左右；第四次是 1945 年于西安许土庙街小学附近出土《尚书・康诰》残石；第五次是 1957 年于西安青年路出土《西周・成公》残石。

### （五）摩崖题刻

汉中褒斜道曾保留有两段魏晋时期摩崖题刻：景元四年（263 年）李苞通阁道题记和泰始六年（270 年）潘宗伯・韩仲元通阁道题记，两方题记位置并列，晋刻在右而魏刻居左；两方题记原所在的石门隧洞现已淹没于水库之中，石门之南崖存有南宋南郑县令晏袤以楷书所复刻的录文[②]。山西晋城泽州县曾发现正始五年（244 年）摩崖题记一处，记录了参与开凿石门的官吏与工匠。江西上犹县双溪乡扬屋村北面发现一处西晋建兴二年（314 年）摩崖题刻，内容是赞颂山川景色的韵文[③]。

### （六）其他类型碑刻

孙吴天玺元年（276 年）的天发神谶碑和禅国山碑，性质较特殊，本书将二碑暂列于此。天发神谶碑，碑身呈圆幢形，碑文四面环刻，原石毁于清代嘉庆年间。禅国山碑，孙皓派遣官员于阳羡国山行禅礼时刻立，故实际上具有“封禅刻石”的性质。碑身微圆而椭（因其形似粮囤又称“囤碑”），高 2.35、最宽处 3.23 米。碑文四面环

---

① 李林娜：《曹魏正始石经概述》，《碑林集刊》（三），陕西人民美术出版社，1995 年。

② 王景元：《〈潘宗伯・韩仲元・李苞通阁道题记〉考识》，《中国书法》2017 年第 21 期。

③ 李坊洪：《上犹县发现西晋摩崖题刻》，《江西历史文物》1984 年第 2 期。

刻，罗列百余种祥瑞征兆，并记“宜先行禅礼，纪勒天命。遂于吴兴国山之阴，告祭刊石”。

这一时期的石刻，除了上述立于当时地表之上的碑刻外，埋于地下的墓内铭刻资料也有不少存留。尤其是进入西晋时期，碑形墓志有较多发现①，例如菅洛墓碑、成晃碑、裴祇柩铭、荀岳墓志、郭槐柩铭、徐美人墓志（图6-2，1）、张朗碑、刘宝墓志（图6-2，2）、士孙松墓志、华芳墓志、石尠墓志（图6-2，3）、石定墓志等。其中，裴祇柩铭、士孙松墓志、华芳墓志、石尠墓志、石定墓志等，为方首碑形。其余墓志可分为圆首、圭首两种类型；出土墓志尺寸较小，高度除少数可达1米以上外，多数均在50厘米上下。一般认为，此类墓志是受“碑禁”政策影响而将地面墓碑转移至墓内所形成的。有学者认为，西晋碑形墓志已有一定的等级性：圭首形等级最高，适用墓主为一、二品高官或葬以殊礼者；圆首、方首碑次之，适用墓主为二、三品官员或其亲属②。

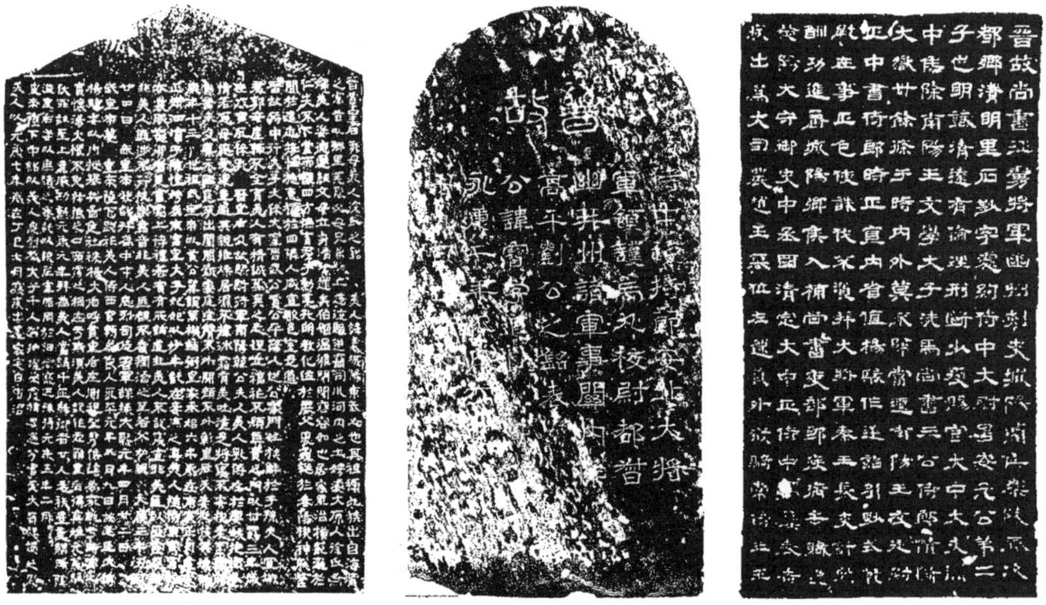

1　　2　　3

图6-2　西晋碑形墓志拓片

1. 圭首：西晋元康九年徐美人墓志　2. 圆首：西晋永康二年刘宝墓志　3. 方首：西晋永嘉二年石尠墓志

采自王佳月：《试论两晋墓志的演变和等级性》，《东南文化》2012年第5期，第89页图一

## 二、东晋、十六国石刻

东晋、十六国石刻存世数量不多，地面石刻主要有石碑、神道柱，以及刻铭石塔

① 值得注意的是，西晋墓志未见碑额自题为“墓志”者；所举诸例中，凡有自题者皆以自题命名，如碑、柩铭等；未有自题者，以墓志称之。

② 王佳月：《试论两晋墓志的演变和等级性》，《东南文化》2012年第5期。

等种类，墓内石刻以墓志为主。

### （一）石碑、神道柱

主要包括东晋隆安三年（399 年）杨府君神道柱和大亨四年（405 年）爨宝子碑，前秦建元三年（367 年）邓太尉祠碑和建元四年（368 年）广武将军□产碑。杨府君神道柱，现仅存柱身上部和方形石额，残高 0.82、宽 0.44 米。柱身装饰凸楞纹，石额刻文字 7 行 43 字，内容为“晋故巴郡察孝骑都尉枳杨府君之神道。君讳阳，字世明，涪陵太守之曾孙。隆安三年岁在己亥十月十一日立”。爨宝子碑，清代乾隆年间发现于云南曲靖杨旗田村，与大明二年（458 年）爨龙颜碑合称“二爨”。圆首，通高 1.9、宽 0.71 米，碑额题“晋故振威将军建宁太守爨府君之墓”。立碑当年东晋已改年号为“义熙”，但该碑仍沿用“大亨”。邓太尉祠碑，原位于陕西蒲城县，因纪念前秦冯翊护军郑能进整修邓太尉祠而刻，碑文记述冯翊护军所统“和宁戎、鄜城、洛川、定阳五部”；其部族有上郡夫施黑羌、白羌、高凉西羌、卢水、白虏、支胡、粟特、苦水等“杂户七千，夷类十二种”。广武将军□产碑，通高 1.76、宽 0.73 米，尖首平顶无穿，碑额刻“立界山石祠”，碑身四面刻字。碑阳“前叙其先世，次叙其政绩”，“似是纪功立界之碑”；碑阴和两侧均为题名，所列 134 人中包含很多羌人、氐人及部分西域胡姓。上述前秦二碑，是研究民族史的重要资料，详细情况可参考马长寿相关论著[①]。

### （二）刻铭石塔

主要指发现于新疆、甘肃西部的北凉小型石塔，学界概称为“北凉石塔”[②]。目前所知北凉石塔共有 14 座，有明确纪年或残存部分纪年的有 7 座：敦煌□吉德（干支丙寅）石塔、酒泉马德惠承阳二年（426 年）石塔、酒泉高善穆承玄元年（428 年）石塔（图 6-3）、酒泉田弘承玄二年（429 年）石塔、酒泉白双且缘禾三年（434 年）石塔、敦煌索阿后缘禾四年（435 年）石塔、酒泉程段儿太缘二年（436 年）石塔；另有七座无纪年或纪年残损者：武威石塔、酒泉残石塔段、敦煌沙山石塔、敦煌王翼坚石塔、敦煌岷州庙石塔、吐鲁番宋庆石塔、吐鲁番小石塔。这些石塔体积较小，最大的岷州庙石塔残高 96 厘米，最小的索阿后石塔仅 16.9 厘米，其余高度多在 40 厘米左右。石塔造型均由八角形塔基、圆柱形塔身、覆钵形塔肩、塔颈、相轮、塔盖等六部分组成，圆柱形塔身多刻造塔施主的发愿文和《增一阿含经》《佛说十二因缘经》。这批石塔与新疆若羌等地的木塔形制相似，可能是新疆中部以东、以南的流行样式[③]。

---

① 马长寿：《碑铭所见前秦至隋初的关中部族》，中华书局，1985 年。

② 详细资料可参考殷光明：《北凉石塔研究》，财团法人觉风佛教艺术文化基金会，2000 年。

③ 宿白：《凉州石窟遗迹和“凉州模式”》，《考古学报》1986 年第 4 期。

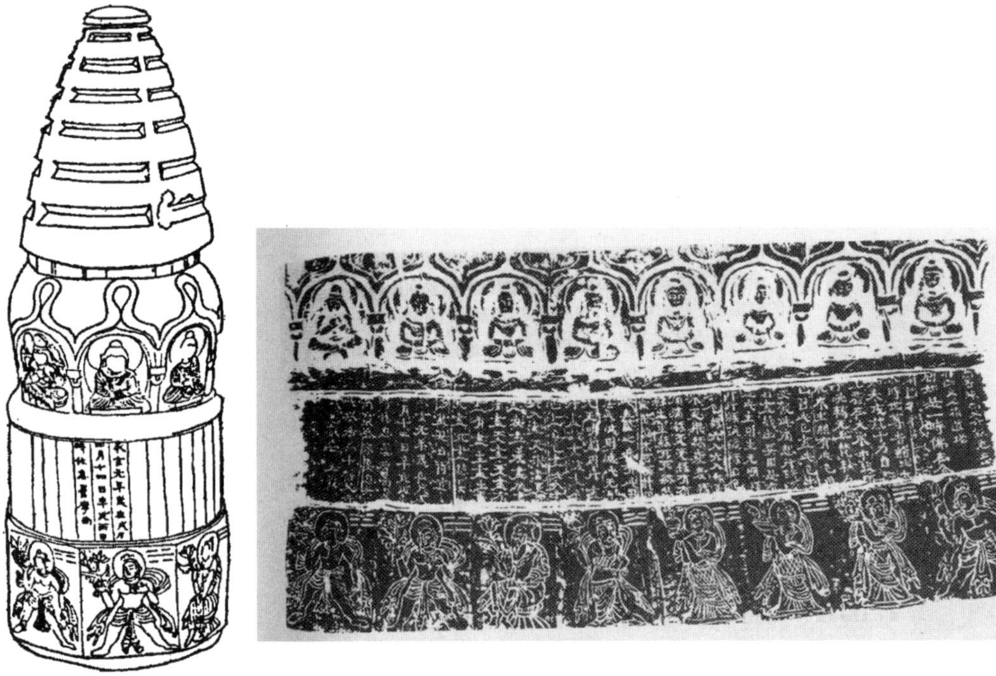

图 6-3 酒泉高善穆石塔线图与拓本
采自殷光明:《北凉石塔研究》,财团法人觉风佛教艺术文化基金会,2000 年,第 34、35 页图 27、图 28

## (三)墓志

考古发现的东晋墓志数量较多,但材质上多为砖质[①]。石质墓志,主要有泰(太)宁元年(323 年)谢鲲墓志、太宁三年(325 年)张镇墓志、咸康六年(340 年)和永和四年(348 年)王兴之夫妇墓志(两纪年分别刻于墓志两面——编者注)、泰(太)和六年(371 年)王建之墓志和王建之妻刘媚子墓志等少数几例,其中形制为圆首碑形的只有张镇墓志一例,其余均为长方形。王建之墓志、刘媚子墓志同出于南京象山 9 号墓;两方石墓志分别位于墓室内墓主头部的东、西两侧;此外还有刘媚子砖墓志一方,出土于墓坑填土之中[②]。上述砖、石志分不同位置埋葬的现象,在已发掘的墓葬中较为少见。1960 年,南京富贵山出土性质较特殊的刻石一块,形制为长条形,长 1.25、宽 0.3 米,刻写"宋永初二年太岁辛酉十一月乙巳朔七日辛亥晋恭皇帝之玄宫"。此当为刘宋时期所立东晋恭帝墓记,发现者将其命名为"晋恭帝玄宫石碣"[③]。总体来看,东晋时期的墓志尚未定型:字数多者二百余字(王兴之墓志),最少的不足十字(黄天墓

① 东晋时期的砖质墓志多出土于南京地区,志主多为世家大族,尤以侨姓士族为主。借助出土墓志,已明确了不少东晋家族墓地的分布范围,如建康城西北郊的象山王氏墓地、郭家山温氏墓地、老虎山颜氏墓地,东北郊的吕家山李氏墓地、仙鹤观高氏墓地,南郊的戚家山谢氏墓地、司家山谢氏墓地等。其中,泰(太)和六年(371 年)温式之墓志虽为砖志,但形制却是圭首碑形,进一步说明了墓志与碑刻在形制上的模仿关系。

② 南京市博物馆:《南京象山 8 号、9 号、10 号墓发掘简报》,《文物》2000 年第 7 期。

③ 李蔚然:《南京富贵山发现晋恭帝玄宫石碣》,《考古》1961 年第 5 期。

志），其余大都在百字以下；尺寸最大的为 60 厘米 ×16.5 厘米 ×11 厘米（谢鯤墓志），最小的仅 28 厘米 ×15.5 厘米 ×4.5 厘米（刘剋墓志）；样式有的呈长条形，有的则是方形，还有少数碑形；志文或刻于两面，或两块墓志拼成一方，或同样内容以不同字体刻于多块墓志；志文内容繁简不一，但均无志铭；放置位置多样，有的置于墓室一角，有的置于砖台前，较多的放在甬道内①。

十六国时期的墓志（多自题为“墓表”），集中出土于西北地区，包括：建元十二年（376 年）梁舒墓表、建元十六年（380 年）梁阿广墓表、弘始四年（402 年）吕宪墓表、弘始四年（402 年）吕他墓表、嘉兴二年（418 年）李超夫人尹氏墓表、承平十三年（455 年）沮渠封戴墓表（图 6-4），以及年代约在西凉时期的梁府君墓表。上述墓志形制皆为圆首碑形，除尹氏墓表、梁府君墓表为砖质外，其余均为石质。有学者分析了上述墓志主人的籍贯与活动地域，指出其有着共同的“河西地域”背景，故将这些圆首碑形、自题为墓表的墓志统称为“河西圆首碑形墓表”②。除上述圆首碑形墓志外，十六国墓志的主要发现还有如下两例：辽宁朝阳十二台营子出土后燕建兴十年（395 年）崔遹石志两块，平面均为不规则长方形，出土时系刻字一面相合，埋于石椁南部之上；一块高 30、宽 40 厘米，刻“燕建兴十年昌黎太守清河武城崔遹”；另一块高 55、宽 62 厘米，刻“燕建兴十年昌黎太守清河东武城崔遹”③。河南安阳西高穴村发现后赵建武十一年（345 年）鲁潜石志一块，高 20.7、宽 31.3 厘米；志文中提及“故魏武帝陵西北角西行卌三步”，引起了学界较多关注。

图 6-4　沮渠封戴墓表
笔者拍摄

## 三、南朝石刻

现存南朝石刻中，以分布在今南京、丹阳一带的帝王陵墓石刻群最为著名。据统计，保存较好的陵墓石刻群共计 39 处，其标准组合形式为石翼兽（辟邪和麒麟）、石柱、石碑“三件套”（详见第三章第五节）。

---

① 罗宗真：《南京新出土梁代墓志评述》，《文物》1981 年第 12 期。本书引用原文并稍作修改、补充。
② 张铭心：《十六国时期碑形墓志源流考》，《文史》第二辑，中华书局，2008 年。
③ 陈大为、李宇峰：《辽宁朝阳后燕崔遹墓的发现》，《考古》1982 年第 3 期。

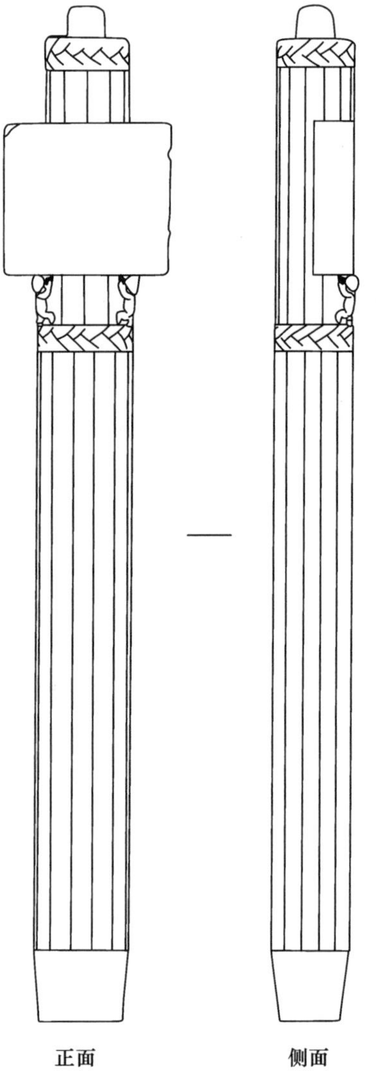


图 6-5 重庆忠县泰始五年石柱实测图
采自孙华：《重庆忠县泰始五年石柱》，《文物》2006 年第 5 期，第 80 页图一

除帝王陵墓石刻外，南朝地面石刻遗存还有以下几处值得注意：① 宋大明二年（458 年）爨龙颜碑。通高 3.38、宽 1.46 米；圆首有穿，碑额左右雕刻青龙、白虎、朱雀，穿左右浮雕日、月、金乌、蟾蜍等图像。碑额题“宋故龙骧将军护镇蛮校尉宁州刺史邛都县侯爨使君之碑”，碑文记录爨氏世系及相关边疆历史、职官情况等。② 忠县神道柱（图 6-5）。2003 年发现于重庆忠县乌阳镇将军村长江岸边，仅存一段柱身，残高 2.66、宽 0.25 米。柱身为横截面近长方形的十二角瓜棱柱形，由绳辫状箍带分为两段，上段两端各有绳辫状箍带一道，下端箍带上部雕刻托举姿势人像一对，人像之上为方形石额。石额上刻写铭文，有“泰始五年（469 年）”纪年。③ 瘗鹤铭摩崖题刻。刻于今镇江市区东北约 4.5 千米的焦山西麓崖壁之上，据宋人黄伯思考证刻写年代为梁武帝天监十三年（514 年），后因石崩塌落于长江之中。清康熙五十二年（1713 年）苏州知府陈鹏年募工打捞残石，发现残石 5 块，遗存 93 字。1997 年，考古工作者在塌落地点组织考古发掘，其中 T101 ③层出土“欠”“无”字石块，应属原题刻的组成部分。

南朝墓志出土数量较北朝墓志要少很多，这或许与埋藏环境不易于石刻铭文保存，致使墓志难以被辨识出来有关。不过，据现有资料，南朝使用墓志的习俗还是普及度较高的，“北方官员大量使用墓志，以及墓志形制的最终定型，应该也受到南方的文化影响”[①]。南朝墓志的时代特征，可以从以下三个方面理解。

第一，形制、名称，以及墓志铭体例等诸要素，至迟在南朝中后期均业已定型。形制：除刘宋永初二年（421 年）谢珫墓志、元嘉二年（425 年）宋乞墓志等几例南朝初期墓志外，南朝墓志的主流是石质长方形或正方形。名称：以刘宋大明八年（464 年）刘怀民墓志为代表，“墓志”的名称正式出现并逐渐固定。墓志铭体例：均有墓志题额，并有撰文者姓名、官职；志文与铭辞分开，志文首书墓主姓、名、籍贯、祖先世系，

① 赵超：《中国古代石刻概论（增订本）》，中华书局，2019 年，第 377 页。

后赞颂德行，末尾记卒日、葬日，后附铭；墓铭以骈文为主、多用典；铭后列举配偶与子女情况①。

第二，南朝墓志在地域分布上具有广泛性。南朝墓志除集中发现于南京地区外，还散见于其他地区。

第三，墓志主人的阶层较为广泛。现有考古材料中，南朝王侯墓志均属萧梁时期，例如萧融夫妇墓志、萧象墓志，以及尧化门外北家边萧梁墓出土墓志②。发掘出土的士人官员墓志也有不少。元徽二年（474 年）明昙憘墓志是年代较早的例子，年代较晚的例子有萧梁普通二年（521 年）“辅国将军”墓志、陈代太建八年（576 年）新建县开国公黄法氍墓志等。

除上述三点外，南朝墓志还有一些其他特征，例如合葬墓的墓主夫妇，各有墓志；墓志出土地点以甬道内两侧为主；墓志书体均为楷书③。

## 四、北朝石刻

现存碑刻资料表明，北魏的建立者拓跋鲜卑对石刻并不陌生。今传世有“猗卢之碑”残石拓片，据考证残石文字为“王猗卢之碑也”。内蒙古鄂伦春自治旗嘎仙洞遗址（图 6-6）则发现有摩崖题记，为北魏太平真君四年（443 年）李敞等人凿刻在石壁上的祝文。祝文内容与《魏书·礼志》所记基本相符，只是字句稍有不同。北魏中期以后，传统的石刻类型得到了进一步的沿袭与发展。这一时期的石碑、摩崖、墓志等，近代以来均有大量实物资料存世或出土，是为实证。更为突出的时代特征，则在于佛教文化对石刻雕刻技艺与表现形式的影响，终使得诸如石窟、造像碑、刻经在内的佛教石刻蔚然成风。

图 6-6 嘎仙洞遗址平面图

刘国祥、倪润安：《嘎仙洞遗址的发现及相关问题探讨》，《文物》2014 年第 11 期，第 55 页图二

① 定型后的墓志铭文体，可以刘岱墓志、王纂韶墓志等为例，参见赵超：《汉魏南北朝墓志汇编（修订本）》，中华书局，2021 年，第 37、38、40、41 页。

② 发掘简报推测墓主为南平王萧伟，也有学者认为墓主是吴平忠侯萧景，可参考王志高：《南京尧化门外北家边南朝陵墓神道石刻墓主身份新证》，《南京晓庄学院学报》2016 年第 3 期。

③ 罗宗真：《南京新出土梁代墓志评述》，《文物》1981 年第 12 期。

### （一）石碑与摩崖题记

这里的石碑指汉代以来流行的纪功碑、纪事碑、墓碑等，不包括后面将专题叙述的造像碑。北朝石碑大多形体高大，不乏通高3～4米以上的大型碑刻。碑首多雕刻螭龙形象。据碑首螭龙的特征，大致可以公元520年为界分为前后两个阶段：前期碑首四条螭龙多平行并进，形体精瘦，题额宽大；后期碑首螭龙多相互缠绕，形体丰满，鳞爪有力，题额缩小而呈圭形[①]。

属于前一阶段的石碑有北魏太安二年（456年）嵩高灵庙碑[②]、和平二年（461年）文成帝南巡碑（图6-7）、和平三年（462年）邸府君碑、太和十二年（488年）宕昌公晖福寺碑、正始元年（504年）大代持节豳州刺史山公寺碑、延昌元年（512年）杨翚碑、正光三年（522年）鲁郡太守张猛龙碑（图6-8）等。

图6-7 北魏文成帝南巡碑碑额及碑文局部拓本
采自山西省考古研究所、灵丘县文物局：《山西灵丘北魏文成帝〈南巡碑〉》，《文物》1997年第12期，第75页图七

图6-8 北魏张猛龙碑
采自曲阜汉魏碑刻陈列馆官网

属于后一阶段的石碑代表有东魏天平三年（536年）高盛碑、元象二年（539年）高翻碑、兴和二年（540年）敬史君碑、兴和三年（541年）元景植碑，北齐武平六年（575年）高肃碑，北周天和元年（566年）豆卢恩碑等。上述诸碑中，元景植碑、高盛碑、高翻碑、高肃碑皆位于邺城遗址周边；后三者在书法界享有较高知名度，常被

① 范兆飞：《螭龙寂寞碑额垂》，《问彼嵩洛——中原访古行记》，中华书局，2019年，第193～195页。
② 刻立时间有争议，一说立于太延元年（435年）前后。

合称为“三高”。高翻、高肃二碑，为北朝较晚阶段石碑形制之典型代表，碑首六龙缠绕，龙体巨大丰满，碑额呈圭形、面积较小。

北朝摩崖题记一般发现于漕运、陆运交通路线两侧崖壁之上，题刻内容为研究古道通塞、变迁提供了重要史料；此外，也有世族主持刻写摩崖题记，内容多是颂扬家族德勋，或是题名留念、景观诗赋。例如河南三门峡古栈道摩崖题刻①、汉中古褒斜道石门摩崖题刻②、山西运城中条山北周大象二年（580 年）摩崖题记③、云峰山摩崖刻石④等。

### （二）墓志

现存北朝墓志资料数量极为丰富。《金石萃编》《八琼室金石补正》《语石》《语石异同评》《洛阳出土石刻时地记》等，对 1949 年之前出土、传世的墓志有所记录。1949 年之后，科学发掘出土的北朝墓志数量逐渐增多。总体上，北朝墓志集中出土于洛阳、邺城、平城、晋阳、关中、青齐等几个地区。

有学者总结，北魏墓志有以下特征⑤。形制方面，除少部分沿袭西晋十六国时期的圆首碑形外（集中见于平城地区），大约在“太和改制”之后，绝大多数墓志都演变为正方形或接近方形的长方形石质铭刻。据当时的尺度，北魏或存在对墓志尺寸的等级规定，其对应情况大致为：三公墓志边长为三尺；一品、二品官员墓志边长为二尺四寸以上；三品官员墓志边长为二尺以上；四品以下官员墓志边长在一尺至一尺八寸之间；嫔妃女官的墓志根据其品秩低于同等品秩男性官员一级。北魏墓志盖装饰有以下四类：第一类是素面磨光，楷书刻写志名；第二类是素面磨光刻出方格，格内篆书志名，盖之四角或中央位置常装有一铁环；第三类是减地刻出长方形区域，篆书志名；第四类装饰有线刻花纹或减地凸刻花纹。志侧的纹饰则多为蔓草纹、缠枝忍冬纹、变形忍冬纹及奔兽等。东魏、北齐墓志盖，以素面者居多，有些甚至不刻写志名；志盖的形制，一般制作成覆斗形（盝顶盖），这一特征对后世墓志影响深远。

### （三）佛教石刻

上述石碑、摩崖题记、墓志等，皆是汉代以来石刻的传统类型。随着佛教文化的传播，逐渐产生、兴起了一些新形式石刻，诸如石窟造像、造像碑、刻经等；当然，这只是一种大致的分类，在石刻作品中，几类形式常组合出现。

---

① 中国科学院考古研究所：《三门峡漕运遗迹》，科学出版社，1959 年，第 44 页。
② 郭荣章：《陕南汉中与陇南成县的汉魏至北朝摩崖石刻》，《中国书法》1999 年第 12 期。
③ 李竹林：《山西运城发现北周刻石题记》，《文物》1995 年第 12 期。
④ 赖非：《云峰山刻石中郑道昭书法的平城遗风》，《书法》2019 年第 3 期。
⑤ 赵超：《古代墓志通论》，紫禁城出版社，2003 年，第 97～102 页。

### 1. 石窟造像题记[①]

保存石窟造像题记数量最为丰富的当属洛阳龙门石窟。1970～1974年，龙门文物保管所对龙门碑刻进行了调查墨拓，统计造像题记2840品[②]。其中，纪年明确属北朝的有近200品，无纪年者推测属北朝的630余品。北朝碑刻题记形制，因供养人身份高低而不同。宾阳洞属北魏皇家开凿的大型窟，其南洞和中洞之间有雕刻螭首的石碑，碑上刻唐代褚遂良所书《伊阙佛龛记》。但是，根据宾阳中洞南侧力士飘带刻入龟趺下推测，此碑应为北魏时凿刻；唐李泰续修宾阳南洞时，可能是将造像题记磨掉重刻，或是北魏时本就未来得及书刻而为唐人所利用[③]。北魏中型窟的造像题记，一般是刊刻在龛旁，也有的是在龛下部供养人位置中间留出空间刊刻。雕刻精细者，亦设计成螭首碑状。更多的中小型窟造像题记，则是分布在龛周围，大小、形状多样。

巩县石窟现存北朝造像题记中，属北魏的有1篇，属于东、西魏的有10篇，属于北齐的有28篇，属于北周的有2篇[④]。北魏造像题记为刻于普泰元年（531年）的佛弟子□造像记、比丘法云造像记。东、西魏题记最早的为天平二年（535年）僧更造像记，最晚的为大统四年（538年）比丘僧惠造像记等。北齐造像题记最早的为天保二年（551年）崔宾先造像、法定造像记、比丘僧道成造观世音像记、比丘道成造像记等，最晚的为天统四年（568年）魏显明造像记等。北周题记2篇（乾智题记、毂妻成郡君题记），均位于第1窟中心柱北面主龛两侧。

云冈石窟现存造像题记32种、47题[⑤]。早期题记多刻于太和七年（483年）至太和十八年（494年），例如第11窟五十四人造像题记（图6-9）、第17窟比丘尼惠定造像题记等。太和十八年之后的题记，例如第38窟吴氏忠伟为亡息冠军将军华口侯吴天恩造像并窟，第11窟妻周为亡夫故常山太守田文彪、亡息思须、亡女阿觉造像题记，均刻于太和十九年（495年）。第18窟茹茹可敦题记，据周伟洲考证刻于534～552年之间[⑥]，故基本可视为云冈石窟题记最晚一例。

山西地区还有其他一些石窟寺发现有北朝题记。高平高庙山石窟镌刻有80余处供养人题记，窟内左右壁刻有僧人题名；其题名方式较为特殊，一般在名字前冠以表明身份的僧职、法师、律师、禅师等名称以及所习之佛教经典，为北朝石刻造像题记所罕见[⑦]。高平石堂会石窟发现多则北魏题记，题记中“都唯那”“唯那”等反映了邑社

① 第七章将对石窟寺遗址进行专题介绍，这一节仅对石窟造像题记做一些叙述。
② 刘景龙、李玉昆主编：《龙门石窟碑刻题记汇录》，中国大百科全书出版社，1998年，第11页。
③ 王去非：《关于龙门石窟的几种新发现及其有关问题》，《文物参考资料》1955年第2期。
④ 河南省文物研究所：《中国石窟·巩县石窟寺》，文物出版社、株式会社平凡社，1989年。
⑤ 殷宪：《云冈石窟造像题记及其书法》，《艺术评论》2008年第4期。
⑥ 周伟洲：《关于云岗石窟的〈茹茹造像铭记〉——兼谈柔然的名号问题》，《西北大学学报（哲学社会科学版）》1983年第1期。
⑦ 李裕群、张庆捷：《山西高平高庙山石窟的调查与研究》，《考古》1999年第1期。

成员共同组织开凿石窟的现象；第 1 窟正壁题记“大八关斋主魏始□妻张阿□因缘眷属八十人”，是现所知北朝最早八关斋主题名[①]（图 6-10）。

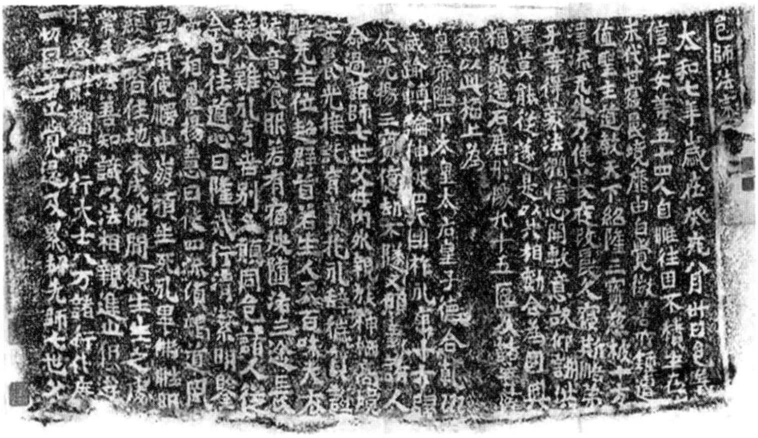

图 6-9　云冈第 11 窟五十四人造像题记拓本
采自吴利国、杨州：《云冈石窟造像题记书法艺术风格及价值》，《云冈研究》2022 年第 1 期，第 22 页图 1

图 6-10　山西高平石堂会第 1 窟正壁西龛柱“大八关斋”题刻
采自李裕群、衣丽都：《山西高平石堂会石窟》，《文物》2009 年第 5 期，第 70 页图七

① 李裕群、衣丽都：《山西高平石堂会石窟》，《文物》2009 年第 5 期。

### 2. 造像碑

造像碑，整体形似碑，其上开龛造像，并铭刻供养人姓名和发愿文，可谓将印度佛教艺术与刊石纪功垂名千古的中国儒家思想融为一体①。造像碑碑体有四阿顶方柱形、方形扁体、螭首扁体、横长方形卧式造像碑、千佛碑等类型②。现存最早造像碑实物为北魏延兴二年（472 年）黄□造像碑，为四阿顶方柱形，由方形碑座、方柱形碑身、四阿顶式碑首等部分组成。一般认为，这种形制是对石窟寺中心塔柱的模仿。北魏晚期，出现方形扁体造像碑，以孝昌元年（525 年）道晗造像碑最为典型（图 6-11）。碑体以正面雕像为主，其余三面雕佛传故事或供养人像与造像题记等。此类方形扁体造像碑，常作为寺院内的装饰性建筑。北朝晚期广泛流行的是螭首扁体碑，由碑首、碑身、碑趺等部分组成，碑首雕刻螭龙，造型多为六条螭龙相互缠绕。碑身以正面像龛为主，碑阴及两侧刻造像记、雕千佛龛、佛传故事和供养人像。碑趺方形，浮雕神王像。现藏于美国波士顿美术馆的北魏永安二年（529 年）五十人等造像碑是螭首扁体碑纪年明确的最早实例。此外，北魏至北齐时期还有一类横长方形造像碑，原应多镶嵌在寺院的墙壁或塔壁上。碑身正面中间雕刻造像或凿拱形佛龛，周围刻造像记文和题名。典型实例有北魏正光五年（524 年）刘根造像碑、北齐天保三年（552 年）刘子瑞造像碑等。

1

2

图 6-11　孝昌元年（525 年）道晗造像碑

1. 正面　2. 背面

采自王景荃:《河南佛教石刻造像》，大象出版社，2009 年，第 93、94 页

① 李静杰:《佛教造像碑》，《敦煌学辑刊》1998 年第 1 期。

② 王景荃:《河南佛教石刻造像》，大象出版社，2009 年，第 6～8 页。

造像碑铭文，主要有发愿文与供养人姓名两方面内容。发愿文记载造像缘起、过程、祈福愿望，以及主办人的姓名、籍贯、官职等内容，有些还用佛经语言称颂佛教神异恩德；不过，发愿文往往形成“格套”雷同。发愿文一般刻在碑身正下方中央，供养人姓名则多在碑身边缘、碑侧或碑阴。造像碑所刻图像差别较大，受地域因素影响明显。位于“中心”地区的造像碑，造像的形象较为符合佛教规范；相对边缘地区的造像碑，形象多不规范，甚至有自行创造的现象[①]。最突出的例子是见于陕西耀州等地的佛、道合雕造像碑，包括北魏始光元年（424 年）魏文朗造像碑、北周武成元年（559 年）绛阿鲁造像碑等。北周保定二年（562 年）李昙信造像碑发愿文中，甚至明确记“敬造释迦、太上老君、诸尊菩萨石像一区”。

**3. 佛教刻经**

佛教刻经形式多样，以石碑和摩崖较为常见，此外还有刻写在佛塔、地宫或舍利石棺上等多种形式。十六国、北朝的刻经发展历程可分为以下四个阶段[②]。

第一阶段，西秦至北魏太平真君时期，以北凉石塔为代表，前文已对此有过介绍。

第二阶段，北魏熙平年间至东魏，刻经活动的中心在中原地区，山东地区也有刻经出现。这一时期，刻经形式发生了较大变化，之前的刻经石塔已不见，刻经有的在石窟造像近旁，有的采用刻经碑形式，有的则为摩崖刻经。典型实例如下：洛阳龙门莲花洞洞口上方有碑记，刊《陀罗尼经》，是“石窟刻经之始”。济南黄石崖有东魏武定二年（544 年）所刊《大般涅槃经》，是山东摩崖刻经之始。

第三阶段，北齐天保年间至河清年间，刻经作品迅速增多，分布范围遍布整个北齐疆域范围，其中尤以太行山一带和山东东平湖沿岸、邹城峄山周边等地区最为集中。峄山诸处刻经，皆由僧安道一主持完成。

第四阶段，北齐天统年间至北周末，刻经集中出现于邺城京畿地区和山东泰山、峄山周边。邺城地区刻经集中在北响堂石窟、南响堂石窟以及涉县中皇山上。此外，与前三个阶段相比，第四阶段刻经具有以下特点：一是刻经形式以大型洞窟和摩崖为主，刻经碑较少；二是刻经面积广阔，例如泰山经石峪刻经面积达 1200 余平方米；三是单字体积较大，普遍在 30～60 厘米；四是与前几个阶段多仅摘录佛经段落或句子不同，这一时期出现长篇完整经文，反映刻经活动的目的，由之前的“供养”“弘法”，发展为“护法”[③]。

---

① 赵超：《中国古代石刻概论（增订本）》，中华书局，2019 年。
② 赖非：《北朝佛教刻经及其书法概说》，《中国书法》2007 年第 3 期。
③ 赖非：《北朝佛教刻经及其书法概说》，《中国书法》2007 年第 3 期。

# 第二节　魏晋南北朝简牍与纸文书

简牍，是指我国古代遗存下来的写有文字的竹简和木牍的合称。但就出土实物而言，也发现有木质简和竹质牍。魏晋时期，正处于书写材料“简纸并用”“以纸代简”的过渡阶段。因此，在魏晋时期遗址和墓葬中，简牍与纸文书均有出土。简牍、纸文书类遗物出土的地域性较为显著：西北边疆地区简牍和文书写本均有出土，例如新疆尼雅、楼兰遗址的魏晋简牍、纸文书，甘肃敦煌（藏经洞）、新疆吐鲁番的文书写本；河西地区的墓葬，南方地区的墓葬、水井中，则以出土魏晋简牍为主。

## 一、楼兰、尼雅遗址出土简牍文书

楼兰遗址，位于新疆巴音郭楞蒙古自治州若羌县罗布泊西北；尼雅遗址，位于新疆民丰县北约 150 千米的尼雅河下游。楼兰、尼雅虽相距近千里，但皆与汉晋时期的鄯善国有关。

20 世纪初期，一批外国“探险家”进入楼兰、尼雅地区进行发掘考察，调查发掘所获资料丰富，尤其是大量汉文、佉卢文、粟特文、婆罗迷文木简、残纸最为引人注目。1979～1980 年，新疆楼兰考古队三次深入罗布泊腹地，对楼兰古城址及其附近墓葬群进行考古调查和重点发掘。通过调查，新发现汉文木简 63 枚、纸文书 2 件，以及佉卢残木牍 1 件。

尼雅遗址方面，较为系统的考古工作当属 1990～1997 年间“中日共同尼雅遗迹学术考察队”开展的调查与发掘活动，期间共发现 57 枚佉卢文简牍、9 件汉文文书。此外，在 1959 年和 20 世纪 70 年代初的调查发掘工作中，还分别发现有 66 枚和 40 余枚佉卢文简牍。

### （一）楼兰遗址出土简牍文书

楼兰所出汉文简牍、纸文书共计 576 件，佉卢文简牍、纸文书仅有 49 件[①]。这与遗址建筑方式和遗物多表现出中原汉文化色彩的特征是一致的。斯坦因在楼兰古城周围发现十几座城址、寺院、住宅和墓地，并进行了编号。其中，LA 地点出土文书最为丰富[②]。

LA.Ⅰ是位于古城东北台地上的房址，斯坦因在此清理出木简牍 8 枚（汉文 3 枚、佉卢文 5 枚），纸文书 14 件（汉文 11 件、佉卢文 3 件）。斯文赫定也曾在此处发

---

① 汉文简牍、纸文书数量，含外国“探险家”收集 511 件和新疆楼兰考古队所发现 65 件；佉卢文文书数量，含斯坦因所收集 48 件与新疆楼兰考古队所发现 1 件。

② 主要参考林梅村：《楼兰尼雅出土文书》，文物出版社，1985 年；侯灿编著：《楼兰考古调查与发掘报告》，凤凰出版社，2022 年。

现过数件佉卢文文书。LA.Ⅱ是位于古城中部偏西南的“官署遗址”，斯坦因发掘了编号为LA.Ⅱⅰ～ⅶ的七个地点。我国楼兰考古队依据房址数量将其命名为“三间房”。LA.Ⅱ.ⅱ地点出土文书最为丰富，即“三间房”的东间（楼兰考古队编号为F1）。1901年，斯文赫定在此发现120枚汉文木简和157件汉文纸文书，纪年最早者为曹魏嘉平四年（252年），最晚者为西晋永嘉四年（310年）。1914年，斯坦因在此也清理出十余件文书。1980年，楼兰考古队清理出纸文书1件（80LBF1：7）。

LA.Ⅱ.ⅲ和ⅳ是两间房址，即“三间房”的中间、西间。该地点出土文书数量较少，仅由斯文赫定在此清理出两三片残纸。LA.Ⅱ.ⅱ的北侧有一处长方形房址，编号为LA.Ⅱ.ⅴ，房址内出土汉文木简1枚和佉卢文文书1件。

LA.Ⅱ.ⅵ和ⅶ为两间房址，我国楼兰考古队将东侧一间编号为F3，清理出木简1枚（80LBF3：2）。LA.Ⅱ.ⅵ和ⅶ前面，有“灰堆”一处，斯坦因从中清理出17件汉文文书和2件粟特文文书。

LA.Ⅲ位于LA.Ⅱ西侧，是“三间房”的西厢。斯坦因在房址西南部发现两枚汉文木简，在房址外侧“灰堆”发现37件汉文木简、残纸和2件佉卢文木牍。楼兰考古队在房址西侧开探沟一条，出土木简1枚。

LA.Ⅱ西侧约35米处，是一片“灰堆”。斯坦因编号为LA.Ⅵ.ⅱ，在此清理出汉文文书200余件，还有几件佉卢文书和1张粟特文残纸。楼兰考古队在此处布方发掘，清理出残木简60枚、纸文书1件。将LA.Ⅱ. ⅱ、ⅲ、ⅳ和LA.Ⅵ.ⅱ所出文书，在年代上均属曹魏时期，甚至出现了相同的官员押衔姓名（如赵辩、梁鸾、车成岱）；再加上三处地点都出有廪给簿籍和器物出纳籍，可以推测此处灰堆是“三间房官署中倾倒的废弃之物”[①]。

LA.Ⅳ、LA.Ⅴ、LA.Ⅵ三处地点，是位于上述“灰堆”西侧、北侧的院落式建筑遗迹。LA.Ⅳ位于西侧（即楼兰考古队所编F4），斯坦因在该地点东北角清理出长方形木牍6枚、楔形木牍4枚、木片11枚。该地点中心建筑外侧也有“灰堆”遗迹，斯坦因从中清理出26件汉文文书和1件佉卢文文书。LA.Ⅴ位于北侧，该地点南端发现2件佉卢文木楔和2件汉文文书；南侧院落内“灰层”中清理出1枚汉文木简和2枚佉卢文木简。院落外部“灰堆”中发现5件汉文文书和1张粟特文残纸。LA.Ⅵ也位于北侧，该地点西南侧小屋内发现4件汉文文书。

LK古城出土文书并不多，但却与“李柏文书出土地”这一争议话题密切相关。1909年，日本大谷考察队橘瑞超在楼兰地区发现包括前凉西域长史李柏文书（图6-12）在内的纸文书39件、木简5枚。1910年，大谷光瑞、橘瑞超和斯坦因见面，后者判断橘瑞超发现的李柏文书出土地点在自己编号的LA.Ⅱ。这一判断，引发了中外学界关于李柏文书出土地跨越七十余年的争论。王国维在《流沙坠简》中，根据文书内容判断，

---

① 侯灿编著：《楼兰考古调查与发掘报告》，凤凰出版社，2022年，第14页。

“李柏文书”出土地应为古代的海头城。但是，王国维接受“李柏文书”出土自 LA 的设定，由此得出 LA 不是楼兰城而是海头城的结论。20 世纪 50 年代，日本学者森鹿三将橘瑞超提供的文书出土地点照片和斯坦因报告进行比对，指出“李柏文书”出土自 LK 地点。这是学界目前接受度较高的一种观点。不过，孟凡人结合城址废弃年代和部分文书残件内容，提出“李柏文书”不可能出自 LK，而是出自 LA（楼兰古城），海头则是楼兰的别称①。

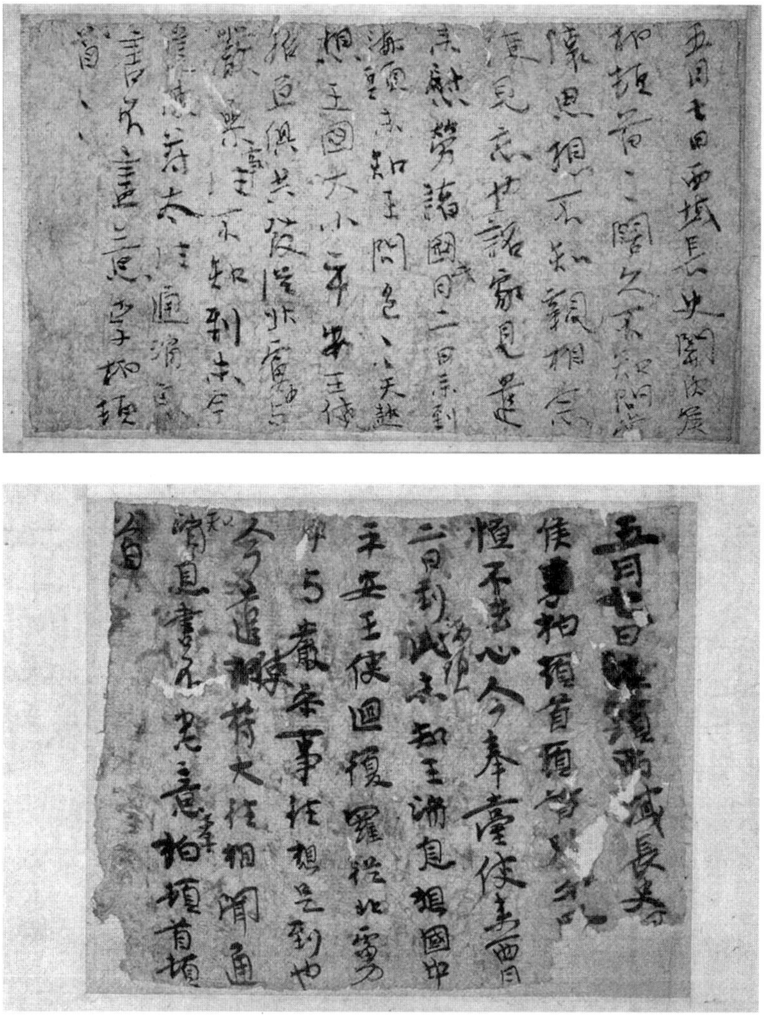

图 6-12　前凉“李柏文书”

采自雷锦涛：《“李柏文书”的史学和艺术价值再考》，《文物天地》2024 年第 4 期，第 76 页

楼兰各地点出土汉文文书，在内容上分为以下几大类：一是官府诏令、往来公文及其他法律文书；二是户籍簿册；三是粮食廪给、器物账簿；四是屯田军队劳务记录

① 孟凡人：《论李柏文书的年代和出土地点》，《中国历史博物馆馆刊》1989 年第 13、14 期合刊。

报告；五是文书传递记录；六是公私信件；七是买卖契约；八是《急就篇》《左传》《战国策》等书籍抄本残件；九是练习书写废稿及其他不能确定的残简。分析木简、纸文书的内容，《楼兰考古调查与发掘报告》得出如下几点结论：一是曹魏西晋时期，楼兰设置有长史和都督，长史的任务是管理戍守屯垦，都督的任务是管理西域诸国军队；二是魏晋纪年年号简和中央朝廷诏令文书频出，表明曹魏西晋时期中原政权仍能对西域实施有效的管理；三是楼兰地区吏士，除耕垦戍守外，或也从事一些买卖活动；四是出土简牍、纸文书表明魏晋时期隶书、楷书、行书、草书并行的特点，书写材料则呈现“简纸并行”的状态。

### （二）尼雅遗址出土简牍文书

与楼兰遗址不同，尼雅出土佉卢文文书数量远高于汉文文书。例如，虽然缺乏精确统计，尼雅出土佉卢文简牍至少已近 1000 枚，汉文简牍则只有 100 枚左右。佉卢文起源于古代犍陀罗，尼雅出土简牍的形制源于内地却又略有不同。因此可以说，尼雅佉卢文简牍是中西文化交融的重要见证。

尼雅汉文文书主要出土自以下两个地点[①]。① N.V，尼雅遗址北部东侧的一处房址。斯坦因在其东北角残损严重的厢房内（N.V. xv），出土约 54 枚汉文简牍，共出的有 205 枚佉卢文简牍。1996 年，中日共同尼雅遗迹学术考察队在此地点发掘出土 9 枚汉文简牍。② N.XIV，尼雅遗址北部西侧的一处房址。1906 年，斯坦因在该地点编号为 N.XIV.iii 的“灰堆”中清理出汉文简牍 11 枚；1931 年，斯坦因在 N.XIV. ii 发现 21 枚汉文简牍。上述汉文简牍中，两汉简牍 40 余枚、晋简 50 余枚。汉简集中出土于 N.XIV，简牍中有“王”“王母”“大王”“臣”等；再结合遗迹判断，N.XIV 或为精绝王室驻地。晋简集中出土于 N.V，内容多为中央政府诏书抄件，敦煌太守和西域长史下发公文，以及颁发给客商的通行证（“过所”）。这些资料表明，直至西晋，中原中央政府仍对这里行使着有效的统治。

出有佉卢文简牍的地点较多，出土数量在 100 枚以上的地点有 N. I、N.V、N.XXIV 等。简牍内容主要包括国王谕令、籍帐、信函、法律—社会经济文书、佛教文献、文学作品和杂类。简牍的形制则主要有楔形、矩形、长方形、棒形、标签形、Takht 形（有小柄的版形）和杂类；其中，用于记录国王谕令、信函和法律文书的楔形、矩形简最为重要，已出土的数量合计有 597 枚[②]。至于这些佉卢文简牍的年代，学界主要有 3 世纪、5 世纪、7 世纪三种观点，目前尚未有定论[③]。

自楼兰、尼雅遗址简牍文书整理公布以来，很多研究者在释读、缀合简牍文字的

---

① 详细资料可参考刘文锁：《论尼雅遗址遗物和简牍与建筑遗迹的关系》，《欧亚学刊》第三辑，中华书局，2002 年。

② 刘文锁：《沙海古卷释稿》，中华书局，2007 年，第 23～28 页。

③ 孟凡人：《尼雅遗址与于阗史研究》，商务印书馆，2017 年，第 35、36 页。

基础上，对鄯善国的政治、经济、文化状况，以及中原政府在鄯善国的行政系统和管理政策等课题展开了研究，兹不赘述。

## 二、敦煌和吐鲁番的文书写本

敦煌位于今甘肃省西部，地处河西走廊西缘，在中古时期是中原与西域沟通的重要枢纽。吐鲁番位于今新疆维吾尔自治区东北部，地属汉唐之西域，为古丝绸之路重镇。敦煌与吐鲁番，虽然地理位置相距较远，但却有着相似的历史和文化。这是“敦煌、吐鲁番能够并称，敦煌文献、吐鲁番文献能够并重的主要原因”[①]。

敦煌文献有广、狭二义，狭义敦煌文献专指莫高窟藏经洞所出各类文书写本[②]。莫高窟是自前秦建元二年（366 年）开凿[③]，经过北凉、北魏、西魏、北周、隋、唐、五代、北宋、西夏、元代历代营造所形成的大型石窟群。其中，第 16 窟是张氏归义军初期河西都僧统洪䛒的影窟。第 17 窟是在 16 窟的甬道北壁上开凿出来的，长、宽、高均不足 3 米。这个在体量上并不起眼的第 17 窟，正是学界所称“藏经洞”。

1900 年，藏经洞被道士王圆箓开启。洞内堆叠总数在 5 万件以上的十六国至北宋时期的经卷和文书，多数为写本，也有少量雕版印刷品和拓本。此后，一批外国探险家和学者开始了对藏经洞的盗掠。这也就导致了藏经洞文献存在较为复杂的流散和收藏状况。近些年，敦煌文献整理成果丰硕，较为重要的有郝春文主编《英藏敦煌社会历史文献释录》和荣新江主编《法国国家图书馆藏敦煌文献》等。

由于斯坦因是最早进入藏经洞进行翻检的探险者之一，其看到的场景应较接近藏经洞内遗物存放之原貌。据斯坦因记录，藏经洞的文书写本分类放在两种“包裹皮”中。一类是所谓“杂包裹”，梵文、于阗文、藏文的贝叶形写本，回鹘文或粟特文写本卷轴及绢纸绘画、丝织品，还有一批相当数量的汉文碎纸块，带有木轴的残经尾、木轴、丝带、布包皮、丝织品做的还愿物、绢画残片、画幡木网架等，均装在此类包裹皮中；另一类是所谓“正规的图书包裹”，其中 1050 个装汉文卷子、80 个装藏文卷子，此外还有 11 个藏文贝叶夹本包。据荣新江研究，这些所谓“正规的图书包裹”，其实正是分帙存放的佛经；基于此点认识，进一步提出藏经洞封存的是三界寺的供养具，并推测 1006 年前后由于听到于阗王国被信奉伊斯兰的黑韩王朝灭掉，三界寺的僧人把本寺的供养具以及其他神圣的物品全部包好后，有秩序地封存在藏经洞当中[④]。

---

① 王素：《敦煌吐鲁番文献》，文物出版社，2002 年，第 48 页。

② 1944 年，敦煌艺术研究所在莫高窟中寺后园土地庙残塑像体内发现一批写本，有学者认为这些也原为藏经洞文献的一部分。

③ 此所据为唐《李君修佛龛碑》记载。但也有学者认为开凿时间是东晋建元二年（344 年），可参考王素《敦煌出土前凉文献所见“建元”年号的归属——兼谈敦煌莫高窟的创建时间》，《汉唐历史与出土文献》，故宫出版社，2011 年。

④ 荣新江：《敦煌藏经洞的性质及其封闭原因》，《敦煌吐鲁番研究》第二卷，北京大学出版社，1996 年；《再论敦煌藏经洞的宝藏——三界寺与藏经洞》，《敦煌学新论》，甘肃教育出版社，2002 年。

敦煌文献的年代范围，大体是从5世纪初到11世纪初，其中以9～10世纪（吐蕃到归义军时期）的文书资料最为丰富。属于魏晋南北朝时期的较少，纪年较早的为S.797号西凉建初元年（405年）写经题记，其他文书有后秦乙卯年（弘始十七年，415年）《妙法莲花经》、北魏景明三年（502年）《大般涅槃经》、西魏大统十四年（548年）写经等。敦煌写本的主体是佛教经典，而且在佛经等书籍的背面、裱纸和备用纸上，也留存了数量相当丰富的公私文书，为今天的历史研究提供了许多传世文献材料所没有的原始文书档案，当然还有一些已经佚失的典籍断片[①]。这些文书资料，对研究中古尤其隋唐五代时期的政治、经济制度，士族与基层社会，佛教教团与僧尼生活以及日常生活等提供了重要参考。

吐鲁番所见文书主要是墓葬中的随葬文书。吐鲁番文书的发现，也与19世纪末、20世纪初期的外国人探险考察活动有关。20世纪70、80年代，唐长孺组织“吐鲁番出土文书整理组”，对1959～1975年发掘出土的文书进行整理，后陆续出版《吐鲁番出土文书》十册，是迄今为止吐鲁番文书研究最重要的成果之一。进入21世纪，代表性成果有《新获吐鲁番出土文献》《旅顺博物馆藏新疆出土汉文文献》。

吐鲁番墓葬出土的随葬文书主要有两种形式：第一种是将文书制作成各种丧葬用品，包括纸棺，死者的衣物、靴鞋、衾被，以及陶俑构件。这一种形式的文书在内容上较为丰富，包括诏令、官府档案、簿籍账目、契约、私人信件，以及佛教和儒家经典抄本等。第二种是以完整形式随葬，包括衣物疏[②]、功德疏、地券、告身、契约等。其中，衣物疏的研究成果较为丰富。吐鲁番地区出土纸本衣物疏已发现70余件，现所见最早纪年为建元二十年（384年），最晚纪年为咸亨四年（673年）。吐鲁番随葬衣物疏的发展可以分出三个阶段：第一阶段为高昌郡至高昌王国前期，这个阶段的衣物疏由具有写实性质的随葬物品清单，初步发展为带有为死者祈求冥福性质的墓葬文书；第二阶段为麴氏高昌王国时期，这是衣物疏的盛行阶段，为死者祈求冥福成为这个阶段衣物疏的主要用途，与此同时墓砖随葬普遍发展起来；第三阶段为唐西州前期，衣物疏衰落而为墓表墓志所取代[③]。

随着敦煌、吐鲁番出土文书写本的陆续公布，学界已经利用这些文献开展了大量研究，所取得成果以“证史”“补史”为主要范式。现今，已有学者注意到，未来敦

---

① 荣新江：《敦煌学十八讲》，北京大学出版社，2001年，第192页。

② 东周至汉墓出土简册中，有一类记录随葬物品的清单，学界命名为“遣册”；从西汉中晚期开始，遣册的形制与内容都发生了很大变化，出现了一类随葬于棺内，主要记载服饰、衾被、布帛等随葬物品的木牍清单，学界称之为“衣物疏”。详见田天：《西汉中晚期遣策的变迁及其意义》，《文物、文献与文化——历史考古青年论集》第一辑，上海古籍出版社，2017年。

③ 侯灿：《吐鲁番晋——唐古墓出土随葬衣物疏综考》，《新疆文物》1988年第4期。此外，还有学者注意到以543年为界，吐鲁番衣物疏发生较大变化；主要体现在543年之前以河西因素为主导，543年之后以南方因素为主导。参考金弘翔：《魏晋南北朝时期衣物疏地域传统的形成与交流——兼谈高昌衣物疏的渊源》，《西域研究》2020年第1期。

煌、吐鲁番文献研究应围绕以下几个重点方向展开：一是依据大量未经编撰的“原始史料”，开展社会史、女性史、边疆史、儿童史、环境史等研究；二是充分重视粟特文、于阗文、回鹘文、藏文等文书，利用本民族的史料研究民族史；三是采用“书籍史”的方法，引入“写本学”的技术手段，重新整理敦煌吐鲁番写本文献，重新评估写本文献较之于版本文献的特点和价值[①]。

## 三、河西与南方地区出土简牍

河西地区出土简牍，基本均为随葬衣物疏，集中发现于武威、张掖和玉门地区。南方地区简牍主要出土于水井和墓葬中，主要发现于今湖北、湖南、安徽、江苏、江西等省份。水井所出以文书简为主，这代表吴晋时期或有将“过期”文书集中埋藏于水井中的做法。墓葬所出简牍，有写有墓主姓名的竹木简，现一般称之为木“名刺”，多墨书“弟子某某再拜　问起居”等字；有方形的木牍，有些发掘简报称之为“木方”，墨书以衣物为主的随葬品清单，就性质而言其实就是衣物疏。

### （一）河西地区出土衣物疏

河西地区出土简牍，以十六国、北朝时期的衣物疏为主。根据衣物疏年代和书写格式的差别，可分为武威张掖地区和玉门地区两种传统[②]。武威、张掖出土衣物疏，纪年最早的是高台骆驼城建兴五年（317年）赵阿兹墓衣物疏，纪年最晚的是高台骆驼城升平十三年（369年）胡运于墓衣物疏。这批衣物疏，除少数将墓主姓名写在开头外，其余在内容格式上与河西地区汉末衣物疏基本相同。玉门出土衣物疏，纪年最早的是毕家滩建元十六年（358年）朱少仲墓衣物疏，纪年最晚的是毕家滩麟嘉十五年（403年）黄平墓衣物疏。从公元370年左右开始，玉门地区出土的十六国衣物疏出现了比较稳定的新书写格式。即在随葬衣物清单的背面，除死者姓名和死亡信息，还记有买棺事，并加入“所在听遣不得留停”等语句，以及写“青龙”“白虎”为虚拟见证人。这种格式的衣物疏，与现实世界所使用“过所文书”（即通过水路关隘时需要出示的“通行证”）的格式相似。因此可以说，玉门地区公元370年之后的遗物疏，实则是将衣物疏与过所文书杂糅为一，形成了“清单 + 署名 + 买棺事 + 过所 + 虚拟见证人”的全新格式。

### （二）南方地区出土简牍

水井简牍资料，以湖南长沙走马楼J22水井所出最为丰富。J22为不规则圆形竖井

① 据荣新江2024年5月16日山东大学讲座“敦煌吐鲁番的新问题、新方法”整理。

② 金弘翔：《魏晋南北朝时期衣物疏地域传统的形成与交流——兼谈高昌衣物疏的渊源》，《西域研究》2020年第1期。

（图 6-13），现存井口南北长 3.2、东西长 3.1、深 5.6 米。J22 堆积分为四层，其中第 2 层出土了数量众多的简牍，第 3 层出土零星简牍。出土简牍数量合计 136 729 枚（2002 年统计数据），完整者有 25 000 枚，残断的约有 35 000 枚，碎片约 77 000 枚；规格有宽、窄两种，前者宽度在 1.2～1.5 厘米，后者宽度在 0.5～1.2 厘米。关于简牍埋藏的成因，发掘简报提出两种可能：一是西晋伐吴时长沙郡府官员有意将此批籍册瘗埋；二是将简牍埋入井窖之中极有可能是吴国长沙郡府的官员对早期文书的一种处理方式。据已公布资料，走马楼竹简可以分为以下五类：① 券书类。包括佃田租税券书和官府各机关之间钱、米、器物调拨交接券书；前者是一种形制特殊的“大木简”，长 49.8～54.3、宽 2.6～4.3 厘米。② 官府文书和司法文书类，为官府之间往来文书和司法案件的审理记录。③ 户籍类，主要记载户主姓名、年龄、身体状况及有关事项。④ 名刺、官刺类，皆为木牍，但长短、宽窄、厚薄、大小等有多种形式。⑤ 账簿类，木牍、竹简皆有，包括田租、市租、关税、官吏俸禄、借贷、钱月旦簿、长沙郡属诸曹岁尽簿等[①]。这些简牍均为官方文书,故其内容对研究三国时期吴国的经济、法律、政治有重要价值。湖南郴州苏仙桥 J4、J10 水井也出有简牍；其中，J4 出土吴简 140 余枚，有账簿类、文书书信类、记事类、纪年简、习字简等；J10 出土西晋简 909 枚，为西晋桂阳郡郡府文书档案。

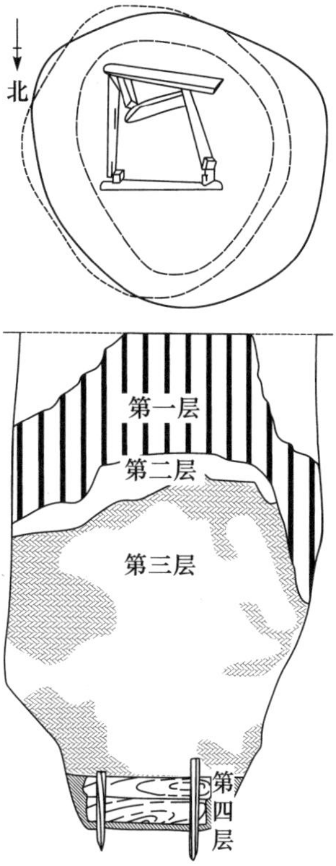


图 6-13　长沙走马楼 J22 平、剖面图

采自长沙市文物工作队、长沙市文物考古研究所：《长沙走马楼 J22 发掘简报》，《文物》1999 年第 5 期，第 7 页图四

墓葬简牍，多分布于湖北、湖南、江西、安徽等省份，主要有木名刺、木牍、木印章等。随葬简牍的孙吴墓葬主要有湖北鄂州水泥厂 M1、江西南昌高荣墓、安徽马鞍山朱然墓等。鄂州水泥厂 M1，随葬木名刺 6 枚，墨书“童子史绰再拜问起居 广陵高邮字浇瑜”或“广陵史绰再拜……”。高荣墓，随葬木名刺 21 枚，墨书“弟子高荣再拜　问起居沛国相字万绶”；木牍 2 枚，记录随葬品。朱然墓，共发现木名刺 14 枚，木谒 3 枚；木刺墨书“弟子朱然再拜　问起居　字义封”“故鄣朱然再拜　问起居　字义封”“丹杨朱然再拜　问起居　故鄣字义封”；木谒正面顶端墨书“谒”，下书“□节右军事左大司马当阳侯丹杨朱然再拜”。随葬简牍的两晋墓葬主要有江西南昌东湖区永外正街晋墓、江西南昌火车站东晋 M3（雷陔墓）、江西南昌火车站雷鋽墓等。永外正街晋墓，出土木名刺 5 枚，墨书，3 枚书“弟子吴应再拜　问起居　南昌字子远”；1 枚书“豫章吴应再拜　问起居　南昌字子远”；1 枚书“中郎豫章南昌都乡吉阳里

① 骈宇骞、段书安编著：《二十世纪出土简帛综述》，文物出版社，2006 年，第 473 页。

吴应年七十三字子远”；木牍 1 枚，墨书随葬衣物清单。南昌火车站 M3，出土木牍 1 枚（图 6-14，1），墨书随葬衣物清单；木名刺 2 枚（图 6-14，2），墨书“弟子雷陔再拜　问起居　鄱阳字仲之”；另有这一时期较少见到的木印章 2 枚（图 6-14，3），正面阴刻“雷陔”、背面阴刻“臣陔”。东晋之后，南方地区墓葬中简牍已基本不见，或与当时普遍“以纸代简”有关。

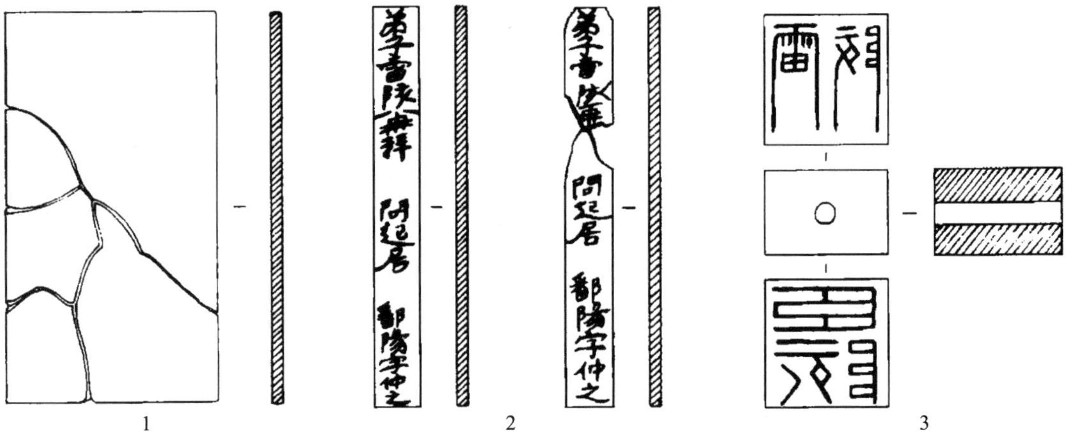

图 6-14　南昌火车站 M3 出土简牍

1. 木牍（M3：3）　2. 名刺（M3：4、M3：5）　3. 木印章（M3：17）

采自江西省文物考古研究所、南昌市博物馆：《南昌火车站东晋墓葬群发掘简报》，《文物》2001 年第 2 期，第 26 页图四二

## 思　考　题

1. 思考“碑禁”政策对魏晋石刻的影响。
2. 总结魏晋十六国“碑形墓志”的主要发现及其特征。
3. 从考古资料论述魏晋时期书写材料“简纸并用”的时代特征。

## 延 伸 阅 读

张铭心：《十六国时期碑形墓志源流考》，《文史》第二辑，中华书局，2008 年。
荣新江：《敦煌吐鲁番的典籍与文书》，上海古籍出版社，2023 年。
魏斌：《孝思与神仙：云峰诸山北朝题刻的形成》，《中国史研究》2023 年第 3 期。

# 第七章　魏晋南北朝佛教遗存

魏晋南北朝时期与佛教相关的考古遗存，主要有两大类：一类是专门的宗教设施和物品，尤以石窟为大宗，此外还有佛寺，以及多数出土于佛寺遗址内的单体造像；另一类是与佛教间接相关的遗存，主要见于墓葬之中。这些考古资料，为了解这一时期佛教文化的发展状况提供了重要参考。

## 第一节　佛教石窟寺

石窟寺，即在河畔山崖开凿的宗教寺庙，可视为地面寺院的“石化”形式。尽管很多宗教都有开凿石窟寺的做法，但佛教石窟寺是绝对的主流。中国开凿石窟寺约始于3世纪，兴盛于5～8世纪，最晚的可到16世纪。宿白著有《中国石窟寺考古》一文，对中国石窟寺的分区与分期进行了系统阐释，为中国石窟寺研究确立了基本框架[①]。该文将中国石窟寺分为新疆、中原北方、南方和西藏四个区域，并讨论了各个区域石窟寺的主要特征。后来的中国石窟寺专题著作，多沿用这种分区方案。本书也基本以此文为基础，重点对魏晋南北朝时期的石窟寺情况进行介绍[②]。

### 一、新疆地区

佛教东渐，首及以新疆为主的古代西域，由此在当地产生了浓厚的宗教氛围和特色鲜明的佛教艺术。新疆地区石窟寺即是反映这种历史背景的重要实物遗存。现存石窟寺，主要分布在喀什以东的塔里木盆地北沿一线，较为集中的地点有三处：一是古龟兹区，在今库车、拜城一带，主要有克孜尔石窟、克孜尔尕哈石窟、库木吐喇石窟和森木塞姆石窟。古龟兹是三个小区中石窟寺分布最为集中的一处，且石窟寺数量多、规模大、延续时间长。二是古焉耆区，在今焉耆七个星一带，主要有七个星石窟，开凿年代约在7世纪以后。三是古高昌区，在今吐鲁番附近，主要有吐峪沟石窟和伯孜克里克石窟等。

新疆石窟多塔庙窟、大像窟、僧房窟、禅窟以及不同形制洞窟构成的组窟，也有

---

① 宿白：《中国石窟寺考古》，《中国石窟寺研究》，生活·读书·新知三联书店，2019年，第1～6页。

② 此外，部分石窟的年代和新出考古资料，本节还参考了李裕群：《中国石窟寺》，科学出版社，2022年；常青：《中国石窟简史》，浙江古籍出版社，2021年。

少量的禅窟群。5 世纪以后，方形佛殿窟数量增多，出现了佛坛窟。焉耆、吐鲁番一带还有洞窟前面接砌土坯前堂和用土坯砌建的洞窟。这些不同形制的洞窟，除一般僧房窟外，窟内都绘壁画，绝大部分原来还置有塑像。塑绘内容，6 世纪以前主要有释迦、交脚弥勒和表现释迦的本生、佛传和因缘等图像。6 世纪出现了千佛题材。现将开凿年代较早的克孜尔石窟、吐峪沟石窟进行如下介绍。

克孜尔石窟，也称克孜尔千佛洞，位于拜城县克孜尔乡东南 7 千米的木扎提河北岸的悬崖间，是古龟兹境内规模最大的石窟群，已编号洞窟有 236 个，主要分成谷西区、谷内区、谷东区和后山区四个区域。克孜尔石窟内容丰富、延续时间久、位置重要，既是龟兹石窟的典型代表，也是联系中亚和东方佛教遗迹的纽带。宿白曾撰文对克孜尔石窟的类型与阶段划分进行探讨，将其发展过程分为三个阶段。后来的研究者基本承袭这一框架，只是对每个阶段的绝对年代进行了更精确的判定。

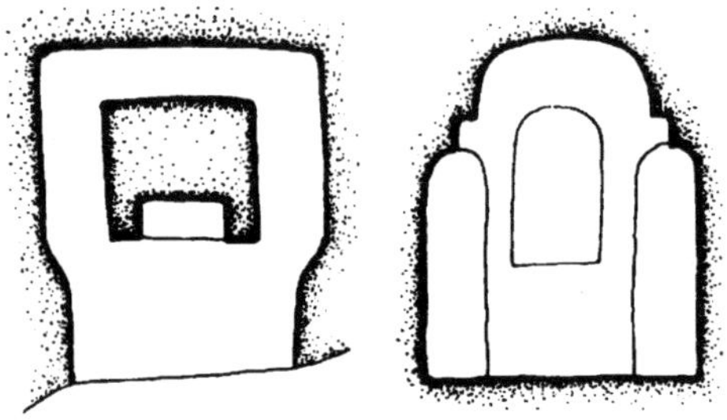

图 7-1　克孜尔第 13 窟平面及主室正壁立面
采自宿白：《中国石窟寺研究》，生活·读书·新知三联书店，2019 年，第 9 页图 2

第一阶段，约为 4 世纪初到 4 世纪中叶。大部分石窟分布在谷西区，类型有塔庙窟、大像窟和僧房窟，以僧房窟数量较多，大像窟数量较少。各类石窟多单独存在，组合情况不明显。

塔庙窟，以第 13（图 7-1）、38 窟最为典型，一般主要有主室、后室和中心柱三部分，个别有前室，但大都已不存。主室前壁正中窟门上方绘弥勒兜率天说法，窟门左、右侧绘供养人；后壁（即中心柱前壁）的龛内，原塑有一坐佛；左、右壁不分栏，或分上下栏，各栏绘二或三铺因缘佛传，近顶部绘天宫伎乐。前室顶部壁画分三部分，中间（券顶中脊）天象，有日神、风神、立佛、金翅鸟、月等；左右两侧（券顶弧壁）为本生或本生、因缘佛传相间布置，每个菱格山峦内绘一个故事情节。后室四壁绘涅槃、焚棺、舍利塔等，顶部绘菱格山峦，地面绘莲花纹地衣。

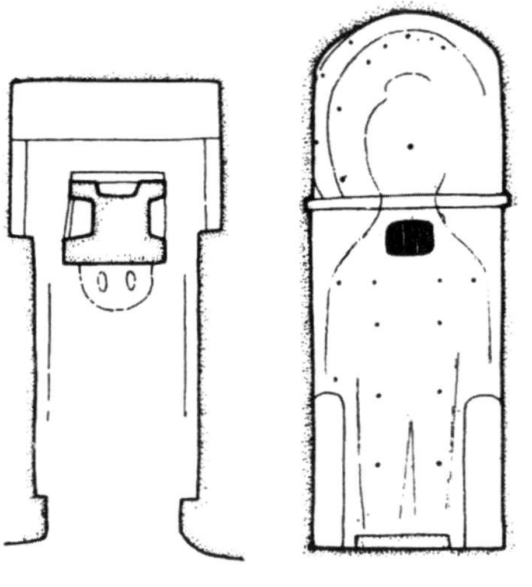

图 7-2　克孜尔第 47 窟平面及主室正壁立面
采自宿白：《中国石窟寺研究》，生活·读书·新知三联书店，2019 年，第 10 页图 3

大像窟，一般无前室，只有主室、后室和中心柱，大像凿于中心柱前壁。其形制实际可视为塔庙窟的变形，只是突出安排大立像，将窟室加高、后室扩大。以第 47 窟为例（图 7-2），主室前壁、顶部大部分崩毁，后壁（即中心柱前壁）前有半圆形大像台，但立佛像已不存，据凿孔推测原高约 10 米，上部原似有供养天人。左右壁前也有大像台，台上塑佛像 7 身。后室前壁有涅槃台，台上塑大涅槃像；左、右壁砌有列像台，左右像台上原各塑立像 7 身。中心柱左、右、后壁各开大龛一个，左、右龛内原各塑坐佛一尊，后龛原也塑坐佛一尊。

僧房窟，结构主要有门道和主室两部分。前部为平顶或券顶的门道，门道后壁有的设置成方形券顶小室，小室口原装有木门。门道后方左侧或右侧开短甬道，甬道内为券顶主室，顶壁相接处有简单的叠涩出檐。主室前壁中部开窗。僧房窟一般无塑像、壁画。

第二阶段，4 世纪末到 6 世纪前期。属于这一阶段的石窟数量较多，广泛分布在各个区域。除塔庙窟、大像窟和僧房窟外，方形窟发展较快。不同类型石窟的成组情况在这一阶段开始流行。

塔庙窟，以第 17、104、171 窟较为典型。布局与第一阶段相似，较多使用主室宽于后室的形制。前室前壁窟口上方绘兜率天说法，左、右侧各绘供养人行列。左、右壁分上下两栏，各栏绘二或三铺因缘佛传。顶部同第一阶段，分为左、中、右三部分，日神形象变化较大，多为戴珠冠、着甲胄的人形，乘坐于双轮马车之上。后壁（中心柱前壁）大龛内原塑坐佛一身。后室后壁绘或塑涅槃；前壁绘舍利塔；左、右壁绘舍利塔或立佛。

大像窟，以第 77、139 窟较为典型。一般无前室，主要有主室、后室、中心柱三部分。主室略窄于后室，进深较第一阶段缩短，后壁前有大立像遗迹。后室有高宽（如 77 窟）、低窄（如 139 窟）两种形制；有些在后壁砌涅槃台，左、右壁砌列像台。中心柱平面多方形或扁方形，四壁皆未开龛。塑像和壁画情况如下：主室后壁中部原塑大立佛一身，左右壁多分栏，塑或绘坐像、立像、供养天人等。后室后壁塑或绘涅槃像，左、右壁塑立佛、绘菩萨；顶部正中分格绘伎乐，左、右侧格内原影塑伎乐，通道顶部正中绘天象，左右绘菱格本生。中心柱左、右壁上部有列椽，其下绘伎乐，右壁伎乐中似有兜率天说法题材。

僧房窟，形制略同于第一阶段，但是门道后壁无小室者增多，还有些凿出前室，壁、顶交接处也使用叠涩出檐枭混线。出现了比一般僧房窟主室大的大型僧房窟，例如第 119 窟；还出现了上下两层者，如第 35（下）、36 窟（上）。

方形窟，一般有前室，多崩毁。主室方形或矩形，前壁正中设门，或一侧设门、另一侧开窗。券顶，壁、顶相接处出檐曲线与塔庙窟、僧房窟相似。主室正中有的砌佛坛，坛上原置塑像，壁面多分栏分格绘连续佛传，前壁上部绘兜率天说法，可以第 76 窟为例。不设佛坛的洞窟，有的在后壁绘菩萨或高僧为中心的壁画，性质或为讲堂窟，如第 49 窟；有的与中心柱窟主室类似，在后壁开龛置坐像，左右壁绘因缘佛传，如第 14 窟。

这一时期洞窟成组分布的情况较为常见，主要有“塔庙窟 + 僧房窟”“塔庙窟 + 方

形窟 + 僧房窟”“方形窟 + 僧房窟”“双塔庙窟 + 方形窟”“多塔庙窟 + 方形窟”“多塔庙窟 + 方形窟 + 僧房窟”（图 7-3）等不同类型。不同组合类型的共同特点，即都包括一座或多座塔庙窟。此外，组合形式演变的大致规律是僧房窟的重要性逐渐下降，以致有的僧房窟后来被改造为塔庙窟或方形窟。

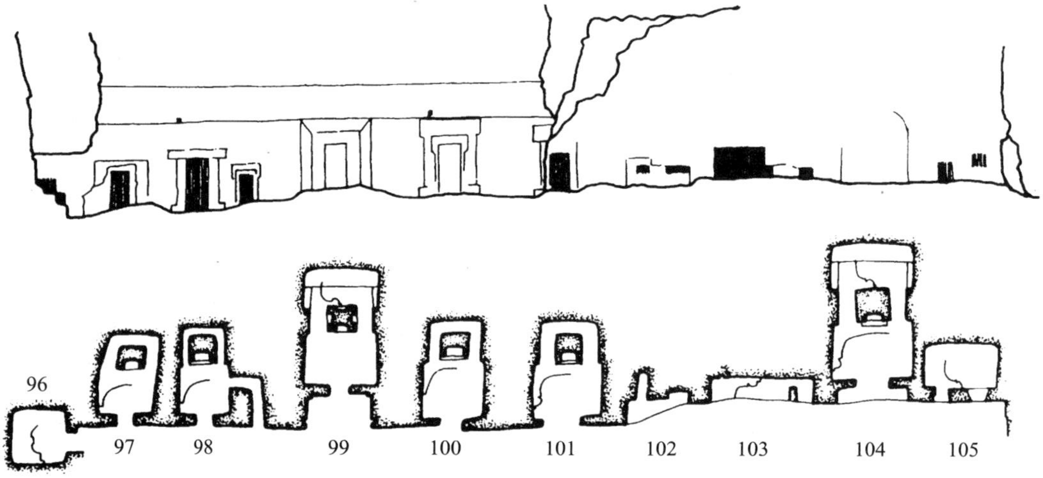


图 7-3　克孜尔第 96～105 窟平面及外崖立面

采自宿白：《中国石窟寺研究》，生活・读书・新知三联书店，2019 年，第 16 页图 22

第三阶段，6 世纪中叶到 7 世纪后期。属于这一阶段的石窟多分布在谷东区，类型略同于第二阶段，但形制、绘塑内容都有简化的趋势，新出现前两个阶段未见的小型窟。

塔庙窟，形制与前两个阶段相似，以第 107A、107B、180、201 窟较为典型。主室、后室的壁面出现大量千佛题材，有的千佛身着汉式双领下垂大衣；左右壁还有说法图和供养人，供养人服饰出现了具有断代意义的联珠纹。窟顶有的绘千佛，有的绘本生、因缘、佛传。前两个阶段流行的涅槃像已少见，个别石窟仍在后室前壁绘有舍利塔。塔庙窟壁画塑像题材的变化，体现了大乘佛教对龟兹石窟艺术影响的逐步加深。

大像窟出现新形制，如第 70、148 窟，取消中心柱的设置，大立像中部以上依崖壁塑造，崖面下部向内凿出横长方形低窄的后室，原大立像腿部成为主室、后室的分界。这种形制的大像窟见于在库车库木吐喇石窟，同时也和阿富汗巴米扬东西立佛窟较为相似。

僧房窟，形制略同第二阶段，壁、顶相接处不见复杂线脚装饰，主室出现少量平顶和纵券顶；有些结构简单的无门道、只有主室，如第 234 窟。

小型窟，多利用僧房窟改造后所遗留下来的门道部分，如第 190 窟就是利用了原为僧房窟的第 189～190 窟的门道。正因为此，小型窟多呈长条形，但不开龛塑像，壁画内容主要是千佛。还有具有较小前室的小型窟，如第 182、183 窟；以及类似方形窟者，如第 181 窟。

吐峪沟石窟，位于新疆吐鲁番市鄯善县吐峪沟乡麻扎村，西南距高昌故城约 10 千米。始凿于高昌郡时期，经麴氏高昌，延续到唐西州至回鹘高昌时期。现存洞窟百余个，依据分布位置可分为沟东、沟西和沟口区，多上下多层分布，此外，沟两侧山坡上发现有较多地面佛寺遗址[①]。

参考学界对高昌石窟的分期[②]，吐峪沟石窟可以分为以下三个发展时期。

第一期，年代在 5 世纪左右。主要营建于吐峪沟河谷东、西两侧阶地，这也是整个遗址北部营造条件最优越的崖面。本期石窟类型主要有塔庙窟、僧房窟，以及附属于僧房窟的储藏窟。

塔庙窟，仅两座，东区第 18 窟（图 7-4）和西区 NK2 窟。僧房窟，是本期数量最多的石窟类型，形制与龟兹地区僧房窟相近，由门道、小室、主室三部分组成，主室一般前壁中央开窗，同时凿有灶、炕等设施。储藏窟，作为僧房窟的附属设施，开凿于僧房窟旁侧；规模较小、开凿粗糙、形制不规整，地面多凿有成排分布的储物浅坑。

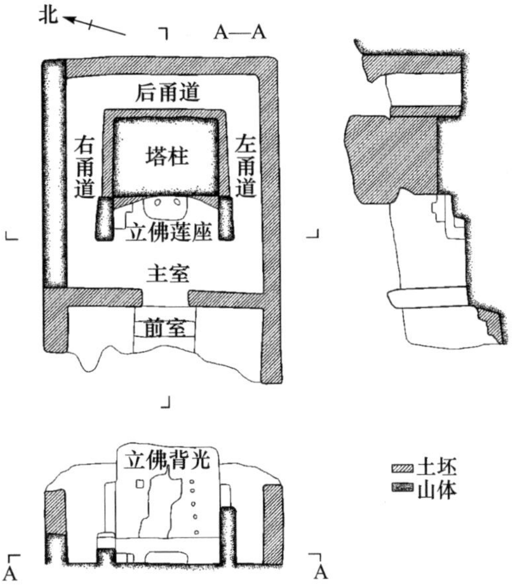


图 7-4　吐峪沟第 18 窟平面、剖视图
采自夏立栋：《高昌石窟分期与谱系研究》，《考古学报》2022 年第 2 期，第 203 页图二

这一时期东区北部的石窟组合、分布情况较为明确。洞窟群分布在河流的第二、三、四级阶地，构成上、中、下三层。塔庙窟第 18 窟营建于第三级阶地中央，属于核心石窟，僧房窟及储藏窟环绕周围，分层排布在第二、第四级阶地上。吐峪沟西区北部石窟寺崩塌严重，仅塔庙窟第 NK2 窟保存较好，位于窟群北端。该窟以南原开有一排洞窟，现只残存后壁及其上所凿小龛，原或为僧房窟群。

第二期，年代为 6 世纪末至 7 世纪初，于西区中部高台营建出规模较大、布局规整的独立窟院。

塔庙窟，有西区第 33 窟、22 窟，二者形制相同。僧房窟，在本期仍数量较多，也

① 20 世纪 80 年代以来，吐鲁番地区文物局对 46 座洞窟进行了编号，这也是学界通行标注的所谓“吐编”。2010 年，中国社会科学院考古研究所、吐鲁番研究院等单位组成联合考古队，对吐峪沟石窟进行了持续发掘。所形成的发掘材料，对石窟进行了重新编号，但也有部分沿用了“吐编”。为方便行文，本书使用新编号体系。

② 夏立栋：《高昌石窟分期与谱系研究》，《考古与文物》2022 年第 2 期。由于缺乏纪年题铭和文献记载，测年数据又误差较大，夏立栋各分期的绝对年代并未完全“前后衔接”，而是存在缺失或重叠，但这其实也是大致符合石窟营造客观规律的。

均由前室、后室和小室三部分组成，各部分皆为纵长方形，纵券顶。这一时期西区中部高台上的洞窟组合，以塔庙窟——第33窟为中心，在其两侧上、下层各对称分布五座僧房窟，上层僧房窟前室建于下层僧房窟后室窟顶之上，下层僧房窟后室墙壁下部皆为开凿洞窟时预留的山体框架；两层僧房窟空间位置逐一对应，同层分布的僧房窟形制结构相同；窟前还分布有平台院落。综合来看，该石窟群是一处经过统一规划设计施工、各类洞窟功能密切关联的佛教窟院。

第三期，年代为6世纪至7世纪前半叶。主要分布在东区北部和西区南部，数量较多、类型丰富，主要有塔庙窟、佛殿窟、僧坊窟、讲堂窟（？）、僧房窟、储藏窟及少量禅龛。

塔庙窟数量明显增多，造像布局以东区第27窟保存最为完整，主要由前室、主室、甬道等部分组成。前室规模较大，平面呈横长方形。前室后部以方形中心柱分隔出主室和甬道；主室平面呈横长方形，横券顶；甬道为狭高的纵券顶。

佛殿窟，本期新出现的形制类型，具体有以下三类：第一类，平面呈方形，地坪中央凿方形佛坛，佛坛上方正对穹隆顶，周围为平顶，包括东区第30、50窟等。第50窟保存较好，佛坛正面开凹字形浅龛，其余三面不开龛。主室左、右、后三壁中央绘说法图，周围绘禅定千佛，其下有本生、因缘故事。后壁与左、右壁相接转角处上部，绘三级佛塔建筑。前壁自上至下绘禅定千佛，本生、因缘故事和几何纹、三角垂幛纹壁带。门道上方绘兜率天宫说法图，两侧壁绘供养人。中央佛坛造像残毁，推测应为四身立佛。穹隆顶中心为大朵莲花，周围环绕小型立佛，平顶部分绘禅定千佛，四角绘神王。第二类平面呈纵长方形，覆斗顶，包括东区第31窟等。左、右、后壁中央各绘一说法图，周围有禅定千佛，后壁为说法图和小型立佛。覆斗形顶中心亦绘莲花，四面分布小型立佛，转角处绘交脚坐佛。第三类平面呈纵长方形，纵券顶，造型题材布局与第二类相近，在吐峪沟数量较少。

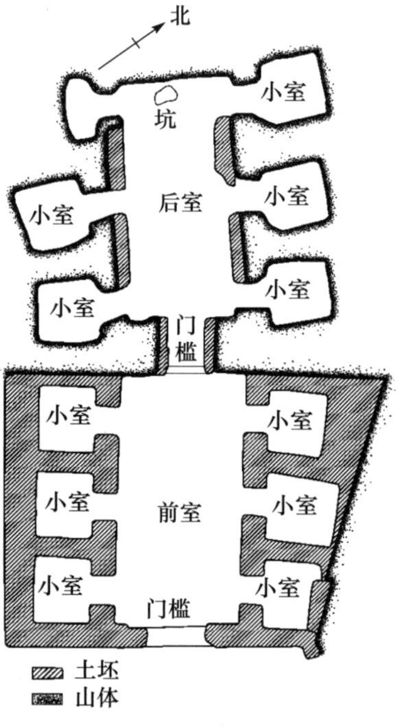

图7-5 吐峪沟西区第26窟平面图
采自夏立栋：《高昌石窟分期与谱系研究》，《考古学报》2022年第2期，第209页图一〇

僧坊窟，本期新出现类型，由主室和主室两侧对称分布的小室组成。例如东区第32、54窟，西区第26窟（图7-5）等，均属此类型。部分主室正壁绘七重行树与禅观僧，左、右壁上部绘僧人禅观图，下部绘本生、因缘故事。

讲堂窟（？），因规模较大，可容纳多人集会而得名，平面呈纵长方形，纵券顶，前壁开大型明窗，窟内正对门道处砌挡风墙。东区第28、55窟均属此类型。

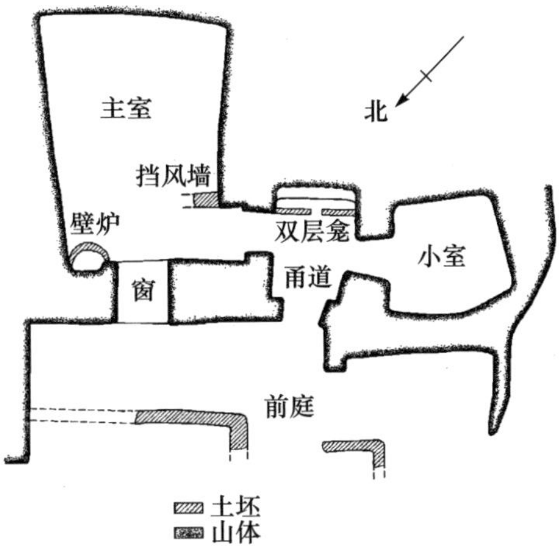


图 7-6　吐峪沟东区第 3 窟平面图
采自夏立栋：《高昌石窟分期与谱系研究》，《考古学报》2022 年第 2 期，第 209 页图一一

僧房窟，数量较多。本时期的高昌地区流行多种形制的僧房窟，在吐峪沟常见的为由主室、小室两部分组成者。主室纵长方形，纵券顶，前壁中央开明窗；小室位于主室前壁或侧壁，平面呈方形。例如东区第 3（图 7-6）、8、12、36、38、42、44、49 窟等，均是此种形制的僧房窟。

储藏窟，一般开凿于邻近僧房窟的崖面，窟内地面有储物浅坑，例如东区第 2、4、5、41、43、52 窟等。

禅龛，数量较少，仅容一人坐于其中。平面近方形或横长方形，平顶，例如东区第 1、7 窟等。

这一时期洞窟的组合形式，整体可分为两类：第一类，均包含一座僧坊窟，具体形式有"塔庙窟 + 僧房窟 + 僧坊窟""佛殿窟 + 佛殿窟 + 僧坊窟""佛殿窟 + 僧房窟 + 储藏窟 + 僧坊窟 + 讲堂窟"。第二类，无僧坊窟，具体形式有"塔庙窟 + 僧房窟 + 讲堂窟""塔庙窟 + 僧房窟（+ 禅龛）"。

从第一期到第三期，以吐峪沟石窟为代表的高昌石窟，完整继承了凉州大乘佛教图像体系，同时大量吸收龟兹石窟的洞窟形制、造像技法和于阗地面寺院的造像布局形式，将凉州与西域的洞窟结构和造像内容重组配设，形成了融会东西、内容独特的"高昌样式"。

## 二、中原北方地区

这一地区石窟数量最多、内容最复杂，是中国石窟遗迹中的主要部分。按石窟的特征，可分为河西、甘宁黄河以东、陕西、晋豫及其以东四个小区。其中，陕西区石窟规模较小，开凿年代较晚，本书从略。

### （一）河西区

主要位于河西走廊的敦煌、酒泉、张掖、武威附近。敦煌周边自然以莫高窟规模最大，现存石窟的开凿年代从 5 世纪延续至 14 世纪，莫高窟以东的重要石窟有西千佛洞、榆林窟等。酒泉附近分布有文殊山石窟、玉门昌马石窟。张掖附近有马蹄寺石窟和金塔寺石窟。武威附近有天梯山石窟，很有可能是历史上著名的凉州石窟遗迹。上述石窟不少都开凿于 5～6 世纪。河西石窟寺一般以泥塑和壁画相结合的方法修造，主要流行塔庙窟和佛殿窟，有少量禅窟、僧房窟和大像窟，壁画题材主要有释迦、交脚弥勒、倚坐佛、三佛、七佛、释迦多宝、千佛，以及本生、因缘和佛传故事等。现以莫高窟和天梯山石窟为例进行详细介绍。

莫高窟，位于甘肃省敦煌市区东南 25 千米的鸣沙山东麓。据第 332 窟武周圣历元年（698 年）《李君莫高窟佛龛碑》，一般认为莫高窟最初开凿于十六国前秦时期（4 世纪下半叶），后经北魏、西魏、北周、隋、唐、五代、宋、西夏、元诸代开凿，形成了规模宏大的石窟群。莫高窟洞窟分为南北两区，北区为僧人和工匠居住、埋葬区域，故洞窟多无壁画塑像；南区石窟原编号 492 个，其中南区中部分布尤其密集，上下达 5 层之多。

关于莫高窟北朝洞窟的分期断代，学界流行有多种不同观点。樊锦诗、马世长、关友惠曾撰文，将莫高窟北朝洞窟分为四期[①]（以下简称樊文）（图 7-7～图 7-9）。

第一期，包含学界所公认莫高窟现存最早的三个石窟，即第 268、272、275 窟。在断代上，樊文认为三者营造年代在北凉时期，故后来有所谓“北凉三窟”之说。宿白考证这组洞窟年代的上下限是：从接近太和八年（484 年）和太和十一年（487 年）起，至太和十八年（494 年）迁都洛阳以后不久[②]，即三窟营造年代在北魏中期。此三窟位于南区中部，自成一组，形制各不相同。第 268 窟为禅窟，平面纵长方形，平顶，浮塑斗四平棊。后壁开龛，内塑交脚佛，龛外绘供养菩萨、飞天。南北两侧各有两小禅室。第 272 窟，平面方形，近似穹隆顶，浮塑斗四平棊。后壁开一龛，内塑倚坐佛一身。壁画分上、中、下三段，上段为天宫伎乐，中段为千佛及说法图，下段为三角垂帐纹。第 275 窟，人字披顶，后壁塑交脚弥勒。两侧壁分上中下三段；上段各开两个阙形方龛和一个双树圆龛，龛内分别塑一交脚弥勒或思惟菩萨；中段画佛传或本生故事，故事画下绘供养人或供养菩萨一列；下段为三角垂帐纹。

第二期石窟有第 259、254、251、257、263、260 窟；此外，第 487、265 窟，经后代改塑和重修，但始建年代也在此期。樊文认为本期石窟年代为北魏中期，实际上至少部分洞窟能晚到北魏晚期。这些洞窟形制以塔庙窟为主，平面呈长方形。中心柱四面开龛，有阙形龛和尖楣圆券形龛两种。中心塔柱与窟室侧壁、后壁之间形成绕塔右旋的通道，平顶，影作平棊。窟室前部顶作人字披形，上浮塑脊、檐枋和椽子。洞窟塑像开始出现成铺的组像，主尊除少数释迦多宝并坐像外，一般为倚坐释迦像。侧壁龛内，基本上是结跏趺坐佛、交脚菩萨、思惟菩萨。中心柱四面龛内造像，和观佛传各相有关，龛外影塑供养菩萨。四壁壁画分段布局，上段为天宫伎乐，下段为药叉，中段是千佛、佛经故事和说法图。

第三期石窟有第 437、435、431、248、249、288、285、286、247 窟等，年代在

① 樊锦诗、马世长、关友惠：《敦煌莫高窟北朝洞窟的分期》，《中国石窟·敦煌莫高窟（一）》，文物出版社，1982 年。

② 宿白：《莫高窟现存早期洞窟的年代问题》，《中国石窟寺研究》，生活·读书·新知三联书店，2019 年，第 351 页。

北魏末至西魏前期。其中，第 285 窟北壁东起第一铺滑黑奴造无量寿佛发愿文，有西魏大统五年（539 年）纪年。此外，宿白考证第 249 窟可能是瓜州刺史东阳王元荣所开凿[①]。本期石窟中，塔庙窟仍为多数，结构上除 248 窟外，多数有前室。中心塔柱侧面多有两层龛，柱身形成上小下大的阶梯形。窟内大都为尖楣圆券形龛，只有第 437、435 窟有阙形龛。人字披形顶浮塑脊枋、檐枋。禅窟，仅有 285 窟一个。主室平面方形，地面中央有方形低坛，后壁凿三个圆券龛，内各塑一像；两侧壁各开四个小禅室；窟顶为方形、覆斗状。此外本期还开始流行“三壁一龛”窟，即单龛窟；单室，平面方形，仅在正壁开一龛，内塑像；窟顶有方形、覆斗形，还有影作脊枋、椽子的人字披形。这一时期洞窟的塑像、壁画，除部分承袭第二期特征外，还出现了较多新题材和表现形式，集中表现于第 249、288、285、286、247 窟。这些洞窟内，新出现的壁画题材有：第 285 窟后壁上的菩萨装和武士装的护法诸天和外道形象；第 285、249 窟顶四披表现天、地、人间，出现类似伏羲、女娲和东王公、西王母的形象，但很有可能是借助汉文化传统来表现佛教诸天。另外，本期壁画流行“瘦骨清像”“褒衣博带”，也是不见于前一阶段的新现象。

第四期石窟有第 432、461、438、439、440、428、430、290、442、294、296、297、299、301 窟等，年代在西魏后期至隋初。塔庙窟数量减少，但出现了莫高窟北朝时期规模最大的塔庙窟——第 428 窟，推测为北周瓜州刺史于义所开凿。塔庙窟中的第 442、428、290 窟，中心柱四面均凿单层龛，窟顶人字披上影作脊枋、檐枋和椽子，290 则在人字披上绘满佛传故事。前一阶段出现的单龛窟数量增多，平面近方形，覆斗顶或人字披后接平顶，西壁凿大龛或影作尖楣圆券龛；塑像方面，成铺组像中的主尊以倚坐说法像居多，佛像两侧增加弟子像，由此构成“一佛二菩萨二弟子”。本期的壁画，千佛和佛传故事增多。千佛题材一般位于四壁中段或窟顶；佛传故事方面，新出现布施和杂糅儒家孝养思想的内容，幅面巨大的佛传故事画也是不见于前一期的新现象。

天梯山石窟，位于今甘肃省武威市城南 50 千米黄羊川小盆地东侧天梯山山崖之

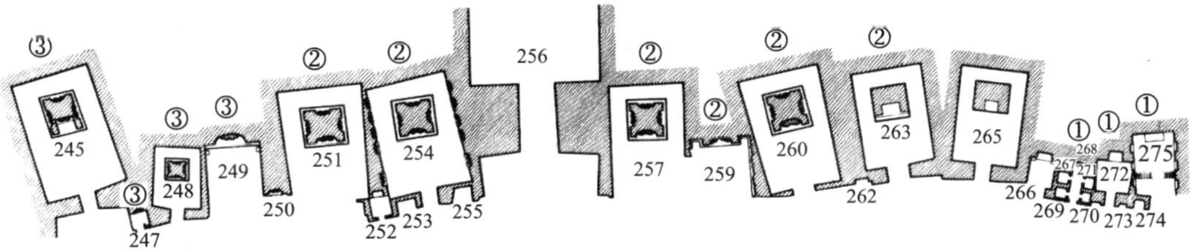


图 7-7　莫高窟南区中段第二层北朝第一、二、三期部分石窟平面图
①、②、③分别代表第一、二、三期
采自敦煌文物研究所：《中国石窟·敦煌莫高窟（一）》，文物出版社，1982 年，第 185 页图 1

① 宿白：《东阳王与建平公（二稿）》，《中国石窟寺研究》，生活·读书·新知三联书店，2019 年，第 314 页。

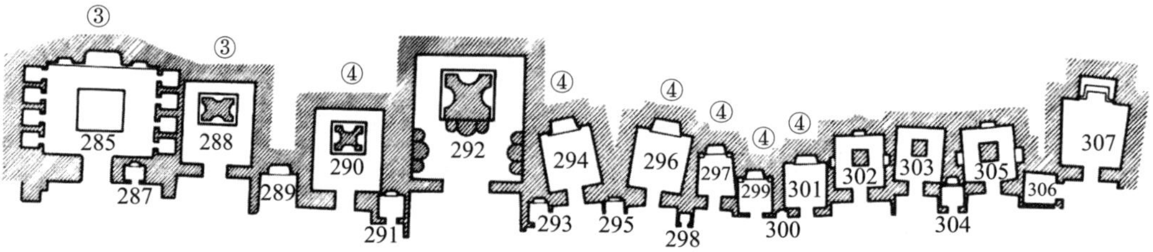


图 7-8　莫高窟南区中段第二层北朝第三期、第四期部分石窟平面图

③、④分别代表第三、四期

采自敦煌文物研究所：《中国石窟·敦煌莫高窟（一）》，文物出版社，1982 年，第 185 页图 2

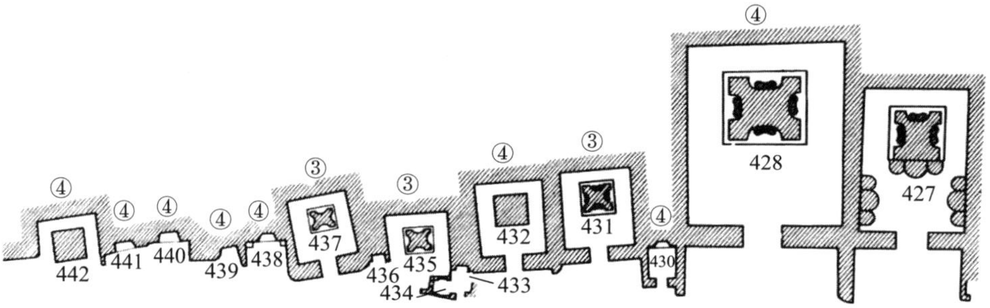


图 7-9　莫高窟南区中段第三层北朝第三期、第四期部分石窟平面图

③、④分别代表第三、四期

采自敦煌文物研究所：《中国石窟·敦煌莫高窟（一）》，文物出版社，1982 年，第 185 页图 3

上。一般认为，文献记载的“凉州石崖瑞像”，即天梯山石窟。2000 年，《武威天梯山石窟》出版，详细介绍了石窟基本信息和相关工作情况[①]，是目前关于天梯山石窟最为系统的参考资料。

天梯山石窟现存洞窟 18 个、摩崖大佛龛 1 处，属于北凉时期的洞窟主要有第 1、4、15、16、17、18 窟，开凿年代应在沮渠蒙逊迁都姑臧之后的 20 余年间。这些石窟分布相对集中，以规模最大的第 18 窟为中心，其上有第 17 窟，左侧第 1、4、15 窟垂直排列。第 18 窟（图 7-10），形制为中心柱窟，有前室、主室两部分。前室横长方形，后室方形。中心柱下部有方形基座，上面作三层柱体，呈上大下小的倒梯形。这种中心柱造型在河西地区比较常见，或许最早源于天梯山石窟。第 1、4、5 窟为“塔庙窟 + 大像窟”的组合形式。下层第 4 窟和中层第 1 窟，为塔庙窟；前者中心柱两层塔式，后者中心柱三层塔式；窟内三面影塑千佛。第 15 窟为大像窟，正壁塑像原应为一铺三尊组合。第 1、4 窟壁画中剥出北凉时期的菩萨像和飞天。“塔庙窟 + 大像窟”的组合形式，应是与龟兹地区石窟有关；菩萨的造型，则体现了古印度佛教艺术的影响。天梯山石窟还有属于北魏、西魏时期的洞窟，即第 5～9 窟。这些洞窟均为小型窟，且普遍经过后代重修，只在局部发现千佛、说法图、供养人等底层壁画。

① 敦煌研究院、甘肃省博物馆：《武威天梯山石窟》，文物出版社，2000 年。

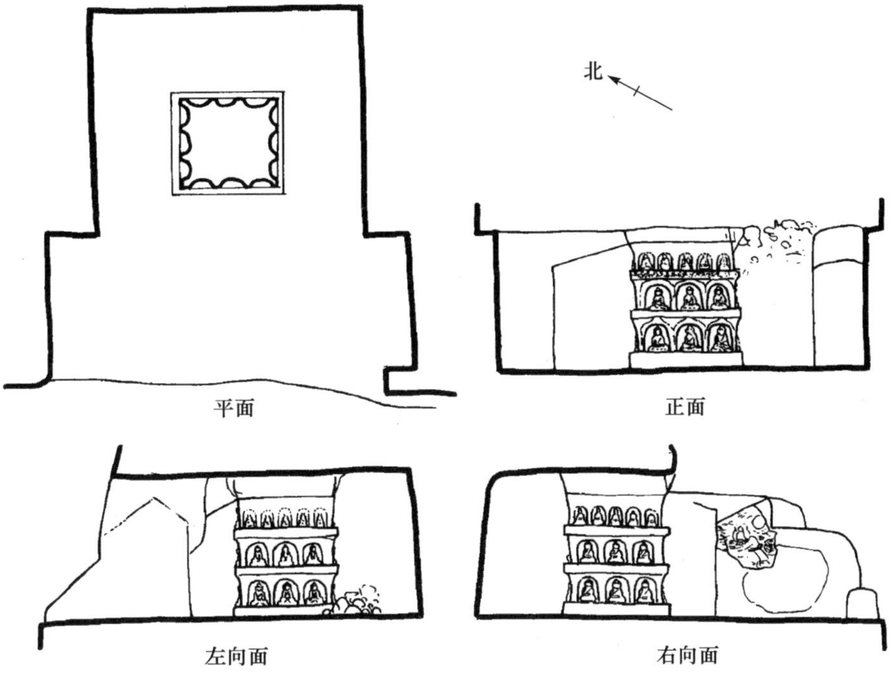


图 7-10　天梯山第 18 窟平面及中心柱四面立面图

采自敦煌研究院、甘肃省博物馆：《武威天梯山石窟》，文物出版社，2000 年，第 123 页图五一

天梯山石窟是河西地区现存年代最早的石窟寺之一，其塔庙窟的形制对年代稍晚的金塔寺和马蹄寺石窟，以及莫高窟第 251、259 窟等，都有较大影响。因此，天梯山石窟可以说是石窟艺术“凉州模式”的典型代表，甚至是重要源头之一。

### （二）甘宁黄河以东区

主要分布有甘肃永靖炳灵寺石窟、天水麦积山石窟、庆阳南北石窟、泾川王母宫石窟，宁夏固原须山石窟等。固原、庆阳石窟始凿于 6 世纪，永靖、天水石窟始凿于 5 世纪，其中炳灵寺石窟第 169 窟第 6 龛有建弘元年（420 年）墨书题记，是中国现存窟龛有明确纪年的最早一例。洞窟形制多佛殿窟，有少量塔庙窟和禅窟群，6 世纪中期以后出现大量仿木结构殿堂样式。造像题材流行无量寿佛、维摩文殊、三佛、七佛、千佛等，6 世纪中期壁画中出现西方净土变、涅槃变等。现以炳灵寺石窟、麦积山石窟为例进行详细介绍。

炳灵寺石窟，位于甘肃省永靖县西南 35 千米小积石山，现有编号石窟 195 个。炳灵寺石窟的开凿，从西秦一直延续到唐代。据唐道宣撰《集神州三宝感通录》，该石窟初名“唐述谷寺”。宋代始有炳灵寺之称，为藏语“十万弥勒佛州”的音译。西秦时期开凿的洞窟为第 169 窟和第 1 龛，是炳灵寺石窟最早的窟龛。第 169 窟为平面呈不规则椭圆形的天然洞穴，窟内左、右、后三壁保存不同时期的造像 70 余尊和大量壁画，无明确的规划和布局。窟内北壁第6龛有西秦建弘元年墨书题记，龛内主尊为无量寿佛，两侧分别为观世音和大势至菩萨立像。第6龛东侧有第7龛，也属于西秦时期，原应泥塑三尊佛，现仅存一佛，造型颇有印度秣菟罗佛像样式特点。第169窟塑像和壁画内容多与大乘佛教有关，应有来自长安造像的因素，例如无量寿说法、释迦多宝和维摩诘等。炳灵寺石窟第1龛，凿有高达4.6米的摩崖立佛，样式与第169窟西秦立佛接近，亦受到印度秣菟罗艺术影响。除上述两个窟龛外，第1龛下方的第16龛，塑有身长8.6米的涅槃像，不排除也属西秦时期的可能性。

属北魏时期的有洞窟8个、龛25个。洞窟平面多方形或长方形，覆斗顶；窟内设佛坛，雕三世佛及胁侍菩萨像。其中的第126、128、132窟，左右毗邻，布局相同，正壁主尊均为释迦多宝二佛并坐像，左右壁各雕一佛二菩萨或一交脚弥勒、二菩萨。此三窟或经统一规划开凿。第126窟窟门外上方有北魏延昌二年（513年）曹子元造像题记，可作为判断该组洞窟年代的参考。本期造像风格多“瘦骨清像”“褒衣博带”，足见中原地区新样式对当地石窟艺术的影响。

北周洞窟数量较少，可以第6、172窟为例。第6窟，平面方形，穹隆顶，窟内设坛，造像题材为一佛二菩萨，壁面绘制千佛。第172窟西壁木构佛帐内有北周塑像，正壁为一佛二弟子，侧壁为一佛二菩萨。

麦积山石窟，位于甘肃省天水市麦积区东南30千米的麦积山，开凿于弧形崖面峭壁之上。该石窟在历史上曾长期湮没无闻，崖面坍塌严重，现存石窟主要位于东、西两面，共有编号窟龛194个。就营造次序而言，大体上西崖洞窟早于东崖洞窟。

曾有观点认为麦积山石窟的开凿可早到西秦时期，但略显证据不足。现存最早的洞窟为第74、78窟，年代约在北魏早期。二者东西相邻，且规模、形制、塑像一致，当为一组。洞窟平面圆角方形，正壁及左右壁三面设佛坛，塑三世佛组合。正壁佛像两侧各塑一胁侍菩萨，菩萨上方有小龛，龛内分别塑交脚弥勒菩萨像和半跏菩萨像。造像风格与云冈石窟“昙曜五窟”有诸多相似之处。第78窟右壁佛坛上曾剥离出胡服男供养人行列，榜题中提到“仇池镇”。北魏太武帝太平真君四年（443年）灭仇池国；三年后（446年），设仇池镇，同年开始推行灭佛政策。文成帝兴安元年（452年），下诏“复法”；孝文帝太和十二年（488年），改仇池镇为梁州。综合上述时间节点，第74、78窟的开凿年代，当在公元452～488年之间。

北魏中期代表性石窟有第100、128、115、76窟等；北魏晚期代表性石窟有第133、121、142窟等。北魏中晚期石窟形制，主要有方形窟、三壁两龛窟、三壁三龛窟；窟顶平顶、覆斗顶。造像题材以三佛为主，还有一佛二菩萨等，晚期三佛中出现菩萨装的弥勒像。北魏晚期造像风格变化显著，佛像、菩萨像多“瘦骨清像”“褒衣博带”；服饰也趋于世俗化，例如菩萨像头绾双髻、身着上襦长裙，力士身着裲裆铠。上述造像风格，应是来源于当时的都城洛阳[①]。

西魏、北周时期洞窟（下限可到隋代），与北魏洞窟相比，有以下较为明显的变化：第一，自西魏开始窟内多见仿木构的佛帐结构，一般四角攒尖顶，四角立柱，壁顶横枋，四披转角有角梁。北周沿袭此类佛帐结构，新出现适用于塑造七佛题材的三壁一龛和三壁七龛窟。第二，西魏至隋代，流行麦积山石窟最具特色的“崖阁式大窟”，即窟面为面阔三间（少数为七间）的庑殿顶建筑，主要有第 1、4、5、43、49、28、30 窟等。此类崖阁式大窟，有的可能和陵墓有关。例如《北史·后妃传》载乙弗皇后死后，朝廷“凿麦积崖为龛而葬……后号寂陵”。有学者考证，麦积山第 43 号窟（图 7-11）即为寂陵所在[②]。崖阁式窟中规模最大的，为东崖最高处的第 4 窟，其与第 3、168 窟构成经整体设计的大型仿木构建筑，包括梯道、过廊、殿堂三部分。殿堂面阔七间，宽度达 38.5 米。前廊宽阔，廊内顶部雕平棊藻井，每个平棊绘一佛传故事。后接主室，为七个并列的方形大龛，龛与龛之间雕刻天龙八部立像。这组规模宏大的崖阁龛，应是北周大都督李允信所开凿。此事见于同时代庾信所撰《秦州天水郡麦积崖佛龛铭并序》。第三，自北周开始，造像风格有所变化，佛、菩萨、弟子像普遍流行丰满圆润造型，或是与南朝张僧繇所创“张家样”有关。

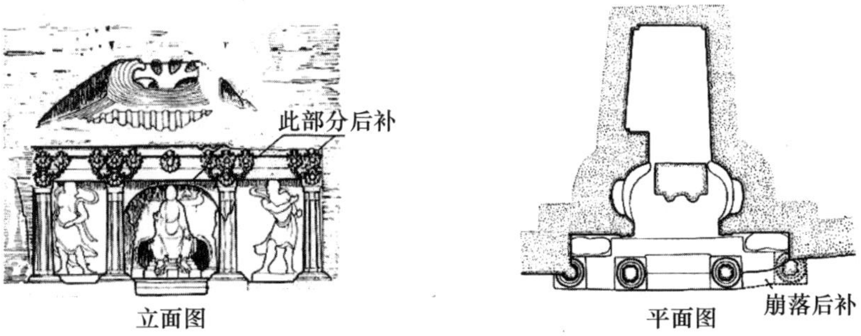


图 7-11　天水麦积山第 43 窟平面、立面图

采自天水麦积山石窟艺术研究所：《中国石窟·天水麦积山石窟》，文物出版社，1998 年，第 204 页图 5

## （三）晋豫及其以东区

这是北朝石窟寺开凿的中心区域，多见皇家主导开凿的石窟寺，以 5～6 世纪北魏皇室开凿的大同云冈石窟、洛阳龙门石窟、巩县石窟为主流；延续此主流的包括 6 世纪中期开凿的邯郸响堂山石窟，6～7 世纪开凿的太原天龙山石窟等。还有一些受主流石窟影响，开凿于 5～6 世纪的义县万佛堂石窟、渑池鸿庆寺石窟、济南黄花岩石窟、青州云山石窟、驼山石窟等。本区石窟多以石刻造像为主体。石窟形制多大像窟、塔

① 李裕群：《麦积山北魏晚期洞窟分期研究——兼论与洛阳石窟造像的关系》，《麦积山石窟研究》，文物出版社，2010 年。

② 傅熹年：《麦积山石窟中反映出的北朝建筑》，《文物资料丛刊（4）》，文物出版社，1981 年，第 158～160 页。

庙窟和佛殿窟以及成组的双窟，也有少量的禅窟或禅窟群，窟外多呈仿木构殿堂建筑样式。5 世纪至 6 世纪前期，造像题材主要流行释迦、释迦多宝、三世佛、七佛、交脚弥勒菩萨、交脚佛、维摩文殊、佛传、本生故事画。6 世纪中期开始流行西方无量寿佛、西方净土变、倚坐弥勒佛、思惟菩萨以及卢舍那、阿弥陀佛、弥勒佛或释迦、阿弥陀和弥勒佛为组合的三佛。现以云冈石窟、龙门石窟和响堂山石窟为例进行详细介绍。

云冈石窟，位于山西省大同市城区西约 16 千米的武州山之南、武州川之北，即《魏书》所记武州山石窟寺。宿白于 1987 年发表《平城实力的集聚和“云冈模式”的形成与发展》，在分期研究基础上凝练出“云冈模式”的概念，为后来云冈石窟研究提供了方向和路径[①]。本书对云冈石窟的介绍，基本依据宿白相关论著。云冈石窟的开凿，可分为以下三期。

第一期，只包括北魏文成帝和平初年至和平六年（460～465 年）昙曜主持开凿的五座洞窟，俗称“昙曜五窟”，即石窟群中部西侧第 16～20 窟（图 7-12）。此五窟的共性较为突出。形制上，皆为椭圆形平面、穹隆顶、模拟草庐形式的大型窟，原窟门上方皆凿出明窗。造像组合为三世佛，第 16、18～20 窟主尊为释迦佛，第 17 窟主尊为交脚弥勒。造像服饰，既有如第 20 窟主尊衣纹厚重的通肩或右袒衣着（图版三，1），又有如第 18 窟主像立佛主尊衣纹单薄贴体者；前者是中亚犍陀罗后期风格，后者是印度笈多秣菟罗样式。造像形象特征显著，佛和菩萨造型雄健，与葱岭东西乃至甘肃及其以东早期佛像多有相似，但雄健之姿尤其突出。《魏书·释老志》记“令如帝身”，故五尊主尊佛像有可能依据的是北魏皇帝形象。宿白总结，昙曜五窟“沿西方旧有佛像服饰的外观，模拟当今天子之容颜风貌，正是一种新型的佛像融合”。

第二期洞窟，年代在 465～494 年之间。主要开凿在云冈石窟群中部东侧，有中部第 5～13 窟和东部第 1～3 窟。此外，本期还开凿了少量中小型窟和在第一期窟室内补雕了龛像。洞窟形制多样化，主要有塔庙窟、方形窟和横长方形窟等，此外还有两个

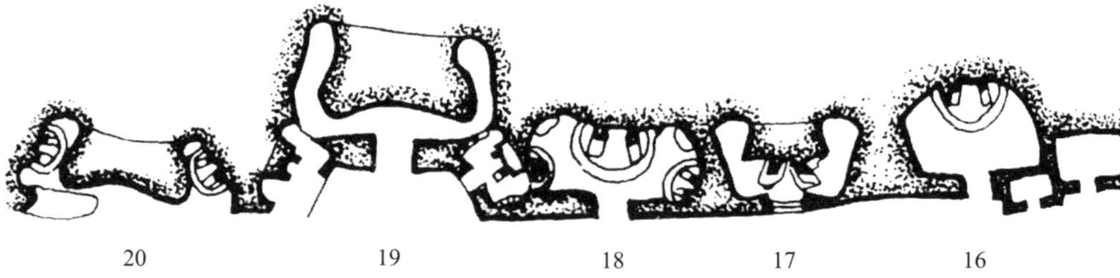


图 7-12　云冈石窟第 16～20 窟平面图

采自宿白：《中国石窟寺研究》，生活·读书·新知三联书店，2019 年，第 137 页图 1

① 收入《中国石窟寺研究》，生活·读书·新知三联书店，2019 年。宿白之后，也有很多学者对云冈石窟的分期编年进行了讨论，例如张焯：《云冈石窟编年史》，文物出版社，2006 年；彭明浩：《云冈石窟的营造工程》，文物出版社，2017 年；〔日〕冈村秀典著，徐小淑译：《云冈石窟的考古学研究》，四川人民出版社，2021 年。

突出特征：一是多模拟汉式传统建筑样式。例如平棊顶、方形平面、重层布局和雕饰斗拱的窟檐外观，都是模拟的汉式殿堂；重层楼阁的高塔和下具龟趺的丰碑，也源自汉文化传统。二是多见成组双窟（图 7-13），或与冯太后和孝文帝并为“二圣”的政治背景有关。双窟中的第 7、8 窟约开凿于孝文帝初期，是年代最早的一组。二者之间以圆拱形通道联通，窟间设巨大丰碑。其次开凿的是第 9、10 窟，是双窟雕刻最为丰富的一组双窟，被推测为文明太后宠阉钳耳庆时于“太和八年（484 年）建，十三年（489 年）毕”的洞窟。两窟之间也以圆拱形通道联通，外立面有双塔配置。第 5、6 窟中的第 6 窟完工于太和十八年（494 年）迁洛之前，第 5 窟则未能完工，二者外立面配置三塔，如果就单个洞窟而言，实则各配置一组双塔。第 1、2 窟为一组塔庙窟，规模偏小，开凿年代或在第 9、10 窟和第 5、6 窟之间，窟外两侧亦配置有双塔。

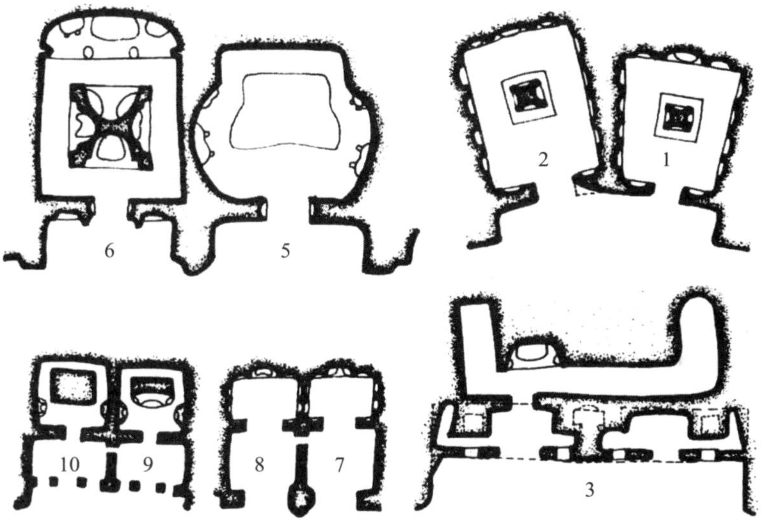


图 7-13　云冈石窟第二期开凿双窟平面图

采自宿白：《中国石窟寺研究》，生活·读书·新知三联书店，2019 年，第 155 页图 5

除形制外，洞窟造像也较前一阶段发生了一定变化。主尊题材流行三世佛、维摩文殊论辩以及下龛释迦多宝、上龛弥勒和下龛坐佛、上龛弥勒的组合。造型仍显面相浑圆、形体雄健，但也有渐趋清秀的趋势。佛像也仍见通肩或右袒大衣，但多以平行衣褶表示，较晚阶段甚至出现“褒衣博带”式；菩萨像常有帔帛从双肩披下，有的帔帛前挂着长璎珞，在腹前交叉并穿一圆形饰物。孝文帝服制改革之成效由此可见一斑。本期也可见部分西方因素，但均不是石窟的主体特征。可见第二期可谓是佛教石窟东方化的关键时期。

第三期，多中小型洞窟，集中分布在第 20 窟以西的石窟群西部，位于中部的第 14、15 窟和位于东部的第 4 窟也属于这一时期。此外，第 11～13 窟外崖面及其西侧，第 5、6 窟上方及其东侧和第 1～4 窟附近，也分布有属于这一时期开凿的中小型窟室。

这一时期石窟的开凿时间，在孝文帝迁洛前后（494 年）至正光四年（523 年）。这期间，皇室主导的大规模开凿活动已经几乎停止，但大批留居和夏李前来的亲贵、中下层官吏及邑人信众充分利用平城旧有技术和资料，继续在云冈进行开凿活动。第三期洞窟形制多样，主要有塔庙窟、椭圆形穹隆顶窟、方形或横长方形窟、三壁三龛窟等。造像方面，各型都趋于繁缛。主尊除坐佛外，释迦多宝对坐增多。组合上流行中间坐佛、两侧立佛，中间释迦多宝、两侧各一坐佛，中间坐佛、左侧弥勒、右侧坐佛等不同形式；较晚阶段出现主尊两侧弟子、菩萨并列。窟口内两侧多各雕立佛一身，窟口外两侧流行雕力士各一身。造型总体更加清秀，佛像皆"褒衣博带"；菩萨下垂衣襞复杂，帔帛交叉处较晚流行穿璧。

云冈石窟之历史地位，可引用宿白原文："云冈石窟是新疆以东最早出现的大型石窟群，又是当时统治北中国的北魏皇室集中全国技艺和人力、物力所兴造，即使从第二期开始不完全是皇室工程，但大型窟室的开凿者除皇室外，也还多出自北魏亲贵。因此，它所创造和不断发展的新模式，很自然地成为魏国领域内兴凿石窟所参考的典型。所以，东自辽宁义县万佛堂石窟，西迄陕、甘、宁各地的北魏石窟，无不有云冈模式的踪迹，甚至远处河西走廊西端、开窟历史早于云冈的敦煌莫高窟亦不例外。"[①]

龙门石窟，位于河南省洛阳市城南 13 千米的龙门（伊阙），与敦煌莫高窟、云冈石窟并称中国三大石窟。龙门石窟约始凿于孝文帝迁洛（494 年）前后，经北魏、唐代两个高峰期的陆续营造，最终形成横跨东西山（香山、龙门山），南北长 1 千米的大型石窟群。宿白在《洛阳地区北朝石窟的初步考察》中对包括龙门 23 座洞窟在内的洛阳地区北朝石窟进行分析，分出四个发展阶段[②]（图 7-14），迄今对学界仍有重要指导意义。本书对龙门北朝洞窟的介绍，即依据宿白文章观点。

龙门北朝洞窟主要有：深 10 米以上的大型窟 6 座，皆为殿堂样式，包括古阳洞、宾阳中洞（图版三，2）、宾阳南洞、宾阳北洞、莲花洞和火烧洞；深 5 米左右的中大型窟 5 座，包括魏字洞、皇甫公洞、药方洞、唐字洞和路洞；深 2.5 米以上的中型窟 5 座，包括慈香洞、普泰洞、弥勒洞、赵客师洞和天统洞；深 2.5 米以下的小型窟 7 座，驪驤将军洞、地花洞、六狮洞、弥勒洞北一洞、弥勒洞北二洞、来思九洞和汴州洞。结合纪年和形制，上述洞窟可分为以下四个阶段。

第一阶段，孝文帝、宣武帝时期。古阳洞，是龙门石窟开凿最早、内容最丰富的大型窟。该窟以天然溶洞为基础，开凿成大型纵长方形敞口洞窟。窟内正壁雕一佛二菩萨像，主尊释迦佛结跏趺坐于长方形台座之上，台座两侧有蹲狮。左右壁有上中下三层大龛，每层四龛。上层龛像雕凿最早；中层次之；下层最晚，已位于窟内地面以

---

① 宿白：《平城实力的集聚和"云冈模式"的形成与发展》，《中国石窟寺研究》，生活·读书·新知三联书店，2019 年，第 162、163 页。

② 宿白：《洛阳地区北朝石窟的初步考察》，《中国石窟·龙门石窟（一）》，文物出版社，1991 年。

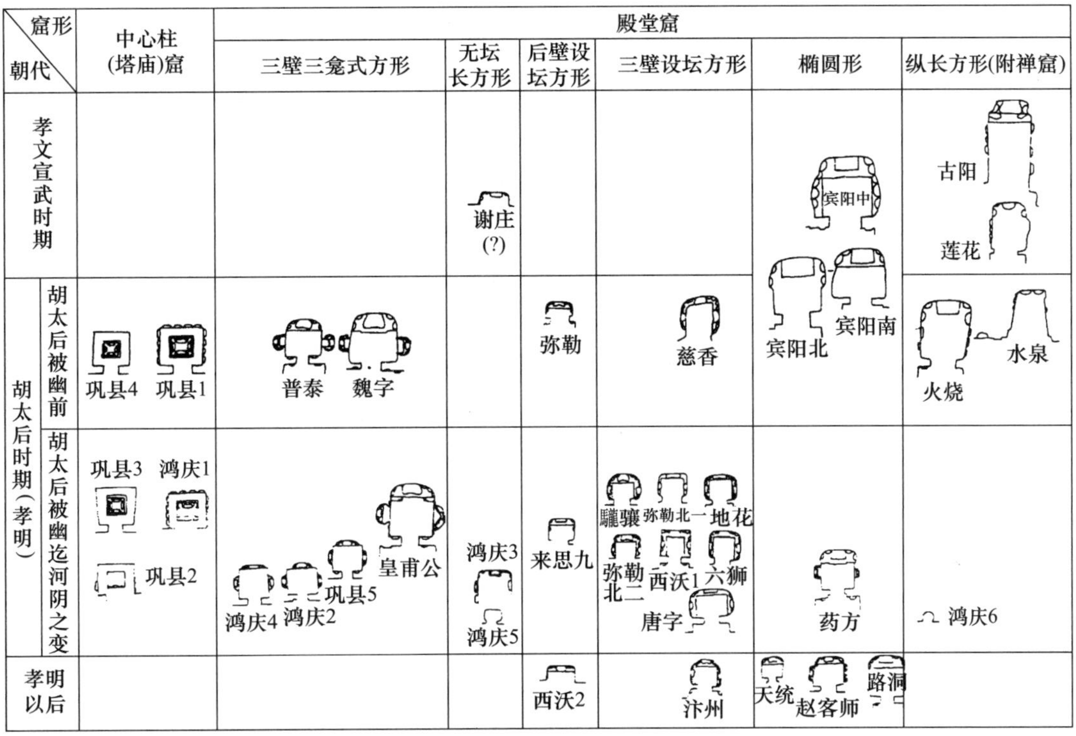


图 7-14 洛阳地区北朝洞窟分期

采自宿白：《中国石窟寺研究》，生活·读书·新知三联书店，2019 年，第 182 页图 1

下。窟顶和四壁，还凿有各式小龛。上述大小龛像中有不少留有造像发愿文，施主多为皇室成员、贵族。

宾阳三洞是典型的魏窟，开凿年代从景明初年持续到正光四年（500～523 年）。三者南北并列，窟前有斩山而成的宽阔平台。形制均为平面椭圆形、穹隆顶，与云冈昙曜五窟和第 5 窟相似。宾阳三洞中，北洞、南洞在北魏时期未能完工，中洞约于宣武帝末年完工。中洞窟门外两侧雕屋形龛，龛内有力士像，窟门上有双龙交缠圆拱门梁。窟内造像主尊为三世佛（图 7-15），前壁窟门两侧自上而下浅浮雕文殊维摩诘对坐、萨埵太子本生、须大拏本生和帝后礼佛图。

莲花洞，也是一座以天然溶洞为基础修凿的纵长方形大型窟，起工年代约与宾阳中洞同时，但完成正壁主像和窟顶雕饰后即废置，从窟内最早纪年小龛正光二年（521 年）推测，该窟废置之年当不晚于孝明之初。

古阳、莲花两洞之间还有高约 2.7 米的大龛。龛内主像交脚弥勒，两侧各一胁侍菩萨；主像后雕有背光，背光上方龛顶雕伎乐天人。该龛形制与古阳洞北壁太和十九年（495 年）长乐王丘穆陵亮夫人尉迟氏龛和二十二年（498 年）北海王元详龛相似。故，此龛的开凿年代也应在孝文帝迁洛后不久。

第二阶段，胡太后时期。永平中，宾阳北洞开凿仍在继续；龙门最大的一座大型

图 7-15　龙门石窟宾阳中洞正壁立面图
采自中国社会科学院考古研究所：《中国考古学·三国两晋南北朝卷》，中国社会科学出版社，2018 年，第 454 页图 8-17

纵长方形石窟火烧洞，大约开凿于孝明之初。开凿于神龟三年（520 年）的中小型窟慈香洞，形制为新出现的三壁设坛式。中型窟魏字洞和中小型窟普泰洞，形制为一坛二龛式（两侧壁各开一龛）；中型窟弥勒洞，形制为只在后壁设坛的横长方形窟；这几座石窟也约开凿于此时。

上述洞窟中，火烧洞和普泰洞均未完工。火烧洞规模巨大，呈纵长方形，现崩塌严重。窟门雕饰复杂，尖拱形火焰门楣上雕刻二身天人乘龙形象，可能是东王公、西王母。窟内正壁主像为一坐佛、二弟子、二菩萨，佛座前两侧各有一石狮。该窟似在南北壁尚未雕饰之前，即遭到有计划破坏，时间或在该窟出现正光三年（522 年）七月小龛之前，应与胡太后被幽禁一事有关；普泰洞则是窟顶和窟外均未完工，其停工之时当在魏字洞南北壁正光四年（523 年）九月小龛雕造之前，或与“司空刘腾薨”有关。

自正光元年（520 年）胡太后被幽禁，至孝昌元年（525 年）胡太后复政，雕凿小龛风气盛行，初步统计现存有明确纪年的小龛就有 18 个。龙门石窟大规模营造再现发生在胡太后复政之后。例如皇甫公窟，该窟虽然规模不大，但布局紧密、雕饰精美，供养人行列护卫众多，显然非一般中小型窟所能比拟。正光、孝昌年间还雕凿有大批小龛和中小型窟，包括魑魑将军洞、地花洞、弥勒洞北一洞、弥勒洞北二洞、六狮洞、来思九洞等小型方形窟。此外，两座开凿于此时的中大型窟——药方洞和唐字洞都没有完工，或与武泰元年（528 年）河阴之变有关。

第三阶段，孝昌以后的北魏末期。这一阶段龙门石窟的开凿日益式微，主要有中大型窟一座——路洞，中型窟两座——天统洞、赵客师洞，小型窟一座——汴州洞等。河阴之乱后，洛阳政局日益动荡，上述石窟中赵客师洞、汴州洞或也因此未能完工。以路洞为代表的佛像，或受南朝“张家样”风格影响，形体丰满、壮硕，佛衣轻薄、衣纹线条流畅，与前一阶段的“瘦骨清像”“褒衣博带”区别显著。

第四阶段，东西魏、北齐周时期。自北魏永熙三年（534 年）十月东、西魏竞争洛阳，至东魏武定元年（543 年）三月西魏西撤，其间仅雕小龛，据统计有明确纪年的17 座，其中有西魏纪年的 4 座。武定元年之后至北齐灭亡的 30 余年间，仅留有少量小龛和补作几尊造像。药方洞口右侧武平六年（575 年）都邑师道兴等所雕释迦七尊龛和螭首碑，反映北齐晚期龙门雕刻或稍有起色。

响堂山石窟，位于河北省邯郸市峰峰矿区鼓山之上，由北齐皇族、重臣和高僧主持营造，主要由北响堂、南响堂和水浴寺（小响堂）石窟三处组成。

北响堂位于鼓山西坡半山腰间，由高齐皇室开凿，主要有北洞、中洞、南洞 3 座大窟，此外还包括 5 座小型窟和大窟下方的 15 个禅窟。北洞规模最大、开凿时间最早，形制为平面方形、平顶的塔庙窟（图 7-16）。窟前原应雕凿有与中洞相似的仿木式窟檐建筑，形状近似佛塔。窟内主尊为三佛，包括释迦佛、倚坐弥勒佛和半跏趺坐弥勒佛。中心柱下部为方形基座，后部上方与后壁相连，构成隧道式礼拜道；柱身正、左、右三面各开一大龛，龛内均为一佛二菩萨像。不少学者认为北洞与高欢或高洋的墓葬有关。中洞规模小于北洞，窟外有八角束莲柱、仿木窟檐及覆钵式窟顶。窟内中心柱正面开龛，龛内雕释迦佛及二弟子二菩萨像；其余三面与窟内三壁相连，形成倒凹字形隧道。南洞窟外雕刻形制与中洞一致，窟内为三壁三龛式，龛内为一坐佛并胁侍弟子、菩萨像。窟顶开小龛，龛内正壁雕释迦多宝并坐，两侧壁各一佛像，构成三世佛组合。窟内外有北齐唐邕所刻佛经，是北响堂石窟刻写佛经的唯一一例。

南响堂石窟位于鼓山南麓，主要编号洞窟 7 个，分上下两层。下层为一组双窟——第 1、2 窟；上层为第 3～7 窟（图 7-17）。据第 2 窟门外两侧《滏山石窟之碑》可知，南响堂石窟（即滏山石窟）在北齐天统元年（565 年）由灵化寺僧慧义兴凿，丞相高阿那肱资助，完工年代当不晚于周武帝灭齐（577 年）。第 1、2 窟规模相近，均为平面方形、平顶的塔庙窟。窟前正中为双龙交缠的圆拱窟门，雕有仿木构窟檐。中心柱一为正面开龛、一为三面开龛。前壁上方有大型浮雕净土变，是我国所见最早的大型石刻净土变。窟内刻写大量佛经，主要有《华严经》《文殊般若经》等。上层之第 3、5 窟形制为平面方形的三壁三龛窟，造像题材均为三世佛，窟前有仿木构窟檐。第 4、

图 7-16　北响堂北洞平剖面及外立面图
采自李裕群：《北朝晚期石窟寺研究》，文物出版社，2003 年，第 12 页图二

6 窟形制均为平面方形、周壁设坛的列像窟，无仿木结构窟檐。主尊为三佛组合，正壁原有阿弥陀佛，两侧为观世音和大势至菩萨。此外，第 5 窟前壁门上方还有邺城地区唯一的释迦涅槃像，第 1、2、4 窟均刻写有佛经。

水浴寺石窟位于鼓山东麓，主要有西窟及水浴寺东、西山坡上两个瘗窟。其中，西窟在洞窟形制、造像题材和造像样式上和南响堂石窟基本一致。西窟内东侧后壁有武定五年（547 年）纪年造像记，可知西窟的完工年代约在武定五年。

以响堂山为代表的邺城一带北齐石窟，具有以下鲜明的时代特征。一是石窟外立面结合印度覆钵式塔顶，和汉式建筑屋檐和廊柱，从而形成前廊结构。二是有的塔庙

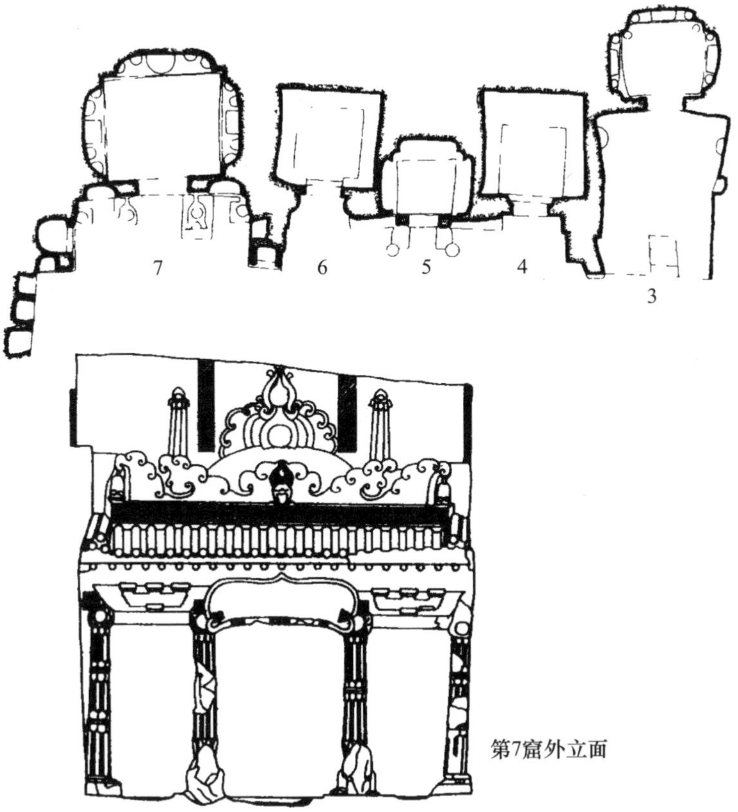


图 7-17　南响堂第 3～7 窟平面图及第 7 窟外立面图
采自李裕群：《北朝晚期石窟寺研究》，文物出版社，2003 年，第 15 页图六

窟在中心柱后面不开龛，形成低矮隧道。三是佛、菩萨造像突出丰壮、敦实风格，常表现出宽肩鼓胸、身躯粗壮、大衣轻薄贴体、衣纹稀少等特征。

## 三、南方地区

南方地区石窟布局分散，数量不及中原北方地区。年代较早的是 5～6 世纪开凿的南京栖霞山石窟、浙江新昌摩崖龛像，6 世纪开凿的四川广元千佛崖和皇泽寺石窟等[①]。

与中原北方地区不同，南方地区石窟多见摩崖龛像。栖霞山石窟、剡溪大佛前原接有木构殿阁；广元千佛崖、皇泽寺石窟多佛殿窟、佛坛窟，另有少量塔庙窟；摩崖龛一般流行双重或三重龛形，有的为屋形龛。各地造像题材也有所不同，栖霞山南朝石窟主要流行无量寿佛、倚坐弥勒佛、三佛等题材，四川地区流行阿弥陀佛、倚坐弥勒佛、菩提瑞像、观世音菩萨像、天龙八部、西方净土变等题材。现对栖霞山石窟、浙江新昌摩崖龛像进行如下介绍。

---

① 以广元千佛崖和皇泽寺为代表的川北一带早期石窟，在洞窟形制、造像样式上主要受到北方洛阳、长安及附近地区的影响，基本可以认为属于北朝石窟系统。

栖霞山石窟[①]，位于南京城东北22千米，即“建康摄山遗迹”，始凿于南齐时期。栖霞山石窟造像，集中开凿于栖霞山主峰的西南部，包括千佛岩和千佛岭两个自然区域。其中，千佛岩集中了现存的全部南朝石窟和部分唐代石窟，是本书所要重点介绍的区域（图7-18）。千佛岩石窟分为北岩区、西岩区、南东岩区和东岩区。南朝石窟主要位于南东岩区，以最大的洞窟第19窟（“无量殿”）为中心，分别向东南、向西、向北开凿，窟龛布局有序。千佛岩南东岩区的南朝石窟现存16座，开凿年代可分为前后两期。

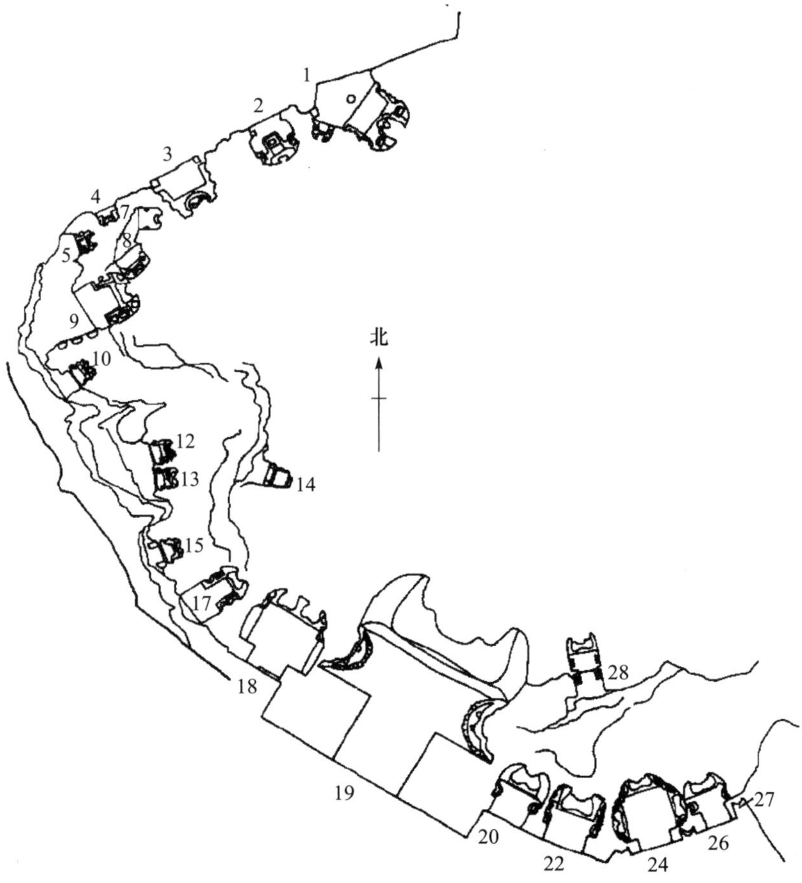


图7-18　栖霞山千佛岩石窟连续立面图
采自张雯：《成都地区南朝石造像与南京栖霞山南朝窟龛的分期与比较》，《石窟寺研究》第二辑，文物出版社，2011年，第215页图24，原图未标注6、21、25窟

第一期，包括第18、19、20、22、23、24、26窟，仅存一尊天王造像的第27窟也可列入本期。形制统一，均为平面呈横椭圆形、窟口外敞、穹隆顶的大中型窟。窟内正壁设坛，坛两侧设莲座。造像主尊有结跏趺坐佛、倚坐佛两类，组合以一佛二菩

① 魏正瑾、白宁：《南京栖霞山南朝石窟寺考古概要》，《石窟寺研究》第二辑，文物出版社，2011年。本书对栖霞山石窟的介绍，基本依据此文。

萨为主。上述诸窟中年代最早的是第 19 窟，是千佛岩唯一的大像窟。宿白据南朝陈江总《金陵摄山栖霞寺碑》（简称《江总碑》）碑文考证该窟为法度修凿，窟内大像即为千佛岩首凿之无量寿佛造像，开凿年代应为齐永明二年（484 年）或稍后不久[①]。同为第一期的其余诸窟，皆位于第 19 窟两侧，应该就是文献所载"（法度）又造尊像十有余龛"之中的现存部分。这些窟的开凿年代当稍晚于第 19 窟，下限在法度圆寂之期的南齐建武四年（497 年）。

第二期，包括第 5、10、12、13、15、21、25、28 窟。其中，位于西岩中部的五窟，即第 5、10、12、13、15 窟年代略早。五窟均为小型窟，形制为穹隆顶方形窟。窟口圆拱形，窟内三壁环二层坛。造像组合也均为一佛二弟子二菩萨二力士，主尊倚坐弥勒佛，座前有双狮一炉。年代晚于上述五窟的是第 21、25、28 窟。其中，第 28 窟位置、形制、造像均有一定的特殊性。第 28 窟位于第 19 窟的东侧之上、南岩上部，位置相对独立。形制为高穹隆顶平面马蹄形窟型，窟门有半圆拱形门额，上雕平梁和人字形叉手，与南朝大型墓葬墓门相似。前部凿出前庭，两侧有蹲踞于方形台座上的双狮，正壁设坛，坛上有结跏趺坐佛像一尊。此外，第 28 窟还有"梁中大通二年（530 年）造"纪年题记，故可推测第二期石窟开凿年代在萧梁时期。

浙江新昌摩崖龛像，位于浙江省新昌县西南南明山，即剡溪石城山遗址，主要包括弥勒大佛龛（宝相寺）和千佛岩两处。弥勒大佛龛，萧梁时期完成后即修三层佛阁。遗址现存五层佛阁，为近代重修。阁内崖面开一敞口形大龛，形制与南京栖霞山南朝无量寿佛大龛类似。平面呈横椭圆形，前壁敞口，露顶；龛内正面雕佛座，座上佛像一尊，因经历代多次重修，原貌已被掩盖。宿白据刘勰《梁建安王造剡山石城寺石像碑》等文献资料考证了其兴建过程：南齐永明四年（486 年），僧护来游，见寺北青壁有如佛焰之形，因发愿"敬拟千尺弥勒之容"，建武中（494～497 年），始招结道俗，开始雕造，"疏凿积年"，既"失在浮浅"，又"仅成面朴"。继有僧椒续业，因资力莫由而未果。梁天监七年（508 年）始丰令陆咸启建安王伟，述该像灵异事，伟即以上闻，因敕僧祐专任经营，深雕形象，妆画金彩，并即龛前架三层台，"天监十二年春就功，至十五年春竟"，刘勰僧祐关系密切，其制碑于像前，亦当在规划之内[②]。

千佛岩位于弥勒大佛龛西北约 300 米处，雕凿时间似应在齐武永明之末迄建武之初，即略早于僧护开始经营之弥勒大佛。主要由大、小两个左右毗连的岩洞组成（图 7-19），二者属于一个整体，洞前原应有建筑存在。千佛岩大、小岩洞的造像题材是有意识设计雕造的，具有"祈诚诸佛，忏悔先愆"的礼忏功能，可使礼拜者在礼拜诸佛、忏悔所造诸恶业的过程中获得果报；并且，岩洞内有宽敞的礼佛空间，也适合于礼忏活动的进行[③]。

① 宿白：《南朝龛像遗迹初探》，《考古学报》1989 年第 4 期。

② 宿白：《南朝龛像遗迹初探》，《考古学报》1989 年第 4 期。

③ 李裕群：《浙江新昌千佛岩南朝龛像——南朝忏法流行的实物例证》，《文物》2021 年第 2 期。

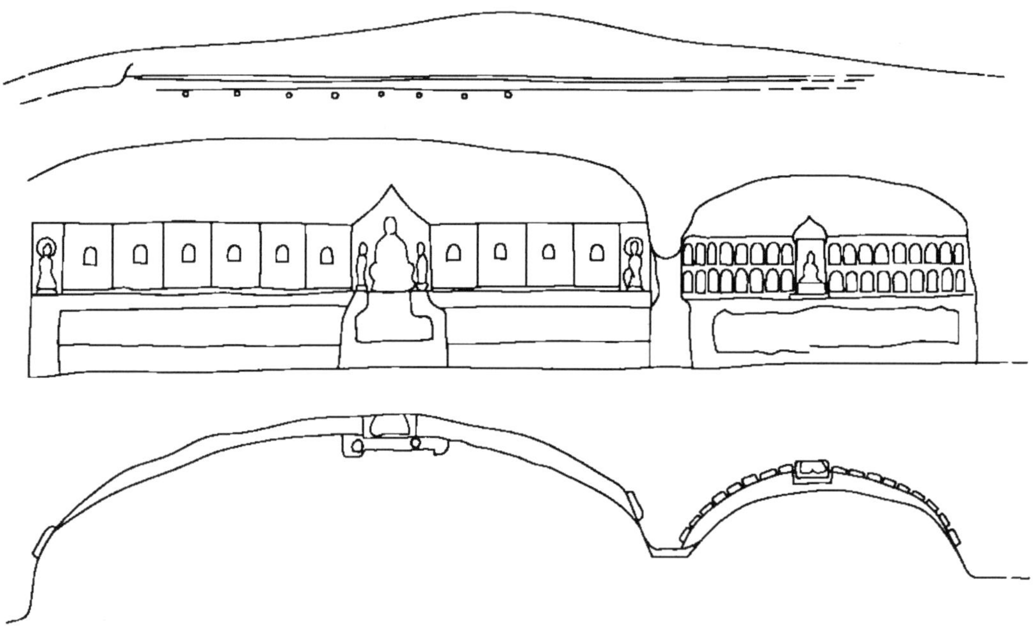

图 7-19 新昌千佛岩大、小岩洞平面、立面示意图
采自李裕群：《浙江新昌千佛岩南朝龛像——南朝忏法流行的实物例证》，《文物》2021 年第 2 期，第 61 页图四

# 第二节 佛寺遗址与单体造像

魏晋南北朝时期，随着佛教的迅速发展，修寺建塔蔚然成风，在洛阳、建康等大都市表现得尤为突出。从发掘的佛寺遗址看，这一时期佛寺遗址布局形式丰富多样，但仍呈现较为明确的演变规律。此外，随着佛教世俗化的发展，包括造像碑、背屏式造像及圆雕造像等形式在内的佛教石刻造像也逐渐流行，为佛教考古研究提供了大量的实物资料。

## 一、佛寺的空间布局及其演变

汉晋南北朝时期佛寺空间布局的演变，可以分为以下三个阶段[①]。

### （一）东汉至西晋时期

《魏书·释老志》记录了东汉白马寺的建筑形式，《后汉书》《三国志》等文献则对

① 主要参考宿白：《东汉魏晋南北朝佛寺布局初探》，《魏晋南北朝唐宋考古文稿辑丛》，文物出版社，2011 年，第 230～247 页；李裕群：《隋唐以前中国佛教寺院的空间布局及其演变》，《边疆民族考古与民族考古学集刊》第一集，文物出版社，2009 年，第 287～311 页；何利群：《东亚地区早期佛教寺院布局及演变》，《考古学报》2023 年第 2 期。

汉献帝时笮融于彭城、广陵间所兴建浮图祠的建筑形式有所记载。综合这些文献，东汉至魏晋佛寺的建置情况，当大致如下：①佛寺以供奉舍利的浮（佛）图为中心建置，故称之为浮图祠（寺）。②洛阳白马寺盛饰浮图，为四方式，其形制是从一级至三、五、七、九级的重构即重楼形式；上累铜（金）槃九重，即塔上表相之九轮；衣以锦彩的黄金涂像，应即位于塔内的鎏金铜佛像。浮图为重楼形制，当与两汉以来大型宅第住院之侧兴建多层楼观有关。汉文化传统认知中，“仙人好楼居”；此时汉地佛教尚依附于神仙方术，故常奉佛像于仙人居处之重楼。白马寺佛图之画迹系“千乘万骑绕塔三匝”作礼拜佛塔之像，足见当时佛寺特重重楼形制之浮图。③塔周围建有宽阔的周阁（阁道、堂阁）。此周阁约即与左转礼拜道相应，其外则兼具围墙作用。

### （二）东晋十六国至南北朝前期

时代范围自晋室南渡，迄于南齐武帝（482～493 年在位）和北魏孝文帝迁洛（494 年）。这一时期佛寺布局仍以塔为主，文献多有建塔即建寺的记载，也常见以佛塔层数命名之佛寺。至迟在 4 世纪中期，寺院出现塔以外的建置，主要有以下几类：一是奉安佛像的“堂殿”“高堂”，亦可称之为“殿”“佛殿”；二是堂，应包括“讲堂”和“禅诵之堂”以及前项所列之“高堂”，此类建置主要应为高僧宣讲所在；三是禅林，应是僧人安禅之所，其大者或即“禅诵之堂”，小者为“禅房”“龛室”。文献记载的具体配置形式，主要有塔 + 佛殿、塔 + 佛殿 + 讲堂、塔 + 讲堂等，此外还有双塔配置和模拟宫殿的三佛殿式。整体上，这一时期的寺院布局出现以塔为主，塔、殿并重的格局，表明除传统的礼拜佛塔外，对佛陀偶像的崇拜也成为民众信仰重要内容，被纳入到寺院主体建置中。

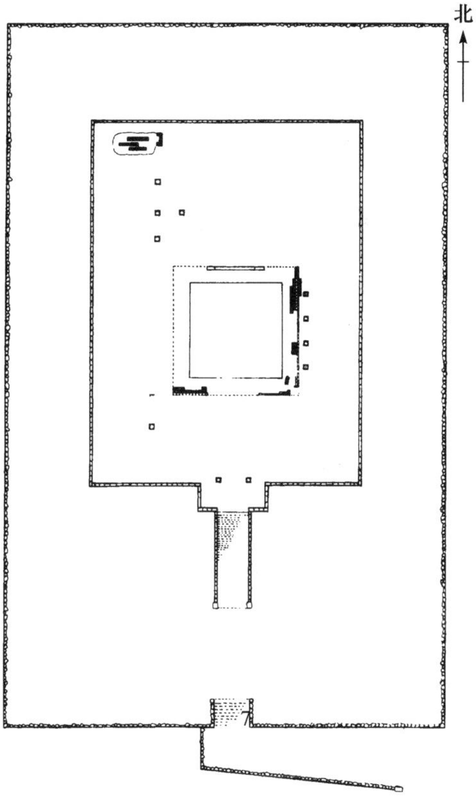


图 7-20　思远佛寺遗址平面图
采自大同市博物馆：《大同北魏方山思远佛寺遗址发掘报告》，《文物》2007 年第 4 期，第 7 页图五

这一时期经过发掘的佛寺遗址主要有永固陵内的思远佛寺遗址、云冈石窟窟顶西区佛寺遗址等。思远佛寺遗址（图 7-20），坐落在方山南麓二级阶地后缘，北距永固陵直线距离约 800 米，西南约 100 米是北魏斋堂遗址。遗址依地形建筑在坡地上。遗址平面布局整体呈长方形，坐北朝南，包括第一层平台和踏道、第二层平台和踏道、山门、回

廊式塔基基址、佛殿基址、僧房基址等。其中，塔基位于中央位置，坐北朝南；佛殿基址位于塔基北部，同样是坐北朝南；山门、塔基、佛殿位于同一中轴线上。僧房遗址位于寺院西北角，发现炕洞、灶台，以及有烧灼痕迹的土坯①。云冈石窟窟顶西区佛寺遗址（图 7-21），位于大同市南郊区云冈镇云冈石窟窟顶西部，东距大同市区约 15 千米；以石窟位置定位，遗址东缘位于云冈石窟 39 窟上，西缘位于 45 窟 30 米处，南缘距窟顶 20～30 米。所发现北魏时期佛寺遗迹，包括塔基 1 处、房址 20 间（套）。塔基位于遗址东南部，坐北朝南，平面近方形。塔基由三部分组成：第一部分是砌在塔基四周的石片；第二部分是塔基外围的夯土；第三部分是塔基中部的细沙土。房址位于塔基北部，包括北廊房一排 13 间（套）、西南排房 2 间、中部廊房一排 2 间（套）、东廊房一排 3 间（套）。北廊房和中部廊房均为前廊后室结构，有的房间有火炕，出土遗物少见佛像，多见日用陶器，说明这里可能是僧房或译经藏经场所②。

上述两处遗址的布局形式有所不同。思远佛寺遗址展现出“前塔后殿”的空间格局；云冈石窟窟顶西区佛寺遗址，则是有塔有院、塔在院中的塔院结构。

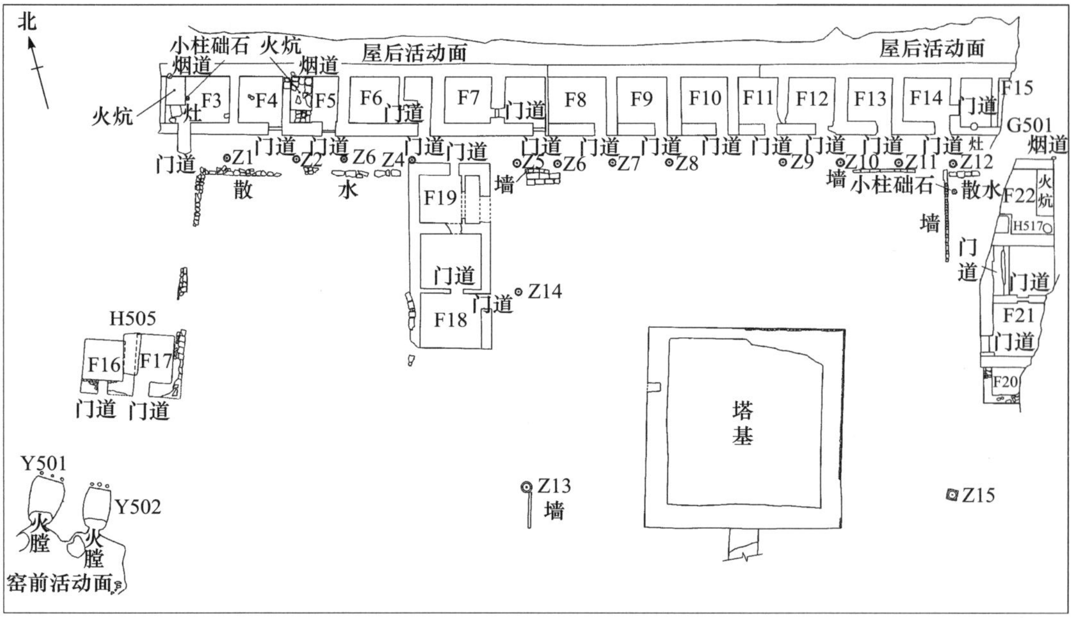


图 7-21　云冈石窟窟顶西区北魏佛寺遗址平面图

采自云冈石窟研究院、山西省考古研究所、大同市考古研究所：《云冈石窟窟顶西区北魏佛教寺院遗址》，《考古学报》2016 年第 4 期，第 537 页图六

① 大同市博物馆：《大同北魏方山思远佛寺遗址发掘报告》，《文物》2007 年第 4 期。

② 云冈石窟研究院、山西省考古研究所、大同市考古研究所：《云冈石窟窟顶西区北魏佛教寺院遗址》，《考古学报》2016 年第 4 期。

### （三）南北朝后期

时代范围自5世纪末迄6世纪80年代初。这一时期佛教发展迅速，各地普遍建寺，一般寺院布局多依旧式，皇家寺院建置日趋繁杂。南朝方面，据文献记载寺院主要承袭塔、殿、讲堂的配置，塔的体量明显增大，出现七层、九层佛塔。但经过发掘的南朝佛寺遗址较少，新近发掘的有西营村南朝佛寺遗址。可惜详细资料尚未公布，通过零星报道只能得知其为以佛塔为中心、前塔后殿的布局形式①。

北朝佛寺规模有逐渐扩大的趋势，布局上基本延续十六国塔、殿配置形式，可以北魏洛阳永宁寺为代表（详见第二章第二节）。此外，《洛阳伽蓝记》所记北魏洛阳43所佛寺中，有16座与永宁寺布局相近，即建有佛塔、佛殿，并设置有僧房和禅堂等。洛阳城内还有一些没有佛塔仅设有佛殿的北魏寺院，原因在于洛阳北魏晚期多见贵族舍宅为寺，日常居住的“前厅后寝”庭院建筑布局难以重置。与南朝佛教重义理不同，北朝佛教重禅观和戒律，故北朝佛寺少见讲堂的设置。《洛阳伽蓝记》中所记配置有讲堂的仅瑶光寺、景林寺二寺。东魏、北齐时期，邺城佛教盛况空前，佛教北统义学兴起，出现禅理并举的局面，故佛寺内设置讲堂的情况明显增多。例如据文献记载，邺城显义寺、大庄严寺皆有讲堂。邺城地区经过发掘的佛寺遗址有赵彭城佛寺遗址和核桃园佛寺遗址。二者是北朝晚期新出现院落式佛寺的典型实例，在中古佛教寺院建筑形式演变序列上占据重要地位（详见第二章第一节）。

## 二、单体造像的考古发现

新近发现的咸阳成任墓地M3015东汉墓，出有小型金铜佛像两件②。由于佛像造型风格与十六国造像相似，学界目前对其铸造年代存疑。因此，虽然东汉至三国、西晋时的出土遗物中，有些形象与佛教文化存在一定联系（详见第七章第三节），但迄今尚未见明确属于这一时期的佛教单体造像。

据现有资料判断，最早在十六国时期，中国境内开始出现佛教单体造像。进入南北朝时期，佛教造像之风日盛。从质地上区分，这一时期的佛教造像主要包括金铜造像和石刻造像两种，本书主要介绍出土信息较为明确的石刻造像③。

石刻造像，是指石窟造像以外用石材雕刻的佛教造像，据其造型形式可分为背屏式造像、造像碑、圆雕造像等；此外还有佛龛式造像和佛塔等石刻种类，但是存世数量较少。石刻造像的具体特征，可分关东、关中、四川三个区域进行介绍。

---

① 龚巨平：《江苏南京西营村南朝佛寺遗址》，《大众考古》2022年第3期。

② 陕西省考古研究院：《陕西咸阳成任墓地东汉家族墓发掘简报》，《考古与文物》2022年第1期。

③ 金铜造像可参考裴淑兰、冀艳坤：《河北省征集的部分十六国北朝佛教铜造像》，《文物》1998年第7期；宣鼎文：《佛影灵奇——十六国至五代金铜佛教造像》，《文物天地》2019年第3期。

## （一）关东地区石刻造像

关东石刻造像，集中发现于今河北、河南、山东等地区[①]。此外，山西地区发现一定数量的北朝佛教石刻造像，但多分布零散；出土数量最多的地点是沁县南涅水村埋藏坑，共有 1000 余件，但目前公布资料较少，本书从略。

### 1. 河北地区

河北地区存世有不少体量巨大的佛、菩萨立像及造像碑，有些仍保留在地面上（现多位于原始位置附近或移入博物馆），数量更多的造像还是出自埋藏坑之中。这些造像埋藏坑主要分布在冀中曲阳、定州、唐县、蠡县和冀南邯郸、成安，以及渤海湾的黄骅市。最为典型的两处实例为临漳北吴庄造像埋藏坑和曲阳修德寺故址造像埋藏坑。

北吴庄造像埋藏坑，正处目前推测的邺城东外郭城区内，详见第二章第一节。有学者根据北吴庄埋藏坑资料，结合邺城遗址及周边历年出土造像，将邺城地区北朝石造像分为四个发展阶段[②]。第四阶段（北齐中后期），以透雕双树为背屏，以北齐新样式佛像为主尊，衬托以龙塔璎珞装饰的“龙树背龛式”造像广泛流行（图 7-22），正是学界所归纳石刻造像“邺城模式”的重要内涵。

图 7-22　临漳习文乡太平渠出土北齐坐佛七身像

采自何利群：《从北吴庄佛像埋藏坑论邺城造像的发展阶段与“邺城模式”》，《考古》2014 年第 5 期，第 82 页图一六

修德寺故址造像，于 1953 年、1954 年两次分别出土于修德寺塔基和宋代寺址之下。出土造像共 2200 余件，早年统计纪年造像 247 件，实际数量应该更多。杨伯达对纪年造像的艺术风格与特征进行了如下概括[③]。

北魏纪年造像，最早的是神龟三年（520 年）上曲阳邑义廿六人造弥勒像，最晚为永熙三年（534 年）张开造观世音像。造像以单身像为主，也有三尊式。题材流行释迦倚坐像、结跏趺坐像，弥勒立像、结跏趺坐像和倚坐像，以及菩萨立像。造像风格类似龙门石窟北魏造像的“瘦骨清像”，但也有新特征，例如佛像面形方圆，头部前倾，颈细长。佛衣下摆呈重叠

① 各地区造像出土情况参考唐仲明：《东魏—北齐石窟造像研究》，科学出版社，2021 年。
② 何利群：《从北吴庄佛像埋藏坑论邺城造像的发展阶段与“邺城模式”》，《考古》2014 年第 5 期。
③ 杨伯达：《曲阳修德寺出土纪年造象的艺术风格与特征》，《故宫博物院院刊》1960 年总二期。

弧形，披覆整个佛座上；菩萨像裙底作羊肠式回曲纹，宽如喇叭形。

东魏时期，造像题材中弥勒佛明显减少，主要流行观世音菩萨，新出现释迦多宝、半跏思惟像，以及双佛坐像。这一时期的天平—兴和年间，造像风格多承袭北魏晚期，佛像、思惟像仍是削瘦修长型，菩萨面型方硕，裙带下宽，呈八字形。兴和晚期至武定年间，面形趋于圆润，服饰出现双勾阴线技法，较前期更为单薄，呈现向北齐时期风格过渡的趋势。

北齐时期，以修德寺造像为代表的曲阳造像达到极盛。造像题材有无量寿佛和阿弥陀佛，流行双释迦像、双佛坐像、双半跏思惟像、双观世音像、双菩萨像等双身像。造像风格发生较大变化。佛像面相圆浑、肌体丰壮，着半椭圆襟的薄衣，衣纹流行双钩阴线，袈裟底边较前期变短，不再下垂至须弥座中腰位置；菩萨像披巾流行于腹部打结或从双肩外侧内绕臂，与邺城地区造像相似。

**2. 河南地区**

河南佛教石刻造像，集中分布在太行山南麓的豫北地区，以洛阳为中心的豫西地区，以及以登封为中心的嵩岳地区。现将河南北朝佛教石刻造像各阶段的时代特征介绍如下[①]。

北魏晚期的石刻造像主要以黄河以北地区的莲瓣式背屏三尊像为主。景明年间造像，均为莲瓣形背屏式一佛二菩萨三尊造像，造型多"瘦骨清像"，典型实例有皇甫德造像、张难扬造像、阎勍之造像等；上述造像均出自黄河以北的辉县，故辉县可能是河南早期佛教石刻造像的发端地。正始年间造型存世较少，美国圣路易斯美术馆藏正始二年（505 年）尚齐等八十人造像，铭文记地名为司州汲郡汲县，位于今豫北地区。其造像风格承袭景明年间造像风格，"平胸削肩"的特征显著，阶梯状衣纹较前期略舒展；尤其值得注意的是，胁侍菩萨足下开始出现莲花狮子座，此设置成为后来的定制。熙平年间，造像风格发生较大变化，肩部多浑圆饱满，颈部逐渐缩短；背光整体近似舟形，新出现减地线刻或阴线刻，主尊头光上端有二龙交缠图案，背面供养人像上端出现与弥勒有关的"龙华树"。神龟年间，造像风格又有所发展，前期"秀骨清像"样式已基本不见，整体呈方颐丰圆形象。袈裟紧贴躯体，近"曹衣出水"样式。背光顶部雕刻多宝塔，塔下有口吐莲花化生的龙与释迦多宝。

东魏石刻造像，主要分布在郑州周围及黄河以北的新乡等地，以螭首扁体造像碑为主，典型实例有天平二年（535 年）嵩阳寺造像碑、河南博物院藏武定元年（543 年）道俗九十人造像碑等。北魏末期出现的造像丰壮之风，在东魏时期基本定型。佛像面部较为丰满，肩部饱满圆润，身躯呈圆柱状；衣着紧裹躯体，双领下垂式通肩大衣和圆领袈裟并用，内着僧祇支，衣着紧裹躯体，衣纹浅显。菩萨帔帛在身前交叉下

---

① 这一部分主要参考王景荃：《河南佛教石刻造像》，大象出版社，2009 年。

垂，有的穿环，有的不穿环，有的双肩饰圆形物。

北齐时期的石刻造像主要分布在郑州洛阳、新乡、许昌等地区，仍以造像碑为主，包括螭首碑和四阿顶方柱体造像碑。造像题材更为丰富，主要流行交脚弥勒、善跏趺坐弥勒、释迦说法、释迦多宝、思惟太子、观世音、辟支佛等，还出现大量的经变故事和佛传故事。造像风格更加明确了丰壮健美的特征，佛像面相椭圆形，微露笑容，颈部较粗，两肩宽平，胸部隆起；上身外着敷搭双肩式的大衣，内着僧祇支，下着裙，覆座的裙褶密而整齐，衣纹浅显。菩萨体态丰满，衣饰华丽，开始出现帛带在身前横贯两道的新装束。

### 3. 山东地区

山东地区的佛教石刻造像，集中发现于以青州为中心的鲁中、鲁北地区，具体地点有青州、诸城、博兴、临朐、广饶、无棣、昌邑、高青、济南等，其中以青州龙兴寺出土的400余件石刻造像最为著名[①]。参照学者对青州龙兴寺出土造像的分期，现将山东地区佛教石刻造像的时代特征介绍如下[②]。

第一期，北魏景明至永安前后。典型实例有龙兴寺出土的永安三年（530年）贾淑姿造像，山东省博物馆藏北魏正光四年（523年）张宝珠造像，潍坊市博物馆藏北魏孝昌二年（526年）造像等。造像组合多为一佛二菩萨，题材多见佛装弥勒和释迦。造像风格多近似龙门石窟造像，有“瘦骨清像”“褒衣博带”的特征，但又具有一定的地域特征，例如：主尊着双领下垂式袈裟，身形矮短，服饰厚重；肉髻高，面形方圆、扁平，溜肩。

第二期，北魏永安至东魏天平前后。典型实例龙兴寺出土的太昌元年（532年）比丘尼惠照造弥勒像，以及原由清人端方收藏、后流入海外的永熙三年（534年）造像。本期造像组合、题材与上一期接近，身形也仍显矮短，但已有所不同；服饰变薄，身体轮廓略微显现，小腹略凸，衣裙下摆外展程度较第一期收敛；主尊仍着双领下垂式袈裟，袈裟上出现双阴刻线的衣纹。尤其重要的是，背屏上部正中或下部主尊两侧，雕刻有单、双龙图像，这是后来北齐造型风格的发端。

第三期，东魏初至东魏末。典型实例有龙兴寺出土天平三年（536年）邢长振造释迦像，日本藤井有邻馆藏东魏天平二年（535年）张白奴造像，日本东京大学文学部藏天平四年（537年）造像，以及龙兴寺遗址出土最大造像B164（图7-23）等。经过前一期的酝酿，青州造像风格在本期逐步确立。造像呈一主尊二胁侍式布置，以龙做护

---

① 山东省青州市博物馆：《青州龙兴寺佛教造像窖藏清理简报》，《文物》1998年第2期；青州市博物馆：《青州龙兴寺佛教造像艺术》，山东美术出版社，1999年；夏名采：《青州龙兴寺佛教造像的发现与清理》，《山东青州龙兴寺出土佛教石刻造像精品》，文物出版社，1999年。鲁西南、鲁南地区也发现有一定数量的石刻造像，但分布较分散，本书从略。

② 夏名采、王瑞霞：《青州龙兴寺出土背屏式佛教石造像分期初探》，《文物》2000年第5期；此外还可参考刘凤君：《山东地区北朝佛教造像艺术》，《考古学报》1993年第3期。

法；身形修长，瘦臂胛，线条轮廓明显；面露微笑，杏眼长目，鼻头略宽。菩萨身上的装饰物明显增多，出现了由玉米穗状物、胜、珊瑚组成的瓔珞。

第四期，北齐时期。这一时期的造像在博兴、无棣、高青和诸城等地出土较多。造像仍流行一佛二菩萨组合，题材新出现与《华严经》有关的卢舍那佛，释迦、弥勒数量明显减少，菩萨像的种类有太子思惟像、观世音菩萨、大势至菩萨等。造像面部线条圆润，长目低垂，或微含笑意，或神情肃穆；身形挺拔，或宽肩细腰，或宽肩隆胸；服饰轻薄，紧贴身体，曲线明显。龙的形象仍较为常见，但似有退化，出现一些似龙非龙、似兽非兽的形象。

图 7-23　龙兴寺 B164 造像

采自夏名采、王瑞霞：《青州龙兴寺出土背屏式佛教石造像分期初探》，《文物》2000 年第 5 期，第 57 页图一五

### （二）关中地区石刻造像

关中地区佛教石刻造像，以北周时期的为主，集中出土于当时的都城长安附近。例如在北周长安城宫城之南、北距宫城南墙约 200 米处，发现有造像埋藏坑。清理发现的造像个体 31 尊，包括立佛像 17 尊、坐佛像 1 尊、立菩萨像 13 尊；此外还有残狮子 1 件、题记残块 1 件和无法复原的造像碎块若干[①]。陇东、宁夏南部等北周政权的边境之地，也出有和长安地域风格接近的北朝石刻造像。关中北周石刻造像种类齐全，造像碑、背屏式造像、圆雕造像均有不少发现[②]。造像题材有释迦佛、二佛并坐像、卢舍那佛、观音菩萨、交脚弥勒菩萨、倚坐弥勒佛、思惟菩萨、维摩文殊、法华经变、降魔变、阿弥陀经变、婆薮仙、鹿头梵志等。造像样式上，关中北周造像重在塑造肌体，多有丰壮之感。佛像有短粗、修长两种风格；短粗型头大，多为螺髻，面部方圆丰满，肩部圆润，腹部凸出；修长型身材高大，比例适中，部分造像腿部较长；右手多上举施无畏印，左手抓握衣角或手心刻画出摩尼宝珠。较早阶段的佛衣尚有“褒衣博带”遗风，后期袈裟变薄，较为贴体。菩萨像或身躯直立，或呈现出动感；多施无畏印，持杨柳枝或提净瓶。服饰繁复，戴宝珠冠或平顶高冠。披帛既有继承北魏西魏腹前交叉穿环的特点，也有横于腹膝前一或二道的新样式。部分菩萨像腰部垂饰汉文化传统的组玉佩。

① 中国社会科学院考古研究所：《古都遗珍——长安城出土的北周佛教造像》，文物出版社，2010 年。

② 关中北周石刻造像特点，主要参考吴荭：《北周石窟造像研究》，甘肃教育出版社，2017 年。

## （三）四川地区石刻造像

19世纪末以来，四川境内的成都、彭州、茂县、汶川等地出土有一定数量的南朝佛教石刻造像，出土数量较多的有成都万佛寺遗址、商业街、西安路等地点[①]。万佛寺遗址，位于今五丁桥之西北方向，白马寺街与一环路北二段交叉路口北侧。自1882年至20世纪50年代，该遗址先后四次出土200余件石刻造像[②]。1990年，成都市商业街出土石刻造像9件，其中2件有南齐建武二年（495年）和萧梁天监十年（511年）纪年[③]。1995年，成都市西安路发现埋藏坑1处，出土佛教石刻造像9件（共出1件道教造像）；其中5件分别有南齐永明八年（490年）、萧梁天监三年（504年）、中大通二年（530年）、大同十一年（545年）、太清五年（551年）纪年[④]。结合上述出土资料，有学者将以成都为中心的四川地区南北朝佛教石刻造像分为以下三期四段[⑤]。

第一期，刘宋元嘉到南齐建武年间。以背屏式造像和造像碑最为常见，组合多为一佛二菩萨，题材有弥勒、观音、无量寿佛等。造像风格有两种形式：第一种面相圆润，身材壮硕，似与早期金铜造像风格相近，如齐建武二年（495年）荆州道人释法明造像；第二种面相瘦长，颈部细长，在保留金铜造像古朴造型基础上，侧面看身体单薄，有向“瘦骨清像”发展的趋势，如西安路永明八年（490年）造像。主尊尤其高大，磨光馒头状肉髻，头后有莲瓣装饰；外着褒衣博带式袈裟，内配僧祇支，衣纹下坠在座前形成三瓣式悬裳座。

第二期，可细分为前后两个阶段。第一阶段，南齐末到萧梁天监年间。造像组合多为一佛二菩萨，出现了一佛四菩萨的组合，题材有无量寿佛、释迦多宝、二菩萨等，背屏上开始出现简单佛传故事。第一期丰硕之感已不见，造像风格呈“瘦骨清像”式，部分佛和菩萨颈部出现了蚕节纹，说明已开始受到“张家样”风格的影响。佛像分为立式和坐式两种。坐像均有磨光的馒头状肉髻，外披双领下垂式袈裟，内着斜领衫，悬裳座前衣纹形成三道平行的波状纹。立佛多立于覆莲台上，内着僧祇支于胸前系带打结，外披袈裟，衣纹下摆和袖口呈迎风飘起状。菩萨脚下有平地、圆形平台或仰莲圆台等三种造型，头戴宝冠，肩饰缨带，披巾在腹前呈W状交叉打结。

第二期第二阶段，梁武帝普通年间到太清以前。造像丰富，是成都南朝造像的高峰期。背屏式造像组合（图7-24），多一佛四菩萨四弟子二力士，两侧面或还各雕一护法像；也有一佛二菩萨二弟子或一佛五菩萨、一佛三菩萨、二佛三菩萨二弟子二力士

---

① 四川博物院、成都文物考古研究所、四川大学博物馆：《四川出土南朝佛教造像》，中华书局，2013年。

② 冯汉骥：《成都万佛寺石刻造像——全国基建出土文物展览会西南区展览品之一》，《文物参考资料》1954年第9期；四川省文管会：《成都万佛寺继续发现石刻》，《文物参考资料》1955年第2期。

③ 张肖马、雷玉华：《成都市商业街南朝石刻造像》，《文物》2001年第10期。

④ 成都市文物考古工作队、成都市文物考古研究所：《成都市西安路南朝石刻造像清理简报》，《文物》1998年第11期。

⑤ 雷玉华：《四川南北朝造像的分期及渊源诸问题》，《四川出土南朝佛教造像》，中华书局，2013年，第210～225页。

等多种组合。圆雕造型开始流行，题材有弥勒、释迦、观音、释迦双身、释迦多宝等，与前期相比发生了很大变化。造像样式方面，新、旧样式并存，例如佛像除磨光馒头状肉髻外，还流行螺髻。衣纹上表现得更加明显，旧有的双领下垂式袈裟仍然流行，同时大量流行通肩式袈裟；通肩式袈裟有的具有“曹家样”风格，紧贴身体，在前面形成几道平行的圆弧纹；有的衣纹繁密，折纹偏于一侧，稍显臃肿。佛的头光和造像石的背面一般都浅刻佛传故事，座前常刻一排胡装小人像。

图 7-24　川博 1 号萧梁普通四年（523 年）背屏式造像
采自四川博物院、成都文物考古研究所、四川大学博物馆：《四川出土南朝佛教造像》，中华书局，2013 年，第 78 页图 30

第三期，萧梁末太清以后到西魏、北周时期。背屏式组像大为减少，单体的释迦佛像、菩萨像、阿育王像较为流行。组像的工艺也明显退化，头光、头部甚至身体多不相连，也没有统一的莲瓣形背屏。佛像最为明显的特征是螺髻低平，悬于座前的双领下垂式袈裟褶纹已无前期层层重叠的形式。菩萨往往满身珠饰和璎珞，身体曲线优美，已有向隋唐菩萨形象过渡的趋势。

## 第三节　墓葬所见佛教因素

魏晋南北朝墓葬所见佛教因素，具有鲜明的阶段性特征。三国两晋时期，包含佛教因素的遗存形式丰富，但不少不具备明确的宗教性质，可称之为“佛教造型艺术品”[①]。南北朝时期，佛教对世俗生活的介入日益深刻，墓葬中的佛教因素在空间、仪式上多具有明确的宗教内涵，所反映的丧主对佛教文化的理解与接纳程度明显高出前一阶段[②]。

## 一、三国西晋时期的佛教因素遗存

三国西晋时期的佛教因素遗存，主要发现于南方地区吴晋墓葬中。据其物质形态，大致可分为三种类型：一是陶俑，有的是佛像造型，有的是在局部具有佛教元素；二是模仿佛寺的陶楼；三是器物上的佛教题材装饰。现分别举例介绍如下。

### （一）陶俑

图 7-25　湖北鄂州孙吴墓 M4 出土陶佛像
采自湖北省文物考古研究所、鄂州市博物馆：《湖北鄂州市塘角头六朝墓》，《考古》1996 年第 11 期，第 16 页图一六

佛教因素最为明确的陶俑见于鄂州塘角头 M4（图 7-25），发掘者判断其为吴墓[③]。在该墓葬前室、后室之间的过道前侧近正中位置，出土釉陶俑佛像 1 件、釉陶侍俑 2 件。釉陶佛像俑，施酱色釉，顶似有肉髻，身着通肩衣，衣褶呈 U 字形，结跏趺坐。釉陶侍俑，1 件头戴尖帽，1 件头戴巾，二者面部均似胡人。这尊佛像有意识地放置在甬道中，两侧还有“胁侍”，形成了近似一铺三尊格局的雏形[④]。

除此例陶俑为明确的佛像造型外，还发现有不少陶俑局部“借用”佛教元素，以两眉之间有白毫相最为常见。此类陶俑集中见于长江中游地区，例如：武昌莲溪寺吴墓（校尉彭卢墓），墓内铅券有永安五年（262 年）纪年。该墓出土釉陶俑 4 件，2 件头戴尖帽，2 件头戴巾，两眉间均有白毫相，双手近似“禅定印”。武汉黄陂滠口吴墓，墓内出土陶俑多件，7 件持盾武士俑中有 6 件戴尖帽且眉间有白毫相；此外，包括 1 件骑俑、1 件持物立俑、2 件操作俑、1 件徒手立俑、1 件持物坐俑、3 件女俑在内，眉间均有白毫相。

---

① 杨泓：《美术考古半世纪：中国美术考古发现史》，人民美术出版社，2015 年，第 198 页。
② 本节主要参考吴桂兵：《中古丧葬礼俗中佛教因素演进的考古学研究》，科学出版社，2019 年。
③ 湖北省文物考古研究所、鄂州市博物馆：《湖北鄂州市塘角头六朝墓》，《考古》1996 年第 11 期。
④ 杨泓：《跋鄂州孙吴墓出土陶佛像》，《考古》1996 年第 11 期。

## （二）陶楼

最为典型的佛教因素陶楼出土于湖北襄樊（今襄阳）菜越三国墓（图 7-26），据报告推测墓葬年代在三国早期。该墓葬为砖筑前后室墓，前、后室之间有东、西两过道。西过道内出土陶楼 1 件，整体由院墙、门楼和楼阁等结构组成。院墙前门楼的中部为大门，有门扉两扇，每扇堆塑两羽人及一铺首衔环；大门右侧有一小门，单扇门扉上也堆塑有羽人；楼阁顶端立有月牙形兽，其下为七重覆斗状相轮。结合上述造型特征，学界多认为此陶楼为我国最早佛寺“浮屠祠”的模型，小羽人则是佛教传入汉地后供养童子造像。

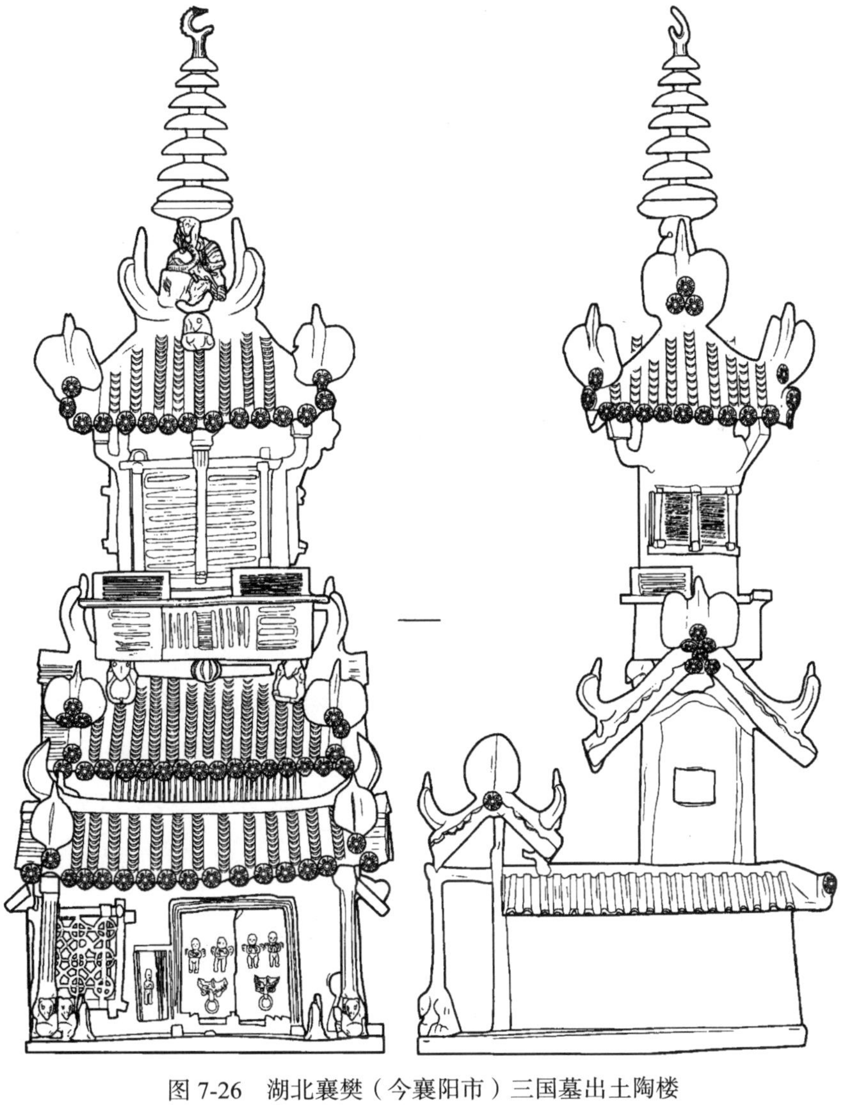

图 7-26　湖北襄樊（今襄阳市）三国墓出土陶楼

采自襄樊市文物考古研究所：《湖北襄樊樊城菜越三国墓发掘报告》，《考古学报》2013 年第 3 期，第 400 页图九

## （三）佛教题材装饰

装饰佛教题材的出土器物，主要有以下三类：一是青瓷器，器类以魂瓶为主，此外还有薰、唾壶、樽、盘口壶等；二是铜镜，主要指佛像夔凤纹镜；三是金质或鎏金饰件。

### 1. 青瓷器

青瓷魂瓶主要流行长江下游地区的孙吴西晋墓葬中，常见在罐腹部或顶部楼阁模型内贴塑小佛像的装饰手法。1955 年发掘的南京赵士岗孙吴凤凰二年（273 年）墓中，出有腹部贴塑小佛像的魂瓶，小佛像与仙人、神兽间杂堆塑。南京甘家巷高场一号吴墓，出土魂瓶堆塑有三层，上层为方形陶屋，四面辟门，门内各置一坐佛，围绕在四门建筑四周又有佛像七尊；中层、下层也有佛像，下层佛像与铺首、鱼等贴塑间杂。江苏仪征胥浦 M93，为平面呈十字形的前后室墓，墓砖有西晋元康七年（297 年）纪年[①]。该墓前室西北角出土有魂瓶 1 件，魂瓶共四层堆塑装饰，整体呈多层塔状；其中，第三层为四个佛龛，龛有屋檐，里面塑有佛像，为一主尊，一胁侍侧立，由此构成了“一主尊一胁侍”的造像组合，是同时期魂瓶较为少见的装饰题材。

其他装饰佛教题材的青瓷器类还有熏、唾壶、樽、盘口壶等，集中分布在长江中游鄂州地区的有以下几例：鄂州 M2081（孙将军墓）年代约在吴晋之际，出土青瓷熏 2 件，熏身下部与承盘口沿之间贴塑模印坐佛三尊。鄂州 M1021 年代为西晋前期，墓内出土青瓷唾壶 1 件，唾壶腹部上方拍印网格纹装饰带一周，纹饰带之下等距离配置有模印的铺首、朱雀、坐佛像及神人骑兽图案。鄂州 M2017 年代为西晋前期，出土青瓷樽 1 件，三蹄形兽首足，器表中部装饰菱格回纹一周，在装饰带上等距离贴塑模印的佛像和蟠龙各四尊。长江下游也有此类遗物出土，其中南京长岗村孙五号墓出土的青瓷釉下彩盘口壶，不仅在制瓷工艺上较为特殊，其复杂的装饰图像内涵也引起了学界的关注[②]。其肩部贴塑有四个铺首、两尊佛像和两个双首鸟形系，盖面装饰仙草纹，壶颈装饰兽纹，腹部绘有上下两排持节羽人。整体上，图像表现的是汉文化传统的升天思想，但却又加入佛教题材，可视之为佛教初传中土“仙佛模式”的典型例证。

### 2. 铜镜

装饰佛教因素的铜镜有较多实例，主要发现于湖北、湖南、江西、江苏、浙江等地。一般为夔凤纹镜，内区为柿蒂纹八凤，外区为内向连弧，佛教因素一般出现于在四叶和周缘连弧中。例如：鄂州 M4037（五里墩吴墓），报告判定其年代在孙吴晚期，

---

① 胥浦六朝墓发掘队：《扬州胥浦六朝墓》，《考古学报》1988 年第 2 期。

② 易家胜：《南京出土的六朝早期青瓷釉下彩盘口壶》，《文物》1988 年第 6 期；南京市博物馆：《南京长岗村五号墓发掘简报》，《文物》2002 年第 7 期。

墓内所出铜镜有四出四叶纹纽座，叶呈桃形，内均饰佛像。其中三尊佛像均正面端坐于桃形叶中，上有桃尖，应该象征佛龛，有头光，有肉髻结，跏趺坐于莲台之上，佛两侧有两兽首，或为龙虎座；另一尊左向侧坐于莲花座之上，左右像一立一跪，立像为单手持宝盖的侍者，跪像为女性供养人。湖南长沙左家塘西晋墓出土铜镜装饰样式与鄂州 M4037 所出铜镜相似，具体内容有所不同：主纹为四组相对的凤叶，四瓣内均有一组佛像，每组佛像由三尊像组成。相对的两瓣内各有佛龛，龛中一坐佛，两侧立有羽人；另外相对的两瓣内为半跏思惟佛像，左侧侍者手持曲柄伞，右侧为带头光的跪拜供养人①。值得注意的是，左家塘西晋墓铜镜的铸造年代，或可早至孙吴中后期②。浙江武义县桐琴果园吴墓出土铜镜，样式与前两者相似，相对二瓣内各有一飞天，另一瓣为三尊式，中坐佛，两侧各一带有头光的胁侍，镜缘内侧十六个连弧纹带内分别有飞天、日、月、四神及代表黄道十二宫中的“巨蟹”③。

**3. 金质、鎏金饰件**

前引武昌莲溪寺吴墓除出有白毫相陶俑外，还出土杏叶形鎏金饰件 1 件，装饰立姿人像，脚踩莲花，头后似有头光。马鞍山天子坟吴墓，详细资料一直未正式公布，但通过零星报道可知墓内出有飞天金饰件 1 件，披帛、着裙，似有头光和髻；此外还有 1 件桃形步摇叶上镂空纹饰为立佛，赤足，有头光。这是长江下游地区出土有佛教因素遗存等级最高的墓葬之一。

三国西晋时期的佛教因素遗存，基本见于长江中下游的孙吴境内。但应当注意的是，这些佛教因素的宗教含义不宜高估。除少数个例（如鄂州塘角头 M4 所出佛像陶俑）外，多数佛教因素要么单纯只是一种装饰图案，要么与其他神仙人物相混杂。佛教因素真正在墓葬中具有明确的宗教指向，还是得等到南北朝时期了。

## 二、北朝墓葬中的佛教因素

北朝时期，佛教对丧葬礼俗的影响已经达到较高的层级，例如本书第二章第三节提到的冯太后永固陵，陵园内建有思远佛寺，就是这一点的生动体现。此外，北朝墓葬在葬具、墓室壁画方面，也有受到佛教文化影响的典型实例。

### （一）葬具

**1. 漆木棺**

宁夏固原雷祖庙北魏墓所出漆棺装饰图案复杂。漆棺图案的佛教因素主要出现在

---

① 刘廉银：《湖南长沙左家塘西晋墓》，《考古》1963 年第 2 期。

② 王仲殊：《论吴晋时期的佛像夔凤镜——为纪念夏鼐先生考古五十年而作》，《考古》1985 年第 7 期。

③ 武义县文物管理委员会：《从浙江省武义县墓葬出土物谈婺州窑早期青瓷》，《文物》1981 年第 2 期。

前挡和左、右侧挡。前挡画面主体为屋宇建筑，画面下方两侧各绘一人物，有头光，裸胸佩瓔珞，颈着项圈，手臂戴钏，天衣绕臂，类似于佛教石窟两侧的菩萨或者力士。左、右侧挡漆画可以分为上、中、下三栏，上、中栏之间分布有联珠龟背圆环，圆环内对称分布三种图像：一为两人物，类似供养天人；另外两类为怪兽和飞禽。大同湖东北魏 M1，后室放置一棺一椁。墓内出土遗物多为棺椁饰件，其中有莲花化生铜饰件 1 件，周边饰十组双瓣莲叶，中间为莲花化生，高肉髻，双耳垂肩，双手合十，有背光和头光。棺板上有彩画，联珠纹内的伎乐童子上下身裸露，赤脚，有的上臂绘臂钏，童子有起舞者或手执乐器者，可辨识的乐器有排箫和横笛。

**2. 石棺、石棺床**

包含佛教因素的石棺数量较多，可举出以下几例：元谧石棺，“匣式”石棺，现存左右两挡和前挡。前挡正中线刻大门，门帮为柱式结构，柱上有莲瓣、草叶装饰；门楣近似尖拱形石窟，装饰有双凤头和忍冬纹。宁懋石棺为仿木构房屋样式，后壁背面刻三幅墓主画像，身旁均有一名侍女扶持；三者显示出不同年龄段的面貌，居中一幅年岁较高，拇指捏着莲花一朵。上述这种布局样式类似石窟中的“礼佛图”。大同北魏司马金龙墓，后室出有石棺床，装饰图像中存在典型的佛教因素。石棺床有三足，足面高浮雕四个力士，三足之上有盘绕的忍冬纹，中间雕有伎乐及龙、虎、凤凰、金翅鸟、人头鸟等星宿。这些浮雕图案中的力士、伎乐多在云冈石窟中可以找到原型，由此可窥见其与佛教文化之渊源。

**3. 石椁**

大同邢合姜墓出土石椁，佛教氛围最为浓郁。石椁造型为悬山顶屋宇，壁画绘于石椁内外两侧。内侧壁画位于北壁、东壁、西壁、南壁和顶壁。北壁由 3 块石板组成，绘制有佛像、僧人、供养人。东壁由 2 块石板组成，上部绘佛像、菩萨，下部绘胡僧、供养人。南壁由 4 块石板组成，上部绘有七佛、下部绘镇墓兽。外侧壁画位于南壁的门楣和左右石板。门楣石板刻门簪 5 枚，中间绘莲花图案；左右石板分别绘带头光的护法神，双手拄金刚杵。其余局部图像体现佛教因素的石椁还有大同宋绍祖夫妇墓石椁、大同云波路北魏墓石椁、大同智家堡北魏墓石椁等。

### （二）墓葬壁画

墓葬壁画中的佛教因素集中见于大同地区北魏前期墓葬中，可举出以下几例：冯太后永固陵，甬道前后各有一道大型石券门，由尖拱门楣、门柱、门槛、虎头门墩及门扉等五部分组成，尖拱门楣两侧下端各浮雕一捧莲蕾童子，在童子的下部、门柱的上端浮雕一神鸟，神鸟立于圆顶束腰状物（疑似为藤座）之上，束腰带部装饰有联珠纹。上述石雕图像，在题材和风格上，均和云冈中部窟群较为相似。大同陈庄北魏墓，墓室前也有石门，其半圆形门额上有减地高浮雕的5枚圆形莲花门簪，这与云冈石窟晚期窟群门簪在技法和造型上均较为相似。此外，大同文瀛路壁画墓（图7-27，1）、迎宾大道16号壁画墓，以及距平城稍远的怀仁丹扬王墓（图7-27，2），都发现有与佛教天王有关的武士图像。文瀛路壁画墓东壁武士卷发、尖耳，眉间有一目，上身裸露，赤脚，缠绕帔帛；怀仁丹扬王墓西壁武士穿短裙，周身缠绕帔帛，周围装饰莲蕾和莲花；西壁的武士有三头，东壁的武士有四臂；迎宾大道北魏16号墓壁武士图像，脚踩在圆形覆莲台上。

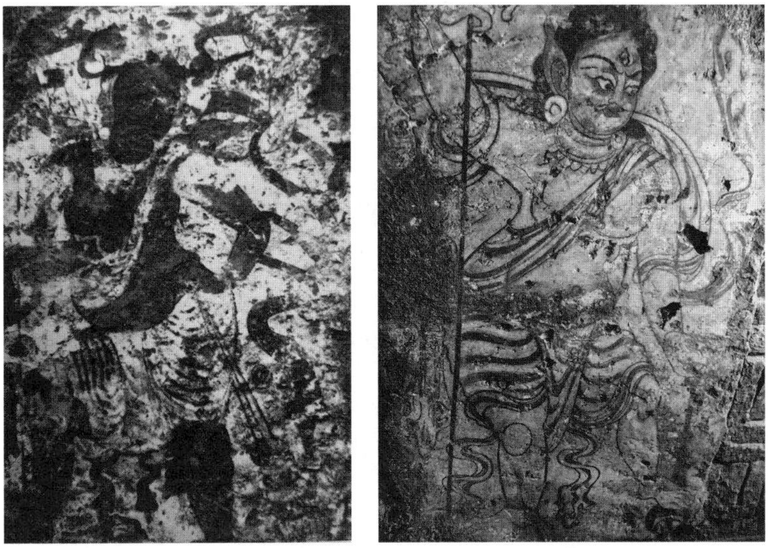

1　　2

图7-27　北朝墓葬壁画佛教因素

1. 大同文瀛路墓甬道侧壁壁画　2. 怀仁丹扬王墓甬道侧壁壁画

采自赵春兰、韦正：《试论南北朝墓葬中的佛教因素——兼及高句丽墓葬》，《四川文物》2019年第2期，第45页图六、图七

平城地区之外，也有包含佛教因素的北朝墓室壁画。例如大夏都城统万城东南约3千米的八大梁墓地M1[①]，详见本书第九章第一节。

## 三、南朝墓葬中的佛教因素

包含佛教因素的南朝墓葬集中分布在长江中游和下游地区[②]。中游地区以襄阳为中心，安康和鄂州大致是地域分布的上下界点。下游地区以南京为中心，扬州和杭州大

① 陕西省考古研究院、榆林市文物保护研究所、榆林市考古勘探工作队、靖边县文物管理办公室、靖边县统万城文物管理所：《陕西靖边县统万城周边北朝仿木结构壁画墓发掘简报》，《考古与文物》2013年第3期。

② 南朝墓葬佛教因素，除参考前述吴桂兵著作外，还可参考韦正：《试谈南朝墓葬中的佛教因素》，《东南文化》2010年第3期；赵春兰、韦正：《试论南北朝墓葬中的佛教因素——兼及高句丽墓葬》，《四川文物》2019年第2期。

致是地域分布的南北界点。此外，福建地区也发现有包含佛教因素的重要墓葬。可以断定为与佛教有关的因素有佛教人物形象类的佛像、僧人、飞天、伎乐、供养人物，佛教护法类的狮子，佛教象征物的杂器（瓶花、博山炉）、砖砌佛塔等。

### 1. 长江中游

具体地点包括邓县（今邓州）、襄阳、鄂州等，典型墓例包括邓县学庄墓；襄阳贾家冲墓；鄂州观音垅 M1、M2，泽林 M5、M6，郭家细湾 M8、M11，塘角头 M13 等。

邓县学庄墓，因墓内设置砖柱、砖柱装饰彩色画像砖而受到学界较多关注。该墓内与佛教有关的图像包括：券门两侧的飞天，造型接近石窟壁画；甬道南第一柱东西壁双狮画像砖；墓室壁上层的伎乐飞天、供养飞天；花纹砖端面上的莲花化生、莲花座人像；以及墓室壁、券顶、地面遍布有莲花纹砖。此外，墓室后部的砖柱还呈现并列双塔样式。整体上，佛教图像在各处多非主体题材，但却贯穿墓内空间的各个位置。

襄阳贾家冲墓（图 7-28，2），为带甬道的单室砖墓，墓室南北壁仅存约三分之二，但佛教因素仍有不少存留，主要包括：甬道和墓室两壁自下往上的第四层丁砖，有供养人和净瓶莲草纹，第八层丁砖有双狮、双飞天；甬道壁和砖柱的中上部有单飞天图案砖；甬道和墓室的丁砖中有持幡供养人形象；还有位置不明的 19 块墓砖浮雕“小佛像”，结跏趺坐，身后有背光。襄阳地区包含佛教因素的墓葬还有如下几例：谷城肖家营 M40（图 7-28，3、4），青龙、朱雀画像砖模仿石窟的尖拱龛形象，此外还有持瓶花或莲花供养的羽人形象。肖家营 M1 有持莲花供养的羽人形象；襄阳麒麟清水沟（图 7-28，1）、樊城杜甫巷 M82 南朝墓画像砖上的女性人物、飞仙脚下都有莲座甬道侧壁的飞天、世俗供养人、瓶花。

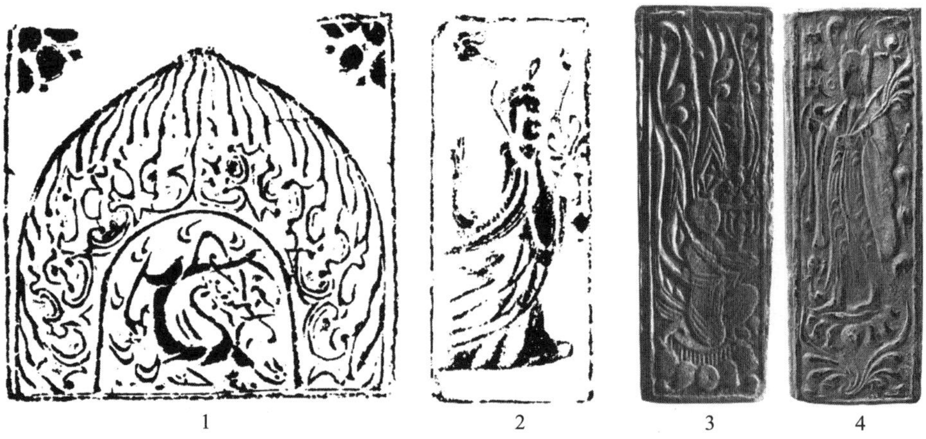

1　　2　　3　　4

图 7-28　襄阳南朝墓葬佛教因素

1. 麒麟清水沟墓飞仙画像砖　2. 贾家冲墓羽人画像砖　3. 谷城肖家营 M40 带龛龙纹画像砖
4. 谷城肖家营 M40 持花供养人物画像砖

采自赵春兰、韦正：《试论南北朝墓葬中的佛教因素——兼及高句丽墓葬》，《四川文物》2019 年第 2 期，第 44 页图三、图四

鄂州地区包含佛教因素的墓葬数量虽然也不少，但墓葬等级不高，墓内也几乎未见装饰，却统一在墓室后壁砖砌单塔柱，因此可以判定这些墓葬的佛教性质是明确而突出的。

**2. 长江下游**

具体地点包括南京、丹阳、常州、邗江、余杭等，典型墓例有南京油坊村墓、西善桥第二砖瓦厂墓、罐子山墓、胡村墓、狮子冲 M1，丹阳金家村墓、吴家村墓、仙塘湾墓，常州田舍村墓、戚家村墓，邗江酒甸 M1，余杭小横山墓群等。

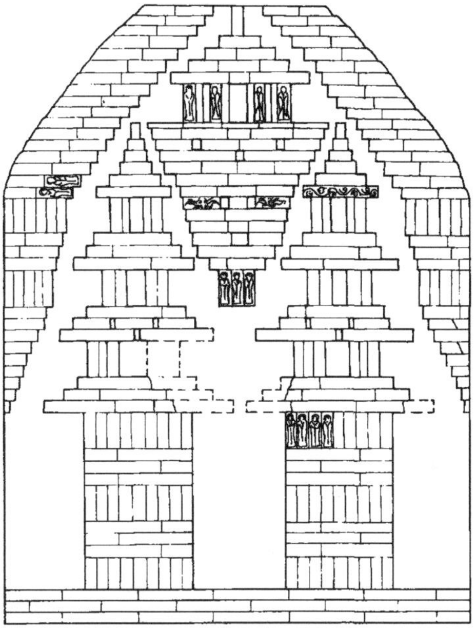

图 7-29　南京胡村南朝墓砖塔

采自南京市博物馆：《南京市江宁区胡村南朝墓》，《考古》2008 年第 6 期，第 53 页图三

南京地区几座墓例中，明确后壁砖砌双塔的有两座，即胡村墓、第二砖瓦厂墓；油坊村南朝画像砖墓后壁残存，可能也有砖塔。胡村南朝墓砖塔造型最为明显（图 7-29），是在墓室后壁用砖砌出三座佛塔，两座大塔并列，二塔中间上部再砌一小砖塔。南京地区墓葬还可见一些包含佛教因素的图像，例如油坊桥墓画像砖上的瓶花、持花人物，双手拱于胸前的人物可能是供养人。狮子冲 M1，虽然并未发掘到底，但阮籍身前插入莲花化生图像，这种做法较为特殊，不见于其他装饰“竹林七贤与荣启期”的拼镶壁画墓。

丹阳三座壁画墓，一般认为和南齐帝陵有关，墓葬佛教因素的表达相对“克制”，主要有甬道中的狮子和墓室前方羽人戏龙、虎图上侧的伎乐飞天。这些因素在墓室整体主旨中应居于从属地位，并且考虑道教中也有天女、玉女等称谓，墓内出现的伎乐飞天或许并非具有纯粹的佛教意涵。

常州两座南朝的佛教因素以飞天、狮子、莲花等图像为主。戚家村墓甬道和墓室壁面各有四层画像、花纹砖，佛教因素图像如下：甬道西壁、东壁第一层有莲花、狮子图案；墓室西壁、东壁第一层前段有莲花、飞天，第二层有莲花、狮子相间排列。田舍村墓的佛教因素与戚家村墓相似，也以飞天、狮子、莲花等图像为主。

邗江酒甸 M1，墓室壁均由画像砖和花纹砖砌成，与佛教有关的图像包括八瓣小莲花、四瓣小莲花、八瓣大莲花、男女供养人小像，以及疑似佛像的形象，似结跏趺坐，双手合十于胸前，背后为佛座，头上有桃形背光。墓室中发现六块文字砖，其中一块有“此是和僧□庭须等会得”文字，或可说明僧人曾参与了墓砖的制造。

余杭小横山南朝墓群部分墓砖上有大龙、大虎、飞仙、羽人、羽人骑龙（虎）、瓶花、摩尼宝珠等常见于其他墓葬的图像，还有一些不太常见者如 M7、M10、M18、

M93、M119 有莲花化生图，M7、M18、M23、M93、M103、M119 有狮子图，M13 后壁有砖砌塔柱。需要注意的是，有相当比例的莲花化生图出现的是衣冠齐整的成人形象，或许杂糅了道教即身成仙思想。

### 3. 福建地区

福建地区的闽侯南屿墓[①]和南安丰州皇冠山天监十一年（512 年）墓[②]，是两座佛教氛围浓厚的南朝墓。这不仅体现在佛教因素图像的丰富，还在于墓内似存在通过佛教图像进行空间营造的整体思想，这在南朝墓葬中是较为少见的特例。

闽侯南屿墓（图 7-30），为平面呈凸字形的单室砖墓，墓砖花纹丰富，发掘简报以墓室左壁为例，详细叙述了各类花纹砖由下至上共十九层的分布情况。据学者总结，花纹砖自下而上营造出不同的装饰氛围。总体上，南屿墓图像存在两个空间维度：一是纵向的，由下向上逐层上升、往生净土；一是横向的，集中在第 5 层，即诵经僧带着一众人等沿着墓室四壁在行走诵经、祈愿。

1　　2　　3

图 7-30　闽侯南屿墓花纹砖拓本

1. 侍者　2. 供花僧人　3. 诵经僧人

采自福建省博物馆：《福建闽侯南屿南朝墓》，《考古》1980 年第 1 期，第 62 页图 4

皇冠山天监十一年墓，券顶单室砖墓，墓砖上的佛像人物纹饰可分为三种：无冠立像、头顶圆髻后带头光佛像、戴冠坐像；此外该墓还出有莲花纹砖、团花纹砖、鱼

① 福建省博物馆：《福建闽侯南屿南朝墓》，《考古》1980 年第 1 期。

② 福建博物院、泉州市博物馆：《福建南安丰州皇冠山“天监十壹年”墓发掘简报》，《东南文化》2017 年第 4 期。

龙组合纹饰砖、鱼龙管梳纹组合纹饰砖、鸟圆轮组合纹砖，以及“天监十壹年”纪年铭文砖。简报未详细介绍墓砖花纹的分布情况，通过零星线索判断，其空间布置与闽侯南屿墓相近，均为低层护卫，中间诵经祈福、供养，最上为莲花净土或佛国世界。

# 思 考 题

1. 总结云冈石窟分期的主要观点。
2. 归纳佛教造像“邺城模式”的主要内涵。
3. 对比南北朝墓葬所见佛教因素。

# 延 伸 阅 读

宿白：《青州龙兴寺窖藏所出佛像的几个问题——青州城与龙兴寺之三》，《文物》1999 年第 10 期。

吴桂兵：《中古丧葬礼俗中佛教因素演进的考古学研究》，科学出版社，2019 年。

宿白：《中国石窟寺研究》，生活·读书·新知三联书店，2019 年。

何利群：《东亚地区早期佛教寺院布局及演变》，《考古学报》2023 年第 2 期。

# 第八章　魏晋南北朝时期边疆地区的考古发现

所谓“边疆”，是指不同时期因国家治理需要而构建起来的国家疆域的边缘性区域，既是地理概念，又是历史概念。魏晋南北朝时期，由于各政权疆域变化频繁，边疆的概念也处于变动之中。就考古学层面而言，东北方向的高句丽考古遗存和西北方向新疆地区考古遗存资料积累较为丰富，考古学文化面貌较为清晰。本章也重点对这两方面的考古发现进行介绍。此外，也有学者对岭南地区的铜鼓文化圈、俚人文化等进行过研究[①]，但学界对相关考古遗存的年代、族属等问题尚未完全形成共识，本书暂从略。

## 第一节　高句丽考古发现

“高句丽”，既是民族名称，又可指代其所建立的政权。历年来考古调查、发掘工作中，所发现的高句丽遗存主要有城址和墓葬两大类[②]。高句丽城址，可分为都城和山城两个部分进行介绍。高句丽都城往往是山城与平原城相结合，故这两部分内容实际上存在一定程度的交叉。高句丽墓葬，从外观上分为积石墓和封土墓两种类型。以积石墓类型为主的王陵和以封土墓类型为主的壁画墓，资料丰富、演变规律明确，历来为学界所重视。因此，本书在介绍高句丽墓葬概况的基础上，将王陵、封土墓分别单独列出进行专题介绍。

### 一、高句丽都城

高句丽都城，初都桓仁，后迁集安，再迁平壤，故学界有“三治两迁”的说法，由此也可将都城的演变分为初期、中期、后期三个阶段。从选址特点来看，高句丽都城以山城与平原城相结合为重要特征，二者在军事功能和政治功能上相互配合。这种特征在初期可能已经形成，在中期、晚期都有一定程度的展现。由于晚期都城遗存主

---

① 〔新西兰〕龚雅华著，魏美强译：《汉唐时期岭南的铜鼓人群与文化》，南京大学出版社，2023 年；刘长：《俚人文化探源》，广东人民出版社，2023 年。

② 本节对高句丽遗存的介绍，主要参考魏存成：《高句丽遗迹》，文物出版社，2002 年；《高句丽考古》，吉林大学出版社，1994 年。其余参考文献随文注释。在介绍各类考古发现时，本书均以中国境内考古资料为主。

要位于今朝鲜平壤及其周边地区，本书从略。

### （一）初期都城

与初期都城有关的城址，目前已知的有位于今辽宁桓仁境内的五女山城和下古城子古城两座。

五女山城[①]，位于桓仁县城东北 8.5 千米处，地处浑江对岸高亢险峻的五女山之上，是一座典型的山城。城址平面呈不规则长方形，南北长约 1540、东西宽 350～550 米。全城分为山上、山下两部分，山上部分位于西南侧主峰之上，遗迹较为丰富；山下部分地处坡地，遗迹较少。城墙大部分是利用陡峭的悬崖和山脊，东侧、南侧山势较缓或豁口处，以石条、石板垒筑城墙。城门共发现三处，即南门、东门和西门。五女山城城垣大部分为高句丽早期遗存，只有西门两侧的石砌门卫室属于高句丽中期增修。城内堆积可分为五期，其中，第三期为高句丽文化早期，约在两汉之际；第四期为高句丽文化中期，相当于 4 世纪末至 5 世纪初。第三期遗存主要位于山上西部，有大型建筑基址 J1 和少量半地穴房址。J1 平面呈长方形，是带有础石的地面建筑，不排除是高句丽宫室的可能。第四期遗存在山上、山下均有发现，山顶东部较为集中，所发现遗迹以两处大型建筑基址 J2、J3 为代表；还发现有半地穴式的小型居址，以及兵营和哨所。由此来看，作为早期都城的五女山城，在中期也承担有一定的军事功能。

下古城子古城[②]，位于桓仁县城西 3 千米的浑江对岸，距上述五女山城址仅 10 千米左右。城址呈长方形，城墙夯筑，东墙已不存，推测约 200 米；西墙存长 170、北墙存长 240、南墙残长 205 米。20 世纪 50 年代，城内采集遗物有兽面纹瓦当和陶片，陶片中不少有桥状横耳。1998 年，考古工作者对城址西墙北段近西北角进行了解剖发掘，明确了夯筑结构，并清理了叠压在城墙下的 H1。H1 出土了腹部对置竖桥状耳的陶罐，是高句丽早期陶器的典型器形，这就可以证明城墙的始筑年代不早于高句丽文化早期；城内出土的桥状横耳陶器，是高句丽中期较常见的器形，这说明该城址在高句丽中期仍被沿用。

有学者据《魏书》所记“朱蒙至纥升骨城，遂居焉”推测，下古城子城址是高句丽建国前即已存在的西汉城址，也就是这条文献提到的“纥升骨城”；此后为加强防御，高句丽修建山城类型的五女山城，从而形成山城与平原城相结合的布局。

### （二）中期都城

《三国史记》等传世文献对高句丽中期都城或都城所在地区有尉那岩城、丸都城、

---

① 辽宁省文物考古研究所：《五女山城——1996～1999、2003 年桓仁五女山城调查发掘报告》，文物出版社，2004 年。

② 辽宁省文物考古研究所：《桓仁县下古城子高句丽城址 1998 年调查与试掘报告》，《五女山城——1996～1999、2003 年桓仁五女山城调查发掘报告》，文物出版社，2004 年。

国内城、平壤城、国内等不同名称。与中期都城有关的城址，目前所知有平原城和山城子山城两座。

平原城城址，位于吉林集安市市区内，地处中朝界河鸭绿江中游江水右岸的平野之上，一般认为其为国内城[①]（图 8-1）。民国时期，日本人谷井済一和池内宏对平原城进行过调查，并绘制出示意图或实测图。但是，二者给出的城址轮廓相差很大。2003 年，考古工作者在北墙、西墙开展工作，测得北墙长 730 米，西墙长 702 米，并证实了谷井济一所绘城址示意图的轮廓、形制基本可信。现存城墙中，东墙、北墙、西墙南段筑于高句丽时期，皆以加工规整的方形或长方形石材错缝平砌而成。城墙四周修有马面，已确认的有 10 余个；城墙西南角和东南角修有外凸平台，或与角楼有关。城门共发现有 7 座，西墙北段现存马面的西南侧发现有排水涵洞，马面南侧发现了东接城墙的墙基，故推测此区域存在瓮城一类的设施。

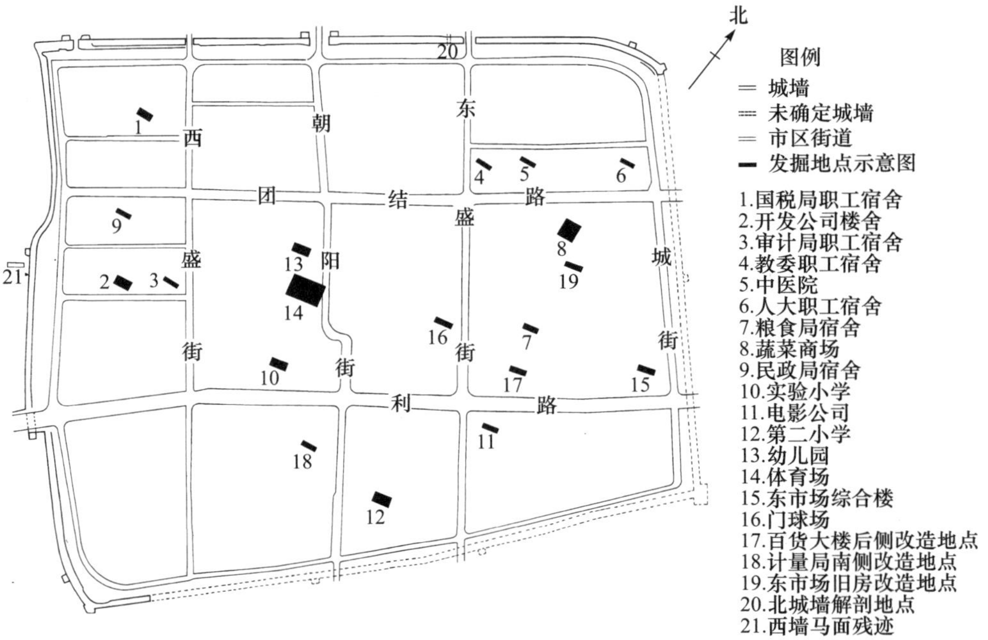


图 8-1 平原城城址平面图（2003 年测绘）

采自吉林省文物考古研究所、集安市博物馆编著，宋玉彬主编：《国内城——2000～2003 年集安国内城与民主遗址试掘报告》，文物出版社，2004 年，第 10 页图五

山城子山城，位于集安西北 2.5 千米处的高山之上[②]。现一般认为该城为丸都城。山城占据长白山余脉老岭山脉峰峦之间，石砌城墙依山势走向修筑。城墙顶部修筑有女

① 吉林省文物考古研究所、集安市博物馆编著，宋玉彬主编：《国内城——2000～2003 年集安国内城与民主遗址试掘报告》，文物出版社，2004 年。

② 吉林省文物考古研究所、集安市博物馆编著，宋玉彬主编：《丸都山城——2001～2003 年集安丸都山城调查试掘报告》，文物出版社，2004 年。

墙，女墙内侧发现有石砌柱洞。城墙共发现 7 处城门，正门（南门）两侧城墙向内曲折，形成瓮城；南墙西门经过发掘确认为单门道，外有瓮城。城址东、西、北三面地势较高，南部多平缓台地，是城内遗存的主要分布区。城内发现的建筑遗存主要有宫殿址、瞭望台、蓄水池等。宫殿址范围内自西向东分布四层人工修筑台基，在 1～4 号台基上修筑不同规格建筑共 11 组。其中，2 号、3 号建筑基址位于 2 号台基之上，平面呈八角形，有学者认为二者可能与佛教建筑（如佛塔）相关①。宫殿遗址的各堆积层中，第 3、4 层为废弃堆积，夹杂大量灰烬、炭屑和红烧土，可证明该宫殿毁于大火；发掘报告据此进一步衍生出宫殿址毁于 342 年慕容皝攻陷丸都城的战火的结论。

## 二、高句丽山城

借助“多大山深谷”之地理优势，高句丽历来擅筑山城，以此为御敌要术。目前已知的高句丽山城数量已在 100 座以上，当然，随着考古工作的继续开展，这一数据应该还会有所更新。山城密集分布在四个地域范围内：第一处，以桓仁、集安为中心的浑江流域、鸭绿江中游及太子河、浑河上游，辉发河流域和鸭绿江的上游地区；第二处，自辽东半岛南端开始，途经金州、普兰店、瓦房店、盖州、营口、海城、辽阳、沈阳、抚顺、铁岭、开原到西丰、辽源一线；第三处，从辽东到平壤沿线的大洋河与叆河流域，包括岫岩、凤城、宽甸等县市；第四处，今吉林市和东北方之图们江流域②。上述四处区域，第一处是高句丽初、中期的腹地及其外围；第二、三处分别是高句丽后期的西部防线和通往辽东的陆上道路所在；第四处原夫余政权的中心，好太王之后为高句丽所辖。从分布地域看，高句丽山城的军事防御意图表现得非常明显。

高句丽山城的规模有大、中、小三类。大型山城周长在 3000 米以上，除五女山城、集安山城子山城外，其余多分布在上述第二、三处区域内，筑城时间约在 4、5 世纪之后。中型山城周长在 1000～3000 米之间，多穿插于上述大型山城之间。小型山城周长在 1000 米以内，是大、中型山城的卫城或交通线路上的关隘。三种规模的山城相互配合，构成了严密的军事防御体系。

根据选址、布局特点，学界现一般将高句丽山城分为簸箕型、山顶型、“筑断为城”型和左右城、内外城四种。

（1）簸箕型。建于环形山脊之上，四周边界为悬崖和人工筑墙相结合的形式。由于山脊多三面高一面低，山城的总体造型近似簸箕形。当然，因山脉走势的差异，此类山城未必完全形如簸箕，但选址特征是大致相近的。大、中型山城半数以上属此类型，前述丸都城（山城子城）即是典型代表。此外还可以集安霸王朝山

---

① 王飞峰：《丸都山城宫殿址研究》，《考古》2014 年第 4 期。

② 魏存成：《中国境内发现的高句丽山城》，《社会科学战线》2011 年第 1 期。本节对高句丽山城的介绍主要参考此文。

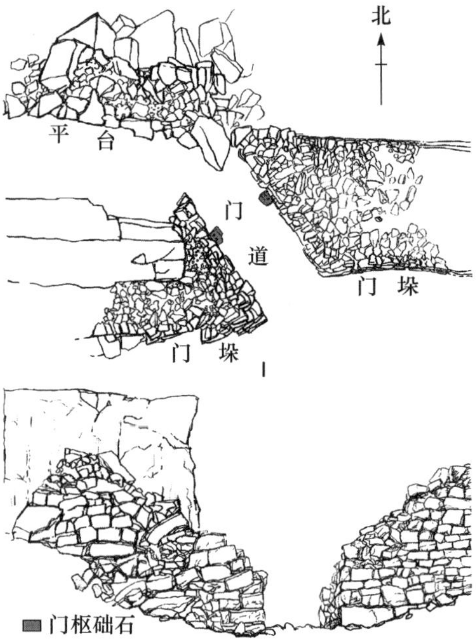


图 8-2　霸王朝山城北门平面、立面图
采自吉林省文物考古研究所、集安市博物馆：《吉林集安市霸王朝山城 2015～2016 年发掘简报》，《考古》2021 年第 11 期，第 22 页图三

城①（图 8-2）、沈阳石台子山城②、青石岭山城③为代表。

（2）山顶型。顾名思义修筑于山顶之上，城内地势平坦，四周悬崖峭壁。前述高句丽初期都城五女山城属于此类型。其余山顶型山城多为关隘哨卡或大中型山城的卫城，可以本溪平顶山山城④为代表。

（3）"筑断为城"型。源自《高丽记》对焉骨城的记载，即选择"东西二岭，壁立千仞"之山势，"于南北峡口筑断为城"。有学者认为焉骨为乌骨之讹，同时判定今辽宁省凤城市凤凰山山城⑤（图 8-3）即是乌骨城遗址。虽然凤凰山山城是否确为乌骨城有待进一步讨论，但仍可将其视为"筑断为城"型山城的代表。

（4）左右城、内外城。是指从平面布局上看左右相连和内外相分、相连、相包的两城，而其中的某一城又可以是上述的簸箕型或山顶型。此类城址虽发现数量不多，但大、中、小型皆有。左右城可以抚顺高尔山城⑥为例，内外城可以新宾太子城⑦为例。

## 三、高句丽墓葬

《三国志・乌丸鲜卑东夷・高句丽传》载"男女已嫁娶，便稍作送终之衣。厚葬，金银财币，尽于送死，积石为封，列种松柏"，足见高句丽对墓葬营造之重视。与此记载相符的是，高句丽墓葬遗存数量丰富，这在中心地区表现得尤其明显。20 世纪 50 年代，辽宁地区经调查确认的高句丽墓葬已有 750 座。集安洞沟墓群经调查确认的墓葬数量或在万座以上⑧，除混入的渤海国时期墓葬外，大多数均是高句丽墓葬。本书这一

① 吉林省文物考古研究所、集安市博物馆：《吉林集安市霸王朝山城 2015～2016 年发掘简报》，《考古》2021 年第 11 期。
② 李晓钟：《石台子高句丽山城复原研究》，《边疆考古研究》第 4 辑，科学出版社，2006 年。
③ 中国社会科学院考古研究所、辽宁省文物考古研究所、盖州市文物局：《辽宁盖州市青石岭山城的调查与发掘》，《考古》2017 年第 12 期。
④ 梁志龙、马毅：《辽宁本溪市平顶山高句丽山城调查》，《东北史地》2009 年第 5 期。
⑤ 李龙彬、华玉冰、崔丽萍：《辽宁丹东凤凰山山城首次发掘取得重大收获》，《中国文物报》2007 年 3 月 23 日第 002 版。
⑥ 徐家国、孙力：《辽宁抚顺高尔山城发掘简报》，《辽海文物学刊》1987 年第 2 期。
⑦ 抚顺市博物馆：《辽宁新宾县高句丽太子城》，《考古》1992 年第 4 期。
⑧ 此为 1966 年调查数据。1997 年调查后，有三千余座墓葬被"注销"。

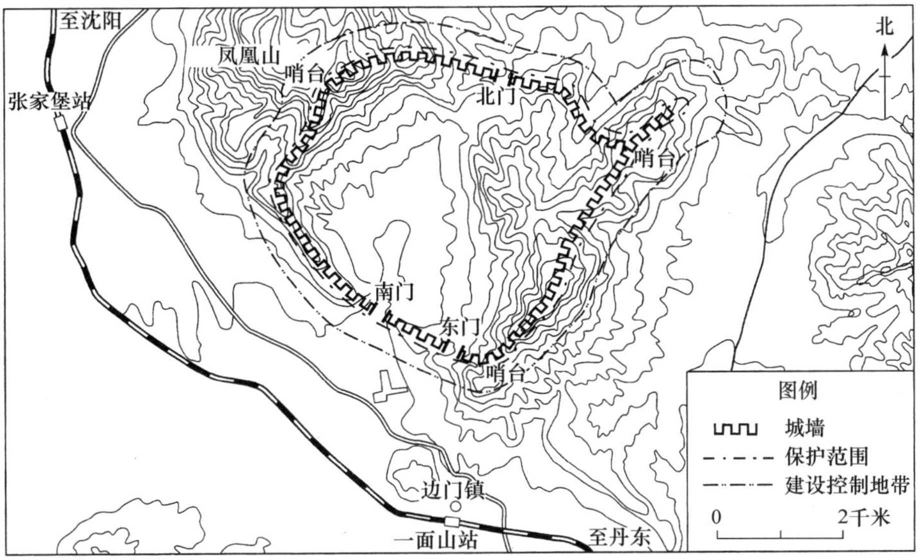


图 8-3　辽宁凤城凤凰山山城平面图

采自中国社会科学院考古研究所：《中国考古学・三国两晋南北朝卷》，中国社会科学出版社，2018 年，第 519 页图 9-7

部分对高句丽墓葬的结构、分布排列与随葬品进行概述。

### （一）墓葬结构

高句丽墓葬结构，可分为积石墓和封土墓两大系统。据目前资料看，在墓葬分布最为密集的集安地区，二者数量近乎各占一半。在年代上，二者之间存在早晚关系，大致来说，积石墓早、封土墓晚。积石墓系统中，内部形态为石圹者在高句丽建国前即已存在，延续到 5 世纪；内部为石室者，则主要流行于 3 世纪末、4 世纪初至 5 世纪。封土墓内部基本均为石室，可分为无壁画墓和壁画墓两类。无壁画墓上限可到 3 世纪末、4 世纪初，下限到高句丽国灭之后；壁画墓的流行年代，推测为 4 世纪中叶至 7 世纪初。

现对积石、封土两大系统墓葬的具体特征进行如下介绍。

#### 1. 积石墓

积石墓的命名源自前引文献对高句丽“积石为封”葬俗的描述，是具有鲜明民族和地域特色的墓葬形制。目前所发现的中国境内高句丽墓葬中，积石墓占总数的一半以上。

积石墓的外部结构有无坛、方坛、方坛阶梯三种。积石墓的内部结构则有石圹和石室两种。石圹为石砌四壁，上无盖顶，一般无墓门、墓道；石室墓上有盖顶石，修筑有墓门、墓道。将三种外部结构与两种内部结构“两两组合”，即划分出了积石墓的六种墓葬类型：无坛石圹墓、方坛石圹墓、方坛阶梯石圹墓、无坛石室墓、方坛石室墓、方坛阶梯石室墓。

无坛石圹墓，主要有集安良民 M168，以及上和龙的 3 座墓和下和龙的 34 座墓（图 8-4，1）。与其余几类相较规模较小，石圹底与地表同高或略高于地表，多单圹，也有双圹、多圹。此类墓葬在高句丽政权成立之前即已存在。高句丽建国后沿用此形制，下限可到 5 世纪。

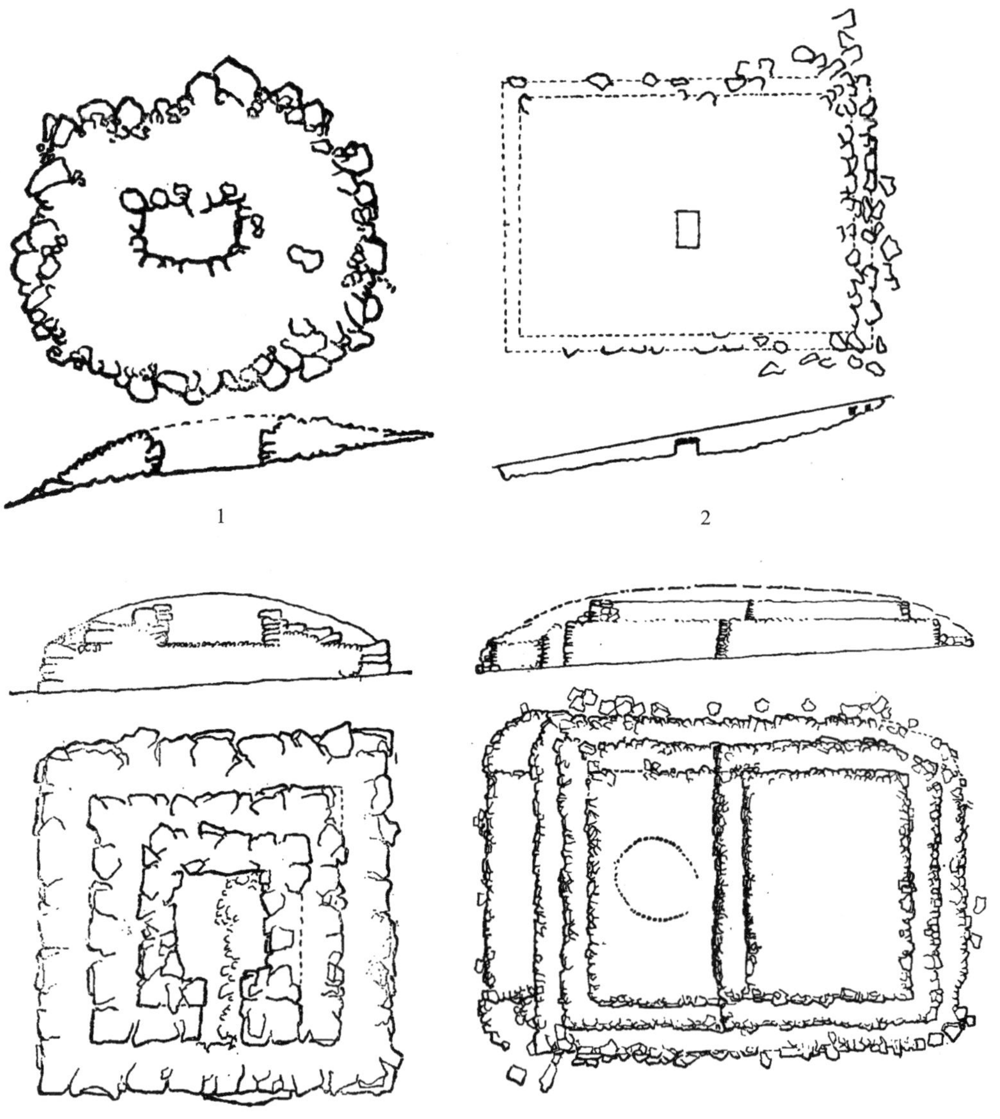

1　　2　　3　　4

图 8-4　高句丽积石墓平、剖面图

1. 集安下和龙 M8　2. 集安七星山 M879　3. 桓仁高力墓子村 M11　4. 桓仁高力墓子村 M15
采自魏存成：《高句丽积石墓的类型和演变》，《考古学报》1987 年第 3 期，第 323、325、326、329 页图一、图四、图五、图七

方坛石圹墓，主要有集安良民 M73、七星山 M879（图 8-4，2）、山城下 M12、禹山 JYM3241 等。规模比无坛石圹墓大，石圹的位置也有所提高，墓圹数量有单圹、双圹或多圹。此类型墓葬年代上限最迟不晚于东汉初年，下限在 5 世纪之前。

方坛阶梯石圹墓，主要有桓仁高力墓子村 M11（图 8-4，3）、M15（图 8-4，4）、M19、M23、M32，集安良民 M74，集安上和龙 M3、M5、M10、M11、M12，集安山城下东大坡 M262、M356 等。石圹的位置相较方坛石圹墓更高。此类型墓葬年代上限也应在东汉初年左右，下限在 5 世纪。

无坛石室墓，材料较少，目前仅见朝鲜境内慈江道楚山郡云坪里 4 区 M10 等。

方坛石室墓，材料较少，目前所知有桓仁高力墓子村 M1，集安榆林河 M21、M31 等。石室位于方坛中部地表之上，盖顶石多作平顶，也有抹角叠涩顶；墓道多偏向一侧；墓室有单室、双室、三室。双室、三室者，各墓室均有墓道。

方坛阶梯石室墓，已知材料较多，太王陵、将军坟等中期王陵即属此类。内部结构与方坛石墓基本相同，区别仅在于外部结构。此类型墓葬年代上限在 3 世纪末至 4 世纪初，下限为 5 世纪。

综上，外部结构的三种形式中，无坛式出现稍早，但三者长期并行发展，下限皆在 5 世纪，三者的区别主要与等级有关；内部结构中的石圹、石室，与外部结构无明确对应关系，从石圹到石室的变化展示了墓葬时代的先后差异。

**2. 封土墓**

高句丽封土墓出现年代晚于积石墓，二者交替时间在 4～5 世纪。李殿福依据外部结构，将封土墓分为方坛封土、方坛阶梯封土、土石混封和以黄土为封四种[①]。但是，前两者数量较少，可视为积石墓向封土墓过渡的形态；后两者无明显等级、时代区分，或只是因具体地理环境不同而产生的不同封土形式。从内部结构看，高句丽封土墓绝大多数为石室（含石椁、石棺）墓，有“无壁画墓”和“壁画墓”两大子系统。集安地区的封土壁画墓葬形制与本地无壁画封土墓葬的联系是有限的，尤其是时代较早的甬道带小龛的墓葬在当地没有找到渊源[②]。由于下文将对壁画墓进行专题介绍，这里重点对无壁画墓进行介绍。

据新近研究成果，高句丽无壁画封土石室墓的墓室平面可划分为石棺（或石椁）墓、长条形石室墓、刀形石室墓、铲形石室墓几种；墓顶结构主要有平顶、叠涩顶、抹角叠涩顶，少见覆斗形顶[③]。

---

① 李殿福：《集安高句丽墓研究》，《考古学报》1980 年第 2 期。

② 韦正：《礼失而求诸野——集安高句丽壁画墓葬之研究》，《将毋同——魏晋南北朝图像与历史》，上海古籍出版社，2019 年。

③ 魏存成、孙颢：《我国境内发掘的高句丽无壁画封土石室墓》，《边疆考古研究》第 30 辑，科学出版社，2021 年。本书对高句丽无壁画封土石室墓的介绍基本依据此文，后文不再一一注明。

石棺（石椁）墓，石砌四壁、平顶，无门、无墓道。石棺墓面积狭小，仅能容人而已，个别发现有木棺。此类墓葬资料集中见于石台子山城附近，发掘资料命名为“长方形石室墓”或“梯形石室墓”。

长条形石室墓，宽度与石棺墓相近，顶部亦为平顶，但墓室长度远大于宽度。尸骨置于长条形墓室的后部，前部空出的位置类似于墓道。资料较少，禹山 M678、M733 等少数几例属于此类。

刀形石室墓，墓室平面多长方形或方形，有单室、两室、三室等。墓室前方有墓道，偏居墓室一侧。墓顶有平顶、叠涩顶、抹角叠涩顶三种，有些非单室墓的不同墓室采用不同墓顶结构。典型墓例有 JYM328（图 8-5，1）、JYM742（图 8-5，2）、麻线 M1479（图 8-5，3）、禹山 M711（图 8-5，4）、山城下 M325（图 8-5，5）、JYM1758（图 8-5，6）等。

铲形石室墓，墓室平面以方形为主，也有长方形，有单室、两室、三室等。墓道位于墓室前部中间位置。除个别狭小单室使用平顶外，基本为叠涩顶、抹角叠涩顶，也有“覆斗＋叠涩”“覆斗＋抹角”的双室墓。典型墓例有 JYM2890、东大坡 M217、麻线 M1440、洞沟 M840、禹山 M1897 等。

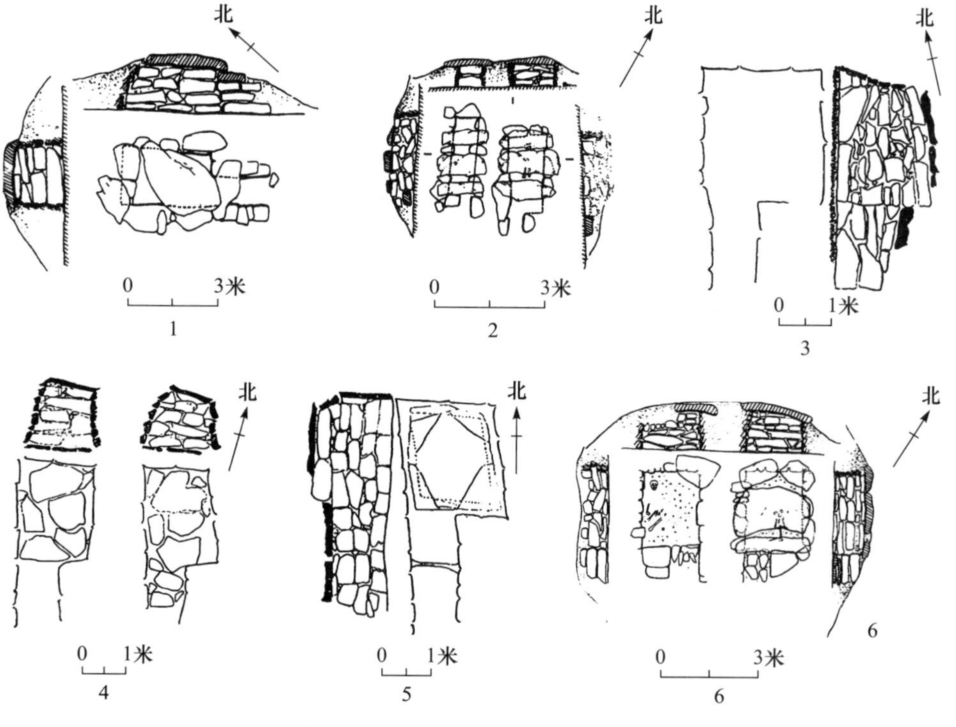


图 8-5　刀形石室墓平、剖面图

1.JYM328　2.JYM742　3. 麻线 M1479　4. 禹山 M711　5. 山城下 M325　6.JYM1758

采自魏存成、孙颢：《我国境内发掘的高句丽无壁画封土石室墓》,《边疆考古研究》第 30 辑，科学出版社，2021 年，第 212 页图三

大致而言，墓室平面、墓顶结构和墓葬规模之间存在较为明确的对应关系。这也

就基本能说明，“墓室平面 + 墓顶结构”是可以代表墓葬等级的。石棺（石椁）墓一般长 2 米左右，宽不超过 1 米；长条形石室墓宽不超过 1 米，长在 3 米左右；刀形石室墓中，使用平顶的宽度约 1 米、长度不超过 2 米，使用叠涩、抹角叠涩顶的，宽度约 2 米、长度为 2～3 米；铲形石室墓，除个别小型平顶墓外，边长均超过 3 米。由此推测，石棺（石椁）墓、长条形石室墓和平顶的刀形、铲形石室墓，为一般平民墓葬；叠涩、抹角叠涩顶的刀形、铲形石室墓，除部分一般平民墓葬外，多数为富裕平民和一般贵族墓葬；少数规模较大的铲形石室墓，可能是中高级贵族和中下层官吏墓葬。

由于缺乏明确的纪年材料，目前只能大致推测这几类墓葬在流行时间上是并存的，年代上限可到 4 世纪，下限可到高句丽灭亡或稍晚。

### （二）分布排列

集安洞沟墓群延续时间长、墓葬数量极其丰富，是观察高句丽墓葬分布排列规律的绝佳资料。洞沟墓群范围内，除规模巨大的墓葬外，很大部分墓葬是连绵成串的“串墓”，即一座墓紧接着一座墓连串排列。后筑的墓的墓基往往只筑三边，与前面墓葬相接的一边则不加修筑，直接堆积砾石或碎石，使坟垄与原先的墓葬相连[①]。具体来看，“串墓”主要包括以下几种形式[②]。第一种，积石墓的单串连式；第二种，积石墓的分支串连式；第三种，积石、封土墓的混合串连式。上述三种类型串墓的末端，往往另外筑有一段石墙，被称为“墓舌”。“墓舌”的功能可能是为防止积石下滑，或为继续筑墓备用，还有学者认为或与祭祀有关。第四种排列形式是封土墓的横向排列，以五盔坟、四盔坟最为典型，参与排列的墓较少，横向成一排。此种排列方式和前面三种类型差异显著。5 世纪左右，前述三种积石串墓排列方式逐渐消失；与此同时，第四种墓葬排列方式开始出现。有学者认为，前三种排列方式反映的是高句丽氏族族葬习俗，第四种则与中原地区家族墓地相近。

### （三）随葬品

高句丽墓葬多被盗扰，出土随葬品组合不完整。就目前资料看，高句丽墓葬随葬品主要有陶器、金属器两大类。

#### 1. 陶器

学界对高句丽墓葬出土陶器的研究，多围绕集安出土资料展开。耿铁华、林至德曾撰文将集安高句丽陶器演变分成了前、中、后三期[③]（图 8-6）。本书在此采用耿、林二位学者的分期方案。

---

① 吉林省文物考古研究所、集安市博物馆：《洞沟古墓群：1997 年调查测绘报告》，科学出版社，2002 年，第 27 页。

② 孙仁杰：《洞沟高句丽墓地的分布与排列研究》，《东北史地》2004 年第 9 期。

③ 耿铁华、林至德：《集安高句丽陶器的初步研究》，《文物》1984 年第 1 期。

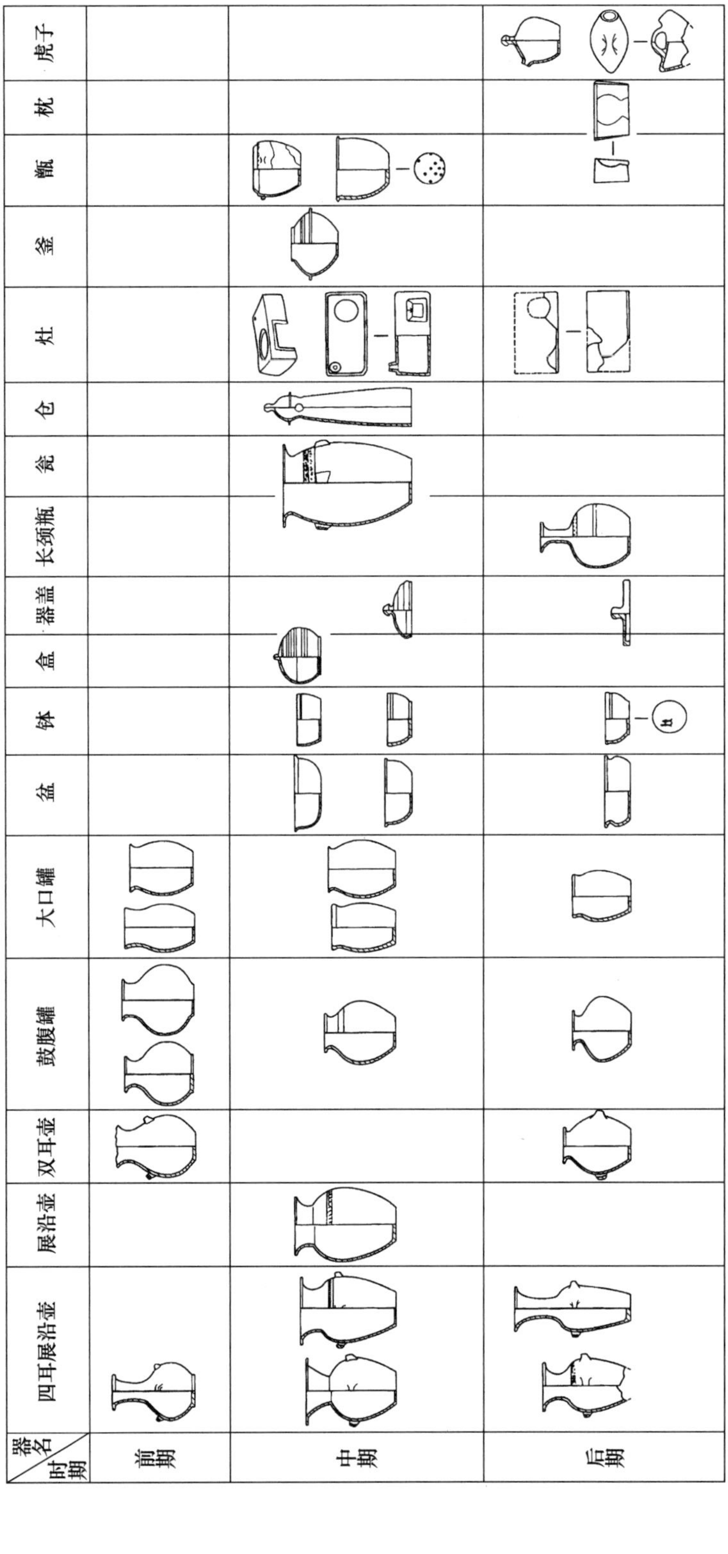


图 8-6　吉林、辽宁高句丽陶器演变示意图

采自中国社会科学院考古研究所：《中国考古学·三国两晋南北朝卷》，中国社会科学出版社，2018 年，第 546 页图 9-16

前期陶器，所属墓葬年代多在3世纪末以前。器形种类简单，以壶、罐、杯为主。制作工艺不发达，以手制为主，胎质粗糙，器形不规整；烧制火候较低，多呈红褐色、黄褐色。中期陶器，所属墓葬年代约在4世纪初至5世纪末。器形种类有壶、罐、瓶、钵、盖碗、仓、盆、耳杯、釜、灶。制作工艺有所改进，不少器物为轮制，慢轮修整工艺开始推广；烧制火候增高，胎质以泥质为主，质地坚硬；低温铅釉陶在此时也开始出现。装饰纹饰以凹弦纹、刻划波浪纹、垂幛纹为主。晚期陶器，所属墓葬年代在6世纪之后。器形种类有壶、罐、盘、钵、盆、灶、枕、虎子、砚等。制作工艺基本均为轮制，烧成温度高，纹饰沿用凹弦纹、波浪纹，新出现磨光暗纹。高句丽墓葬出土陶器中，“四耳展沿壶”器形特征鲜明，大部分为釉陶，主要见于麻线沟M1、禹山下M41、长川M2、山城下M332等[①]。

高句丽墓葬还发现有少量瓷器。禹山3319号墓是一座方坛阶梯砖室墓，是迄今所知高句丽墓葬中唯一一座砖室墓，出有青瓷盘口壶1件。发掘资料介绍“此墓破坏较重，墓上瓦砾较多，曾发现‘丁巳’纪年铭文瓦当和铁甲片、青瓷壶等文物”[②]。目前，尚未有资料表明高句丽能掌握瓷器烧制技术，M3319所出盘口壶与南京东晋墓出土同类器高度相似，故应是由南方地区输入。

### 2. 金属器

高句丽墓葬出土金属器主要有铁器、铜器，部分有鎏金，按照功能划分有生产工具、生活用具、服饰、狩猎工具、兵器、马具等。

生产工具以铁器为主，主要有镰、锛、镬、斧、锸、铲、铧等器类，禹山3283号墓等墓葬还出有铁鱼钩。生活用具较少，主要有甑、釜、鼎、鐎斗、洗、盒等铜器，与中原地区所出器形接近，部分墓葬还出土草原风格的铜鍑。服饰以带具为主，有带扣、带銙（含銙板和銙环）、鉈尾等，质地有铜质、铁质和鎏金铜质等。狩猎工具以铁镞较为常见，主要有三翼形、菱形、柳叶形、铲形、扇面形、鱼尾形、双叉形等。兵器以铁质为主，主要有矛、刀、削、三爪器、铁甲片、铁头盔等。墓葬出土马具，多为铁质、铜质和鎏金的金属构件，主要有镳、鞍桥、镫等。一般认为，高句丽马具的原型在中原、辽西地区，由鲜卑民族传入高句丽，并借由高句丽进一步影响朝鲜半岛南部以及日本。

虽然多数墓葬的金属器组合都因盗扰而不完整，但还是能看出等级较高的墓葬出土金属器种类更为丰富，制作更为精美。例如太王陵还出土有帐构、幔架、镂花铜饰、蹄形案足等鎏金铜器，以及铜灶和铜铃，一件铜铃上錾刻有四行竖书铭文，可辨识内容有“辛卯年 好太王 □造铃 九十六”等。

---

① 魏存成：《高句丽四耳展沿壶的演变及有关的几个问题》，《文物》1985年第5期。

② 吉林省文物考古研究所、集安市博物馆：《洞沟古墓群：1997年调查测绘报告》，科学出版社，2002年，第75页。

## 四、高句丽王陵

《集安高句丽王陵 1990～2003 年集安高句丽王陵调查报告》（以下简称《高句丽王陵》）概括了集安地区高句丽王陵具有以下特点：① 王陵是同期规模最大、埋葬设施最完备的墓葬；② 墓上有瓦；③ 有陪葬墓和祭台；④ 葬地高敞；⑤ 有独立的墓域；⑥ 具备陵寝设施；⑦有髹漆铁镜、错金刀、鎏金冠、龙凤图案饰件等与王族地位相符的遗物[①]。上述描述，是对高度成熟王陵制度的凝练总结。以此为基础，本书对高句丽王陵制度的发展阶段、细节内容进行如下简要介绍。

### （一）陵区规划

东明圣王葬地龙山当位于今辽宁桓仁，但尚未发现相关遗存。自第 2 世琉璃明王至第 19 世广开土王，葬地位于今吉林集安，学界已无异议。

据《高句丽王陵》，位于集安市周边已被确认为王陵的有 13 座，待确认王陵 11 座。这 24 座陵墓的分布地点，集中在由西向东的三个主要陵墓区。西侧墓区位于麻线河两岸，墓区内已确认王陵有麻线 2378 号墓、626 号墓、2100 号墓，还有千秋墓、西大墓；待确认王陵有麻线 2381 号墓、707 号墓。《高句丽王陵》推测千秋墓、西大墓的墓主分别为故国壤王、美川王。中部墓区位于通沟河两岸，墓区内的已确认王陵有禹山 0 号墓、3319 号墓，山城下砖厂 36 号墓、七星山 871 号墓、七星山 211 号墓；待确认王陵有禹山 0 号墓、3319 号墓，山城下砖厂 1 号墓、145 号墓。东侧墓区位于禹山南麓及其东侧的长川、下解放一带，墓区内已确认王陵有禹山 2110 号墓、992 号墓，临江墓、太王墓、将军坟；待确认王陵有禹山 901 号墓、540 号墓、2111 号墓、2112 号墓和黄泥岗墓。《高句丽王陵》推测禹山 992 号墓墓主为故国原王，太王陵、将军坟的墓主分别为广开土王、长寿王；也有学者认为后二墓墓主分别为故国壤王、广开土王[②]。禹山 3319 号墓非常特殊，其墓室为集安地区罕见的砖砌结构，墓内绘有壁画，墓葬前方还立有线刻人像的石刻；关于其墓主，学界存在故国原王、小兽林王两种观点[③]。

关于自第 20 世长寿王及之后诸王的葬地，学界存在两种截然不同的观点。一种观点认为，高句丽虽然迁都平壤，但诸王仍回葬到集安一带的王陵区内。在这种“回葬说”的思路主导下，有学者推测将军坟的墓主为长寿王，五盔坟一带的封土石室墓则包含了其余 7 座王陵[④]。另一种观点认为，高句丽迁都平壤后王陵位于平壤及

---

① 吉林省文物考古研究所、集安市博物馆：《集安高句丽王陵——1990～2003 年集安高句丽王陵调查报告》，文物出版社，2004 年，第 364、365 页。

② 赵俊杰、马健：《高句丽太王陵墓主“广开土王”说的反思——出土铭文铜铃再研究》，《考古与文物》2015 年第 3 期。

③ 李淑英、耿铁华：《高句丽王陵及相关问题研究》，《社会科学战线》2003 年第 2 期；李树林：《吉林集安高句丽 3319 墓日月神阙考释及相关重大课题研究》，《社会科学战线》2002 年第 3 期。

④ 张福有、孙仁杰、迟勇：《高句丽王陵通考》，香港亚洲出版社，2007 年，第 76～79 页。

其周边地区；大同江流域的“东明王陵”、庆新里 1 号墓、土浦里大塚、湖南里四神塚以及江西三墓（小墓、中墓、大墓），正对应了长寿王至婴阳王共七世的王陵[①]。就现有证据看，高句丽晚期王陵位于平壤的观点似更为可取，本书采纳此说。平壤地区的晚期王陵中，土浦里大塚、湖南里四神塚距离较近，分别位于平壤市东南部三石区域的大城山和匡大山；“东明王陵”位于平壤东南 20 千米的戊辰川上游丘陵；庆新里 1 号墓位于平壤东北 11 千米的大同江右岸丘陵；江西三墓位于南浦市江西区域。

综上所述，高句丽王陵主要分布在集安和平壤两个地区；集安地区王陵分布在自西向东的三个陵墓区；迁都后王陵位于平壤周边，布局较为分散。

### （二）陵园建制

高句丽王陵的陵园建制，目前所知的有陵墙、祭台、陪葬墓、墓域铺石、建筑基址、石刻、佛寺等。高句丽王陵陵园建制，可以分为早期（公元前 1～公元 3 世纪）、中期（3～5 世纪）、晚期（5～7 世纪）三期。

早期王陵可分为前后两段，前段包括麻线 2378 号墓、麻线 626 号墓、山城下砖厂 36 号墓，后段包括七星山 871 号墓、禹山 2110 号墓、临江墓。总体上，早期王陵的陵园建制较为简单。前段王陵中，情况较为清楚的是麻线 636 号墓，其墓葬周边已知遗迹包括祭台、散水、熔石、陪葬墓等。后段王陵中，七星山 871 号墓周边现存相关遗迹较为丰富。该墓的外侧，尤为明确的是已做清理的西北侧，地表平铺有石板，或为墓域标识。据墓葬北侧仅 11 米左右处，分布有东西连接的四座墓，或为王陵陪葬墓。墓葬西北 22 米处，发现有建筑址，但未做全面清理，故结构不详。《高句丽王陵》推测其为陵寺类遗址或陵墙的门址。

中期王陵亦可分为前后两段，前段包括七星山 211 号墓、西大墓、禹山 992 号墓、麻线 2100 号墓，后段包括千秋墓、太王陵、将军坟。中期前段诸墓中，七星山 211 号墓的附属设施较为简单，仅在墓葬北侧分布有石堆。石堆平面呈长方形，上部为碎石，下部为基坛石；石堆表面有三道石块隔墙。石堆的性质难以判断，或许是陪葬墓和祭台混在一起的设施。其余三墓，附属设施已经比较完整，包括陵墙、散水、祭台等，且均以使用河卵石、经过加工的石块等石质建筑材料为主。《高句丽王陵》还介绍麻线 2100 号墓西南侧 200 米或存在建筑遗迹，但因未作调查情况不明。此外，禹山 992 号墓东、西两侧各有一处祭台，是高句丽王陵中较少见的情况。

中期后段王陵的陵园设施更为丰富，其中又以太王陵的陵园设施保存最为完整，主要包括陵墙、祭台、陪葬墓、建筑台基等。陵墙只残存墓葬南侧部分，墙体为山砾石加黄土砌筑，有少量条形河卵石。陵墙残存部分分东西两段，成折尺形，中间有

---

① 赵俊杰：《高句丽平壤期王陵考略》，《边疆考古研究》第 9 辑，科学出版社，2010 年。

7 米左右间隔，间隔处向南筑有两段长度相等的折墙；东侧墙外发现有残瓦，或可证当时建有带瓦顶的门楼或门阙。陪葬墓位于太王陵南侧，结构为石棚墓，由四块立石和底、盖石共六面独石组成。墓内出有人骨及狢、马、鹿、龟等兽骨。祭台位于墓葬东侧，为两条平行的石构台形建筑。祭台四面以大小两层石块围起边缘，内部填充碎石和河卵石并摆出平面。祭台上未见遗物，但表层河卵石呈黑灰色，或是献牲留下的动物脂肪或烟炱痕迹。建筑基址位于太王陵东北部，基址呈方台状，台基内部以碎山石和大块河卵石堆筑，外围用条形和块状石材砌筑边框。该处建筑基址位于太王陵和好太王碑之间，或与陵区守卫、祭扫相关。

除了如上陵园设施外，有证据表明高句丽王陵还在陵区内竖立碑刻。太王陵陵园之外东北 360 米处即有石碑一通，也就是著名的“好太王碑”（图 8-7）。碑身由一整块天然岩石凿成不规则的方柱形，按形制而言更接近汉文化中碑刻造型成熟前的“碣”。碑文四面环刻，以细线界格分 44 行，共 1775 字。据碑文可知，石碑为长寿王为其父好太王所立，立碑时间在 414 年。碑文内容可分为三个部分：一是高句丽建国传说；二是好太王征战功绩；三是与守陵烟户有关的律令。2012 年，集安市麻线河河滩发现有残碑一通。该石碑出土地恰位于几座大型王陵之间。该石碑首为圭首，碑身呈扁长方形，底部中间中有榫头，由此推测原应有配套碑座，惜已不存。碑文自右向左书，原文共 10 行 218 字（10 余字已残损）。据已释读部分，碑文内容大致包含建国传说和陵墓祭祀守卫制度。对于该石碑的年代和性质，学界有多种观点；耿铁华根据石碑的文字内容及碑

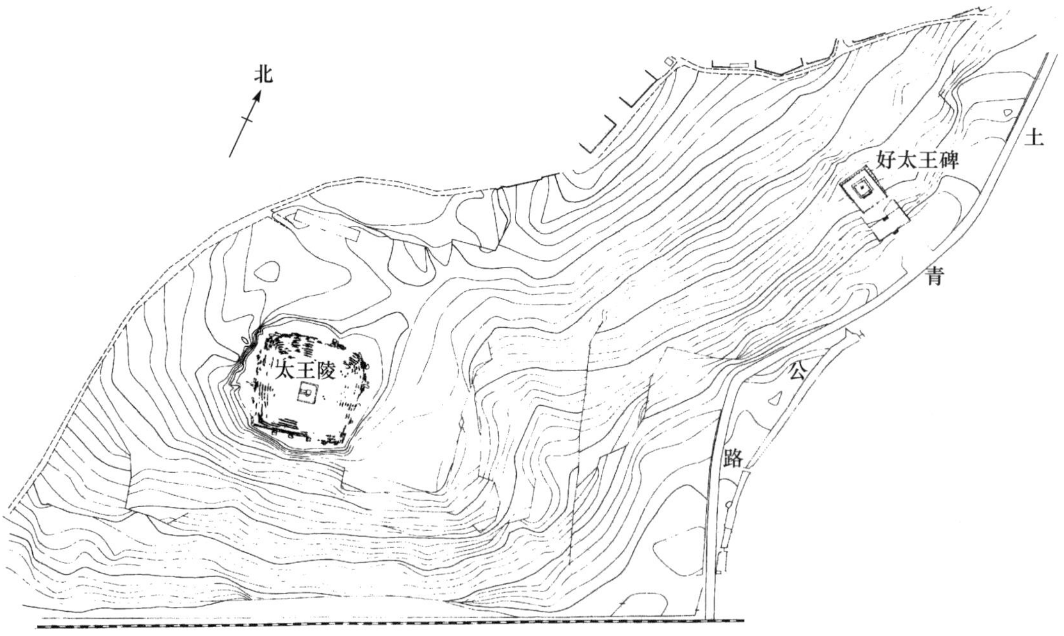


图 8-7　太王陵附近形势图
采自吉林省文物考古研究所、集安市博物馆：《集安高句丽王陵——1990～2003 年集安高句丽王陵调查报告》，文物出版社，2004 年，第 217 页图一七二

石性质，推测该碑立于好太王时期，其性质是好太王为先王墓所立的石碑[①]。

纵观高句丽王陵发展的各个时段，早、中期的陵园日益复杂，形成了包括陵墙、陪葬墓、祭台、建筑、石刻等要素的组合；晚期陵园的现存材料较少，但明确的“陵寺”建筑已经出现，是就目前资料看最为显著的变化[②]。

### （三）墓葬形制与出土器物

早期前段的三座王陵，即麻线 2378 号墓、麻线 626 号墓、山城下砖厂 36 号墓，均为“阶墙式”积石墓。阶墙由自然山石堆砌而成，外形不规则。墓葬均由方形主坛、圆形辅坛两部组成，辅坛功能应为倚护主坛。积石内部无墓室，以石圹为主。出土器物以墓上发现的建筑材料为主，包括板瓦、筒瓦等，但未见瓦当[③]。早期后段三座王陵，即七星山 871 号墓、禹山 2110 号墓、临江墓，已为“阶坛式”，辅坛已不见，墓葬整体近方形。内部仍为石圹结构。墓上仍可见筒瓦、板瓦；其他器物则多出自墓葬周边，主要包括铜质（部分有鎏金）饰件、铁质兵器、铁质工具等。值得注意的是，禹山 2110 号墓和临江墓祭台处，出土了造型基本一致的人形铜车辖，或能代表当时王陵的流行风尚。

中期前段王陵，包括七星山 211 号墓、西大墓、禹山 992 号墓、麻线 2100 号墓，均为成熟的阶坛积石墓。外部所用石材较早期变大且加工精细，阶坛砌石由 1 级向上逐层内收，墓顶中央则基本均为石室结构。根据西大墓被盗掘的深度，甚至可以推测此时的王陵可能存在上下两层埋葬场所。墓上仍出有建筑材料，种类除了早期就能见到的板瓦、筒瓦外，还新增了瓦当。瓦当当面主要装饰卷云纹、莲瓣纹，西大墓、禹山 992 号墓所见瓦当上还刻有干支纪年。各墓的墓边石隙、阶坛，或墓下落石堆等位置，出土器物丰富：步摇构件等鎏金饰件数量较多；铜饰件和铁质兵器、工具、马器，也较为常见；另出有少量石器、玛瑙、陶瓷器等。禹山 992 号墓所出鎏金削鞘，麻线 2100 号墓所出髹漆铁镜、错金铁刀，是出土器物中的精品，堪称高句丽王陵风范的代表。

中期后段王陵，包括千秋墓、太王陵（图版四，1）、将军坟（图 8-8）等，均为完全巨石型风格的积石墓。其主要特征包括：第一级阶坛所用石材硕大，加工精细，第一级以上石材逐渐减小；阶坛上有祭祀性质石板，墓周有巨大护坟石以加固陵墓；另

① 耿铁华：《集安高句丽碑研究》，吉林大学出版社，2017 年。

② 有学者考证定陵寺的修建年代早于“东明王陵”，并且指出“陵寺”并不是高句丽王陵陵寝建筑体系的组成要素，可备为一说。详见〔韩〕梁银景：《陵寺在高句丽、百济陵寝制度中的性质与特征——以与中国南北朝陵寺的比较为中心》，《古代墓葬美术研究》第三辑，湖南美术出版社，2015 年。

③ 关于墓上建筑材料的性质，学界存在两种观点。耿铁华认为这些建筑材料用于修建墓上建筑，是高句丽“冢上作屋”民族习俗的体现。详见《高句丽墓上建筑及其形制》，《集安博物馆高句丽研究文集》，延边大学出版社，1993 年。另一种观点认为，这些建筑材料是直接覆盖在墓葬之上，用于防止雨水浸透墓室内部。详见赵俊杰：《高句丽平壤期王陵考略》，《边疆考古研究》第 9 辑，科学出版社，2010 年。本书赞同前一种观点，理由有二：其一，将军坟等墓葬顶部发现柱洞遗迹，可证墓上确有建筑。其二，出土建筑材料数量不足以覆盖整个墓顶，或很难起到防水的作用。

外，千秋墓、太王陵阶坛所用石材有些带有刻划符，或许是用于标记筑造位置。墓顶均采用石构墓室，墓室内设有石椁，推测可能存在上下两层墓室。墓上所出建筑材料除板瓦、筒瓦、瓦当外，千秋墓、太王陵还有模制文字砖。千秋墓砖上文字为“千秋万岁永固”和“保固乾坤相毕”；太王陵砖上文字为“愿太王陵安如山固如岳”。所出金属器种类与中期前段基本类似，金器、鎏金器数量较之前明显增多。

图 8-8 集安将军坟远景

采自张学锋：《中国墓葬史》，广陵书社，2009 年，第 202 页图 5-20

晚期王陵，墓葬的形制结构发生了重大变化，即由早、中期的积石墓转变成了封土石室墓。“东明王陵”、庆新里 1 号墓、土浦里大塚、湖南里四神塚，形制结构接近[①]。四墓均为方形封土；且封土底端设有石砌方形基坛，可视为早、中期王陵形制的孑遗。“东明王陵”为铲形单室墓，甬道左右两侧附小龛；庆新里 1 号墓、土浦里大塚、湖南里四神塚为铲形单室墓，但甬道两侧无小龛。墓葬四壁、天井用石材砌筑；地面平铺大石板。“东明王陵”墓室地面经过解剖，明确其结构依次为基底层→大石土层→木炭层→石块土层→木炭层→沙层。除土浦里大塚外，墓室内均绘有壁画。湖南里四神塚墓室四壁绘有四神，其余墓葬壁画多保存较差。江西小墓、中墓、大墓也为封土石室墓，但封土为圆形，底部无基坛。墓葬结构与前述几座墓葬类似，但所用石材趋向大型化。出土器物方面，墓上均不见建筑材料，墓内所出随葬品主要有金质、鎏金质饰品、玉珠以及彩绘陶器等。

总体上，早期至中期，是高句丽王陵制度稳定发展的阶段。形制结构以大型积石石室墓为最终形态；墓上建筑材料种类逐渐增多，主要包括板瓦、筒瓦、瓦当、砖等；其他出土器物以金质、鎏金饰品最具特色。晚期王陵形制突变，以封土石室墓为主要特征；墓内随葬品方面则保留了早、中期常见金属饰品的习俗。

---

① 赵俊杰：《4～7 世纪大同江、载宁江流域封土石室墓研究》，吉林大学博士学位论文，2009 年。

## 五、高句丽壁画墓

中国境内发现的高句丽壁画墓以封土石室墓为主，另有少量积石石室墓和极个别积石砖室墓。综合分析中国境内内容、布局较为明确的22座高句丽壁画墓，其演变过程可划分为如下四期[①]。

第一期，4世纪中叶至5世纪初，墓例有角觝墓、舞踊墓、麻线沟M1、通沟M12、万宝汀M645等。其中，通沟M12、万宝汀M645为南、北两墓室异穴同封形式。这几座墓葬据墓葬形制可以分为两组。第一组，以角觝墓、舞踊墓（图8-9）为代表，万宝汀M645南侧墓室与二者形制接近。角觝墓、舞踊墓相距仅数米，形制结构、壁画布局也相近。二者墓室平面正方形，穹隆叠涩顶；甬道左右两侧有小龛，小龛与甬道连通，形成接近前室的结构，故有学者称之为“半前室”。第二组，以麻线沟M1、通沟M12、万宝汀M645（北室）为代表。亦为方形主室，甬道后段有相对独立的空间（也有学者将其视为“前室”），两侧或一侧开有耳室。主室顶部为穹隆顶、覆斗顶或平行叠涩顶；两侧耳室有平顶、覆斗顶、覆斗加小抹角或平行叠涩顶等。

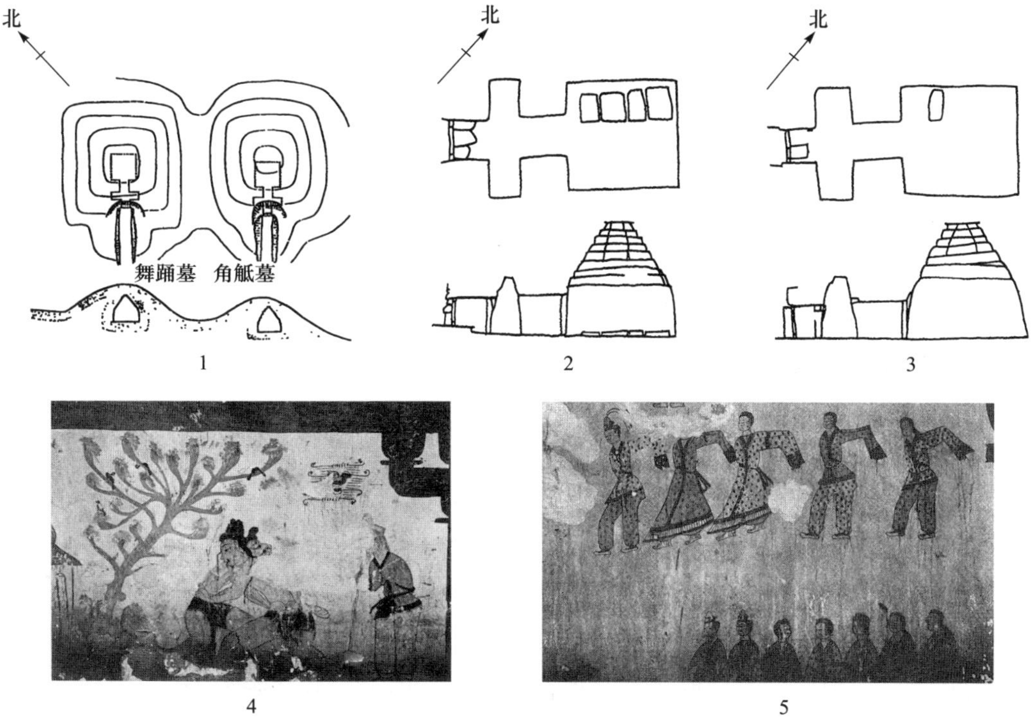


图8-9　舞踊墓与角觝墓

1. 二墓位置示意图　2. 舞踊墓平、剖面图　3. 角觝墓平、剖面图　4. 角觝图　5. 舞踊图

采自魏存成：《中国境内高句丽壁画墓研究》，《边疆考古研究》第32辑，科学出版社，2022年，第233～235页图一、图四、图五

① 魏存成：《中国境内高句丽壁画墓研究》，《边疆考古研究》第32辑，科学出版社，2022年。

本期墓葬壁画，以墓主家居生活、出行、狩猎为主。以角觝墓、舞踊墓壁画保存较完整：二墓墓道绘守门犬，“半前室”绘影作木结构、房屋、树木、蔓草、鞍马人物等。主室后壁绘帷帐之下的墓主人，角觝墓绘墓主是跪坐于矮榻之上，舞踊墓墓主则是垂足坐于踣足高凳之上。左右壁除家居进食、牛车鞍马外，角觝墓左壁绘高鼻深目力士角觝，舞踊墓左壁绘伴唱群舞图，是两座墓葬最为著名的图像。舞踊墓右壁，绘有宏大的狩猎图。墓室四隅和四壁上沿，两墓皆绘赭红色木柱、梁枋和一斗三升斗拱。舞踊墓墓顶绘莲花、日月星云、火焰，左右两侧绘青龙、白虎、朱雀，所绘朱雀形似公鸡。

第二期，不早于5世纪，墓例有山城下M332、长川M2、桓仁米仓沟墓、山城下M983和散莲花墓。依据墓葬形制分为两组。第一组，前四座墓葬，与第一期墓葬形制相似。主室方形，平行叠涩顶，山城下M983顶部中心两层有抹角；甬道两侧开有耳室，多平顶，山城下M983的耳室狭小近似小龛。第二组，散莲花墓，横前室，覆斗形顶；方形主室，覆斗形顶。

本期墓葬壁画风格骤变，以“单一纹样”式装饰最为常见，以莲花、“王”字纹为主。长川M2、桓仁米仓沟墓耳室装饰王字纹；长川M2、桓仁米仓沟墓、散莲花墓的主室四壁和墓顶近乎被莲花纹填满。

第三期，为5世纪末至6世纪中叶，墓例有龟甲莲花墓、长川M4、环纹墓、抚顺施家M1、长川M1、下解放M31、冉牟墓、三室墓等。本期墓葬形制较为丰富，可分为三组。第一组，龟甲莲花墓、长川M4、环纹墓、抚顺施家M1。单室墓，墓室方形，环纹墓稍近长方形；墓顶多平行叠涩顶，或平行叠涩加数层抹角，只有环纹墓为覆斗顶。较为特殊的是，长川M4是包含两座单室墓的异穴同封墓。第二组，长川M1、下解放M31、冉牟墓。前后室墓，前后室均近方形；墓顶以平行叠涩加抹角为主，少见覆斗形顶；下解放M31前室墓顶结构复杂，先以四坡内收，再于中间横置石枋，石枋上两侧分置盖顶石。第三组，三室墓，三座墓室曲尺形相通，墓顶平行叠涩加抹角。

本期壁画题材可分为三类：一是传统题材，如家居、伎乐、出行、狩猎等。二是佛教题材，如莲花、飞天等。长川M1前室还有拜佛场景和菩萨图像，不见于其他墓葬。环纹墓甬道两侧绘有蹲狮，可能也与佛教有关。三是绘于墓顶的日月、北斗七星和四神；四神图像一般是以面朝墓门为准，前朱雀、后玄武、左青龙、右白虎，只是长川M1前室的四神图相反，是面朝后室来布局的。壁画布局上，非单室墓的不同墓室之间有明显区别。三室墓壁画表现得尤其突出，第一室后壁绘墓主形象，其余壁面绘狩猎、攻城、出行、行列等，人物多穿高句丽民族服饰；第二、三室似为一体，四壁绘大幅力士图，墓顶绘四神、伎乐飞天。

有两座墓葬较为特殊，需要额外进行介绍。抚顺施家M1是处于高句丽都城之外的少数墓例，壁画题材大致与集安地区壁画墓相近，不同之处在于墓壁用墨带明确划分出上下栏、左右格，以分别布置壁画图像。冉牟墓较为特殊，墓内并未有壁画，但前室后壁上方有长篇墨书题记，其中有“好大圣王缘祖父□尔恩教奴客牟头娄”“冉牟在世民无困扰”等内容[①]，因此对于墓主人历来有冉牟、牟头娄二说。

第四期，为6世纪中叶至7世纪初，墓例有四神墓、五盔坟M4（图8-10）、M5，皆位于禹山山脚下平地。如前文在介绍高句丽王陵时所述，有学者认为五盔坟1～5号墓是高句丽晚期迁都平壤后回葬的王陵，但有不小争议。本书对此说亦持保留态度。不过，包括这三墓在内的大型封土壁画墓，多在选址上与其他积石或封土墓留有一定的距离，应是其高等级性的一种体现。本期墓葬的形制均为方形或长方形单室，使用规整硕大石材修筑，顶部为大抹角叠涩顶。

图8-10 五盔坟M4
1.平剖面图 2.东壁壁画
采自魏存成：《中国境内高句丽壁画墓研究》，《边疆考古研究》第32辑，科学出版社，2022年，第244页图一九、图二〇

壁画内容上，四神题材占据绝对优势，所在位置由之前的墓顶移至四壁壁面，墓顶则装饰有怪兽、盘龙、日月、牛首人身以及乘龙驾凤的伎乐仙人。五盔坟M4、M5四神图下衬托网纹锦地，网纹中有莲花、莲花化生，以及乘龙、驾凤的飞仙、羽人等。

集安地区还发现有装饰壁画的积石墓，包括积石石室墓6座、积石砖室墓1座。积石石室墓中，仅有禹山下41号墓一座壁画保存较好。墓葬外部有方坛残留，内部用大型石材筑成石室，长3.15、宽2、高2.42米。室内四壁和顶部涂白灰，白灰之上绘制壁画。墓室后壁绘墓主人家居宴饮；右壁绘正视莲花图一排八朵，里边六朵中心有凿孔，莲花之下有鹿身局部，应为狩猎图残迹；左壁壁画脱落严重，隐约可辨有人物；四隅绘赭红色倚柱、栌斗和梁枋。从出土陶器和马镫特征看，墓葬年代约在5世纪中叶。禹山3319号墓，为积石砖室墓，形制为方形单室，甬道两侧有耳室。墓室

① 集安市博物馆：《集安高句丽碑》，吉林大学出版社，2013年，第163、164页。

东北角砖壁上抹有白灰，白灰上有红、绿、墨色，故原应绘有壁画。根据墓葬出土的“丁巳”铭文瓦当和青瓷盘口壶，学界普遍认为该墓葬的年代在4世纪中叶。

综合考虑中国境内高句丽封土壁画墓发展的四个阶段，其演变规律大致可归纳为以下几个方面：① 墓葬形制演变存在由前后室墓为主变为单室墓的趋势；② 四神从呆板到生动，从墓顶移动至四壁；③ 墓主生活、狩猎、出行题材被大幅四神图一扫而空；④ 佛教因素日益增多[①]。高句丽壁画墓的产生、发展过程，展示出高句丽在本民族文化基础上，不断吸收来自乐浪、辽东、中原、南方等多地文化因素的文化演变路径。

# 第二节　新疆地区考古发现

我国古代史籍中，常用“西域”这一地理概念泛指玉门关、阳关以西广大地区。各历史时期西域的具体范围，随不同时代中原政治势力伸缩和地理知识的发展而有所不同，但核心区域一般包括今中国新疆维吾尔自治区和中亚地区。因此，新疆地区的考古发现是了解西域文化的重要实物资料。

依据自然环境特征，一般称天山以北地区为北疆，天山以南地区为南疆，位于东部天山尾端的吐鲁番、哈密地区为东疆。西域古国疆域及相关考古遗存的分布状态，与上述地理分区可大致对应。北疆范围内发现有不少墓地石人，有学者将其分为四期[②]。属于第三期的石人，部分年代或在魏晋南北朝时期，如阿勒泰地区吉木乃县森塔斯湖石人、昌吉州奇台县半截沟石人等。不过，目前学界对新疆墓地石人还是缺乏更细致的年代学分析，这里只好从略。

## 一、南疆地区鄯善考古遗存

西汉昭帝元凤四年（前77年），傅介子刺杀楼兰国王安归，改立尉屠耆为新王，更楼兰国为鄯善。魏晋时期，鄯善兼并周边数小国，遂与于阗平分丝路南道葱岭以东绿洲城邦。5世纪中叶以后，鄯善先后臣服于沮渠氏之北凉和拓跋鲜卑之北魏。至5世纪末，“鄯善为丁零（即高车）所破，人民散尽”[③]。鄯善考古遗存中，以楼兰、尼雅遗址所积累资料最为丰富。

### （一）楼兰遗址

楼兰遗址分布于新疆巴音郭楞蒙古自治州若羌县罗布泊沿岸，地处孔雀河下游的三角洲地带。由于河流断流、湖水干涸，楼兰古城及其周边已形成风蚀土墩和风蚀凹地相

① 韦正：《礼失而求诸野——集安高句丽壁画墓葬之研究》，《将毋同——魏晋南北朝图像与历史》，上海古籍出版社，2019年。

② 王博、祁小山：《丝绸之路草原石人研究》，新疆人民出版社，1995年，第291～296页。

③ （梁）萧子显：《南齐书·芮芮虏传》，中华书局点校本，1972年，第1025页。

间的雅丹地貌。楼兰地区发现有城址十余座，此外还发现有寺院、居住址、墓地等遗存。

### 1. LA 古城[①]

现一般称之为楼兰古城，东距罗布泊岸 28 千米。平面近偏角方形，城墙多处被风沙夷平，复原东垣长约 333.5 米，南垣长约 329 米，西、北垣各长约 327 米。城墙以夯土筑成，间隔以红柳枝和芦苇。城内有一条自西北角至东南角贯穿全城的古水道，将全城分为东北、西南两大区域，东北区是以佛塔为主的宗教活动区，西南区主要分布有官署和民居建筑（图 8-11）。

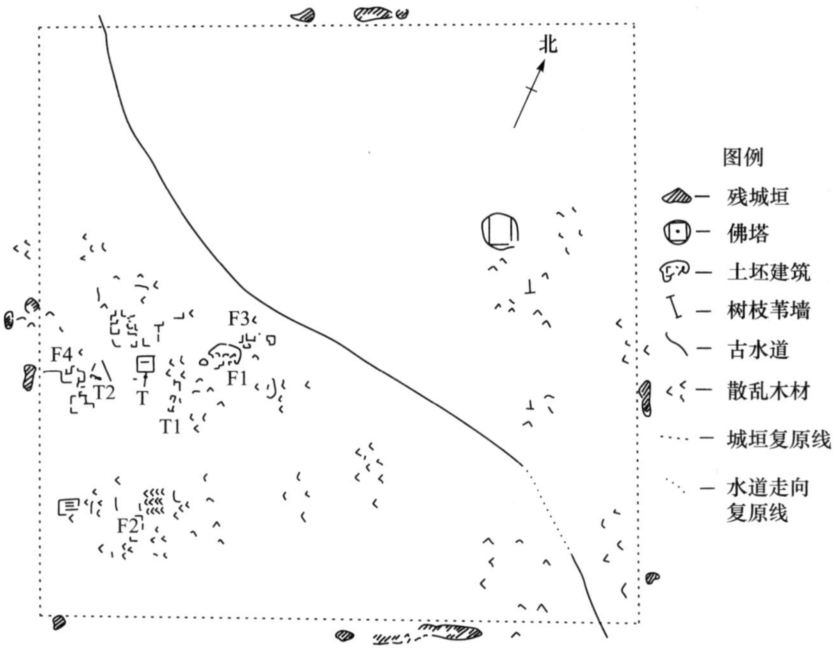


图 8-11　楼兰 LA 古城平面图
采自陈晓露：《楼兰考古》，兰州大学出版社，2014 年，第 167 页图 3-22

结合建筑风格和出土遗物的年代，LA 古城当大致经过了两个使用阶段：第一阶段为东汉时期，当地土著居民在此居住，修建了用红柳枝编扎芦苇墙的建筑。第二阶段为魏晋时期，土著居民的居所大多仍在沿用，城市外围的偏角方形城墙，以及城市中心的土坯衙署当是在这一阶段新出现的事物。城址出土纪年木简、纸文书，西晋泰始年号占总数的 66% 以上，这或许能够代表古城的最后形制大约是完成于西晋武帝时期。关于 LA 古城的性质，学界则有扜泥城、海头城、楼兰城、西域长史治所等不同观点，尚有待更多考古工作验证。

① 以字母 L 开头的编号均为斯坦因所编，下同。

**2. LE 古城**

位于LA古城东北方向约24千米，平面近正南北方形，偏角角度仅8～9度。东西宽约122、南北长约137米。城垣夯土版筑，间隔以柴草层。南、北垣近中部皆有城门一处，北门稍窄。城址中部偏北残存有土坯建筑墙基一处，东西长约21.3、南北宽约10.7米。北郊发现5处墓地，墓葬形制除少量竖穴土坑墓和竖穴偏洞室墓外，其余均为带有斜坡墓道的单室、双室、三室土洞墓。较为重要的资料有以下两例。一是09LE14M2，竖穴土坑墓，位于LE古城西北方向约4.8千米处，墓内发现有彩绘木棺。棺体有玉璧穿带纹、云气纹，头、尾挡板绘有日、月，内有金乌和蟾蜍。墓主贴身有覆面、绣枕、单袍、单裤及单袜等。此类竖穴土坑墓的年代约在3世纪下半叶到4世纪上半叶①。二是位于LE古城东北方向约4千米处的一座双室土洞墓，是鄯善地区首次发现的大型壁画墓（图8-12）。该壁画墓保留了以“大酒神节”题材（即“六人饮酒图”）为代表的贵霜早期艺术特征；同时也包含了佛像、供养人图像等佛教文化因素，前室中部绘满法轮的中心柱也是佛塔的象征物②。该墓出土了与09LE14M2所见几乎完全一致的葬具，二者年代相近。

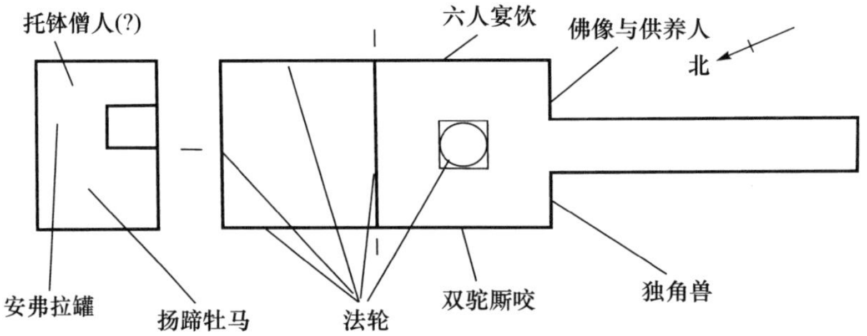


图8-12　楼兰壁画墓平面示意图
采自陈晓露：《楼兰考古》，兰州大学出版社，2014年，第94页图2-78

LE古城的始建年代约在西汉，东汉时期曾因水源断绝而废弃，至魏晋时期被再度启用。城市的再度启用，或正与以壁画墓墓主为代表的大月氏移民有关③。关于LE古城的性质，林梅村考证其为楼兰城，于志勇认为其为伊循城④，目前学界一般认同前者的结论。

**3. LF 古城**

位于罗布泊北岸一座长条形台地的东北端，距LE古城约4.8千米。平面呈不规则长方形，长约60、最宽处约24.4米。西南城垣有一城门，残存有木门框。门内北侧有

① 陈晓露：《楼兰考古》，兰州大学出版社，2014年，第86、87页。
② 陈晓露：《楼兰壁画墓所见贵霜文化因素》，《考古与文物》2012年第2期。
③ 陈晓露：《楼兰考古》，兰州大学出版社，2014年，第185页。
④ 于志勇：《西汉时期楼兰“伊循城”地望考》，《西部考古》第七辑，三秦出版社，2014年。

房址两间，斯坦因在房址内清理出 2 件汉文文书、1 件佉卢文文书，以及镶嵌红宝石的金戒指、木笔、木针等。

**4. LK 古城**

位于 LA 古城西南约 49.6 千米的罗布泊西岸，平面与 LA 古城类似，为偏角长方形。城墙夯筑，间隔以柴草层，东墙中部有人工土台与墙垣连接，或与瓮城有关；东墙南段近转角处有城门一处，宽 3.2 米，存有由垫木、门柱、横木、门扇等结构组成的木框架门道。城址南部残存两组较完整的建筑遗迹，各房屋皆使用红柳芦苇墙。斯坦因在城址内编号Ⅰ～Ⅴ号地点进行清理，发现有残铜铁器、木器、丝毛织品、玻璃残片、陶片等 200 余件遗物。孟凡人考证其为伊循城，黄盛璋则认为其为注宾城。现至少可以明确的是，LK 古城与其周边的居址 LM、LR，以及下面将要介绍的 LL 古城，构成了罗布泊西岸除 LA 古城之外的另一处中心区。

**5. LL 古城**

位于 LK 古城西北约 3 千米处，平面呈长方形。城墙筑造结构与 LK 古城相似，东墙长 71.5、西墙长 76、北墙长 49、南墙长 61 米。城址内东南角发现一处夯土夹红柳枝筑造的建筑，与城墙相连接。东墙外 25 米处和北墙外 50 米处，各有一处台地，散布有木构件，应也与建筑有关。斯坦因在 LL 古城发现的遗物主要有毛毡、羊毛织物，以及一块丝织品和 1 件写有粟特文的残纸。

### （二）尼雅遗址

尼雅遗址位于新疆和田地区民丰县境内，地处塔克拉玛干沙漠南缘中部，沿尼雅河下游古代三角洲分布在南北长约 25 千米，东西宽约 7 千米的范围内①。根据出土简牍文书，该遗址先后为两汉时期精绝国国都和魏晋时期鄯善国凯度多州州治所在，年代上限在西汉时期，沿用至 4 世纪中叶，主要使用年代则在 3～4 世纪②。遗址范围内，各遗迹沿尼雅河下游呈南北向带状分布，并有在空间上成组群分布的趋势，各遗迹群之间一般有带状沙丘和红柳沙包相间隔。不同学者对遗迹组群划分有不同方案：阮秋荣划分出 16 组③，于志勇划分出 19 组④，刘文锁划分出 7 组⑤。现对其中性质较为明确的典型遗迹群进行介绍。

---

① 数据源自阮秋荣：《试探尼雅遗址聚落形态》，《西域研究》1999 年第 2 期。但是，由于新遗址的发现、计算方法的不同以及测绘技术的发展，不同资料对尼雅遗址分布范围数据的介绍有所不同。

② 孟凡人：《楼兰鄯善简牍年代学研究》，新疆人民出版社，1995 年，第 286～388 页。

③ 阮秋荣：《试探尼雅遗址聚落形态》，《西域研究》1999 年第 2 期。

④ 于志勇：《尼雅遗址的考古发现与研究》，《新疆文物》1998 年第 1 期。

⑤ 刘文锁：《尼雅遗址形制布局初探》，中国社会科学院研究生院博士学位论文，2000 年。

### 1. 以N.XⅣ为中心的汉精绝王室驻地遗迹

N.XⅣ所处位置接近整个尼雅遗址范围的最北缘。1996～1998年，中日共同尼雅遗迹学术考察队（以下简称尼雅考察队）在此处清理了4处建筑（图8-13），其中的1号、2号、3号建筑为斯坦因所发掘过的。3号建筑的东南侧有方形遗迹，由圆木、木板构成，被斯坦因称之为“木板池”。该遗迹群出土汉文简牍提到“王母”“王”“大王”“臣”“夫人”“大子”“小大子”等王室成员，这是推测N.XⅣ为汉代精绝王室驻地的重要依据之一。N.XⅢ位于N.XⅣ东北方向约300米处，也是一处大型居址，但规模略小。约与上述两大型居址属同一组群的还有XⅤ、XⅥ、XⅦ等几处单间小型居址，以及水池、窑址、篱笆墙等遗迹。

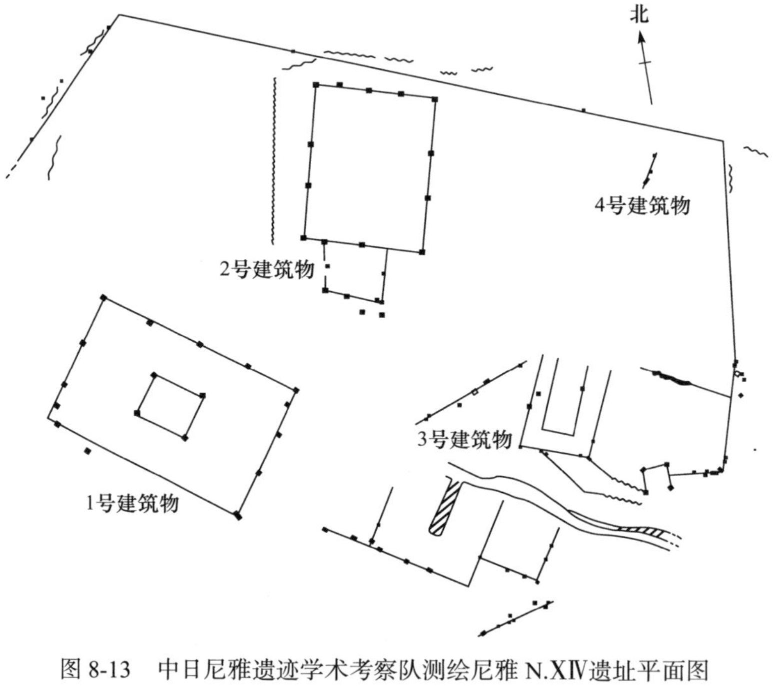


图8-13　中日尼雅遗迹学术考察队测绘尼雅N.XⅣ遗址平面图
采自陈晓露：《楼兰考古》，兰州大学出版社，2014年，第195页图3-38

### 2. 佛塔、佛寺遗迹群

主要有以下两处。第一处，大佛塔为中心，包括N.Ⅰ、N.Ⅱ的遗迹群。大佛塔位于整个遗址范围的中心位置，由土坯和泥黏土交替垒砌而成。底部为方形塔基，其上为覆钵形塔身。N.Ⅰ大型居址，位于佛塔东侧约1.5千米处，整个布局分为四室，横向两间、纵向两间。室内设施包括有黏土平台、火塘、壁炉、中心立柱。N.Ⅰ内出土佉卢文简牍216枚，是出土简牍数量最多的遗迹点；其中，主要用于记录国王谕令的楔形简牍数量为110枚，体现了N.Ⅰ的性质当为“官署”一类。N.Ⅱ位于佛塔东北方向约1千米处，分布有一组密集分布的房屋居址。东西长约160、南北宽约140米，大约20处居址群（共 50 余间房间）在一个直径 150 米的圆弧之上依次排开，中心为类似广场的开阔空地。据残存遗迹判断，上述房屋群外侧或曾有圆形垣墙。尼雅考察队在此发掘房屋 5 组，每组由居室、厨房、火灶、庭院、牲畜棚等组成。

第二处，N.Ⅴ佛寺建筑，位于前述大佛塔东北约 2.9 千米处，相关遗迹分布在靠近河床左岸的一处“孤岛式”的台地之上。寺院共有 5 处建筑遗迹构成，尼雅考察队编号为 93A35FA、FB、FC、FD、FS。台地之上还残存内外两道篱笆墙，内墙将各建筑物相连接，形成面积约 500 平方米的“广场”。FA 为门址，位于寺院东面。FS 佛殿为寺院内的主体建筑，平面布局近似回字形，边长约 5.3 米。中央位置为方形塔基，四周围以木板，内部填土。中央广场北侧房址 FC，为长方形木构建筑。房址可分为东西两组，两组之间以狭窄走廊相隔。中央广场西侧房址 FD，整体布局为长方形，主体分为北、中、南三个单元。有学者推测，FC 为管理寺院事务的办公场所，FD 为用于僧徒集会的讲经堂[①]。

### 3. 城址

位于尼雅遗址南端，北距前述遗址中心大佛塔约 13 千米。城址所在区域密布大红柳，据暴露出来的墙垣判断城址近椭圆形，长径约 185、短径约 150 米。城墙由淤泥堆筑而成，底宽 3 米，残高 0.5～2.5 米。城门位于南墙中部，平面呈长方形，东西宽约 3.2、南北长约 6.4 米，从地表残迹看应为带门檐的过梁式一重门。城门内约 6 米处有 1 处方形房址，面积约 15 平方米。房址内出土佉卢文简牍 2 枚，其中 1 枚带有鄯善骁利王纪年。

### 4. 以 N.Ⅲ、N.Ⅳ为中心的大型居址群

N.Ⅲ位于中心佛塔西南约 2 千米，地处三角形台地之上，南北宽约 50、东西长约 75 米，房屋面积在 1400 平方米以上。N.Ⅲ为大型木构房屋群，所使用木构梁柱体型巨大、工艺精细。“中央大厅”位于中部偏南位置，有过道与其他房间相连。大厅墙壁之上装饰有壁画，残存部分以莲花、卷涡纹、楔形花环等图案为主。从布局、结构、装饰等方面看，该建筑等级较高，或如斯坦因所称为“有钱人家的住宅”。N.Ⅳ位于 N.Ⅲ西南仅 50 米处，形制与 N.Ⅲ相似。房屋遗址东北、西南各有一处杨树排列整齐的区域，或为“林荫道”“广场”“乘凉地”一类的设施。

### 5. 墓地

95MNⅠ墓地，位于前述 N.XⅣ居址东南约 1.7 千米。地处尼雅河西岸一处沙丘之上，面积较大，现已发掘墓葬 8 座。墓葬形制为竖穴沙室，平面为长方形或椭圆形。葬具有两种形式：一种为箱式木棺（3 座），内葬 2～4 人，随葬品丰富，墓主身份高；一种为用胡杨等树干刳挖成的船形棺（5 座），内葬 1～2 人。

---

① 贾应逸：《尼雅新发现的佛寺遗址研究》，《敦煌学辑刊》1999 年第 2 期。

典型墓例M3，椭圆形竖穴沙室。箱式木棺长2.28、宽0.9、高0.9米（图8-14）；墓室内还置有木框架，形成“外椁”。尸体已干尸化，全身覆盖“王侯合昏千秋万岁宜子孙”锦被，枕矩形锦枕，盖面衣。男女墓主脚下及二者之间，放置陶罐、木盆，盛放干果等食物；脚部挡板两角放置木盆，内盛羊腿。男尸一侧随葬木弓一张、箭箙两套和木杈一根，木杈上绕系织锦上衣及佩带、刀鞘、弓衣、毡帽等。有学者考证这类木杈即古礼中的“楎椸”①，还有人认为其为具有宗教色彩的木祭器②。

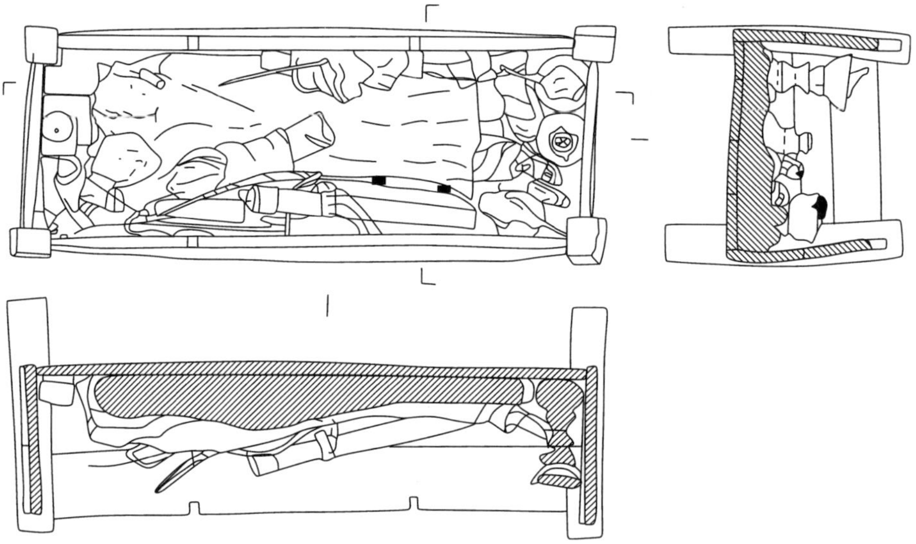

图8-14 尼雅95MN1M3木棺平、剖面图
采自陈晓露：《楼兰考古》，兰州大学出版社，2014年，第50页图2-26

M8位于M3西侧，椭圆形竖穴沙室，墓坑东北角被M3打破，M3木棺高出M8木棺26～45厘米。M8木棺西侧有一长木棍斜伸出地面，墓棺上覆盖有麦秸草，南、西、北三面墓圹与棺体间填充大量干芦苇，清理西侧芦苇时发现6根长50～60厘米的木棍。箱式木棺形制结构与M3木棺相似，棺上铺织有彩色几何纹图案的毛毡。棺内葬干尸化男、女墓主各一人，皆头枕矩形锦枕，盖面衣。男尸上部右侧置木弓、木箭、弓袋、箭箙、“五星出东方利中国”织锦护臂（当即“射鞲”或“臂鞲”）、黄绢袍服，绕系刀鞘、锦帽、梳篦袋的木杈。女尸上部左侧放置木杈，上裹毛织物及虎斑纹彩锦织袋、帛鱼及革皮木胎桶等。男、女尸头颈部发现有蜻蜓眼料珠、珊瑚饰件等品类繁多的装饰品。M8的年代“为东汉末至魏晋前凉时期，更准确一点说，当在魏晋前凉时期”③，M3的年代当与之相当而稍早。二墓所出吉语图案汉式锦当为中原朝廷赏赐品，

① 王炳华：《楎椸考——兼论汉代礼制在西域》，《西域研究》1999年第3期。
② 郭建国：《试析塔里木盆地南缘古墓出土的木祭器》，《新疆文物》1991年第4期。
③ 郭建国：《新疆民丰县尼雅遗址95MNⅠ号墓地M8发掘简报》，《文物》2000年第1期。

俞伟超据此判断墓主为精绝王后代、当地的首脑[①]。

除 95MN1 外，年代大致属于东汉至魏晋时期的墓地还有 93MN3、93MN1（斯坦因所称“西北墓地”）、97MN2 等。

## 二、南疆地区于阗考古遗存

汉末魏晋时期，于阗兼并戎卢、扜弥、渠勒、皮山等国，成为与鄯善、焉耆、龟兹、疏勒等并立西域大国。于阗国之中心区域在喀拉喀什河与玉龙喀什河之间，盛时其领地占据今和田地区“七县一市”的大部分地区。在上述范围内的考古遗存，主要有城址、墓葬、佛寺等类型。

### （一）城址

传世文献记于阗国都为“西城”（或称“西山城”），学界对其故址的考证主要有以下几种结论：斯坦因提出“约特干说”；黄文弼先后提出“阿克斯皮力说”“买里克阿瓦提说”（也写作“买力克阿瓦提”）；殷晴提出“奈加拉·哈奈说”[②]。除“奈加拉·哈奈说”未有具体遗址可对应外，其他几说所涉遗址基本情况如下。

约特干遗址，位于西南约 11 千米的巴格其镇。斯坦因曾在此采集到大量钱币，包括汉佉二体钱、汉五铢、唐开元通宝，以及贵霜和喀喇汗王朝钱币。出土陶塑像多为各类陶器上的装饰，其艺术风格多样，包含了汉文化、古希腊、古印度和犍陀罗等不同地区的因素。由于上层灌淤层的破坏，以及阿古柏统治时期挖宝热的影响，遗址范围内未发现较明确的建筑遗迹。从出土遗物看，遗址的上限可追溯至 3 世纪，下限则在 12 世纪以后。关于该遗址的性质，除“国都说”外，还有“坟院说”“佛寺说”等不同观点。

阿克斯皮力古城，位于洛浦县城西北 17 千米的沙漠边缘。城址平面近圆形，仅残存最北一段，长约 116 米，按照弧度复原古城原始直径应为 244 米。城墙下部为夯筑，上部以土坯垒砌而成，土坯上刻有以下特殊符号，近似佉卢文。古城至少在东汉时期已筑成，但使用年代下限尚不明确。黄文弼最早判定此城为于阗国都，但在《塔里木盆地考古记》中又否定了此观点。

买里克阿瓦提遗址，位于和田南约 25 千米处的玉龙喀什河西岸。黄文弼、李遇春、殷晴等学者先后对该遗址进行过调查与试掘。发现的重要遗迹主要有寺庙、佛塔、陶窑等，还采集到了大量的陶器、铜钱、玉器和贴金佛像等遗物。遗址年代的上限当在 3～4 世纪，下限在 8 世纪以后[③]。关于该遗址的形制，黄文弼、李遇春判断其为于阗

---

① 俞伟超：《尼雅 95MNⅠ号墓地 M3 与 M8 墓主身份试探》，《西域研究》2000 年第 3 期。

② 李吟屏：《古代于阗国都再研究》，《新疆大学学报（哲学社会科学版）》1989 年第 3 期。

③ 孟凡人：《于阗国都城方位考》，《西域考察与研究》，新疆人民出版社，1994 年。

国都故址，殷晴认为其为佛寺遗址。

### （二）墓葬

《洛阳伽蓝记》载于阗国“死者以火焚烧，收骨葬之，上起浮图……唯王死不烧，置之棺中，远葬于野，立庙祭祀，以时思之”①。由此可知于阗国有“火葬”的习俗，这可能是于阗墓葬发现较少的原因之一。现已知的于阗国墓葬，基本分布在山普拉墓地内。

山普拉墓地位于洛浦县城西南14千米，分布在昆仑山山前戈壁台地之上，分布范围较广。已发掘的60余座墓葬可分为早、晚两期，早期为公元前1世纪至公元3世纪中叶，晚期为公元3世纪中叶到公元4世纪末。早期墓葬一共有52座，墓葬形制包括埋葬成人的刀形墓和埋葬孩童的竖穴墓两种。葬式上的主要特点是成人、孩童分葬；孩童以单人、双人葬为主；成人以丛葬为主，丛葬人数最多的多达216人（92LSIIM6）。葬具以尸床、原木棺、半原木棺为主。随葬陶器皆手制，以黑陶为主，典型器形有双耳罐、单耳罐、单耳壶等；旋制木器也较为常见，器形有碗、钵、盘、盆等。出土服饰以毛织物为主，还有毡制服饰、皮制服饰，以及少量丝绸制品。晚期墓葬共有14座。墓葬形制以长方形竖穴墓为主，较早阶段可见刀形墓。葬式较为清楚的11座墓葬中，孩童单人葬5座、成人合葬2座、成人单人葬2座、母子合葬墓2座。葬具除沿用早期的半原木棺外，还出现了箱式木棺。随葬品仍以陶器、木器为主，变化在于红陶数量增多，器形也略有不同；出土服饰方面，丝绸制品数量也有所增加。

### （三）佛寺遗址

至迟在公元2世纪中叶，佛教传入于阗。魏晋时期，于阗佛教发展迅速并逐步确立了大乘佛教的主导地位。故此，于阗境内分布大量佛教寺院。经过调查、发掘的佛寺遗存也较为丰富，年代在魏晋南北朝时期的有热瓦克佛寺遗址，喀拉墩N61、N62佛寺遗址，法哈特·伯克·亚依拉克遗址等。

热瓦克佛寺遗址，位于洛浦县城西北约50千米，是一处以佛塔为中心的寺院建筑遗址（图8-15）。平面呈回字形，东西长49、南北宽49.4米，南墙中部有一处门址。佛塔位于方形院内中心，土坯砌筑。塔基方形，四面各有一踏道；塔身覆钵形，中心有舍利室。塔外环绕双层围墙形成回廊，均为土坯垒砌，内墙的内外两侧均塑有佛像、菩萨像、比丘像、供养人像、浮雕饰件，同时还绘有壁画。从出土的五铢钱，以及回廊内塑像、壁画的艺术风格看，佛塔的始建年代当在3～4世纪。

喀拉墩N61、N62佛寺遗址，分别位于克里雅河西岸喀拉墩古城的东南和南侧。两座佛寺平面均呈回字形，结构均为木骨泥墙形式。回字形中心是塔基，边长2米，

① （北魏）杨衒之著、周祖谟校释：《洛阳伽蓝记校释·城北》，中华书局，2010年，第173、174页。

仅存底部，中心塔基之外有两道回廊。中心塔基外壁及回廊墙壁内外侧均绘有壁画。就残存壁画看，描绘的是坐佛和立佛，总体风格和犍陀罗塑像接近，部分装饰则具有印度佛教艺术风格。初步判断，两处佛寺的年代大致在3～4世纪。

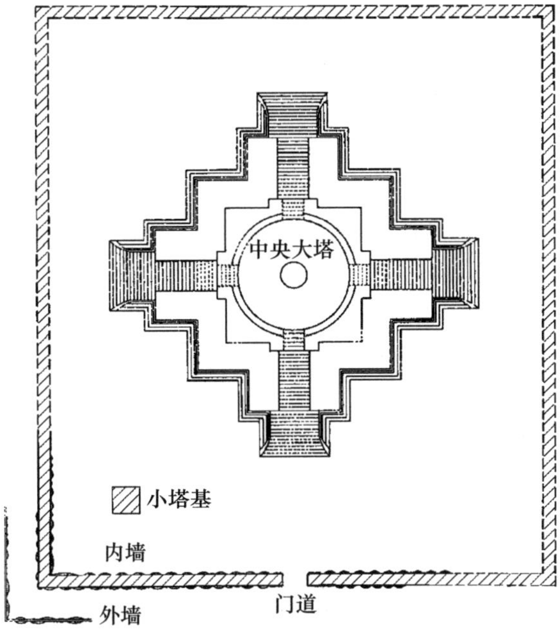


图 8-15　热瓦克佛寺平面图

采自陈晓露：《西域回字形佛寺源流考》，《考古》2010年第11期，第85页图五

法哈特·伯克·亚依拉克遗址 F.Ⅱ.ⅲ、F.Ⅲ.ⅰ两处佛寺，形制相似，平面也呈回字形，中心为造像台，周围环绕两重墙壁。根据 F.Ⅱ.ⅲ出土的毗卢遮那佛像木版画判断，两座佛寺的年代当在5～6世纪。

上述考古遗存，均属“回字形佛寺”，即平面呈方形、以内外两重建筑元素构成回字形结构的寺院遗址①。再具体区分，热瓦克佛寺所代表的是“露塔式”，由院墙围绕中心大塔构成；喀拉墩 N61、N62 佛寺所代表的是“堂塔式”，佛塔规模较小、建于佛寺内，回廊成封闭结构。法哈特·伯克·亚依拉克遗址的两座佛寺，平面也是回字形，但中心安置的是大佛像。于阗地区这些佛寺的形制特征，证明了西域佛教寺院存在从以佛塔为中心到以佛像为中心的演变过程。

## 三、南疆地区焉耆—龟兹考古遗存

焉耆国以天山中部焉耆盆地为中心，龟兹国以库车绿洲为中心。汉末魏晋时期，焉耆兼并尉犁、危须、山王等国，龟兹兼并姑墨、温宿、尉头等国，二者连同疏勒为

① 陈晓露：《西域回字形佛寺源流考》，《考古》2010年第11期。

西域中道三大国。焉耆、龟兹二者虽常互有征伐，但在文化上的共性也较为显著，甚至在文字上都通用婆罗迷字母文字。故此，焉耆、龟兹可被纳入同一文化系统内。

### （一）城址

龟兹都城，汉时称延城，唐代称伊逻卢城。20 世纪 50 年代，黄文弼结合文献记载和实地踏查资料，考证今库车“皮朗古城”（又名“玛马扎不坦古城”）为汉代和唐代龟兹都城旧址。黄文弼还指出，魏晋时期龟兹都城迁至别处，隋、唐之际又迁回汉时旧地；今沙雅县城北有“三重城垣”的羊达克沁大城（又称埃格麦里央达克古城），很有可能是魏晋—隋唐时期的龟兹国都旧址[①]。但是，很多学者认为汉晋之间龟兹都城位置并无变动，本书认同此类说法。

关于汉晋时期龟兹国都的形制、规模，文献有“城三重”“城方五六里”的记载。2009 年、2018 年清华大学城市规划设计院、中科院遥感与数字地球研究所分别用不同的技术方法对皮朗古城进行了勘测[②]。经勘测，皮朗古城确有外城、内城（宫苑）、宫城（王宫）三部分组成（图 8-16），外城周长 6728 米。外城东墙、南墙较直，墙外有河道和壕沟，似为规划修筑；北墙、西墙则主要依地势而建。城内分布有多座大型“土丘”（地名多为“某某土拉”或“某某墩”），应和大型建筑有关。据林梅村推测，这些土丘多为唐代建筑遗迹[③]。

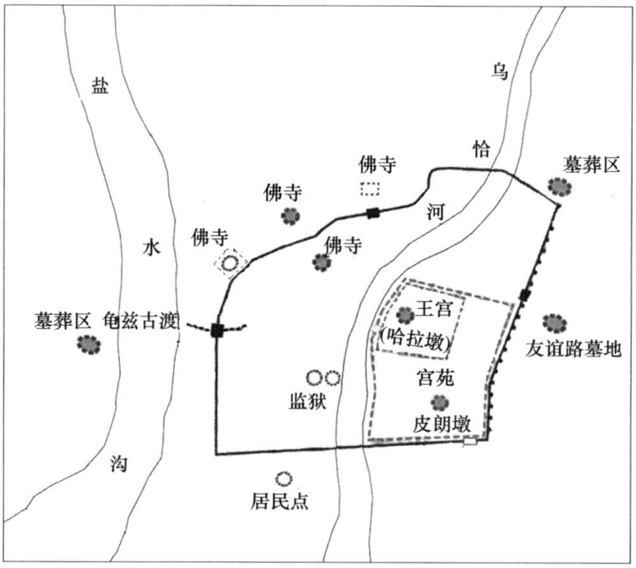


图 8-16　龟兹都城平面布局示意图

采自闫雪梅：《龟兹都城探析》，《考古与文物》2021 年第 4 期，第 90 页图二

① 黄文弼：《略述龟兹都城问题》，《文物》1962 年第 7、8 期合刊。

② 本书所引用皮朗古城最新勘测成果，源自闫雪梅：《龟兹都城探析》，《考古与文物》2021 年第 4 期。

③ 林梅村：《龟兹王城古迹考》，《西域研究》2015 年第 1 期。

焉耆国都，《后汉书·西域传》称之为南河城，《魏书·西域传》称之为员渠城。现分布在古焉耆国境内的城址有博格达沁古城、唐王城、日孜和田古城、哈拉橙旧城、曲惠古城等。黄文弼曾对这些城址进行过调查，提出博格达沁为唐代焉耆镇所在，哈拉橙旧城或日孜和田古城可能是汉代焉耆国都员渠城①。此后，有学者指出汉唐时期焉耆国都一直为博格达沁古城，唐焉耆都督府治所与焉耆镇城也是此城②，现为学界所普遍认同，本书亦采纳此种观点。

博格达沁古城，位于今焉耆县城西南 12 千米处。城址平面呈长方形，周长 3000 余米，有一条古河道从西北方向沿古城北、东两面穿过。西门处残存高约 4 米的夯筑城墙一段，其余位置多只存墙基。城址中部有土堆两处，或为建筑遗迹；城内西北角有夯土堆一处，残高约 4 米。城内西部发现一件残三耳红陶罐，三耳面均有模制人头像，颇具西方艺术风格。古城周围分布有至少 7 处夯土高台基址，上用巨型土坯垒砌围墙和房屋，或为防御功能建筑遗迹。

### （二）墓葬

龟兹墓葬集中发现于库车友谊路南端的一处墓地范围内，其位置在前述龟兹王都城外东南郊。2007 年，考古工作者在此处清理 10 座墓葬，其中有砖室墓 7 座，发掘简报判断砖室墓年代在魏晋十六时期③。2010 年，墓葬原址博物馆修建过程中，在 2007 年所发掘墓葬的东侧再次发现五座砖室墓，发掘者推测墓葬年代在“西晋至十六国时期”④。2021 年，新疆文物考古研究所对墓地进行第三次考古发掘，清理墓葬 371 座，魏晋南北朝时期墓葬 332 座⑤。2022 年，第四次考古发掘展开，清理墓葬 127 座，魏晋南北朝墓葬 125 座⑥。

友谊路墓地是目前南疆地区已发掘魏晋南北朝墓葬数量最多、埋葬关系最复杂的一处墓地。所发现的魏晋南北朝墓葬，形制可分为竖穴墓、洞室墓、偏室墓、甲字形墓等几种；据墓葬结构和葬具的不同，竖穴墓可细分为瓮棺墓、砖棺墓、土坯棺墓、竖穴双室墓、斜坡墓道竖穴墓等不同类型。斜坡墓道竖穴墓中的砖室墓往往规模较大，墓门上方多修筑砖雕装饰照墙。例如保存较好的 M3 照墙（图 8-17），分内外两层，外层用砖垒砌，内层用土坯垒砌。外层用 1～3 层青砖平砌分区，间以立砌图案砖雕，中部有仿木结构砖雕。最上层中部为菱格纹砖雕，两侧为天禄（鹿）砖雕；其下中部为

---

① 黄文弼：《新疆考古发掘报告（1957～1958）》，文物出版社，1983 年，第 25 页。
② 韩翔：《焉耆国都、焉耆都督府治所与焉耆镇城——博格达沁古城调查》，《文物》1982 年第 4 期。
③ 新疆文物考古研究所：《新疆库车友谊路魏晋十六国时期墓葬 2007 年发掘简报》，《文物》2013 年第 12 期。
④ 新疆文物考下研究所：《新疆库车友谊路魏晋十六国墓葬 2010 年发掘报告》，《考古学报》2015 年第 4 期。
⑤ 新疆文物考下研究所：《新疆库车友谊路墓群 2021 年发掘简报》，《文物》2023 年第 3 期。
⑥ 田小红、吴勇、王馨华：《新疆库车友谊路墓群 2022 年度考古发掘收获与初步认识》，《吐鲁番学研究》2022 年第 2 期。

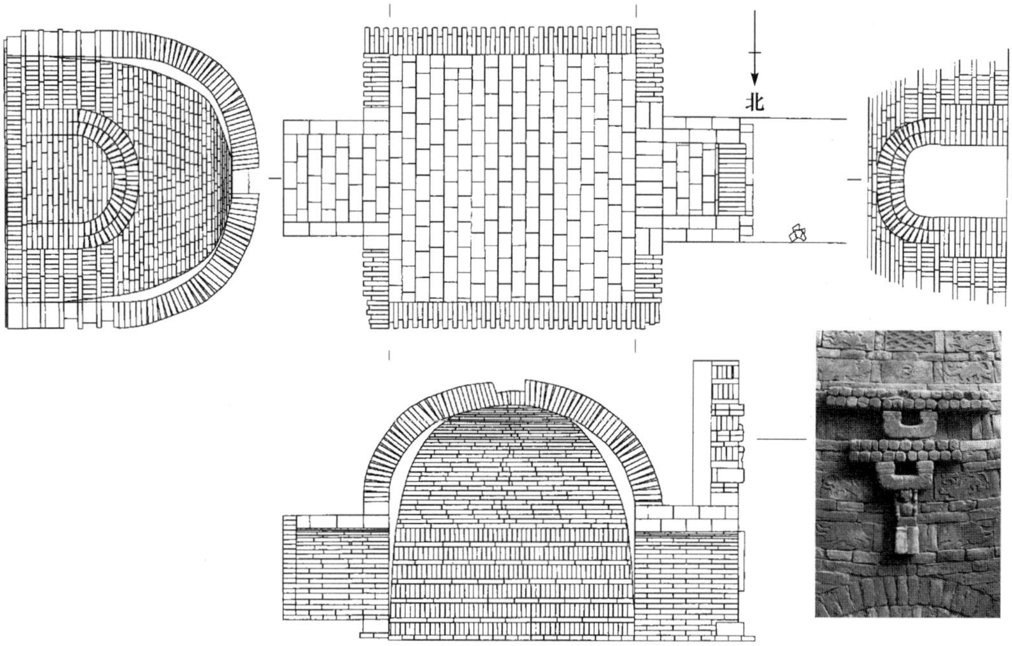


图 8-17　库车友谊路 M3

1. 平剖面图　2. 照墙

采自新疆文物考古研究所:《库车友谊路魏晋十六国墓葬 2007 年发掘简报》,《文物》2013 年第 12 期,第 38、46 页图三、图二一

穿璧纹砖雕，左为朱雀砖雕，右为玄武砖雕；再下为熊面力士托举的一斗二升双密檐组合门楼砖雕；力士右侧为青龙砖雕，左侧为白虎砖雕；力士下部两侧为怪兽砖雕。有学者指出，库车友谊路砖室墓是河西西部地区砖雕照墙墓对外传播的产物①。此外，“握钱”“口含”的丧葬习俗，五铢钱、剪轮五铢、钱纹镜、凤纹镜与龟兹本地货币共出的器物组合，也是汉文化对龟兹本地文化影响的体现。不过，龟兹本地丧葬习俗的传承亦不可忽视。例如砖室墓中的多人丛葬、二次葬的葬俗，在中原、河西同时期墓葬中基本不见，却是南疆地区汉晋墓葬常见现象。

佛教的兴盛对龟兹丧葬习俗的影响也较为显著。以下几类考古遗存与佛教文化有关，基本均见于苏巴什佛寺遗址内。

舍利容器，在发掘资料中常被称为舍利盒、骨灰罐等。1903 年，日本大谷探险队成员渡边哲信等在西寺中心殿堂下发现乐舞舍利盒 1 件；1907 年，伯希和在东寺 3 号佛塔周边发现十余件“骨灰盒”，有陶罐、木盒两种形制。冉万里认为，采用装饰精致舍利盒埋葬的主人，为龟兹国王或龟兹王室成员②。

① 韦正:《试谈库车友谊路古墓群的年代和墓主身份》,《边疆考古研究》第 12 辑，科学出版社，2012 年。

② 冉万里:《新疆库车苏巴什佛寺遗址调查与发掘的初步收获》,《西部考古》第 18 辑，科学出版社，2019 年。

石堆墓，指地表有圆丘状砾石封堆的墓葬，集中分布在苏巴什佛寺北部的却勒塔格山南麓坡地之上。较为典型的墓葬分布在墓群南部，石堆下有烧土、烧沙层和骨灰堆，骨灰中包含烧骨、木炭。说明当时的葬俗是先选择埋葬地点，以木为柴进行火化，收拢骨灰后就地堆起石丘①。

塔葬墓，指和佛塔紧密联系的墓葬。1978 年，考古工作者在苏巴什佛寺发现塔葬墓 M1②。M1 位于西寺南部佛塔北侧之下，恰处佛塔背后正中轴线上。墓室上部有土坯台阶，西壁和佛塔共用一条土坯墙，紧贴土坯墙用圆木建成框架。墓室中部放有“四腿凳形”棺床，上有彩绘木棺。墓内发现有女性和婴儿骨骼；女性头骨前额平扁，与《大唐西域记·屈支国》所记“其俗生子以木押头，欲其匾愿也”的习俗相符。随葬品较少，有陶罐、木雕龙头、绢袋、铁刀。

焉耆境内的墓地可以尉犁营盘墓地为例。营盘墓地，位于尉犁县城东南 150 千米，地处罗布泊西侧、库鲁克塔格山南麓。地表多有木桩标志，墓葬形制多为长方形竖穴土坑墓，少量设有二层台。墓内多置胡杨木槽形棺，多倒扣在墓主身上；还可见一些四足箱式棺和船形棺。葬式多为单人葬，仰身直肢，入葬时多着衣、袍、裤、履，后再用毛毯、毡或绢衾包裹；头部多用丝绵或棉布、毛布包裹，下颌用布带束缚，面部蒙盖不同质地的织物。墓内常见随葬食品现象，以羊头、羊排等肉食为主，也有少量面食；随葬品有木质罐、杯、碗，还有盛放羊肉的几、盘；墓主身侧放置随葬品因性别不同而有差异，男性身侧放弓、箭，女性身侧放纺轮、奁盒等。发掘者判断，墓地使用年代的上限到汉，下限到魏晋或略晚。

### （三）佛寺

大约在 2 世纪中期，佛教传入龟兹地区。随后，佛教文化发展迅速，以致境内寺庙林立，《晋书·四夷传》载龟兹王都城中有佛塔庙千所就是这种情况的反映。考古发现的魏晋南北朝时期的佛寺遗址主要有苏巴什佛寺遗址、夏合吐尔和乌什吐尔佛寺遗址等③。

苏巴什佛寺遗址位于库车市区东北约 23 千米处，地处天山支脉却勒塔格山南麓库车河东西两岸的山前冲积台地之上。现学界多沿用渡边哲信和伯希和的观点，认为该佛寺遗址即文献记载中的雀梨大寺、昭怙釐（厘）寺。遗址自北而南由石窟、僧房、佛殿、塔、墓葬组成，以库车河为界，分为东西两部分，可分别称之为东寺遗址、西寺遗址④。西寺南北长 992、东西宽 265 米，东寺南北长 835、东西宽 215 米。西寺南部 21 号建筑（林立编号 SBW1）经过发掘，其主体建筑表现出佛塔、佛殿、讲堂横向

---

① 新疆文物考古研究所：《新疆库车县库俄铁路沿线考古发掘简报》，《西部考古》第 10 辑，科学出版社，2016 年，第 45～47 页。

② 新疆博物馆、库车县文管所：《库车昭怙釐西大寺塔葬墓清理简报》，《新疆文物》1987 年第 1 期。

③ 主要参考林立：《西域古佛寺——新疆古代地面佛寺研究》，科学出版社，2018 年。

④ 冉万里：《新疆库车苏巴什佛寺遗址调查与发掘的初步收获》，《西部考古》第 18 辑，科学出版社，2019 年。

（东西向）布局的特征，可用“塔殿横置”的概念来进行概括。遗址范围内的“汉式楼阁式塔”，是中原佛教向西“回流”西域的实物证据，有可能和大云寺、龙兴寺的修建有关；而方形基座、圆筒状塔身的覆钵式塔，则在形制上明显受到犍陀罗地区的影响。结合建筑形制和出土遗物判断，苏巴什佛寺遗址可分为三个发展时期，第一期为西晋十六国时期，第二期为南北朝至隋代，第三期为唐代。

夏合吐尔和乌什吐尔佛寺遗址，位于库车市区以西约 21 千米处，分布于渭干河桥北的河谷两岸。其中，夏合吐尔遗址位于河西岸，乌什吐尔遗址位于河东岸。20 世纪初，日本大谷考察队的渡边信哲在考察后判断，夏合吐尔遗址是《大唐西域记》所载“阿奢理贰寺”，乌什吐尔遗址是唐代柘厥关遗址。1928 年，黄文弼对两处遗址进行了调查，认为两处遗址为《大唐西域记》所载昭怙釐（厘）东西二寺。21 世纪初，林立对两处遗址进行了测绘记录，并结合前人研究成果对佛寺的布局进行了系统分析[①]。

夏合吐尔遗址，主体大致呈方形，南北长 134、东西宽 114 米。遗址外围环绕有墙垣，现残存四段，残高达 3 米左右。墙垣之内，遗址的南部、西部皆为大面积空地。夏合吐尔主寺院群是以一大庭院为中心，四周布置佛堂、塔院、僧房院、禅室、讲经堂，这种布局特征可以概括为“庭院寺”。在塔院内部，采用的是“前塔后殿”式的布局。

乌什吐尔遗址，平面大致呈长方形，南北长 180、东西宽 100 米。遗址由墙垣分隔城北、南、东三部分。北部仅剩土坯墙垣，残高约 2 米。南部残存较多地面建筑。其中，WS1 可能是佛塔，WS1 北侧依次有佛堂 WS2、讲堂 WS3，三者布局在一条南北轴线上；WS3 西侧有成排小房屋，则可能是僧房。因此，乌什吐尔遗址的布局可用“塔—佛堂—讲堂”来概括。此外，该遗址北部的罗汉窟、禅窟，可能也是乌什吐尔佛寺寺院的组成部分。根据遗迹现象和出土遗物，可推断夏合吐尔与乌什吐尔佛寺的初创年代在 5 世纪左右；再根据遗址出土的唐代钱币、纪年文书、雕塑和壁画，可知寺院延续使用至 9 世纪。

与龟兹东西相邻的焉耆和疏勒，在佛教文化上和前者有很大的共性，大致可视为同一文化系统。位于古焉耆、疏勒境内的佛寺遗址主要有七个星、托库孜萨来、图木舒克塔格、莫尔寺遗址等。其中，七个星佛寺遗址的始建年代一般被推定在唐代，故本书从略。

托库孜萨来佛寺遗址，位于巴楚县东北约 60 千米处。佛寺遗址东南方向约 500 米处即托库孜萨来古城，当地称“唐王城”。遗址位于一座独立的山包之上，尽管无独立围墙，但仍可视为一组寺院建筑遗存。遗址可按位置高低分为东西两部分，西部地势高、东部地势低。西部建筑为寺院主体建筑，由礼拜区、讲堂和僧房区组成。礼拜区以庭院中心，庭院周边东、西、北三侧现存有塔院、佛堂等建筑。僧房区位于佛堂区后部，讲堂位于僧房区东侧。

---

① 林立：《夏合吐尔和乌什吐尔佛寺遗址研究》，《龟兹学研究》第一辑，新疆大学出版社，2006 年。本书对两处遗址的介绍以此文内容为准。

图木舒克塔格佛寺遗址[①]，位于上述托库孜萨来遗址南侧约 3 千米处，包括了东、中、西三处佛寺建筑，皆在山体北坡三处山头之上。西山寺院仅存佛塔一座，为土坯式建筑，塔基为方形，据勒柯克记录塔基四周分布有台座、塑像，但现在均已不存。中间山头建筑保存较差，情况不明。东山寺院建筑大部分也已不存，据勒柯克记录，寺院南部有一处佛堂，主室长 6、宽 4.2 米。主室中间有一横长方形台座，正对台座两侧的佛堂侧壁各开有一龛，内有塑像残迹。通过建筑形制、雕塑和壁画等判断，西山寺院始建年代约为 5 世纪，东山寺院年代则在 7～8 世纪。

莫尔寺佛寺遗址，位于喀什市中心东北约 33 千米处，地处天山支脉古玛塔格山东南部一处洪积台地之上。现存遗迹主要分布在台地南半部和最南端小台地之上。寺院建筑沿台地西南陡崖边缘分布，自西北向东南分布有佛塔、佛殿和僧房等建筑，建筑方式均为土坯砌筑。佛塔有覆钵式和方形两座。覆钵式塔（俗称“莫尔寺佛塔”）位于遗址中心，由三层方形塔基、圆盘、圆柱形塔身、覆钵形塔顶等部分组成。方形塔位于覆钵式塔西北约 60 米处，是一座多层实心土坯塔。塔顶、四壁破坏严重。发现佛殿 3 处，建筑类型有两类。一类为单室佛殿，平面呈回字形，室内有四方形像台，像台与墙壁间有回廊；一类为多室大型佛殿，由中心主殿、两端配殿和配房以及门房构成，整体呈长方形，前面有庭院。僧房为单体多室建筑，平面长方形，门外有庭院，建筑内部 6 个小房间左右对称，里侧房间有灶台、地窖等设施，出土遗物也以生活用品为主。据发掘者推测，莫尔寺遗址内的覆钵塔佛修筑于 3 世纪前后，在 3～5 世纪陆续修建僧房和回字形佛殿，武则天时期增修大型佛殿[②]。

## 四、东疆吐鲁番地区考古遗存

交河与高昌，是公元前 1 世纪起东疆吐鲁番盆地一带的两大中心城镇；直至公元 1383 年，东察合台汗国黑的儿火者在吐鲁番进行大规模宗教战争，强制推行伊斯兰教，佛教氛围浓厚的交河城、高昌城被毁弃不用。现所知东疆吐鲁番地区城址遗存，即以交河故城、高昌故城最为重要。所发现的墓葬，亦是主要集中在两座城址的周边区域：一是交河故城的北部和西部（部分分布在城内）；二是高昌故城西北的阿斯塔那—哈拉和卓墓群。

### （一）交河故城及周边墓葬

交河故城位于距吐鲁番市西郊约 10 千米的河谷环抱的台地之上，平面呈柳叶形，台地最长处约 1750、最宽处约 300、周长约 4100 米[③]。城内建筑面积达 22 万平方米，

---

① 林立：《西域古佛寺——新疆古代地面佛寺研究》，科学出版社，2018 年，第 12～18 页。

② 肖小勇：《佛教考古在新疆：莫尔寺考古的发现与意义》，《中华民族共同体研究》2022 年第 4 期。

③ 本书对交河故城的介绍，主要参考李肖：《交河故城的形制布局》，文物出版社，2003 年；解耀华主编：《交河故城保护与研究》，新疆人民出版社，1999 年。

大部分建筑都是就原生土挖掘而成。

**1. 城门与道路**

交河故城四周以最大落差达 30 米的崖壁形成天然屏障，崖壁上开凿有进出城池的豁口，具有城门的功能。此类城门遗迹共有三处，即南门、东门和西门。其中，南门位置在交河台地西崖的南部，实际上很可能是历史上的交河城西门（正门）；为避免行文混乱，这里仍称此门为南门。

南门北侧门壁保存有 10 米生土台基和 4 米生土护墙。门内有高约 6 米的挡壁，为防御设施的一部分。进入南门后道路有两条，其一朝东通向东南部各院落，另一条朝北连接城内中央大道。

东门位于东崖中部崖壁上，保存较好，由登城斜坡道、外城门、瓮城和内城门组成。城门道的两侧现各残留有一段夯筑城门壁，从二者存留遗迹判断，东门门顶建筑形制可能为木结构单层梁平顶式。瓮城形制因地制宜，在东崖半中腰处挖出近圆形的凹地，周围崖壁高 8～10 米。根据东门门道地面黄土层出土的“三角状唇部”大口罐推测，东门始建年代在 3～4 世纪。西门位于西北小寺的西侧，宽、高近 2 米，门道呈现北低南高的斜坡状，整体上规格较小，出入不便，可能是非常时期具有特殊功能的城门。

交河城内道路网络完善，其中以现存的两条南北向、一条东西干道最为重要。两条南北向干道可称为中央大道和次干道。中央大道分为南北两段，南段南起南门，北至 E-1 号石窟寺北门前，呈弓背形；北段南起 E-1 号石窟寺北门前，早期终点位于 E-14 中央大塔门前，后期在中央大塔西侧继续向北延伸至 E-27 号大寺院门前广场。南、北段皆衍生出数量众多的街巷，南段街巷主要用于沟通各个院落。次干道南起中央大道南段弓背处顶点，延伸穿过官署区、仓储区的东侧、街坊区、寺院区，最后抵达 E-16 号东北寺院的门前。次干道北端平直，或属早期遗迹；南段蜿蜒曲折、宽窄不一，或为后期扩建所致。东西大道东起次干道，西抵中央大道，是中央大道中段唯一向城东延伸的道路，道路平均宽度约 6 米。

**2. 城内功能分区**

交河故城内的建筑群具有较为明确的功能分区，各区域之间以高墙、深沟相隔离，以大道、街巷相贯通。从现存遗迹看，交河故城内部大致可以分为以下 6 个区域。

大型院落区（A 区），位于中央大道南段 E-1 佛塔以南。区域内分布有数量众多的独立院落，院落多使用“压地起凸法”建成院墙和隔墙，院内一角多保留有因建筑院落而产生的生土台，多就势作为房间的山墙。生土侧面有窑洞、壁龛，顶部平整后修有小房间或平台。由此，这些大型院落区内的建筑主要有屋顶、室内和窑洞三部分可供使用。

衙署区（B 区）相对封闭，位于中央大道、东西大道和东崖之间，内部存在四组功能不同的建筑群。第一组为寺院建筑，位于该区东北角，或有“官庙”性质；第二组为居址建筑，位于寺院以南；第三组为衙署建筑，位于台地中央，以B-14号地坑式建筑为主；第四组为附属建筑，位于该区西北角，建筑形制偏狭、地势低洼，或为低级人员住宅。A、B两区关系密切，A区可能为高级官吏的居住区。

仓储区（C区），位于城内中部台地北缘、东缘，由大小不等的窑洞和辅助建筑组成。这些窑洞可能就是文献中所记载的“交河仓”遗址。

街坊区（D区），位于中央大道以东，仓储区以北，寺院区以南的范围内。该区是由12座大小不等的院落组成的街坊，院落由院墙、街巷和院门围成，院内有佛坛（家庙）、庭院、水井等设施。

寺院区（E区），南起中央大道南端的E-1号佛塔，向北一直延伸到台地的北端墓葬区，西抵交河西崖，东侧以中央大道—街坊区北墙外街巷为界，占据了交河城所在台地面积的三分之二以上。实际上，除了以上四区之外的所有空间，几乎都分布有各种寺院、佛塔。寺院区内遗迹主要有佛殿、佛堂、佛塔、佛坛等几类。

墓葬区（F区），位于塔林北侧界壕以北。界壕平均宽4、深1～2.8米，有学者称之为“阴阳界壕”。该区域内分布有斜坡墓道洞室墓20余座，年代主要应是唐西州时期，墓主或为死于任上的外地官吏。

### 3. 沟西与沟北墓地

交河故城西侧、北侧以外的两处台地上，分布有大量墓葬，分别被称为沟西墓地和沟北墓地。沟西墓地平面呈长条形，面积约6平方千米[①]。

共清理竖穴土坑墓23座，多位于沟西台地东南端，与斜坡墓道洞室墓基本隔离开。竖穴土坑墓形制有两种类型，一是四壁竖直的土坑墓，二是墓室长边一侧向外挖出凹坑形墓穴的“偏室墓”。随葬品较少，有的墓葬无随葬品。出土陶器器形主要有钵、盆、罐、杯、釜、瓮等，多为素面，个别器物腹部有花瓣状纹饰。结合器物形制和测年数据，这批墓葬的年代应在两汉魏晋时期。现学界一般认为，交河故城周边的竖穴土坑墓为车师人遗存。交河城内也发现有此类墓葬，但多被其他建筑遗迹所打破。

发掘斜坡墓道洞室墓22座，分布于台地的西北—西南处。不少墓葬在地表有明确的茔区范围和封堆，以黑石围出墓垣，以块石堆垒出方形门阙，长排堆石标识墓道，茔域内的墓冢排列有序。地面之下为掏挖而成的洞室及长斜坡墓道。墓室平面有梯形、长方形、正方形等，长3～10米，宽0.45～1.3米。随葬品多寡不均，以陶器为主，其中“钵、碗、罐”组合最为常见；其余还有少量的泥质器、金器、铁器和铜器等。出土墓表、墓志及刻字土坯7块，多位于墓道入口处，表、志均置于左侧壁龛内。葬具有木棺和苇席，也有的将尸首直接放置在生土台上；墓内多葬1～3人，多仰身直肢。根据墓表、墓志判断，斜坡墓道洞室墓的年代在6～7世纪。结合黄文弼早期收集的墓

① 新疆文物考古研究所编著、王炳华主编：《交河沟西：1994～1996年度考古发掘报告》，新疆人民出版社，2001年。

志判断，斜坡墓道洞室墓的墓主多为来自河西地区的大族，如金城张氏，敦煌张氏、索氏、张掖袁氏、巩氏等。因此可以认为，此类墓葬是在河西地区丧葬文化影响下产生的。2004～2005年，吐鲁番地区文物局发掘位于沟西墓地东南部的康氏家族墓地①。康氏家族茔院北高南低，以砾石块砌筑院墙，东西长52.6、南北宽49.4米（图8-18）。茔院内有墓葬33座，30座为斜坡墓道洞室墓，地表均可见用砾石铺出的封堆和墓道，封堆呈圆丘状，墓葬均东向，行、列排布有序；出土遗物有陶器、木器、铁器、铜器、骨器、泥俑、仿罗马金币、萨珊银币、墓志砖等。康氏家族墓地的年代当在麴氏高昌晚期至唐西州早期。墓主系粟特地区康国后裔，同时也是有一定政治地位的官宦家族。

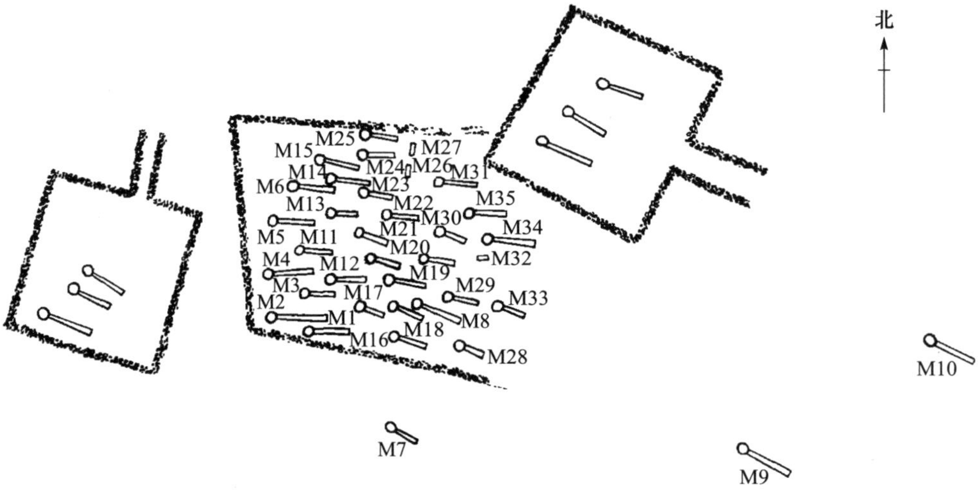


图8-18 康氏家族墓地平面图

采自吐鲁番地区文物局：《新疆吐鲁番地区交河故城沟西墓地康氏家族墓》，《考古》2006年第12期，第13页图二

沟北墓地位于交河故城沟北一号台地的中部、南部，面积约0.8平方千米②。与沟西墓地类似，所发现的墓葬也有两类，一是竖穴土坑、偏室墓，二是斜坡墓道洞室墓。前一类墓葬共有55座，一般是在封石堆下中部有中心墓室，中心墓室周围有大量的附葬墓和殉马（驼）坑。结合形制、随葬品和测年数据判断，这一类墓葬的年代为汉代，墓主族属应为车师人。斜坡墓道洞室墓较少，位于前一类墓葬的西侧，发掘报告未收录其详细信息。

**4. 年代分期与历史地位**

第一期，西汉至高昌郡时期。这一时期前半段城市布局以官署为中心展开，整体

① 吐鲁番地区文物局：《新疆吐鲁番地区交河故城沟西墓地康氏家族墓》，《考古》2006年第12期。

② 联合国教科文组织驻中国代表处、新疆文物事业管理局、新疆文物考古研究所：《交河故城——1993、1994年度考古发掘报告》，东方出版社，1998年，第15页。

呈现非对称性，主要建筑集中于台地中部、南部，始建年代约在汉代；后半段代表遗迹为塔林（图版四，2），始建年代应为东汉。这一时期的建筑技术以夯筑、土坯砌筑和开凿窑洞为主。

第二期，麴氏高昌至唐西州时期，可分为前后两段。前段为麴氏高昌时期，城市布局以 E-17 号塔林—E-16 号东北寺院—次干道为中轴线展开，次干道两侧分布有众多院落（后演变为街巷）。晚段为唐西州时期，城市布局以 E-28 号中央大塔—中央大道—E-1 号石窟为中轴线展开。这一时期的建筑技术以“压地起凸法”为主。

第三期，回鹘高昌时期。总体布局和前一期并无太大差别，时代也在南北朝之后，本书从略。

交河故城的历史地位，主要体现在其城市规划和建筑技法汇聚了不同地区的文化传统。城市规划方面，衙署区在城市中的位置和院落的布局形式，无疑是中原城市的特征；交河城在第二期以后，以蜿蜒曲折的中央大道、次干道为中轴线，同时在中轴线上布局有寺院，这些做法则明显受到了中亚地区城市规划理念的影响。建筑技法上，城内建筑第一期所使用的夯筑法来自中原地区，第二期使用的“压地起凸法”具有鲜明的地域特色，第三期常见的“垛泥法”则常见于塔里木盆地周边地区。

### （二）高昌故城及周边墓葬

#### 1. 高昌故城形制与年代的探索

高昌故城，位于今新疆维吾尔自治区吐鲁番市区东 30 余千米的三堡乡，地处火焰山南麓。平面近不规则方形，周长 5.4 千米，总面积约 198 万平方米，城墙夯筑，发现有城门和马面遗址。2000 年，孟凡人发表《高昌故城形制初探》[①]，是迄今对高昌故城形制布局研究最为系统的研究成果，现将该文章的主要内容转述如下。

高昌故城遗址，包括内外相套的“可汗堡”、内城和外城三部分。外城呈不规则方形，城墙夯筑，有弧度和曲折之处。残存马面 70 余个，间距为 30～45 米。城门残迹 5 座，西墙 2 座，东墙 1 座，南、北墙各 1 座。内城约位于外城的中间，城墙夯筑，平面呈南北长方形。西南和东南角呈弧形，西北角弧形内凹。内城北部中间有堡垒式遗迹，俗称“可汗堡”，平面形状不规则，南北长约 300、东西宽约 150 米。内城残存遗迹有限，仅“可汗堡”附近分布有较为集中的佛寺遗迹。除 M 寺院发现有承平三年（445 年）安周造像记刻石外，其余寺院所见塑像等遗物的年代上限多在唐代。“可汗堡”东南 270 米的土岗上有 K 寺院遗址，出土摩尼教和佛教遗物多为回鹘时期，应是回鹘时期新建的王家寺院。内城西南还发现有规模较大的 α 寺院遗址，推测为在唐寺基础上改建的回鹘王家寺院。文章还提到一重要现象，α 寺院嵌在内城西城墙内，但是作者未对此现象进一步深究。其实，该现象说明内城西墙被该寺院打破，进而可以

---

① 孟凡人：《高昌故城形制初探》，《新疆考古论集》，兰州大学出版社，2010 年。

明确内城的始筑年代当不晚于唐代；同时也表明内城在唐代似已不具备一重城墙的功能。分布在内城的其他寺院，年代下限也多在回鹘时期。外城东部遗迹也以寺院为主，另有少量居址。寺院年代上限大都可追溯至唐代，下限在回鹘时期。外城西部和南部有三组佛寺遗址，年代范围基本同外城东部寺院。

高昌故城始建于高昌郡时期，最初至少包括外城、内城两重结构；至迟到唐西州时期，内城很可能已废弃。至于北侧的“可汗堡”，是否为宫城难以确定，其附近遗迹的年代上限在承平三年（445 年），下限在回鹘高昌时期。

**2. 阿斯塔那—哈拉和卓墓地**

“阿斯塔那”“哈拉和卓”，是现今两个相邻居民村的地名。阿斯塔那—哈拉和卓墓地，从故城西北延伸至东北，东西长约 5000、南北宽约 2000 米。1959～1975 年，新疆社会科学院考古研究所、新疆博物馆等部门在吐鲁番阿斯塔那—哈拉和卓古墓群先后进行了 13 次发掘，共编号墓葬 456 座。阿斯塔那墓地的部分墓葬资料，通过简报的形式陆续进行了公布，但迄今缺乏系统整理。哈拉和卓墓地的发掘资料，已由新疆文物考古研究所进行了整理出版，所涉编号墓葬 107 座，有发掘资料的实际为 69 座[①]。

结合墓葬形制、器物组合，以及有明确纪年的纸质文书和砖志，发掘报告将哈拉和卓墓地分为三期。再结合之前零星公布的阿斯塔那墓地资料[②]，可将三个墓葬的时代特征进行如下归纳。

第一期，西晋、十六国至南北朝中期。墓葬形制多为斜坡墓道洞室墓，墓室多呈方形或近方形，墓顶为单层或双层覆斗形。也可见竖井式墓道洞室墓，沿墓道上口多有一排土坯。葬具多使用木棺，木棺前挡画有七个圆点，或与北斗七星有关。部分墓葬墓室后壁绘有以庄园生活为主体的壁画，画风与河西地区画像砖相似。随葬陶器以灰陶为主，器形有灯、釜、甑、罐、壶、盆、瓮、盘、碗等，形体较大。木器也较为常见，主要有俑、牛车、马、骆驼、猪、盘、耳杯、衣架、鸠杖、梳等；男、女俑造型生动，具有民族特色；牲畜模型制作粗糙，以榫卯方式组装。出土衣物疏不少有明确纪年，有的穿戴于墓主身上，有的为生前日用品。

第二期，南北朝中期至初唐。地表出现与前述交河沟西墓地形制类似的茔域，茔域内不同时期的墓葬排列有序。墓葬形制均为斜坡墓道洞室墓，前期竖井式墓道已基本不见。墓室基本近方形，墓壁微弧，墓顶平弧形。葬具少见木棺，仅在土台上铺苇席。随葬陶器常见彩绘陶，但器形较前期变小，罐、碗等器物多在黑地上以红、绿、白色圆点和线条绘出莲花纹。木器减少，但木俑制作更精致，多有彩绘。部分墓葬墓顶或后壁张挂大幅绢地“伏羲女娲”画像。随葬衣物疏较多，多书写“张（李）坚固”“李（张）定度”之类名字。墓道前部常见墓表，多以方砖为主，也有用土块、砂

① 新疆文物考古研究所：《吐鲁番阿斯塔那——哈拉和卓墓地：哈拉和卓卷》，文物出版社，2018 年。
② 阿斯塔那墓地墓葬的分期，可参考侯灿：《吐鲁番学与吐鲁番考古研究概述》，《敦煌学辑刊》1989 年第 1 期。

石或木板制作者；纪年最早的墓表为“大凉承平十三年（455 年）且渠封戴墓表”。

第三期，盛唐时期。墓葬形制、随葬品更为丰富多样，由于年代已在南北朝之后，本书从略。

## 思　考　题

1. 举例说明高句丽王陵的主要特征。
2. 归纳西域回字形佛寺的演变过程。
3. 总结交河故城的布局特征。

## 延伸阅读

林梅村：《丝绸之路考古十五讲》，北京大学出版社，2006 年。
陈晓露：《楼兰考古》，兰州大学出版社，2014 年。
林立：《西域古佛寺——新疆古代地面佛寺研究》，科学出版社，2018 年。
韦正：《将毋同——魏晋南北朝图像与历史》，上海古籍出版社，2019 年。

# 第九章　魏晋南北朝时期的中外文化交流

魏晋南北朝时期，中外文化交流日益深入，在一定程度上为后来隋唐多元、包容的文化格局奠定了基础。一般来说，所谓文化交流，总应是“你来我往”的双向交流。但是从考古发现看，魏晋南北朝时期中外文化交流主要表现为西方文化输入和中国文化东传两种形式。必须要说明的是，中国文化西去必然是存在的，但是贸易活动的主体丝绸较难保存至今；海东诸国亦有移民至中国境内，也在某种程度上带来本国文化，但从考古遗存中尚难准确甄别；整体上，这两种形式的文化交流还很难展开讨论。因此，本章的主要内容从西方文化传入中国，中国文化传入朝鲜半岛南部和日本列岛两大层次、三个方面展开。

## 第一节　西方文化东传的考古学资料

魏晋南北朝时期，西方文化传入我国的形式和内容丰富多样。就考古学资料而言，较为明确的外来文化遗存主要是发现于中国境内的西方珍品，以及保留祆教因素的粟特人墓葬。当然，佛教也属外来文化，对中国文化的影响更是深刻，详见本书第七章。

### 一、中国境内所见西来文物

魏晋南北朝时期传入中国境内的域外珍品，来源地从中亚延伸至地中海沿岸。这些西来珍品的种类，则主要包括金银器、贵金属货币、玻璃器，以及饰品、玛瑙雕刻、鹦鹉螺杯等杂器。

#### （一）金银器

总体来看，出土金银器可分为萨珊和东罗马两大系统，但器物具体产地还应包括粟特、巴克特里亚、嚈哒，甚至也有中国工匠制作的仿制品。金银器皿材质多为银质或鎏金银质，少见鎏金铜质；器类主要有盘、碗（盅）、壶、高足杯等，器形、纹饰与中国传统迥异。出土地点有新疆焉耆、宁夏固原、甘肃靖远、山西大同、河北赞皇、内蒙古土默特左旗、广东遂溪等。

宁夏固原北周李贤夫妇墓出有鎏金银壶1件（图9-1），长颈，鸭嘴状流，单把，高圈足座。壶把两端铸两个兽头与壶身相接，把上方面向壶口铸一深目高鼻戴帽的胡人头像。颈、腹相接处，腹、足相接处，以及足部下部等皆装饰凸起联珠纹带。腹部捶揲六个凸起人物图像，据考证与希腊神话帕里斯有关。关于该器物的来源，齐东方认为源自萨珊[①]，孙机认为是嚈哒制品[②]，吴焯考证是嚈哒占领时期由波斯工匠或罗马工匠所制作[③]。

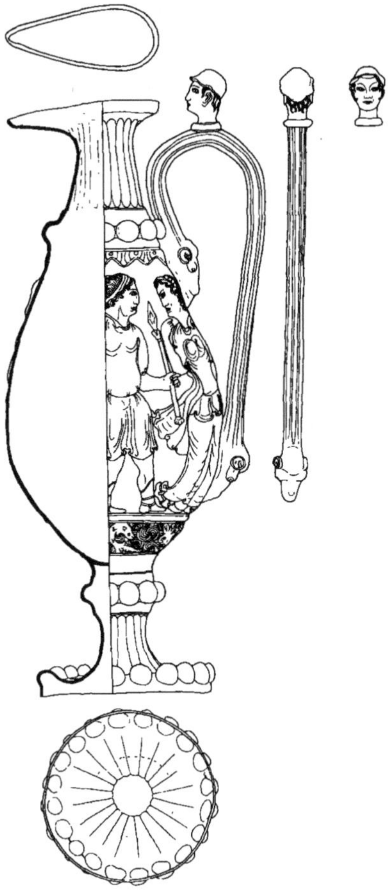

图9-1　宁夏固原北周李贤墓出土鎏金银壶

采自罗丰：《北周李贤墓出土的中亚风格鎏金银瓶——以巴克特里亚金属制品为中心》，《考古学报》2000年第3期，第312页图一

甘肃靖远出土鎏金银盘1件，足内盘底铭刻有大夏文，大意为“价值490斯塔特”。盘内纹样呈同心圆状分三层布局，最内一层宽约9.5厘米，为凸起圆形银片，银片上捶揲出罗马酒神巴科斯（相当于希腊神话的狄俄尼索斯）高浮雕图像；中间一层宽约2厘米，外侧饰花叶纹、联珠纹，内侧饰细密联珠纹，中间条带由柱形饰分隔成十二格，每一格各有一动物和奥林匹斯山十二神之一；最外层宽约8.6厘米，装饰繁缛，以勾联卷草葡萄纹为主，花叶下隐蔽有各类飞禽、走兽、昆虫。关于此件器物的产地和年代，学界存在多种观点。其中接受程度较高的观点认为其为4～6世纪的中亚地区产品。

山西大同地区出土资料相对较为丰富。大同南郊107号北魏墓出土鎏金刻划银碗1件，北魏封和突墓出土鎏金银盘1件，大同南郊北魏遗址发现鎏金铜器、银器5件。

封和突墓所出银盘，内沿有旋纹三道，盘中央有凸面人像，深目高鼻，卷发长髯，头戴冠，手握长柄武器；周围植物丛中有三头野猪，故整个画面可称为“狩猎图”[④]。此银盘属萨珊系统当无异议，但具体年代有争论；夏鼐考证其为5世纪萨珊皇家银盘[⑤]；

---

① 齐东方：《中国古代金银器皿与波斯萨珊王朝》，《伊朗学在中国论文集》，北京大学出版社，1993年。

② 孙机：《固原北魏漆棺画》，《中国圣火——中国古文物与东西文化交流中的若干问题》，辽宁教育出版社，1996年。

③ 吴焯：《北周李贤墓出土鎏金银壶考》，《文物》1987年第5期。

④ 大同市博物馆　马玉基：《大同市小站村花圪塔台北魏墓清理简报》，《文物》1983年第8期。

⑤ 夏鼐：《北魏封和突墓出土萨珊银盘考》，《文物》1983年第8期。

马雍认为此盘为萨珊巴赫拉姆一世在位期间（273～276年）所造，中央人像即为巴赫拉姆一世，后辗转经过龟兹或焉耆传入北魏[①]。

广东遂溪边湾村南朝窖藏出土银碗1件，口沿外侧刻有阿拉美文；共出的还有萨珊银币、银盒、银镯等器物，或均为舶来品[②]。遂溪窖藏是迄今发现出土金银器的唯一一处南方地点，所出域外遗物应是经由海路输入。

### （二）贵金属货币

中国境内出土西方贵金属货币主要有萨珊银币和东罗马金币两种。

#### 1. 萨珊银币

226年，萨珊王朝建立，国王阿尔达希尔一世始铸萨珊式银币。所铸货币样式抛弃安息王朝风格，标识着波斯文化的复兴。银币一般正面为国王像，背面为祆教祭坛，计量单位为“德拉克姆”。随着萨珊王朝的对外扩张，该形式银币成为广泛流通于中亚、西亚地区的“国际通货”，并有部分流入中国境内[③]。目前，中国境内出土萨珊银币总数1900枚以上。这些银币中，铸造、输入年代约略在南北朝时期的有500枚左右，其中以卑路斯银币数量最多。卑路斯在位期间，为对抗嚈哒而遣使北魏寻求帮助。卑路斯银币的大量输入，或与此背景有关。现对各地区萨珊银币出土情况进行如下介绍。

新疆地区，主要出土于高昌故城和阿斯塔那—哈拉和卓墓地。高昌故城高昌郡时期的3处窖藏中出土银币130多枚，可惜窖藏的具体位置不详。窖藏中银币的时代偏早，以4世纪末为主；表面多未有明显磨损，应是还未使用流通。高昌城西北的阿斯塔那—哈拉和卓墓地也出有近30枚萨珊银币，主要见于7世纪墓葬中。

青海、甘肃、宁夏地区，出土基本均为卑路斯银币，埋藏年代基本均为5世纪。具体情况如下：①青海西宁城隍庙街出土卑路斯银币76枚，埋藏年代约在5世纪末。②临夏固原出土卑路斯银币10余枚，多见于北魏、隋唐时期墓葬之中。③甘肃天水、临夏所见卑路斯银币，多缺失明确出土信息，但考虑其地理位置和铸造年代，这些银币输入当地的时间应在5、6世纪前后。

两京及周边地区，包括以今洛阳、西安为中心的陕西、河南、河北、山西、山东、内蒙古等地。这一地区所出主要是卑路斯王以后的银币，埋藏时代集中在隋唐时期，埋藏方式有墓葬、塔基、窖藏等。埋藏时代约属魏晋南北朝时期的有以下几例：①西咸新区摆旗寨西魏陆丑墓，出土卑路斯银币1枚[④]。②河北定州北魏塔基石函内发现伊

① 马雍：《北魏封和突墓及其出土的波斯银盘》，《文物》1983年第8期。
② 遂溪县博物馆：《广东遂溪县发现南朝窖藏金银器》，《考古》1986年第3期。
③ 夏鼐：《综述中国出土的波斯萨珊朝银币》，《考古学报》1974年第1期；孙莉：《萨珊银币在中国的分布及其功能》，《考古学报》2004年第1期。
④ 陕西省考古研究院：《陕西西咸新区摆旗寨西魏陆丑墓发掘简报》，《文物》2021年第11期。

斯提泽德二世、卑路斯银币 41 枚；石函铭文有“太和五年（481 年）”纪年，埋藏年代当据此年不远。③山东聊城市东阿县大秦村遗址灰坑 H2，出土卑路斯银币 3 枚。盛放于两个灰陶罐中，陶罐内还出有大泉五十、永安五铢等本土货币[①]。就本土、外来货币铸造年代看，萨珊银币的埋藏年代上限在北魏时期。

南京地区，目前仅在南京东八府塘国税大厦工地发现卑路斯银币 1 枚。同一层位共出的有银器、刘宋元嘉四铢、孝建四铢及萧梁五铢钱等，埋藏年代上限应在南朝萧梁时期。

广东地区，主要资料有：英德南齐墓出土卑路斯银币 3 枚，盛放在一涂朱木盒内；曲江南华寺墓出土卑路斯银币 1 枚，形制难辨残片 7 片，墓葬年代在 5 世纪末；遂溪南朝窖藏出土卑路斯银币 12 枚，另有沙普尔三世银币 3 枚、伊斯提泽德二世银币 5 枚，埋藏年代约在 5 世纪末。

从萨珊银币的出土情况看，其输入路径当有陆上丝绸之路和海上丝绸之路两条。经由陆上丝绸之路输入的萨珊银币，在 5 世纪之前主要是达到了新疆吐鲁番地区；5 世纪之后，萨珊银币的分布范围从吐鲁番延伸到天水、临夏、固原、西宁等地点，再向东扩散至西安、洛阳乃至定州、东阿。西宁为丝绸之路河南道重要节点，从兰州经西宁向西北可经祁连山达张掖，向西可经柴达木盆地至新疆。西宁城隍庙街大量萨珊银币的出土，正是这种地理位置的缩影。经由海上丝绸之路输入的萨珊银币，则主要达到广东的英德、曲江、遂溪等地；南京地区所发现的 1 枚萨珊银币，也应是由海路出入。

### 2. 东罗马金币

东罗马金币[②]，正面为皇帝像，背面为有翼女神或圣坛，早期计量单位为索里得。中国出土东罗马金币数量，不同时期，甚至同一时期不同学者的统计结果有较大出入，总体看应在 40 枚左右。

绝大多数东罗马金币出土于长江以北，主要地点有和田、陇西、都兰、固原、咸阳、西安、洛阳、商洛、定边、土默特左旗、武川、赞皇、磁县等。只有 1 枚发现于杭州[③]，但据发现者称极有可能由外地流入。东罗马金币的埋藏形式以墓葬为主，现未见窖藏和塔基等形式。北朝墓葬出土东罗马金币的具体情况如下。①青海都兰香日德镇吐谷浑墓，出土狄奥多西斯二世金币 1 枚[④]。②宁夏固原北周田弘墓，出土 5 枚，包括列奥一世金币 1 枚、查士丁一世金币 1 枚、查士丁一世与查士丁尼一世共治金币 2 枚、查士丁尼一世 1 枚。③西安地区材料较为丰富：西安康业墓出土查士丁一世金币 1

---

① 刘昕、李宝军：《山东东阿出土波斯萨珊朝银币及相关问题》，《中国钱币》2018 年第 5 期。

② 西方古币学界有所谓“拜占庭古币学”的概念，但其年代上限在公元 498 年，即阿纳斯塔修斯一世进行货币改革之始。与之略有不同，考虑我国出土材料实际情况，中国学者所称“东罗马金币”或者“拜占庭金币”事实上要包括 5 世纪初期铸造的部分货币。

③ 屠燕治：《东罗马立奥一世金币考释》，《中国钱币》1995 年第 1 期。

④ 刘宝山：《青海都兰出土拜占庭金币》，《中国文物报》2002 年 7 月 24 日第 001 版。

枚，发现于死者口中。西安北周史君墓出土金币 1 枚，系仿制品，一面模仿自狄奥多西斯二世金币，另一面很可能模仿自 5 世纪下半叶的东罗马金币[①]。西咸新区西魏陆丑墓出土金币 2 枚，1 枚为阿纳斯塔修斯一世金币，1 枚兼具阿纳斯塔修斯一世与查士丁尼一世两种金币版型特征，或为仿制品。西咸新区朱家寨北周墓出土金币 3 枚，1 枚为利奥一世金币，1 枚为差诺金币，另 1 枚为狄奥多西斯二世金币仿制品[②]。④洛阳涧西衡山路北魏墓，出土阿纳斯塔修斯一世金币 1 枚，"外轮经过修剪，可能作为墓主人的佩饰使用"[③]。⑤河北地区墓葬有三座：磁县闾叱地连墓出土阿纳斯塔修斯一世金币 1 枚、查士丁一世金币 1 枚；赞皇李希宗墓出土狄奥多西斯二世金币 1 枚、查士丁一世与查士丁尼一世共治金币 2 枚（图 9-2）；闾氏墓出土查士丁一世与查士丁尼一世共治金币 1 枚。

1　　2　　3

图 9-2　河北赞皇李希宗墓出土东罗马金币拓本

1. 狄奥多西斯二世金币　2、3. 查士丁一世和查士丁尼一世共治时期金币

采自中国社会科学院考古研究所：《中国考古学 · 三国两晋南北朝卷》，中国社会科学出版社，2018 年，第 603 页图 10-13

与萨珊银币相比较，东罗马金币出土点在大的地域范围上与之基本重合，因此可以推测二者有着相似的输入路线。此外，东罗马金币的流入或许与本国商人关系不大，更多的应是以波斯、粟特人为"中介"[④]。

### 3. 贵金属货币在中国的性质

包括萨珊银币、东罗马金币在内的贵金属货币，在中国境内的性质大致有三种：通货、葬仪品、珍宝。

传世文献中有关于西北地区使用"金银钱"的记载，萨珊银币、东罗马金币作为流通货币不会超出唐前期常见使用金银钱的区域，主要限于雍州、太原一线以西至新疆等地；其中东罗马金币尤甚，有明显的地域性货币特征，在其他地区则主要用作其他用途。随着唐代货币体系的建立，以及唐代后期中西交通陆路受阻，萨珊银币、东罗马金币在中国的使用逐渐趋于消亡[⑤]。

---

① 罗丰：《北周史君墓出土的拜占庭金币仿制品析》，《文物》2005 年第 3 期。

② 陕西省考古研究院、咸阳师范学院、顺陵文物管理所：《陕西西咸新区朱家寨北周墓发掘简报》，《文物》2021 年第 11 期。

③ 洛阳市文物考古研究院：《洛阳涧西衡山路北魏墓发掘简报》，《文物》2016 年第 7 期。

④ 罗丰：《中国境内发现的东罗马金币》，《新疆钱币 · 中国钱币学会丝绸之路货币研讨会专刊》2004 年第 3 期。

⑤ 王义康：《中国境内东罗马金币、波斯萨珊银币相关问题研究》，《中国历史文物》2006 年第 4 期。

有些贵金属货币的出土位置较为特殊，或握于墓主手中，或置于墓主口中，应是起到“口含”或“手握”作用的葬仪品。固原、西安等地作为葬仪品的贵金属货币，多见于入华粟特人墓葬，例如固原田弘墓、西安康业墓等；若将隋唐时期墓葬资料考虑在内，这一规律则更加明显。关于这种葬俗的来源，有学者认为是中原地区传统习俗，也有学者认为是受中亚地区习俗影响，很可能与祆教有关。

其余非通货，并且无明显葬俗含义的贵金属货币，可用“珍宝”一词来概括其性质。就出土情境看，大约有以下三种情况：其一是与其他珠玉宝石一同盛放于容器（盒或钵）内；其二，将货币进行修剪甚至穿孔，成为用于佩戴的饰品；其三，置于塔基、石函内，作为佛教信众供养之物。还有学者指出，定州塔基内发现的萨珊银币，是萨珊和嚈哒使者进献给北魏统治者的“贡物”。其实，作为“贡物”的贵金属货币，本质上还是一种“珍宝”，不过是其特殊表现形式而已。

### （三）玻璃器

安家瑶是研究我国早期（西汉—北宋）玻璃器最重要的学者之一，其论著将我国出土的早期玻璃器分为进口、国产两部分，其中进口玻璃器包括罗马、萨珊、伊斯兰三部分[①]（伊斯兰玻璃器年代较晚，本书不涉及）。近年来，以林梅村为代表的一批学者，总结了不同系统玻璃的化学成分：埃及、两河流域、帕提亚、萨珊王朝和阿拉伯帝国的玻璃为使用草木灰助溶剂的钙钠玻璃；中亚产品亦为草木灰玻璃，但氧化钾含量与萨珊—伊斯兰玻璃不同；罗马帝国时期，地中海地区泡碱（苏打）玻璃占据主导地位；以此为基础，进而判定过往认定的部分萨珊玻璃器实际上是产自中亚地区[②]。新识别出的中亚玻璃年代多在唐代，本书从略。

#### 1. 罗马玻璃

罗马玻璃，指公元前1～公元5世纪罗马帝国中的玻璃产品。自2～3世纪开始，罗马帝国普遍采用吹制法制作玻璃，生产数量骤增，玻璃透明度增加，装饰手法丰富。据安家瑶研究，中国境内魏晋南北朝遗存出土的罗马玻璃器主要有以下资料。

南京象山M7，位于琅琊王氏家族墓地内，墓主可能是东晋初年的王廙。该墓出有筒形磨花玻璃杯2件，玻璃无色透明略泛黄绿色，气泡较小；口外刻一周线纹及平整的花瓣；腹部刻椭圆形装饰七个，表面平滑；近底部为较瘦长的花瓣纹。这是目前学界公认的罗马玻璃器，有学者具体指出其产地在埃及亚历山大城或黑海北岸[③]。南京地

① 安家瑶：《中国的早期玻璃器皿》，《考古学报》1984年第4期。

② 林梅村：《唐武德二年罽宾国贡品考——兼论西安何家村唐代窖藏原为大明宫琼林库皇家宝藏》，《考古与文物》2017年第6期。

③ 林梅村：《南京象山7号墓出土西方舶来品考——兼论公元5世纪中国与东罗马帝国之间的丝绸之路》，《丝路文明》第二辑，上海古籍出版社，2017年。

区其他东晋、南朝墓葬也出土了一些玻璃器或玻璃残片，从形制、工艺、化学成分看，也为罗马玻璃。主要有石门坎六朝墓所出玻璃残片，南京北郊东晋墓所出玻璃残片，南京大学北园东晋墓所出玻璃杯 1 件。

河北景县封氏墓群封魔奴墓、祖氏墓各出有波纹玻璃碗 1 件。祖氏墓所出器形规整，内壁光滑，外壁有明显水平纹理，说明采用的是模吹成型工艺；封魔奴墓所出玻璃气泡较多，有虹彩现象，圈足及腹部的弦纹都是缠绕热玻璃条而成，采用的应是无模自由吹制成型工艺。韩国庆州瑞凤冢和皇南洞 98 号古坟也出有装饰相近的玻璃杯。中国、朝鲜半岛出土的此类玻璃器，可能都是来源自罗马时期的黑海北岸。

辽宁北票西官营子北燕冯素弗墓出有鸭形玻璃器、玻璃碗、玻璃杯、玻璃钵、残器座等。其中，鸭形器采用无模自由吹制成型工艺，造型复杂，在我国境内发现的仅此一例，在国外也较为少见。1～2 世纪的地中海地区流行鸟形玻璃器，与此件鸭形器在造型上有相似之处。其余几件玻璃器，都是无模吹制成型，采用了铁棒技术，口沿内卷成环状，这些都是罗马时期玻璃的工艺特征。

此外，新疆地区也出有一些罗马玻璃器。楼兰遗址 80LBC：180A 所出玻璃杯，属罗马玻璃，年代能早到魏晋时期，是年代偏早的资料；扎滚鲁克墓地 M49、营盘墓地 M9 都发现有磨花椭圆纹玻璃杯，出土单位的年代在 3～4 世纪[①]。总体上，新疆出有罗马玻璃的遗存年代，要稍早于内地。

**2. 萨珊玻璃**

萨珊玻璃，指萨珊王朝时期（226～651 年）伊朗高原生产的玻璃器。萨珊玻璃工艺是在罗马玻璃业影响下发展起来的，但又具有独特风格。造型上，萨珊玻璃器常见连续圆形类似“联珠纹”的装饰；工艺上，继承了罗马工艺的特点，发展了冷加工的磨琢工艺，器表形成一个个小凹透镜[②]。

中国境内魏晋南北朝遗存所见萨珊玻璃器，以碗和高足杯两种最为常见。此外，大同南郊七里村北魏 M20 所出玻璃扁瓶，咸阳北周王士良墓所出磨花玻璃盘，是这一时期较为少见的器形。

玻璃碗主要发现于西晋和北朝墓葬中，南京、广州地区的东晋墓葬中亦有所发现。器形以圜底最为常见，也有矮圈足者；器表装饰有磨花和凸起两类，磨花的纹样为长椭圆或圆形，凸起纹样有圆形、乳钉、花瓣或凸棱。

出有玻璃碗的西晋墓以鄂州 M4021（简报编号五里墩 M121）和北京华芳墓为代表。鄂州 M4021，出土玻璃器残片若干，可拼对出 1 件完整的磨花圜底碗和一件上腹部残片。完整的 1 件为 M4021：3，侈口，球形腹，圜底；透明度好，胎中有部分小气泡；腹部和圜底上均有圆形磨花装饰，自上至下共有四圈由圆形磨花组成的联珠纹

① 早期的发掘资料曾认定这些遗物为萨珊玻璃器，但新近研究多倾向认为是罗马玻璃器。

② 安家瑶：《玻璃器史话》，社会科学文献出版社，2011 年，第 79 页。

装饰，腹部的三圈磨花还由三组细凹弦纹相间隔①。安家瑶指出，该玻璃碗与伊朗高原吉兰州3～7世纪的产品相近，可确定为萨珊玻璃器。华芳墓，据发掘资料出土“料盘”1件；后经复原研究，确定“料盘”实际上磨花圜底碗，腹部有十个椭圆形乳钉装饰，应也是萨珊玻璃器。此外，新近公布材料的邳州煎药庙墓地西晋M1，出有和华芳墓形制接近的玻璃碗；腹中部有乳钉状凸起，下腹对应乳钉状凸起有竖向凸棱，圜底，底有七个乳钉状足②。

南京地区有几座东晋墓出土有萨珊玻璃碗。例如：仙鹤观高氏家族墓地M6，出有圜底玻璃碗1件，装饰磨花竖长椭圆形花纹。富贵山太平门六朝墓地M4，出有圜底玻璃碗1件，淡蓝色，下腹至底部有20条火焰状磨光花瓣形纹饰③。

出有玻璃碗的北朝墓主要发现于固原、伊和淖尔、大同等地。固原北周李贤墓出土玻璃碗1件（图9-3，2），器形为直口、矮圈足，与我国本土瓷碗形制有相似之处；外壁饰两周凸起的圆圈，上层八个、下层六个，上下错位排列。这件玻璃碗原料纯净，熔制水平较高，采用吹制成型和磨琢工艺制成。虽然造型和前述玻璃碗有一定区别，但从装饰和工艺看，属于萨珊玻璃。其他出土玻璃碗的墓葬多属北魏时期。内蒙古伊和淖尔墓群北魏M1，出有蓝玻璃碗1件，直口、弧腹、小圈足，器表无装饰④。大同张女坟北魏M107（图9-3，1），出有玻璃碗1件，淡绿色，半透明，口微侈，圆唇，宽沿，球形腹，圜底，腹外壁磨出四排向内凹的椭圆形纹饰，底部由六个相切的凹圆纹组成。

高足杯出土数量相对较少。山西太原北齐韩祖念墓，出土有典型的萨珊玻璃高足杯，直壁，深腹，壁上饰有五排内凹磨花圆形纹饰，上下排错位排列；腹下有喇叭形底足，高足中部有算盘珠式的凸节。

新疆地区一些遗址出有萨珊玻璃器残片，例如策勒县卡拉马克沁城、策勒县克希遗址、和田买里（力）克阿瓦提遗址等。遗址的年代上限可到4世纪，但下限多可延续至8世纪。

根据上述罗马、萨珊玻璃的地域分布特点，有学者总结汉晋时期罗马玻璃、萨珊玻璃主要由西北丝绸之路经由新疆进入中原，也有部分经由海上丝绸之路传入广东等地；南北朝至隋唐时期萨珊玻璃则主要由西北丝绸之路传入中国⑤。需要注意的是，南

---

① 南京大学历史系考古专业、湖北省文物考古研究所、鄂州市博物馆：《鄂城六朝墓》，科学出版社，2007年，第303～304页。

② 南京博物院、徐州博物馆、邳州市博物馆：《江苏邳州煎药庙西晋墓地M1发掘简报》，《东南文化》2018年第2期。

③ 邱晓勇：《浅析南京地区六朝墓葬出土玻璃器——兼论古代西域玻璃的输入与影响》，《致力于社会和谐的江苏博物馆事业——江苏省博物馆学会2012学术年会论文集》，文物出版社，2013年。

④ 马丽亚·艾海提、金诚实、静永杰：《内蒙古北魏墓出土萨珊玻璃器及其相关问题》，《文博》2017年第4期。

⑤ 员雅丽、冯钢：《北齐韩祖念墓出土玻璃杯考——兼论魏晋南北朝时期波斯玻璃器之东传》，《华夏考古》2020年第2期。

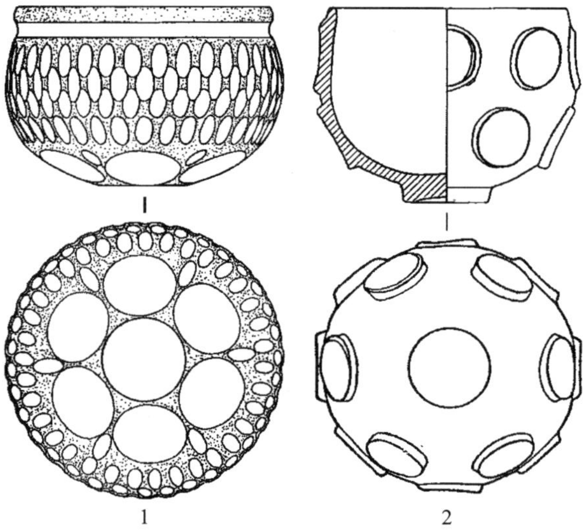

图 9-3 北朝墓出土玻璃碗

1. 大同南郊张女坟北魏 M107 出土 2. 固原北周李贤墓出土

采自中国社会科学院考古研究所：《中国考古学·三国两晋南北朝卷》，中国社会科学出版社，2018 年，第 599 页图 10-11

京地区东晋墓葬出土的玻璃器或许由海路传入，但晋室南迁携带而来的可能性也不能不考虑在内。

（四）杂器

器类以戒指、耳饰最为常见；一些无法辨明具体用途的饰品，不少应原附属于金冠之上。此外，还有玛瑙狮子雕饰、鹦鹉螺耳杯等。

南京象山 M7 出土金刚石戒指 1 枚，扁圆形，平素无花纹，上有方形斗状方孔；内嵌金刚石一粒，直径 1 毫米余，作八面体，锥体尖端向外。北朝墓葬出土戒指的数量远多于前代，主要见于洛阳市吉利区北魏 C9M315①、赞皇东魏李希宗墓、太原北齐徐显秀墓、固原北周李贤墓、西安北周史君墓等墓葬内。

耳饰有耳环、耳坠等，例如新疆营盘墓地 M22 出有银耳坠 1 件，大同恒安街北魏 11DHAM13 有金耳饰 1 对，西安北周史君墓出有金耳坠 1 枚。

疑似金冠上的饰品多散落分布于墓葬中，镶嵌多种质地装饰，例如：北齐娄睿墓出土金饰件，残长 15 厘米，上嵌珍珠、玛瑙、蓝宝石、绿宝石、玻璃、蚌等，组成华丽图案；固叱地连墓内出有水滴形金饰，花蔓间透雕莲花化生童子和伎乐天，镶嵌有琥珀、珍珠、玛瑙等。

其他反映中外交流的杂器还有：北齐库狄迴洛墓出土玛瑙狮形雕饰 1 件，紫黑色中间带一圈天然的白色弦纹；扁薄椭圆形，有宽边，一面中间阴刻一狮，昂首翘尾，

① 洛阳市文物工作队：《河南洛阳市吉利区两座北魏墓的发掘》，《考古》2011 年第 9 期。

作缓行状。江苏邳州煎药庙西晋墓地 M1 出土鹦鹉螺耳杯 2 件，回首鹦鹉形，鹦鹉螺体，螺口及螺体中间皆包铜片，铜片外鎏金。螺上半部镶有圆形铜泡表现鹦鹉两眼，外壁有黑色、红色相间彩绘装饰①。

## 二、中国境内的粟特人墓葬

粟特，位于阿姆河、锡尔河之间，约相当于今乌兹别克斯坦、塔吉克斯坦和吉尔吉斯斯坦等国范围。隋唐时期，又依据国名将这些来自粟特地区的人群统称为“昭武九姓胡”（曹、石、安、康、米、何、火寻、戊地、史）。3～8 世纪，善于经商的粟特人长期活跃于丝绸之路沿线，有一些进入中国境内生活定居，建立固定聚落。中国境内发现的大量入华粟特人墓葬，就是这种状态的反映。其余零星出土或非正式发掘的带有祆教图像的石葬具，也多和粟特人有关，或者至少说明所属墓主在文化上有“西化”的倾向。

### （一）长安周边北周粟特人墓葬

北朝粟特人墓葬主要集中分布于长安城附近，且年代均属北周，主要有天和六年（571 年）康业墓、大象元年（579 年）的同州萨保安伽墓和凉州萨保史君墓等。三座墓葬分布较为集中，所在位置约相当于北朝长安城的东郊。

康业墓，斜坡墓道土洞墓，由墓道、甬道和墓室构成②。甬道内有封门两道，第一道为砖封，第二道为石门。墓室平面方形，边长 3.3～3.4 米；近墓门处放置有墓志，记载墓主为粟特地区康国后裔，生前任“大天主”等职。墓室内紧靠北壁放置围屏石棺床 1 具，由围屏、床板和床腿构成。棺床上有人骨 1 具，口内含东罗马金币 1 枚，右手握有布泉铜钱 1 枚，腰部发现有腰带铜饰。甬道、墓室四壁有壁画，但脱落严重，基本仅能辨识红色界格。门楣线刻兽首、翼龙、火焰纹；两侧门框均线刻朱雀和守门武士，武士双手拄剑。围屏石棺床线刻图像丰富。围屏内侧磨光，线刻画面十幅，局部贴金，两侧及上部饰贴金柿蒂纹。

尽管在纪年上只比西安地区另外两座粟特墓葬早八年，康业墓围屏石棺床线刻图像表现出了很大的特殊性。其一，画像中所有人物、动物、景物均以流畅细密的阴线表现，而不是常见的富有立体感的浮雕，其技术更接近于洛阳北魏晚期葬具画像；其二，画像题材较为单一，不见其他几套葬具上狩猎、会盟、节庆、丧葬等复杂的题材，没有特别明显的与祆教信仰和习俗相关的内容③。此外，围屏上的十幅图像更像是将不

---

① 南京博物院、徐州博物馆、邳州市博物馆：《江苏邳州煎药庙西晋墓地发掘》，《考古学报》2019 年第 2 期。

② 西安市文物保护考古所：《西安北周康业墓发掘简报》，《文物》2008 年第 6 期。

③ 郑岩：《北周康业墓石榻画像札记》，《文物》2008 年第 11 期。

同类型的画稿生硬拼合在一起，各组画像之间缺乏明显的逻辑关系[①]。

安伽墓，长斜坡墓道多天井单室砖墓，由墓道、天井、过洞、甬道、墓室等结构组成[②]。墓道内天井共 5 个，现仅存第 3 天井底部和第 4、5 天井，天井壁面绘有壁画，脱落严重，可辨识部分以拄剑武士为主。甬道有两道砖封门、一道石门。甬道石门以里处放置墓志一盒，墓志北侧和东侧放置遗骨和铜带具，遗骨基本完整但摆放凌乱。甬道内显经火烧而局部焦黑，墓志、人骨、地面铺砖也都有黑色烟炱。墓室为方形，穹隆顶，四壁略外弧。四壁涂有白灰面，但多焦黑脱落，墓室内似也经历过火烧。墓室中部偏北放置围屏石棺床 1 具，却不见明显烟熏痕迹。该墓石门、石棺床都装饰有精美图案。石门门额有减地浅浮雕贴金彩绘图案，表现祆教祭祀场面，分为以纵中心线轴对称的四组。中间一组为火坛，有骆驼座、火焰、莲花等图像；火焰左右各有一乐神，骆驼座两侧各有一人身鹰足祭司，戴口罩、双手握神杖；火坛两侧有供案，案上放置瓶、叵罗、盘、罐等。门额左、右下方各有一面向火坛的跽坐胡人，面前摆放熏炉。门楣正中刻兽头，两侧线刻对称的缠枝葡萄纹并以贴金连弧形绶带作兽须（图 9-4）。

图 9-4　安伽墓石门及甬道口壁画
采自陕西省考古研究所：《西安北周安伽墓》，文物出版社，2003 年，图版八

围屏石棺床由屏风、床板、床腿等结构组成。整个围屏石棺床共刻绘 56 幅图案：3 块石屏风向内一面刻 12 幅图案，床板正面及左、右两侧边沿刻 33 幅图案，7 个床腿向外的 11 面各刻 1 幅图案。

与康业墓不同，安伽墓所见线刻图像体现出了与墓主族属、宗教信仰的关联性。石棺床线刻男性人物以剪发、圆领长袍的粟特人和披发、翻领长袍的突厥人两类为主，有一些画面表现的是墓主代表北周政权和突厥贵族进行交往的场景。石门门额画面祆教色彩浓厚，火坛占据中心位置，整个祭祀活动围绕火坛展开。此外，围屏刻绘图像配置展示出了明确的中轴对称特征，即以正面第 3、4 幅图像为中心，其余图案基本以这两幅图案之间画框为轴对称布局。中心头戴虚帽者或为墓主，因此这些图像表现了

① 郑岩：《逝者的“面具”——再论北周康业墓石棺床画像》，《古代墓葬美术》第一辑，文物出版社，2011 年，第 219～224 页。

② 陕西省考古研究所：《西安北周安伽墓》，文物出版社，2003 年。

墓主作为同州萨保日常的宴饮、狩猎、会客、出访等生活场景①。

史君墓，长斜坡墓道单室土洞墓，由墓道、过洞、天井、甬道、墓室等结构组成。天井共有 5 个，各天井北侧下部东西两壁原绘有壁画，但多脱落严重。甬道有砖封门、石门各一道。墓室平面近方形，复原应为穹隆顶，边长 3.5～3.7 米。墓室中部偏北处发现石堂 1 座，建筑结构为歇山顶殿堂式。出土器物有金戒指、金耳坠、东罗马金币、鎏金铜带扣、陶灯盏等，多已位移，混杂于石堂内的填土之中。史君墓浮雕、彩绘图像主要发现于石门、石堂四壁及基座上。石门门楣、门框浮雕四臂神、飞天、守护神，施以彩绘贴金；门扉上彩绘飞天和莲花纹，局部贴金。石堂外壁有 16 幅浮雕彩绘图像。

史君墓的诸多要素，展现出了"胡汉结合"的特征。其墓葬形制为长斜坡墓道多天井单室土洞墓，这和已发掘的北周大中型墓葬基本相同；但是，墓内并未随葬其他北周墓葬常见的大量陶俑，只是出土金戒指、金耳坠、金币和鎏金铜带扣，这和前述康业墓、安伽墓较为相似，或是入华粟特人的统一葬俗。墓内出土的石堂，形制上与中原北方地区常见的房形石椁相似；但装饰图像则是以粟特文化、祆教信仰为主题，尤其是南壁雕刻内容，与粟特地区发现的"盛骨瓮"图像极为相似。可以说，史君墓的埋葬制度和丧葬图像，是不同文化习俗混合后的产物，充分体现了中外文化融合的特色。

可供参考对照的是，西安还曾发现过一座北周保定四年（564 年）婆罗门后裔李诞墓，该墓与前述三座粟特人墓葬相距不远，可视为位于同一区域范围内；其葬制、葬俗也和前述粟特人墓葬有很大相似性。更为重要的是，墓室中部发现有石棺 1 具，石棺线刻图像表现出的文化因素复杂性较史君墓更甚，其图像内容既有中国传统的四神、伏羲女娲、星宿及云气、忍冬纹等，也有如守护神、龛楣式门额、覆莲座、火坛、摩尼宝珠、火焰纹等佛教文化因素②。综合这些墓葬资料可以看出，北朝后期是包括粟特人、婆罗门人等入华胡人自身丧葬习俗与中国传统整合调试的关键阶段。

### （二）统万城周边粟特人墓葬

统万城位于今陕西省靖边县，是十六国时期大夏国国都。北魏始光四年（427 年）平大夏，改设统万镇；太和十一年（487 年），改置夏州。北朝时期的统万城，既是西北军事重镇，又是中西文化交流汇聚之地。统万城周边分布的北魏、北周粟特人墓葬，正是这种文化状态的反映。

统万城东南方向约 3.7 千米处，发现有八大梁墓地。八大梁墓地 M1，斜坡墓道单

---

① 荣新江：《有关北周同州萨保安伽墓的几个问题》，《4～6 世纪的北中国与欧亚大陆》，科学出版社，2006 年。
② 程林泉：《西安北周李诞墓的考古发现与研究》，《西部考古》第一辑，三秦出版社，2006 年。

室土洞墓，由墓道、封门、甬道、墓室等结构组成[①]。甬道入口两侧于生土上雕刻柱式尖拱形仿石窟窟门；门楣两侧绘火焰纹，两侧稍低壁面绘飞天；拱门上部区域壁画多残损严重，大致可辨朱雀、忍冬卷草等图像。墓室为歇山顶梁柱结构，平面长方形，长 2.98、宽 2.76、高 1.4～1.88 米。四壁于檐檩、立柱和底部的红色界框范围内以黑彩线绘为主满绘壁画，但仅存局部。东壁南、北两侧分别绘制一尊立于覆莲座上的力士，力士两侧绘莲花、莲叶。北壁壁画复杂，东、西两端绘山林、动物，东端山林内侧绘门吏；门吏至西端山林之间主要表现胡僧礼拜舍利塔场景，舍利塔两侧上部为二飞天，塔下有六名站立僧人，西侧有一跪姿粟特装扮胡人，头戴虚帽，穿圆领窄袖袍服。西壁壁画以中部檐柱为中心，檐柱北部北侧绘山林、动物，北部南侧绘一跪于绳床上的僧人与一立姿僧人；檐柱南部两侧为山林，中间为一较大高台建筑。南壁以山林图为背景，绘有跪姿僧人、大角山羊、引导人、手持环首仪刀的门吏。八大梁墓地 M1 的年代为北魏晚期至西魏，墓室北壁西侧粟特装扮胡人应为墓主形象，再结合西壁、南壁出现的胡人僧人形象（一年轻一年长）推测，墓室壁画内容可能表现的是墓主人生前信仰佛教的经历。

在统万城遗址的东侧，还分布有北周时期粟特人翟曹明的墓葬。由于盗掘严重，该墓出土遗物所知仅有石门、石座、墓志等。石门由门楣、门框、门扉、门槛、狮形门砧组成。尽管墓葬信息已极不完整，但翟曹明墓的装饰图像与前述长安周边几座粟特人墓葬一样，展示出了“胡汉融合”的时代特征。

### （三）粟特风格石葬具

除长安、统万周边的粟特人墓葬外，中国境内还发现有一些粟特风格石葬具。这些葬具的主人当为入华粟特人，但也不排除有些是文化上“胡化”的汉人、鲜卑人的可能性。石葬具包括围屏石棺床（与康业墓、安伽墓所出近似）、附双阙石棺床和房屋形石椁（与史君墓石堂近似）等三种类型，可举出以下例子。

天水石马坪发现有竖井单室砖墓一座，墓内出有围屏石棺床[②]。发掘资料认为该墓属隋唐时期，但学界普遍认为其年代或能早到北朝时期。墓室后侧中部出土围屏石棺床 1 具，由大小不等的 17 块画像石和 9 块素面石条组成床座、床板和屏风。石马坪石棺床和安伽墓石棺床形制接近，装饰图像中的桥梁、房屋、射猎、主宾交谈等内容也和后者有共通之处。此外，石棺床雕刻有胡人奏乐，又据姜伯勤研究围屏酿酒图刻画的是祆教雩祭“酒如绳”的场景[③]，这些都是和粟特文化关系较为密切的因素。

青州傅家庄北齐墓，据当地村民称墓内墓志上有武平四年（573 年）纪年。该墓

① 陕西省考古研究院、榆林市文物保护研究所、榆林市考古勘探工作队、靖边县文物管理办公室、靖边县统万城文物管理所：《陕西靖边县统万城周边北朝仿木结构壁画墓发掘简报》，《考古与文物》2013 年第 3 期。

② 天水市博物馆：《天水市发现隋唐屏风石棺床墓》，《考古》1992 年第 1 期。

③ 姜伯勤：《天水隋石屏风墓胡人“酒如绳”祆祭画像石图像研究》，《敦煌研究》2003 年第 1 期。

仅存的遗物是 9 件装饰线刻图像的石板，图像内容包括商旅驼运图、商谈图、饮食图、主仆交谈图、象戏图、车舆图、出行图、轿乘图等。由于墓室未经科学发掘，这些画像石的准确用途已无法获知。郑岩倾向于这些画像石是殿堂式石棺或石椁的构件，可围成半封闭的三维空间①。石板上线刻图像的题材和构图样式都充满异域色彩，但所表现的墓主人非胡人样貌，所着亦为汉式衣冠，有学者据此认为墓主为汉人或鲜卑人。

还有一些确定是中国境内出土，但已流散海外的粟特风格石葬具，包括安阳北齐石棺床、日本滋贺县 Miho 博物馆藏品和法国吉美博物馆藏品等。Miho 博物馆、吉美博物馆藏品，虽有汉式传统的出行仪仗、宴饮等题材，但却多以与祆教有关的祭祀场景和多种神祇为主体，墓主当是入华粟特人。此外，二石棺图像还包含有汉、粟特之外的文化因素。例如：Miho 博物馆藏石棺有粟特人、突厥人共同参加割耳剺面丧礼或会盟的场景，这反映粟特人或许部分接受了突厥部族的习俗。吉美博物馆藏石棺，围屏图像中有从海水中涌出的四臂神和一手持碗、乘坐大象的人物，前者或为印度太阳神日天，后者又与希腊神话酒神的样貌颇为相似；石棺底座图像中的祭司并未佩戴白色口罩，所祭拜的并非火坛而是印度化的希腊祭祀香炉②；整体上，石棺图像受到了印度文化和希腊文化之综合影响。

## 第二节　中国文化传入朝鲜半岛南部的考古学资料

魏晋南北朝时期，朝鲜半岛南部存在有百济、新罗、加耶三个政权。百济，地处朝鲜半岛西南部，初都慰礼，后依次以汉城、熊津、泗沘为都。新罗，位于朝鲜半岛东南部，都城在今韩国庆尚北道庆州市。加耶，是以联盟形式存在的政权，占据百济、新罗之间的南部沿海地区。从文献记载看，上述三者中数百济与中国尤其是东晋、南朝政权的政治交往最为频繁，文化交流程度最为深入；新罗与中国交流的记载则相对较少，加耶与中国交流的情况几乎未见。考古资料反映出的情况也大致如此，但也能在一定程度上弥补史料的不足。能够反映中国与朝鲜半岛文化交流的考古遗存主要有墓葬、佛寺，以及陶瓷、铜镜、马具、兵器等文化遗物。

### 一、墓葬

百济地区的墓葬形制有积石墓、土圹墓、石室墓、砖室墓、瓮棺墓、火葬墓等多种类型。其中，砖室墓是与中国文化最为密切的葬制，集中发现于宋山里墓群。宋山里墓群位于公州市西北宋山里丘陵地带，共发现有 29 座墓葬，墓主当为百济定都熊津

---

① 郑岩：《青州北齐画像石与入华粟特人美术——虞弘墓等考古新发现的启示》，《山东青州傅家庄北齐线刻画像石》，齐鲁书社，2014 年。

② 德凯琳、黎北岚著，施纯琳译：《巴黎吉美博物馆展围屏石榻上刻绘的宴饮和宗教题材》，《4～6 世纪的北中国与欧亚大陆》，科学出版社，2006 年。

时期的国王、王族。目前已经发掘的有 7 座，包括本书所要重点介绍的武宁王陵和宋山里 6 号墓。

武宁王陵，南北向砖室墓，由排水沟、墓道、甬道和墓室等结构构成（图 9-5）。墓道斜坡式，长 9.3 米。墓砖有素面、钱纹、菱形纹和莲花形纹等几种，部分表面有“士壬辰年作”铭文。墓室东、西、北壁共有 5 组火焰形灯龛和直棂假窗组合，每个灯龛内各放置青瓷灯盏 1 件。墓室后部有两层砖平铺而成直抵后壁的棺床，棺床上置有木棺两具。该墓出土器物在空间上“由内向外”分为以下三组。一是出自墓内棺床上的各种质地饰件带具、铜镜、金银装刀子、单环龙头大刀、兽形饰品、童子形佩件等；二是出自墓室前部、和甬道近封门处的铜碗、铜盏、铜钵、铜托银盏、铜箸、长颈四耳盘口壶、青釉绿耳短颈壶、白瓷小碗等；三是出自甬道中的独角形“镇墓兽”和墓志、铜钱等。墓志 2 件，方形石质；其一为武宁王墓志，记“宁东大将军百济斯 / 麻王年六十二岁癸 / 卯年五月丙戌朔七 / 日壬辰崩到乙巳年八月 / 癸酉朔十二日甲申安厝 / 登冠大墓立志如左”；另一为王妃墓志，背面刻有买地券相关文字。据墓志可知，该墓为武宁王和王妃的合葬墓，二者分别葬于 525 年和 529 年。

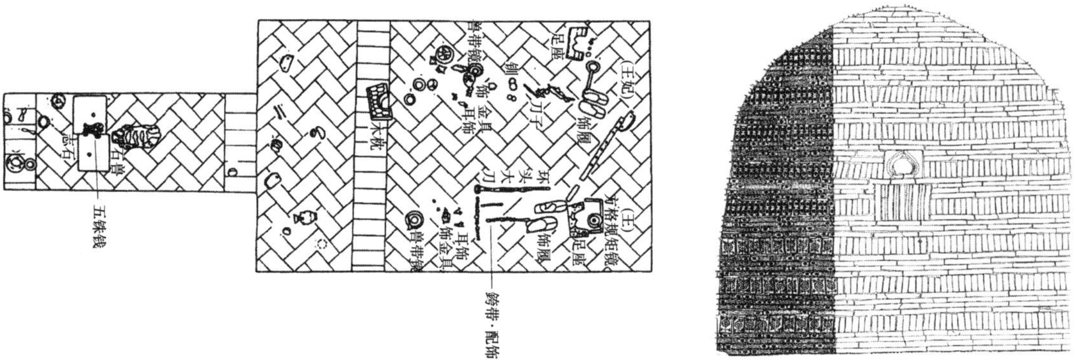


图 9-5　百济武宁王陵平面及后壁示意图

采自吴桂兵：《5 至 6 世纪古代中国墓葬因素的地区互动与百济武宁王陵》,《中国考古学会第十四次年会论文集》，文物出版社，2012 年，第 406 页图一

武宁王陵的墓葬形制与结构，对中国南朝葬制的接纳程度极高。该墓的诸多特征都与建康地区的东晋、南朝墓葬非常相似，可以视为典型的“建康模式”①。不过应当注意的是，将武宁王陵与时代相近的萧梁大中型墓葬进行对比，前者还是具有一些较为明显的个性。例如：四壁较平直，而非萧梁墓葬的外弧形状；甬道内设有一道木门，而非萧梁墓中常见的石门；墓室内棺床直接铺抵后壁，而非萧梁墓葬的仅位于中部。这些细节构造的个性，当沿袭自早期的百济墓葬，更早的源头应该到高句丽石室墓甚至乐浪、带方的砖室墓中寻找，因此这是一座“南朝化的百济墓葬”②。

① 王志高：《百济武宁王陵形制结构的考察》,《东亚考古论坛》(创刊号),(韩国) 忠清文化财研究院，2005 年。

② 赵俊杰：《再论百济武宁王陵形制与构造的若干问题》,《边疆考古研究》第 7 辑，科学出版社，2008 年。

随葬品的文化因素来源较为复杂[①]。总体上，武宁王陵包含祭奠、镇墓、墓志及装殓类器物等，但缺少南朝墓葬常见的仓厨明器、俑、车马出行等组合。祭奠类器物方面，有来自中国南方地区的四耳盘口壶，但未见南朝墓葬以凭几为中心的器物组合。镇墓器物方面，虽随葬有镇墓兽，但其形制与南朝墓葬中的陶、石犀牛形镇墓兽有很大差异。棺床上的装殓类器物，体现了百济文化和南朝文化的交流融合。金银装刀子、单环龙头大刀等，均具有典型的百济风格；兽形饰品、童子形佩件、铜镜的文化因素来自中国，但产地情况或并不单一。兽形饰品见于中国东汉、六朝墓葬，空间上散布于南、北方多地，故难以确定其具体产地。出土铜镜有“七乳兽带纹镜”，杨泓认为是由南朝输入的“七子镜”。

宋山里 6 号墓位于武宁王陵西南侧，当同属于一个独立墓区。墓葬形制为平面呈凸字形的单室砖墓，由封门墙、挡土墙、甬道、墓室等结构组成（图 9-6）。甬道分前、后两段，据此推测原应有木门一道。墓室平面长方形，侧壁和后壁平直略外弧。墓室东侧有一长方形砖砌棺座，由三层纵平砖砌筑而成。墓室侧壁和后壁共设置 7 组直棂假窗和火焰形灯龛，两侧壁各 3 组、后壁中央 1 组。所使用的墓砖有长方形、楔形、刀形三类，侧面和端面模印有莲花、菱形、四出钱纹、对角线等花纹。还有一些墓砖的端面模印有文字，如“急使”“中方”“使大”等，封门墙中发现的唯一一块模印莲花纹的楔形砖的侧面刻划有一行草书铭文“梁官瓦为师矣”。墓室四壁装饰有大型“四神”壁画。宋山里 6 号墓的年代也在南朝中晚期，与武宁王陵一样，该墓与建康地区同时代墓葬相比具有较多的共性，也具有一些个性，例如：甬道分前后两段，甬道内设置木门，墓壁较直，前后壁垂直上砌接顶等。这些个性又都和建康地区刘宋墓葬有相似之处。可以说，宋山里 6 号墓的形制承袭了建康地区南朝不同时段的葬制，背后或许代表了不同技术传统的工匠[②]。关于宋山里 6 号墓四神壁画墓的来源问题，学界有“高句丽说”和“南朝说”两种观点，目前学界支持“南朝说”的学者较多。不过，建康地区尚未发现以“四神”为绝对主题的南朝墓葬。

朝鲜半岛南部其余受中国文化影响的墓葬还有以下墓例：百济地区的石洞村古墓群、法泉里古墓群；新罗地区的皇南洞 155 号墓（天马冢）、98 号墓（皇南大冢），路西洞 140 号墓（壶杅冢），路西洞 129 号墓（瑞凤冢）；加耶地区的福泉洞古墓群、大成洞古墓群等。这些墓葬虽然基本未见使用砖室墓形制者，但墓内出土不少来自中国的遗物，包括陶瓷器、马具、兵器等。

---

① 可参考吴桂兵：《5 至 6 世纪古代中国墓葬因素的地区互动与百济武宁王陵》，《中国考古学会第十四次年会论文集》，文物出版社，2012 年。

② 王志高：《韩国公州宋山里 6 号坟几个问题的探讨》，《东南文化》2008 年第 4 期。

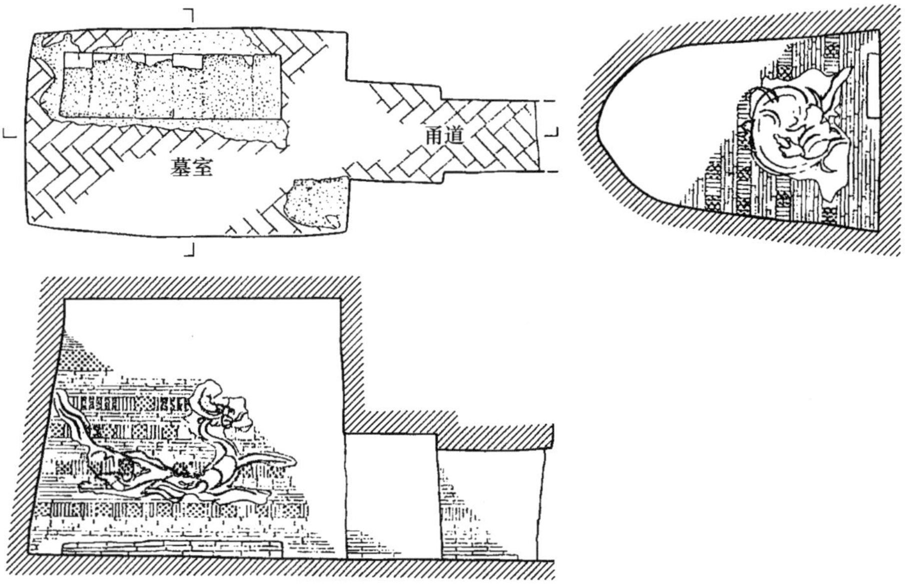


图 9-6 百济宋山里 6 号墓平、剖面图
采自中国社会科学院考古研究所:《中国考古学・三国两晋南北朝卷》, 中国社会科学出版社, 2018 年, 第 619 页图 10-19

## 二、佛寺遗址

朝鲜半岛南部的佛寺，在布局形式与建筑形制方面的很多特征，可以确定是直接承袭自中国南朝佛寺；还有一些内容则在中国南朝、北朝皆能见到，因此不能直接确切其来源，但也大致可以确定其效仿的“祖型”为中国境内寺院[①]。

384 年佛教已经正式传入百济，但目前发现的百济佛寺遗址均为 538 年迁都泗沘之后所营建。日本殖民时期（1910～1945 年），不少佛寺遗址经历了挖宝式的发掘；1945 年之后，正式的发掘调查工作得以开展。目前积累资料较为丰富，约建于中国南北朝时期的佛寺遗址主要有定林寺、陵山里寺、军守里寺、王兴寺等。

定林寺遗址，位于扶余东南里，时代约为 6 世纪中期。平面呈纵长方形，东西 62、南北 120 米。沿南北中轴依次分布着南门、中门、塔、佛殿和讲堂，四周环绕回廊。南门两侧各有一水池；中门面阔三间，进深一间；塔位于寺院中心，现存形制为五级石塔；塔后依次有佛殿、讲堂；回廊围合中门和讲堂之间的主体建筑，形成封闭式院落。

陵山里寺遗址，位于扶余城区东南约 4 千米处。其布局形式和定林寺遗址类似，不同之处是外围回廊上还发现对称分布的工房一类的附属建筑。陵山里寺不同建筑的

---

① 〔韩〕梁银景:《百济佛教寺院遗址的相关问题研究》,《考古学报》2014 年第 2 期;〔韩〕梁银景:《陵寺在高句丽、百济陵寝制度中的性质与特征——以与中国南北朝陵寺的比较为中心》,《古代墓葬美术研究》第三辑，湖南美术出版社，2015 年；何利群:《东亚地区早期佛教寺院布局及演变》,《考古学报》2023 年第 2 期。

修建年代略有不同。从木塔址中心础石下出土“昌王十三年（567 年）”铭石造舍利龛判断，木塔和佛殿、中门、回廊建于 567 年；讲堂与回廊位置的附属建筑，是建筑年代稍早的初期建筑群。陵山里寺与其东侧的百济泗沘时期王陵陵山里古墓群有密切关系，并且存在动态发展的过程。前述稍早修建的初期建筑群，起初是陵山里古墓群中年代最早的圣王陵——中下冢的祠庙或祠堂；至 567 年，寺院核心建筑修成，初期建筑转变为讲堂、工房等，此时陵山里寺也正式成为承担祭祀功能的“陵寺”。

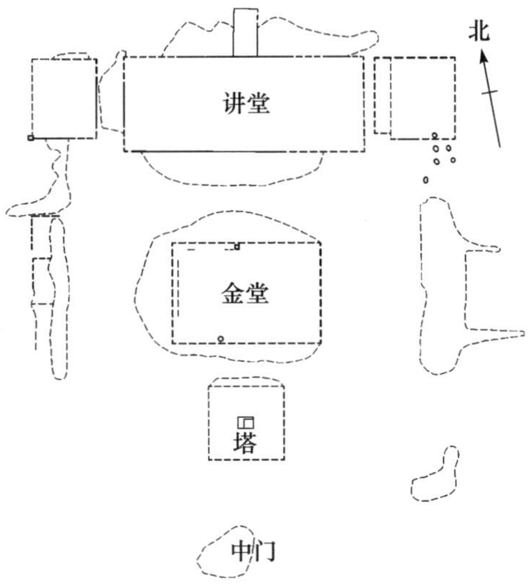

图 9-7　百济军守里寺址平面图
采自何利群：《东亚地区早期佛教寺院布局及演变》，《考古学报》2023 年第 2 期，第 199 页图一〇

军守里寺遗址（图 9-7），位于扶余白马江附近丘陵上，时代为 6 世纪中期。1935～1936 年，日本人石田茂作、关根龙雄、斋藤忠等对该遗址进行了发掘，确定了一些建筑基址的位置。2005～2006 年，国立扶余文化财研究所进行了两次主动发掘，确认了其布局和定林寺遗址相似，均为沿南北中轴线依次分布中门、木塔、佛殿和讲堂，外围也有类似回廊的建筑遗迹；讲堂两侧的方形建筑基址则有可能是经楼和钟楼。

王兴寺遗址，位于扶余白马江畔，因 1934 年出土有“王兴”铭文瓦而被推测为“王兴寺址”。2004 年，发掘确认寺院中轴线上有中门、木塔、佛殿、讲堂，东西两侧有回廊和附属建筑。2007 年，发掘清理寺院南侧中部御道和东西两侧道路，并在木塔于中心础石南侧中部的舍利宫内发现舍利器。据舍利器铭文可知，该寺院为 577 年威德王所建。

新罗地区还有发现有皇龙寺遗址，寺院始建于 553 年，于 574 年、754 年、1095 年经历了三次重修。始建时的皇龙寺，由并列的三个院落组成；中院为主院，布局与前述几座百济寺院接近。第一次改建后三院合为一院，保留了主院的“中门—木塔—佛殿—讲堂”中轴线，但在原佛殿东、西两侧各增加佛殿一座，构成一塔三佛殿的布局形式。

上述朝鲜半岛南部寺院和中国寺院的关系，大致可从以下几个方面进行总结。

第一，寺院和都城的关系。百济泗沘时期佛寺多分布在都城内或都城周边，有些地处交通要冲，似还承担都城守备之职能；北魏洛阳城、南朝建康城的佛寺与都城也存在类似关系，中国境内这种寺、城关系的形成时间显然要更早。

第二，寺院和陵寝的关系。北魏永固陵思远佛寺，萧梁建陵之皇基寺，高句丽传东明王陵和真坡里墓群的定陵寺，以及百济陵山里墓群的陵山里寺，都具有陵寺的职能。从政治交往和文化交流的整体状况看，高句丽陵寺受北魏思远佛寺的直接影响，百济陵寺则应是受萧梁皇基寺的影响。

第三，寺院布局形式。百济、新罗寺院的布局以“前塔后殿”式为主体，而从考古发现的永固陵思远佛寺、龙城思燕佛寺、洛阳永宁寺及隋大兴城灵感寺等资料看，以塔为中心、“前塔后殿”的布局一直是中国早期寺院的主流，并延续到7世纪初的隋代[①]。这一时期百济佛寺平面多呈纵长方形，佛殿之后往往设置有讲堂，这些特征又和文献记载的南朝寺院布局非常相似[②]。

此外，在建筑形制方面，百济寺院木塔的形制与文献所记南朝木塔相似，但目前还缺乏明确的考古证据；陵山里佛寺周围的排水沟在北魏永宁寺、北齐赵彭城佛寺、南朝梁代的同泰寺址也有发现，或兼具美化和防御的双重功能。

## 三、文化遗物

朝鲜半岛南部所发现与中国文化密切相关的文化遗物，主要有陶瓷器、马具、兵器、铜器等。

### （一）陶瓷器

据赵胤宰统计，百济故地及其势力所及处出土中国陶瓷器已在100件以上，时代上贯穿汉城、熊津和泗沘三个阶段[③]。

#### 1. 汉城时代（公元前18～公元475年）

出土中国陶瓷器的地点有梦村土城、石村洞古墓群、风纳土城、开城（朝鲜）、清州、洪城神衿城、花城里古墓群、龙院里古墓群、水村里古墓群等。其中，梦村土城、风纳土城、洪城神衿城等地点，出土有中国西晋时期的钱纹釉陶器，器表多施黑釉，器形多为大口罐。文献所记百济与中国的政治交往始于东晋咸安二年（372年），出土遗物反映二者的文化交流开始得更早。除钱纹釉釉陶外，上述地点还出土青瓷器、黑釉瓷器，器类有鸡首壶、盘口壶、四系罐、虎子、羊等几种，就器形看年代多数应为东晋至南朝早期。具体产地方面，可确定至少有越窑、德清窑和洪州窑。例如开城附近出土青瓷虎子1件，为早期越窑的典型器；公州水村里古墓群四号石室墓出土有瓷器2件，经权奎山鉴定，黑釉鸡首壶产自德清窑，青瓷四系罐产自洪州窑。除百济外，新罗故地也出土有中国瓷器。例如大型墓葬庆州98号北坟出有小型黑褐釉盘口壶1件，属德清窑东晋时期产品。

---

① 宿白：《东汉魏晋南北朝佛寺布局初探》，《庆祝邓广铭教授九十华诞论文集》，河北教育出版社，1997年；《隋代佛寺布局》，《考古与文物》1997年第2期。

② 李裕群：《5～8世纪百济、新罗佛寺的形制及其渊源———兼论中韩佛教寺院的关系》，《犍陀罗与中国》，文物出版社，2019年。

③ 〔韩〕赵胤宰：《略论韩国百济故地出土的中国陶瓷》，《故宫博物院院刊》2006年第2期。

### 2. 熊津时代（475～538 年）

在当时政治中心熊津及其周边地区，出土有不少中国瓷器，其中尤以前述武宁王陵所出最具代表性，但是在产地问题上存在不少争议。武宁王陵出土青瓷六耳罐 2 件、黑釉盘口壶 1 件、瓷盏 6 件（图 9-8）。青瓷六耳罐当为早期越窑产品，烧造年代在萧梁时期。黑釉盘口壶很可能是德清窑产品，但从制作工艺上看，也不排除其为到达百济的中国工匠按王室要求烧造的可能性。关于出土瓷盏，发掘报告介绍其为青釉，后有学者提出这几件瓷器实际是白瓷。这一观点引发了学界不少讨论，原因在于如果这些瓷器为白瓷，那么就要比中国境内几例北齐白瓷的年代还要早，故此说关系到中国白瓷出现时间、地点等重要问题，尚需进一步研究确定。

1　　2　　3

图 9-8　武宁王陵出土瓷器

1. 青瓷莲瓣纹六耳盖罐　2. 黑瓷盘口壶　3. 青瓷莲瓣纹六耳罐

采自〔韩〕赵胤宰:《略论韩国百济故地出土的中国陶瓷》,《故宫博物院院刊》2006 年第 2 期，第 96 页图九

### 3. 泗沘时代（538～660 年）

出土中国陶瓷器的地点有扶余扶苏山城、扶余东南里寺址、益山笠店里古墓群、益山王宫里遗址、扶安竹幕洞遗址等。扶余扶苏山城内的居址、仓库和寺庙遗址，出有大量中国陶瓷，主要有黑釉、白釉、青釉等不同种类。其中青瓷器多为砚，是仅在扶余地区大量出土的器物，汉城、公州等地出土数量极少。益山笠店里古墓群是百济王族墓区，九号石室墓出有青瓷四耳罐，应是中国南朝偏早阶段的器物。益山王宫里遗址出土少量中国瓷片，其中的青瓷莲花尊瓷片与中国北朝同类器造型相似，这与百济威德王时期与北朝交好的时代背景相符。扶安竹幕洞遗址是一处祭祀遗址，年代在 3 世纪后半期至 7 世纪初。遗址出土有中国、百济、日本三地的陶瓷器，但几乎都被有意打碎后铺地；所出中国瓷器有青瓷罐、黑釉罐瓷片，多为南朝中后期器形。

综上，百济故地出土中国陶瓷器多产自南方地区，大致有越窑、德清窑以及洪州窑等三大系统，但应还有未辨识出的其他窑场产品。中国陶瓷器的输入方式，大致有正式外交渠道、民间交往，以及通过高句丽政权间接输入等不同方式。中国陶瓷器输入的交通路线，当大致有两条：一是北路，即所谓“老铁山水道”，先从朝鲜半岛的西海岸唐恩浦口经德物岛、经鸭绿江口、经辽东半岛的卑沙城，抵达山东半岛的登州。二是南路，为从百济的西海岸直达长江下游的航道。南路又分两条路程，一是从长江口经由中国东南海，又经大黑山岛近海抵南阳湾，即韩国中西海岸；另一条是从唐恩浦口经由白翎岛先抵达山东半岛沿岸，然后沿着中国东海岸而南下，经长江下游抵建康城。

（二）马具

朝鲜半岛南部出土马具较为丰富，在百济、新罗、加耶三个区域内均有所发现[①]（图 9-9）。百济故地的马具，发现于忠清北道新凤洞、表井里、江原道法泉里、公州宋山里、全罗北道月山里、金城里以及全罗南道月松里等地的墓葬中。马镫出土数量少，法泉里 1 号墓、天安龙院里 9 号墓出土马镫均为木芯外包铁片，镫环为圆形。出土辔具按镳的形状可分为圆形或椭圆形板状和 F 形两类。鞍桥也有零星发现，例如天安龙院里 1 号墓出有铁制鞍桥边，法泉里 1 号墓出土的龙纹透雕鎏金片和扶安竹幕洞祭祀遗迹出土的龟背纹镂空包片，也疑似为鞍桥残片。月松里造山古坟则出有杏叶，形状为上部椭圆形、下部菱形。总体上，出现于 5 世纪中叶之前的，主要是木芯包铁片的马镫和带有机质镳的辔具；5 世纪中叶之后，F 形镳的辔具和菱形杏叶等青铜鎏金马具出现。比较来看，百济故地马具出土数量少于新罗、加耶，再结合等级最高的武宁王陵未随葬马具来看，百济地区或许并不流行随葬马具的葬俗。

新罗故地马具出土数量较多，主要见于庆州地区的王陵和贵族墓中。出土马镳可分为有机质镳和椭圆形镳两种；马镫皆为轮镫，多为木芯外包铁板或鎏金铜板，还有青铜质、铁质等，多种材质马镫并存是 5 世纪新罗马具的重要特征。鞍桥发现数量也不少，皆为直立式的高鞍桥，有铁包边和青铜鎏金包边两类。出土杏叶有心叶形、鱼尾形等形状，部分王陵所出装饰有双龙、双凤等精美纹饰。

加耶故地马具，主要有发现于庆尚南道金海大成洞古墓群和东莱福泉洞古墓群等贵族墓地中。出土辔具上使用镳的形制多种多样，有圆形、椭圆形、心叶形、卷云形、F 形等。出土马镫多为轮镫，形制有圆形镫和弧边三角形镫两种，另外在潘溪堤夕 A 号坟出土有在朝鲜半岛南部非常少见的壶镫。马镫的材质，早期多为木芯外包铁片；5 世纪末之后，铁质马镫逐渐流行。鞍桥出土数量较多，包边基本均为青铜鎏金。杏叶种类多样，有心叶形、鱼尾形、菱形、钟形、棘叶形、瓢形等。

朝鲜半岛南部三个政权出土的马具具有不少共性，但也各有特点。同时，将百济、新罗、加耶出土马具和三燕、高句丽马具相比较，能够发现高句丽马具对前三者的影响更大。当然，有考古资料表明，高句丽马具本身是在三燕马具影响下产生的，所以

---

① 相关论述主要参考王巍：《从出土马具看三至六世纪东亚诸国的交流》，《考古》1997 年第 12 期。

朝鲜半岛南部的马具也可看作是受到了三燕文化的间接影响。此外，朝鲜半岛南部出土杏叶、饰龟甲纹鎏金铜包边鞍桥的装饰内容、制作工艺，和辽宁北票三燕墓葬出土同类器基本一致，则是三燕文化对朝鲜半岛南部马具有直接影响的例证。

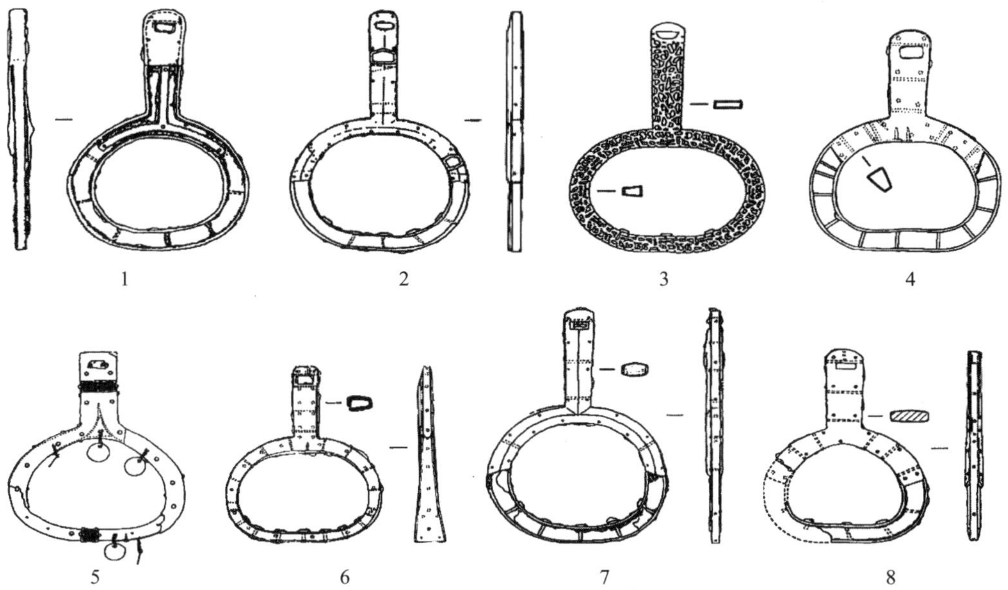


图 9-9　新罗、加耶出土马镫

1. 天安龙院里 9 号墓　2. 法泉里 7 号墓　3. 皇南大冢南坟　4. 尚州新兴里 37 号墓　5. 金冠冢　6. 陕川玉田 3 号墓　7. 高灵池山洞 3 号墓　8. 釜山福泉洞 10 号墓

采自中国社会科学院考古研究所：《中国考古学・三国两晋南北朝卷》，中国社会科学出版社，2018 年，第 627 页图 10-24

## （三）兵器

朝鲜半岛南部出土兵器包括攻击性和防御性两大类。攻击性兵器有刀、三齿叉、四齿叉、斧、矛、槊等短柄、长柄兵器，以及弓、弩、镞等远射兵器。除三齿叉、四齿叉是具有一定本地特色的兵器外，其余兵器的主流样式还是来源于中国。例如刀具中的素环首大刀和三叶纹环首大刀，在中国西汉时期已经存在，当是经由乐浪地区传入百济、新罗、加耶。武宁王陵出土环首大刀柄部装饰有龟背纹，此种纹样的“远源”当在西方，但百济直接借鉴的“近源”则是中国实物。朝鲜半岛南部的刀具，也有一些经过改造的本地特征，其改造的方向一是“实用性”、一是“礼仪性”。例如陕川郡玉田 3 号坟出土的单凤纹环首刀造型实用，柄部一侧呈半弧形，更适合手握；新罗、加耶故地出有一类装饰性强的刀具，刀身及周围有多把大刀、小刀连接在一起，柄部常装饰金银或鎏金，是一类明显具有“礼仪性”的刀具。

防御性兵器主要指甲胄，包括保护头部的铁胄和保护躯干的铠甲。加耶故地出土铁胄数量最多，新罗故地次之，百济地区最少。三地出土铁胄形制可分为纵长板胄、弯曲纵长板胄、小札胄、遮阳胄、冲角附胄和异形胄六大类。其中，纵长板胄和弯曲纵长板胄与三燕地区铁胄相近，应是经由高句丽传入；小札胄在中国汉代已经出现，应经由乐浪地区传入；遮阳胄、冲角附胄，则是具有加耶地域特色的形制。铠甲包括颈甲、甲衣、臂甲、膝甲等部分。其中，甲衣有纵长板甲，这和中国十六国、北朝部分武士俑的甲胄形制相似；釜山福泉洞 11 号墓、庆山林堂 G5 号墓出土有长方形弧形甲片缀合而成的颈甲，与中国境内朝阳十二台砖厂 88M1 出土的颈甲的形制、结构相似。

（四）铜器（含铜镜）

百济、新罗故地发现铜镜数量不多，但其产地问题却引发学界诸多讨论，最为典型材料的即是武宁王陵墓所出铜镜。该墓武宁王棺内出有方格规矩镜 1 枚，半球形镜纽外有三层方格纹，最后一层方格纹外有浮雕的仙人及神兽，其间又有八个小乳钉及凸弦纹。王妃棺内所出为宜子孙兽带镜和七乳兽带纹镜各 1 枚，由于铜镜内区分布有七个小乳钉，学界多认为其为传世文献中所提到的中国南北朝时期的“七子镜”。关于武宁王陵出土铜镜的产地，不少学者认为是产自中国南朝；但也有学者认为其中的宜子孙兽带镜，实际是在百济地区铸造。新罗故地出土铜镜的产地问题也比较复杂。例如皇南大冢南坟出土规矩纹铜镜，发掘者判定为新罗当地铸造，但也有学者认为是通过高句丽地区间接传入新罗的中国产品。还有一些新罗墓葬出土“汉式镜”，如高兴雁洞出土的连弧纹镜、瑞山机池洞 21 号墓和公州公山城出土的四乳禽鸟纹镜等，可能是经由乐浪郡故地流入的。

朝鲜半岛南部出土铜容器的来源问题同样较为复杂。有些遗物是中国魏晋南北朝铜器的典型器，例如风纳土城出土的铜鐎斗，其产地在中国的可能性比较大。金海大成洞 29 号墓、47 号墓、235 号墓出有铜鍑或铜鍑残片；铜鍑源自北方草原文明，在公元前七八世纪已传入中国境内，汉代之后造型上逐渐“汉化”；从器形上看，朝鲜半岛南部出土的铜鍑，应是来自中国的器物。还有一些铜器，在造型、纹饰上包含一定的中国文化因素，但属于本地制品的可能性较大。知名度最高的，当属百济陵山里寺遗址出土的通高 61.8 厘米的大香炉。此件大香炉的主体结构、装饰题材，大多在中国文化中可找到对应的渊源，但其组合方式又有较强的独创性，在中国境内找不到可供比较的材料，很可能是百济工匠参照中国文化制作的青铜珍品。此外，新罗故地 5～6 世纪的高等级墓葬，例如金冠冢、天马冢和皇南大冢等，也能见到一些和中国铜器器形不同的器物，虽然制作工艺不如前述大香炉精湛，但也是当地工匠开始自主探索铜器冶铸的实证。

## 第三节　中国文化传入日本列岛的考古学资料

魏晋南北朝时期，日本列岛正处弥生时代（公元前 3～公元 3 世纪）的末期和古坟时代（4～7 世纪）的前、中、后期[①]。东汉末年，日本列岛小国林立。《后汉书·东

① 日本古坟时代一般分为前期（4 世纪）、中期（5 世纪）、后期（6 世纪），7 世纪或归入后期，或称晚期、终末期。

夷传·倭》《三国志·魏志·乌丸鲜卑东夷传·倭》统称其为“倭”，并记各小国有“王”“大夫”“下户”“生口”等不同的阶层。历多年混战后，邪马台成为倭国之共主，卑弥呼为女王。卑弥呼女王在位期间，竭力与曹魏政权修好。景初三年（239年）（一说景初二年），卑弥呼所遣使臣在带方郡太守刘夏护送下至洛阳；魏明帝以卑弥呼“为亲魏倭王，假金印紫绶”，回赐“绛地交龙锦五匹、绛地绉粟罽十张、蒨绛五十匹、绀青五十匹”等物，特赐“绀地句文锦三匹、细班华罽五张、白绢五十匹、金八两、五尺刀二口、铜镜百枚，真珠、铅丹各五十斤”。此后，曹魏和倭的交往频繁见于文献记载，中国文化也因此对日本列岛产生了深远影响。西晋泰始二年（266年），倭使至洛阳入贡，在此后的一个半世纪内，竟完全不见中、倭往来之记载，故日本学界有“空白的世纪”或“谜的世纪”之说。东晋义熙九年（413年），倭使至建康，由此重启倭国与中国尤其是南方政权的交往。此后，倭和东晋、刘宋、南齐之前的官方交往密切，这期间东渡日本的中国移民也对日本文化发展起到了重要的促进作用，这些都为后来隋唐时期中国文化的大规模东渐奠定了基础。

## 一、墓葬

中国文化对日本列岛墓葬的影响，主要存在于古坟时代，尤其是古坟时代后期。古坟时代之得名，就是在于这一时期存在大量封土陵墓（即“古坟”），与前代形成了鲜明对比。古坟封土形制多样，以圆坟、方坟和前方后圆坟最为常见，其中前方后圆坟的变化规律最为明确。以5世纪末至6世纪初为界，古坟时代墓葬的演变可分为前、后两期。墓葬形制、随葬品方面的演变规律如下①：早期古坟以竖穴石室墓为主，随葬铜镜、装饰品、兵器；坟丘上部及其周围常常排列有“埴轮”，是一种特殊陶质明器，有圆筒和象形两类形制。晚期古坟以横穴石室墓为主，随葬铜镜减少，出现了马具和陶器，以及用于祭祀的“须惠器”；埴轮仍有所沿用，但逐渐衰落；福冈、熊本、大分三县及九州的一部分地区随葬有石人、石马，其作用与埴轮相同。蔡凤书认为，古坟时代横穴石室墓的出现，以及墓葬随葬陶器和日本考古学界所称“土器”，都是在中国文化影响下产生的②。

日本古坟时代的墓葬包含有广义的“壁画墓”，根据图像内容的不同可分为装饰古坟和壁画古坟。装饰古坟主要存在于4～7世纪，以九州熊本县和福冈县为中心，遍及日本全境；壁画古坟出现于7世纪末的奈良地区，壁画内容主要受到唐代壁画墓的影响③。日本学者小林行雄将装饰古坟分为石棺类、石障类、壁画类、横穴类四种。①石棺类装饰古坟，流行于4世纪至5世初，石棺上雕刻有直弧纹、铜镜纹、圆圈纹，

---

① 〔日〕小林行雄著，韩钊、李自智译：《日本考古学概论——连载之十》，《考古与文物》1998年第2期。

② 蔡凤书：《中日交流的考古研究》，齐鲁书社，1999年，第167页。

③ 韩钊：《中国魏晋南北朝壁画墓和日本装饰古坟的比较研究》，《考古与文物》2007年第2期。本书对日本装饰古坟的介绍，基本依据该文并做补充。

以及武器图案。② 石障类装饰古坟，最早出现于5世纪初，墓室内用石障围成封闭空间用以安置遗骨，主要纹饰仍是直弧纹和圆圈纹，并施以红、白、青、绿等色彩绘；这类装饰古坟，可视为处于石棺类向壁画类过渡的中间环节。③ 壁画类装饰古坟，是在横穴式石室的壁面上直接绘彩，或者描绘出线刻的纹饰。主要流行于6世纪早、中期，6世纪早期的墓葬可以福冈县日之岗古坟为例，墓道、墓室、天井部位，绘有同心圆纹、连续三角纹、蕨菜纹，以及盾、大刀、马等图案，以红色为主，用蓝色和黄色点缀；6世纪中期的墓葬可以福冈县王冢古坟为例，图像以几何纹、武器、骑马图为主，甚至开始有故事类壁画。④横穴类装饰古坟，于6、7世纪流行于九州、东日本以及近畿地区，墓室壁面上常浮雕有人物、武器、建筑等图案。

约相当于中国南北朝时期，装饰古坟在日本突然出现，且在出现伊始即已兼备阴线刻、浅浮雕、彩绘等多种装饰技法。这不得不令人怀疑，装饰古坟是在已发展较为充分的中国壁画墓影响下产生的。此外，日本装饰古坟在图案内容上又有自身特点。其颇具特色的几何图案和武器、船、马、鸟等画像，当是日本民族风俗的展现。所以，日本装饰古坟并非中国壁画墓在日本列岛上的简单延伸，而是中国壁画墓和日本本地文化传统相结合的产物。

## 二、文化遗物

日本列岛所发现与中国文化密切相关的文化遗物，主要有铜镜、兵器、马具、陶瓷器等。

### （一）铜镜

铜镜是反映中日文化交流的重要遗物，铜镜产地也曾经是两国学者关注的学术热点。有些铜镜的产地较为明确，例如弥生时代从中国大陆输入的汉镜，包括草叶纹镜、日光镜、星云纹镜、连弧纹镜、柿蒂纹镜、博局纹镜等，日本学界称之为“舶载镜”。弥生时代，日本本土仿造汉镜制作“倭镜”，日本学界称之为“仿制镜”。当然，两国学界关注的焦点，还是日本出土的“三角缘神兽镜”（图9-10）。

所谓三角缘神兽镜，具有以下特点：①直径为21～23厘米；②镜缘断面为三角形；③外区纹带由复线波纹带和其内外的锯齿纹带组成；④内区的最外部有一个由铭文、兽纹、唐草纹、波纹、锯齿纹、半圆方形带组成的副圈纹带；⑤主纹区由四个或六个乳钉等分，其间配置有神人和仙兽纹样，图像的配置分求心式和同向式两种；⑥铭文格式较固定，主要有“吾作明竟（陈是作镜）甚大好”“尚方作竟佳且好”以及“铜出徐州　师出洛阳”等内容①。

---

① 韩国河、程林泉：《日本发现的三角缘神兽镜源流述论》，《考古与文物》2002年第4期。

1 2 3

图 9-10 日本出土三角缘神兽镜

1. 群马县前桥市天神山古坟出土 2. 静冈县磐田市寺谷出土 3. 冈山县花光寺山古坟出土

采自日本东京国立博物馆官网

早在 20 世纪 20 年代，日本学者富冈谦藏最早关注到了此类铜镜。富冈谦藏将三角缘神兽镜分为舶载镜和仿制镜，并将舶载镜比附为《三国志・魏志・乌丸鲜卑东夷传・倭》所记魏明帝特赐予卑弥呼女王的“铜镜百枚”，此说后来被学界概括为“魏镜说”。该观点对日本学界影响深远，并且为邪马台国所在地的讨论提供了重要方向。长期以来，日本学界对邪马台国所在地有“九州说”“畿内说”两种观点。如果可以承认三角缘神兽镜为“魏镜”，那么集中出土该类铜镜的畿内地区，无疑就更有可能是邪马台国所在。不过，随着三角缘神兽镜出土数量的增多，数量远超文献所记“百枚”，也有日本学者对富冈谦藏的观点进行了反思，提出了曹魏“特铸说”和日本本土铸造等不同观点。

20 世纪 80 年代，王仲殊撰写多篇论文对三角缘神兽镜相关问题进行了讨论[①]，提出三角缘神兽镜是三国时期吴国工匠，从中国的江南出发渡海到日本而制作的。迄今为止，两国学者尚未对三角缘神兽镜的产地问题达成一致意见，本书倾向于“吴国工匠在日本制作”的说法更具合理性。还有一些学者提出过三角缘神兽镜产自乐浪或渤海湾一带的说法，这与所涉地区铸铜工艺水平的发展程度不符，推论成立的可能性较低。

与上述三角缘神兽镜不同，有一些铜镜可确定原产地在中国境内。例如，日本京都府大田南 5 号坟出有“青龙三年”铭规矩四神镜，一般认为这是曹魏皇帝于景初三年（239 年）、正始元年（240 年）赐给倭国女王卑弥呼的百枚铜镜中的一枚[②]。天理市黑冢古坟，共出有铜镜 34 枚，其中 33 枚三角缘神兽镜均位于棺外，而唯一 1 枚产地确定在中国的画纹带神兽镜位于棺内。此外，有学者认为在“倭五王”中的济、兴、

① 主要包括：《关于日本三角缘神兽镜的问题》，《考古》1981 年第 4 期；《关于日本的三角缘佛兽镜——答西田守夫先生》，《考古》1982 年第 6 期；《日本三角缘神兽镜综论》，《考古》1984 年第 5 期。

② 王仲殊：《论日本出土的青龙三年铭方格规矩四神镜——兼论三角缘神兽镜为中国吴的工匠在日本所作》，《考古》1994 年第 8 期。

武统治时期，约有300枚铜镜从中国南朝传入；这些铜镜多仿造汉晋铜镜样式，日本学界称之为“同型镜”①。

## （二）兵器

王巍对日本弥生、古坟时代铁兵器的种类及来源进行过系统总结②。弥生时代铁兵器主要有剑、刀、矛、戈、铍、镞等。铁剑分为长茎和短茎两种。其中，长茎剑与中国汉代铁剑相近，应属汉式剑系统，短茎剑多数则可能朝鲜半岛制品。一些茎部钻1～3孔的短茎剑，仅在日本可见，似在日本本土制造。此外，弥生时代铁剑长度一般在60厘米以下，应是锻造及热处理工艺不发达所致，或也与骑兵还未普及有关。

铁刀分为素环首刀和直茎刀两种；按长度划分，多见60厘米以下的短刀，至弥生时代末期，才开始出现1米以上的环首长刀，例如京都府缀喜郡八幡西车古坟、福岛县系岛一贵山村田銚子山冢古坟等出土铁刀长度约为110厘米。魏明帝下赐卑弥呼“五尺刀二口”，所指应该就是这种长刀。整体上，日本环首刀的形制与中国大陆和朝鲜半岛相近，应为从后两地输入的舶来品。直茎刀中，有一类刀身与柄部宽度基本相等、刀身较直的“直刀”，即后来日本刀的祖型。4世纪前后，这种直刀突然流行于大和东南部的前方后圆坟中。有学者认为，这种直刀的主人就是西晋灭吴后东渡征服邪马台国的东吴孙氏的一族，此事即所谓“天孙降临”。

古坟时代的铁兵器主要有剑、刀、矛、铍、镞等几种。在继承弥生时代兵器传统的同时，还出现了以下新因素：长度在60厘米以上的长刀、长剑的数量显著增加；各种装饰的环首刀较流行；新出现多种形制的镞，包括三棱锥短身镞、长身镞，凿形镞、燕尾形镞以及刀形镞等；出现多种形制的甲胄；铆接、锻接、镶嵌等技术广泛应用于兵器制作。以上新因素，几乎均见于朝鲜半岛南端，但其产地情况较为复杂：形制较为简单的剑、刀、矛、铍、镞，可能是在日本本土制造；一些工艺相对复杂的环首刀等，则可能是来自朝鲜半岛的舶来品。

在讨论日本古坟时代兵器所受外来文化影响时，中国魏晋北朝因素不能忽视，这在甲胄的形制上体现得较为明显。例如吴桥北朝M3、东魏闾叱地连墓、济南东八里洼北齐墓所出武士俑，胄的前部伸出一尖角，和古坟时代的冲角附胄属同一系统。偃师北魏墓武士俑甲衣并非北朝常见的挂甲，而是用横条宽板的形制来表现，这就和曾被认为是日本独有的一类甲衣形式较为接近。除陶俑资料外，辽宁朝阳十二台乡砖厂88M1中出土有甲骑具装一套，其中铁胄是由长甲片铆接而成，这正是日本古坟时代兵器制作常见技法之一。

还有些铁刀上铭刻有汉字、使用中国王朝年号。例如日本奈良县东大寺山古坟

---

① 〔日〕桃崎祐辅著，孙婉译，刘可维校：《日本古坟时代的南朝舶来系文物》，《东亚文明》第2辑，社会科学文献出版社，2021年。

② 王巍：《东亚地区古代铁器及冶铁术的传播与交流》，中国社会科学出版社，1999年。

出有铁刀 1 件，铭刻“中平□□（年）五月丙午造作文（支）刀百练清刚上应星宿□□□□”。“中平”为东汉灵帝年号，但东大寺山古坟是建于 4 世纪后半叶的前方后圆坟。王仲殊认为，该铁刀或在东汉末年从中国的江南会稽郡传入[①]。天理市石上神宫出土形制独特的“七支刀”，全长约 75 厘米。刀身两面有 60 余字金嵌铭文，正面为“泰□（和）四年□（五）月十六日丙午正阳　造百炼□（钢）　七支刀　□（生）僻百兵　宜供供侯王　□□□□作”，背面为“先世以来　未有此刀　百济王世子　奇生圣音　故为倭王旨造　传之后世”。“泰和”当为东晋年号“泰和”（也有学者释读为西晋年号“泰始”）。此外，“丙午正阳”“百炼钢”“生僻百兵”等也都是中国文化描述宝刀的常见用语。

### （三）马具

日本马具的出土情况，同样可以参考王巍论著[②]。日本各地古坟中，出土了大量马具，其种类、数量为东亚诸国之首。5 世纪中叶之前，古坟中所出马具多为素面，主要是辔具和木芯外包铁片的轮镫，还有有机质镳。5 世纪中叶之后，出现装饰精美的铁制鎏金圆板状镳和杏叶；5 世纪后半叶，F 形镳、菱形杏叶、木芯包铁片轮镫逐渐成为马具主流。6 世纪以后，铁制轮镫、木芯包铁片壶镫逐渐取代木芯外包铁片轮镫；有机质镳式微，F 形镳、圆板状镳占据主流。杏叶形制多样，有 F 形、菱形、心形和棘叶形，装饰性也更加突出，常见透雕双龙、双凤、忍冬等，表面鎏金。与之类似，鞍桥装饰同样精美，例如奈良县藤之木古坟出土鎏金铜鞍桥表面遍饰龟甲纹，龟甲之内有龙、凤、鹿、兔、鱼、忍冬等各种图案，龟甲纹之间镶嵌有玛瑙珠。综合来看，古坟时代的各类马具年代越晚装饰越精美。古坟时代马具的来源具有多样性，主要与朝鲜半岛南端各国马具存在诸多关联，其中又数和加耶马具的关联性最强。本章上一节，已经提及朝鲜半岛南端马具和高句丽、三燕马具的关联。若再将日本古坟时代马具考虑在内，可以看出东亚诸国的马具皆属于同一大系统。粗略来看，慕容鲜卑马具出现最早，高句丽次之，朝鲜半岛南端三国再次，日本最晚，后起的诸政权马具，皆是在慕容鲜卑马具基础之上发展起来的。

### （四）陶瓷器

与朝鲜半岛南部不同，在日本境内很少见到产自中国的魏晋南北朝陶瓷器。但是，日本本土的陶瓷器，有些明显受到中国陶瓷烧造技术的影响。

埴轮是日本古坟时代陶质丧葬用品，一般排列在封土上部及周围，主要流行于 4～6 世纪。埴轮分圆筒和象形两大类，象形埴轮造型丰富，多模拟房屋、器物、动物、

---

① 王仲殊：《论日本出土的景初四年铭三角缘盘龙镜》，《考古》1987 年第 3 期。
② 王巍：《东亚地区古代铁器及冶铁术的传播与交流》，中国社会科学出版社，1999 年。

人物等。整体来看，日本埴轮与中国的陶俑、模型明器意义相近，二者当有一定关联。更甚者，有些埴轮的造型与中国境内所出陶俑高度相似。例如，群马县太田市塚廻り古坟群第4号坟所出埴轮为骑马武士造型，与中国北朝武士俑相近；还有一些人物埴轮服饰与东晋、南朝陶俑所穿相近，也从侧面反映了日本服饰受到中国南朝文化影响。

古坟时代中期以后，日本开始流行“须惠器”，即一种质地坚硬、表面有自然釉的陶器。烧制须惠器的窑址多修建于丘陵地带，结构类似中国南方地区的龙窑；器物类型较为丰富，很多须惠器的形制与中国陶瓷器较为相似；例如“子持壶”“子持坩”上部造型接近中国的五联罐，所谓“提瓶”“平瓶”实际和中国陶瓷虎子形制接近，奈良、爱知等地出土的陶瓶则与中国盘口壶形制相似。日本古坟时代的须惠器烧制技术，或由百济传入，但源头还是在中国大陆，可谓是反映中、日以及朝鲜半岛陶瓷技术交流的重要实物资料。

## 思 考 题

1. 总结中国境内萨珊银币和东罗马金币的主要发现。
2. 总结北朝入华粟特人墓葬的主要特征。
3. 评述中、日学界对“三角缘神兽镜”的研究成果。

## 延 伸 阅 读

夏鼐：《北魏封和突墓出土萨珊银盘考》，《文物》1983年第8期。

王仲殊：《东晋南北朝时代中国与海东诸国的关系》，《考古》1989年第11期。

蔡凤书：《中日交流的考古研究》，齐鲁书社，1999年。

郑岩：《逝者的“面具”——再论北周康业墓石棺床画像》，《古代墓葬美术》第一辑，文物出版社，2011年。

# 参 考 文 献

## 1. 古籍

（晋）陈寿撰，（南朝宋）裴松之注：《三国志》，中华书局，1982年。

（北魏）贾思勰著，石声汉校释：《齐民要术今释》，中华书局，2009年。

（北魏）郦道元著，陈桥驿校正：《水经注校证》，中华书局，2007年。

（北魏）杨衒之撰，周祖谟校释：《洛阳伽蓝记校释》，中华书局，2010年。

（梁）萧子显：《南齐书》，中华书局，1972年。

（梁）沈约：《宋书》，中华书局，1974年。

（北齐）魏收：《魏书》，中华书局，1974年。

（唐）房玄龄：《晋书》，中华书局，1974年。

（唐）令狐德棻：《周书》，中华书局，1971年。

（唐）许嵩：《建康实录》，中华书局，1986年。

（唐）魏征：《隋书》，中华书局，1973年。

## 2. 专著与考古报告

安家瑶：《玻璃器史话》，社会科学文献出版社，2011年。

北京大学中国考古学研究中心、江西省文物考古研究院、江西省丰城市博物馆：《丰城洪州窑址》，文物出版社，2018年。

蔡凤书：《中日交流的考古研究》，齐鲁书社，1999年。

常青：《中国石窟简史》，浙江古籍出版社，2021年。

陈晓露：《楼兰考古》，兰州大学出版社，2014年。

贺云翱：《六朝瓦当与六朝都城》，文物出版社，2005年。

侯灿编著：《楼兰考古调查与发掘报告》，凤凰出版社，2022年。

孔祥星、刘一曼：《中国古代铜镜》，文物出版社，1984年。

李梅田：《魏晋北朝墓葬的考古学研究》，商务印书馆，2009年。

李梅田：《葬之以礼——魏晋南北朝丧葬礼俗与文化变迁》，上海古籍出版社，2021年。

李肖：《交河故城的形制布局》，文物出版社，2003年。

李裕群：《北朝晚期石窟寺研究》，文物出版社，2003年。

李裕群：《中国石窟寺》，科学出版社，2022 年。

辽宁省博物馆：《北燕冯素弗墓》，文物出版社，2015 年。

林立：《西域古佛寺：新疆古代地面佛寺研究》，科学出版社，2018 年。

林梅村：《楼兰尼雅出土文书》，文物出版社，1985 年。

刘淑芬：《六朝的城市与社会（增订本）》，南京大学出版社，2021 年。

罗宗真：《六朝考古》，南京大学出版社，1994 年。

孟凡人：《楼兰鄯善简牍年代学研究》，新疆人民出版社，1995 年。

倪润安：《光宅中原：拓跋至北魏的墓葬文化与社会演进》，上海古籍出版社，2017 年。

荣新江：《敦煌学十八讲》，北京大学出版社，2001 年。

山西省考古研究所、太原市文物考古研究所：《北齐东安王娄睿墓》，文物出版社，2006 年。

申云艳：《中国古代瓦当研究》，文物出版社，2006 年。

苏州市考古研究所、苏州博物馆编：《虎丘黑松林墓地》，文物出版社，2022 年。

宿白：《魏晋南北朝唐宋考古文稿辑丛》，文物出版社，2011 年。

宿白：《中国石窟寺研究》，生活·读书·新知三联书店，2019 年。

孙彦：《河西魏晋十六国壁画墓研究》，文物出版社，2011 年。

唐仲明：《东魏—北齐石窟造像研究》，科学出版社，2021 年。

王景荃：《河南佛教石刻造像》，大象出版社，2009 年。

王巍主编：《中国考古学百年史：1921—2021》，中国社会科学出版社，2021 年。

王志高：《六朝建康城发掘与研究》，江苏人民出版社，2015 年。

韦正：《魏晋南北朝考古》，北京大学出版社，2013 年。

韦正：《六朝墓葬的考古学研究》，北京大学出版社，2011 年。

魏存成：《高句丽遗迹》，文物出版社，2002 年。

吴桂兵：《中古丧葬礼俗中佛教因素演进的考古学研究》，科学出版社，2019 年。

新疆文物考古研究所：《吐鲁番阿斯塔那——哈拉和卓墓地：哈拉和卓卷》，文物出版社，2018 年。

〔日〕曾布川宽著，傅江译：《六朝帝陵——以石兽和砖画为中心》，南京出版社，2004 年。

赵超：《中国古代石刻概论（增订本）》，中华书局，2019 年。

郑岩：《魏晋南北朝壁画墓研究（增订版）》，文物出版社，2016 年。

中国硅酸盐学会主编：《中国陶瓷史》，文物出版社，1982 年。

中国社会科学院考古研究所、河北省文物研究所、河北省临漳县文物旅游局编：《邺城考古发现与研究》，文物出版社，2014 年。

中国社会科学院考古研究所、河北省文物研究所：《磁县湾漳北朝壁画墓》，科学出版社，2003 年。

中国社会科学院考古研究所：《北魏洛阳永宁寺 1979～1994 年考古发掘报告》，中国大百科全书出版社，1996 年。

中国社会科学院考古研究所：《中国考古学 · 三国两晋南北朝卷》，中国社会科学出版社，2018 年。

中央古物保管委员会：《六朝陵墓调查报告》，民国二十四年（1935 年）铅印本。

左骏、王志高：《中国玉器通史 · 三国两晋南北朝卷》，海天出版社，2014 年。

**3. 论文集**

陈晓露主编：《芳林新叶——历史考古青年论集》第二辑，上海古籍出版社，2019 年。

吉林大学边疆考古研究中心：《庆祝魏存成先生七十岁论文集》，科学出版社，2015 年。

王煜主编：《文物、文献与文化——历史考古青年论集》第一辑，上海古籍出版社，2017 年。

徐苹芳：《中国城市考古学论集》，上海古籍出版社，2015 年。

中国社会科学院考古研究所：《新世纪的中国考古学：王仲殊先生八十华诞纪念论文集》，科学出版社，2005 年。

中国魏晋南北朝史学会、山西大学历史文化学院：《中国魏晋南北朝史学会第十届年会暨国际学术研讨会论文集》，北岳文艺出版社，2011 年。

**4. 期刊论文（考古简报从略）**

安家瑶：《中国的早期玻璃器皿》，《考古学报》1984 年第 4 期。

陈晓露：《楼兰壁画墓所见贵霜文化因素》，《考古与文物》2012 年第 2 期。

杜迺松：《三国两晋南北朝至隋唐时期的青铜器综论》，《故宫博物院院刊》1988 年第 4 期。

韩钊：《中国魏晋南北朝壁画墓和日本装饰古坟的比较研究》，《考古与文物》2007 年第 2 期。

何利群：《从北吴庄佛像埋藏坑论邺城造像的发展阶段与"邺城模式"》，《考古》2014 年第 5 期。

何利群：《东亚地区早期佛教寺院布局及演变》，《考古学报》2023 年第 2 期。

侯灿：《吐鲁番学与吐鲁番考古研究概述》，《敦煌学辑刊》1989 年第 1 期。

李梅田、周华蓉：《试论南朝襄阳的区域文化——以画像砖墓为中心》，《江汉考古》2017 年第 2 期。

马忠理：《磁县北朝墓群——东魏北齐陵墓兆域考》，《文物》1994 年第 11 期。

钱国祥：《北魏洛阳内城的空间格局复原研究——北魏洛阳城遗址复原研究之一》，《华夏考古》2019 年第 4 期。

钱国祥：《北魏洛阳外郭城的空间格局复原研究——北魏洛阳城遗址复原研究之二》，《华夏考古》2019 年第 6 期。

钱国祥：《北魏洛阳宫城的空间格局复原研究——北魏洛阳城遗址复原研究之三》，《华夏考古》2020 年第 5 期。

沈丽华：《邺城地区东魏北齐墓群布局研究》，《考古》2016 年第 3 期。

沈丽华：《邺城地区六世纪墓葬的考古学研究》，《考古学报》2017 年第 1 期。

宿白：《东北、内蒙古地区的鲜卑遗迹——鲜卑遗迹辑录之一》，《文物》1977 年第 5 期。

宿白：《盛乐、平城一带的拓跋鲜卑—北魏遗迹——鲜卑遗迹辑录之二》，《文物》1977 年第 11 期；

宿白：《北魏洛阳城和北邙陵墓——鲜卑遗迹辑录之三》，《文物》1978 年第 7 期。

王巍：《从出土马具看三至六世纪东亚诸国的交流》，《考古》1997 年第 12 期。

王志高：《韩国公州宋山里 6 号坟几个问题的探讨》，《东南文化》2008 年第 4 期。

王仲殊：《关于日本三角缘神兽镜的问题》，《考古》1981 年第 4 期。

魏存成：《中国境内发现的高句丽山城》，《社会科学战线》2011 年第 1 期。

夏立栋：《高昌石窟分期与谱系研究》，《考古学报》2022 年第 2 期。

夏鼐：《综述中国出土的波斯萨珊朝银币》，《考古学报》1974 年第 1 期。

徐苹芳：《三国两晋南北朝的铜镜》，《考古》1984 年第 6 期。

杨泓：《吴、东晋、南朝的文化及其对海东的影响》，《考古》1984 年第 6 期。

杨泓：《日本古坟时代甲胄及其和中国甲胄的关系》，《考古》1985 年第 1 期。

张利芳：《西晋至北朝时期北京地区墓葬变化的考古学观察》，《中原文物》2022 年第 4 期。

张学锋：《六朝建康城的发掘与复原新思路》，《南京晓庄学院学报》2006 年第 2 期。

# 后　记

本书系山东大学“中国考古学通论系列教材”其中一册，是在学校、学院各级领导的关心支持下，由笔者结合自身科研、教学实践编撰而成。在写作的过程中，本系列教材主编白云翔、方辉老师给予了悉心指导，刘军书记、王芬院长、唐仲明副院长、宋艳波老师给予了大力支持。此外，外审专家韦正老师在全书的框架结构和表述方式等方面提供了大量宝贵意见；山东大学考古学院的张孟、于俊辉、杨兴媛、蒋佳瑞、许馨亓、刘雨璇等同学，在插图绘制、书稿校对方面付出了大量辛勤劳动。在此，向各位师友一并表示感谢。此外，本教材在对学界研究成果进行吸收总结时，已尽可能加以注明；但限于篇幅，若有未及注明的情况，祈请各位前辈和时贤谅解。

本书的编写理念，可以概括为力争做到“求新、求全”，即尽可能吸收最新考古发现，全面梳理魏晋南北朝考古的主要课题。然而，受限于客观因素和个人能力，本书在某些地方还是未能完全切合这一理念。例如，邺南城宫城、关中十六国墓葬等领域，近年来新发现层出不穷，但是由于材料还在整理之中，本书未能完全将其吸纳进叙述体系。此外，道教考古也是魏晋南北朝考古的热点议题之一，但由于学界对不少遗存性质的认定还未能形成一致意见，加之笔者能力有限，为避免“疑邻窃斧”式的指认，本书对这部分内容也只好舍弃。以上遗憾，希冀将来有机会弥补。

由于本人在教学方面还经验尚浅，故从教学实践角度看，书中难免有不少“纸上谈兵”之处。在此敬祈各位师友多多批评指正，也请各位学生读者多提意见。

编著者

2024 年 6 月 15 日

于山东大学中心校区知新楼

1. 北魏静陵石人

2. 北魏静陵石狮

3. 丹阳狮子湾石麒麟

4. 南京萧融墓石辟邪

**图版二**

1. 北周柂罕公墓出土

2. 北齐厍狄迴洛墓出土

魏晋南北朝组玉佩

1. 云冈石窟第20窟

2. 龙门石窟宾阳中洞

云冈石窟与龙门石窟

# 图版四

1. 吉林集安太王陵

2. 新疆吐鲁番交河故城塔林